宋與明清
十八部禪錄異文的
語言學考察

龔元華 著

天津出版傳媒集團
天津古籍出版社

圖書在版編目（CIP）數據

宋與明清十八部禪録異文的語言學考察 / 龔元華著. -- 天津 : 天津古籍出版社，2025.3
ISBN 978-7-5528-1404-0

Ⅰ.①宋… Ⅱ.①龔… Ⅲ.①禪宗—語言—研究—中國—宋代②禪宗—語言—研究—中國—明清時代 Ⅳ.①B946.5

中國國家版本館CIP數據核字（022）第172433號

宋與明清十八部禪録異文的語言學考察
SONG YU MINGQING SHIBA BU CHANLU YIWEN DE YUYANXUE KAOCHA

龔元華 / 著

出　　版	天津古籍出版社
出 版 人	任　潔
地　　址	天津市和平區西康路35號康岳大廈
郵政編碼	300051
郵購電話	（022）23517902
責任編輯	王海燕
封面設計	鞠佳美
印　　刷	北京捷迅佳彩印刷有限公司
經　　銷	全國新華書店
開　　本	710毫米×1000毫米　1/16
印　　張	20.5
字　　數	360千字
版次印次	2025年3月第1版　2025年3月第1次印刷
定　　價	98.00圓

版權所有　侵權必究
圖書如出現印裝質量問題，請致電聯繫調換（022-23517902）

國家社科基金後期資助項目
出 版 説 明

　　後期資助項目是國家社科基金設立的一類重要項目，旨在鼓勵廣大社科研究者潛心治學，支持基礎研究多出優秀成果。它是經過嚴格評審，從接近完成的科研成果中遴選立項的。爲擴大後期資助項目的影響，更好地推動學術發展，促進成果轉化，全國哲學社會科學工作辦公室按照"統一設計、統一標識、統一版式、形成系列"的總體要求，組織出版國家社科基金後期資助項目成果。

全國哲學社會科學工作辦公室

序

龔元華博士的這部書即將出版,要我寫幾句話。

2012年9月,他考取廈門大學漢語言文字學專業漢語史方向博士研究生,我們由此成爲師生。他資質聰穎,勤奮刻苦,好學上進,品學兼優,在讀博期間便在《中國語文》發表了論文,表現出不俗的成績。博士畢業後,到高校工作,在前期研究的基礎上着眼於禪宗語錄異文的語言學考察,並成功申報了國家社科基金後期資助項目,《宋與明清十八部禪錄異文的語言學考察》便是該項目的最終成果,現即將由天津古籍出版社出版。作爲他的老師,看到他的成長,我由衷地感到欣慰。

國內學者對禪宗語錄的語言學關注始於二十世紀四十年代,時至今日,已取得了很大成就。但是諸如研究視野大多集中在部分宋代禪錄、研究時間基本上集中在唐宋時期等方面的問題還依然存在,實際上禪宗語錄的語言學研究還有很大的拓展空間。本書正是基於這種考慮,選取八部宋代常見禪錄與十部明清禪錄,從異文的角度,對不同時代禪錄的語言文字現象進行比較,探討異文形成的類型、規律,從橫向共時與縱向歷時兩個方面展開綜合考察。相信該書的出版,會爲禪錄語言文字研究、近代漢語、近代漢字研究提供一些參考。初讀此書稿,我認爲該書至少有以下幾方面特點:

一、拓展範圍,對比研究

學者們以往只關注唐宋時期禪宗語錄,對元代以後的禪錄,因其語言已不同程度格式化,故往往置而不取。該書選取宋代與明清禪錄共十八部,分别是《五燈會元》《景德傳燈錄》《天聖廣燈錄》《建中靖國續燈錄》《嘉泰普燈錄》《聯燈會要》《禪林僧寶傳》《古尊宿語錄》八部宋代禪錄,以及《指月錄》《五燈嚴統》《教外別傳》《續傳燈錄》《禪宗正脈》《大明高僧傳》《續燈正統》《列祖提綱錄》《五燈全書》《嵩山野竹禪師錄》十部明清禪錄，以它們之間形成的三百多條異文作爲研究對象，經過研究，發現明清禪錄在語言文字研究方面仍然具有重要價值。該書選取的十八種文獻未必能將宋與明清禪錄形成的異文完全包括，不過大體來説，以此爲窗口還是可以窺探宋與明清禪錄異文體現的語言文字使用特點。這無疑有助於改變學者們對元代以後禪錄語言學研究價值的看法。

二、考辨深入，創獲頗多

該書對宋與明清禪錄異文展示的詞語書寫形式、字形俗寫規律、詞語義項等，或考辨源流，或釋義辯形，確實下了大功夫。所作的考辨，可以爲學界提供一定的參考。這種考據性的工作，對漢語史、漢字史、古籍整理、辭書編撰、禪宗研究等，都具有重要的價值。比如依據異文"獦蚤""獵蚤""蠟蚤""虼蚤"差異，指出"蠟蚤"即"獦蚤"。跳蚤屬蟲類，故"獦蚤"類化成"蠟蚤"，與"蠟燭"字無涉。"獦"變作"獵""蠟"，是部件"鼠"俗寫作"葛"所致，如"獵"俗或作"獦"，這種情況在漢隸時代就已經出現。同樣的，以"葛"爲中介，也會促使本從"葛"之字訛成從"鼠"。由此，得出"獦"有二音：既有其本音"古達切"，同時作爲"獵"的變體，還有"力葉切"這一讀。"獵"亦有二音：既有其本音"力葉反"，又有作爲回改形體"獦"的"古達切"。不僅如此，作者還從音理上給出了令人信服的解釋。諸如此類的問題，展示了古籍俗寫與詞的音義關係的諸多瓜葛以及從這些角度探討的重要研究價值，顯示了作者對古籍文獻、理論知識掌握的熟練程度。書中大量異文條目的考證，多有精彩之處，讀者自會鑒查。

三、以微見大，校勘文獻

古籍文獻刊刻流傳中出現訛誤比較常見，明清禪錄引用宋人禪錄，訛誤遞相傳抄現象更是習以爲常。如《禪林僧寶傳》有"汝行益來"一語費解，《景德傳燈錄》《指月錄》《五燈全書》作"汝行食來"。作者指出"益"當作"食"，與前文"茶"字相類，但"食""益"形音義相去殊遠，何以致"食"訛成"益"？作者進一步梳理異文發現《指月錄》引作"汝行盌來"。"汝行盌來"與"汝行益來"相比，豁然可解，"益"就是"盌"的訛誤。"盌"爲盛食之用，與"汝行食來"是同一種意思的兩種不同表達。書手不察，把"盌"訛而作"益"。該書第二章及第五章都舉有大量此類異文條例,並以此爲綫索,深入考察内在的訛誤訛混規律,對董理其它古籍文獻也具有很大的實用價值。又如"2.2.1.2.2 銷/鎖"提到"鎖"訛作"銷",作者往深處挖掘發現,此並非偶然出現的訛誤,部件"肖"本從"肉",隸變作"月";部件"貨"下面"貝"兩點拉直同"月"十分近似,導致"月""貝"混同。這種部件混同不是個別現象,在敦煌卷子乃至明清文獻都有語例。以此爲綫索,確定了"2.2.3.8 狷啼"當作"猥啼",還確定了"2.2.2.2.13"提到的清刻本《本草從新》"琑珸"當作"瑣珸"。

　　總之,該書通過宋與明清禪録異文提示,從語言文字學角度深入論證考索,注意古籍文獻的字詞關係與字際關係,多有發明。當然該書也存在一些不完善的地方,比如禪録時代没有擴展到元代,作者也没有交代原因,有些條目論證似還可進一步探討。好在作者勤奮刻苦,年富力强,甘於坐冷板凳。希望他將來能繼續深入思考,做出更多更大的成果來。

曾　良
2021 年 11 月 5 日於合肥

例 言

一、書中所用藏經版本及引用説明：1913 年私版鉛印本《頻伽精舍校勘大藏經》（以日本《弘教藏》爲底本），簡稱《頻伽藏》；1985 年臺北新文豐出版公司出版的《大正新修大藏經》，簡稱《大正藏》；1987 年臺北新文豐出版公司出版的《明版嘉興藏》，簡稱《嘉興藏》；1994 年中華書局出版的《中華大藏經》，簡稱《中華藏》；1995 年臺北新文豐出版公司出版的《卍續藏經》，仍稱《卍續藏經》；1988 年河北佛教協會出版的《乾隆大藏經》，簡稱《乾隆藏》；2000 年北京綫裝書局出版的《永樂北藏》；1982 年臺北新文豐出版公司出版的《高麗大藏經》，簡稱《高麗藏》；2004 年北京綫裝書局出版的《磧砂大藏經》，簡稱《磧砂藏》。以上藏經所引内容，a/b/c 表示欄，英文字母前面的數字表示引文所在頁碼。

二、書中所引敦煌寫卷，若不注明出處，皆據 IDP 國際敦煌項目網站（http://idp.bl.uk）所提供的高清原卷照片。其中以"S"開頭卷子指倫敦不列顛博物館所藏敦煌寫卷斯坦因編號；以"P"開頭卷子指巴黎國家圖書館所藏敦煌寫卷伯希和編號。

三、書中所引二十四史例句基本以中華書局標點本爲準；所引《四部叢刊初編》，據 1989 年上海書店重印版，《續編》《三編》據 1985 年上海書店版。以上引例，行文中不再出注。

四、書中所引常用工具書版本情況：《玉篇》（1983 年中國書店影澤存堂本），《干禄字書》（1990 年紫禁城出版社影故宫藏明拓本），《廣韻》（2005 年江蘇教育出版社影南宋巾箱本），《集韻》（1985 年上海古籍出版社影述古堂本），《類篇》（1984 年中華書局影姚刊三韻本），《龍龕手鑒》（2006 年中華書局影高麗本），《正字通》（1996 年中國工人出版社影弘文書院刊本），《説文解字注》（1997 年浙江古籍出版社影經韻樓原刻本）。以上引文，書中亦不再出注。

五、書中行文稱引書目時，或用學界通用簡稱，如釋玄應《一切經音義》，文中徑稱《玄應音義》。

六、爲方便起見，書中所引碑刻墓誌、敦煌寫卷，若原文缺字，則用"□"表示；闕文，則用"☐☐"表示。

七、因本書論述内容涉及古代字詞形體多樣性，故依據實際需要酌情使用舊形字、异體字。

目　錄

第一章　緒　論 …………………………………………………… 1
　1.1　研究緣起 ……………………………………………………… 1
　1.2　百年來禪籍語錄語言研究的簡單回顧 ……………………… 2
　1.3　當前禪籍語錄語言學研究存在的問題 ……………………… 16
　1.4　宋與明清禪錄異文界定、範圍及語言學考察價值 ………… 17
　1.5　應該注意的問題及方法 ……………………………………… 18

第二章　宋與明清禪錄異文差異與字詞形體多樣性考察 …… 20
　2.1　異文差異與詞語形體多樣性考察 …………………………… 21
　2.2　異文差異與字形書寫多樣性考察 …………………………… 87

第三章　宋與明清禪錄異文差異與語音考察 ………………… 164
　3.1　異文差異與語音歷時演變分析 ……………………………… 164
　3.2　異文差異與音同音近通用 …………………………………… 179

第四章　宋與明清禪錄異文差異與詞語釋義及語素替換考察 ……… 192
　4.1　異文差異與詞語釋義商榷辨釋 ……………………………… 192
　4.2　異文差異與漏收詞語或義項考釋 …………………………… 208
　4.3　異文差異與語素替換考察 …………………………………… 228

第五章　宋與明清禪錄異文差異與文獻訛誤校勘考察 ……… 241
　5.1　俗寫規律引發的字形訛變 …………………………………… 241
　5.2　偶發性字形訛變 ……………………………………………… 260

第六章　宋與明清禪錄異文類型的語言學總結 ································· 276
　　6.1　同源演變 ··· 276
　　6.2　同詞異形 ··· 276
　　6.3　字形俗寫 ··· 277
　　6.4　音借通用 ··· 277
　　6.5　詞語替換 ··· 278
　　6.6　訛誤混同 ··· 278

附錄一　待質錄 ··· 279
附錄二　字詞條目索引 ··· 285
參考文獻 ··· 291

第一章 緒 論

1.1 研究緣起

近代漢語研究，首先要面對的是語料選擇問題。近幾十年來，近代漢語研究發展很快，各個領域皆有涉及，可研究語料也非常之多，禪錄語言就是其中最有價值的語料之一。

禪宗是佛教中國化的產物，源於古印度禪法，又具有中國本土獨特色彩。自菩提達摩西來傳教伊始，至"一花開五葉"，禪宗在中國的發展已具規模，且中國色彩愈演愈濃，到了宋代，"禪宗興盛至極，借用日本學者鐮田茂雄的一句話：'禪宗成了宋代佛教界的元雄。'"①甚至元明以來，其活力依然。禪宗主張不立文字、教外別傳，強調人人佛性自有，不必騎牛覓牛。這一特點勢必影響禪師對語言選擇的態度。禪師對僧徒問題的回答往往是問東答西，難以捉摸，強調用適當語言來引逗弟子對佛性的理解。這類引逗性的語言，是日常生活中十分通俗化的口語，因此對近代漢語研究來說，禪籍語錄無疑是唐宋以來語言研究最有價值的語料之一。

禪籍語錄有自己獨特鮮明的語言使用特點，隨意揀擇，不避雅俗。古代文人以儒家經典爲中心，難怪鮮有人治理。不過禪籍語錄所反映當時口語使用狀況，其價值幾何，從事漢語史研究的現代學者們，自會掂量出其中的分量。盧烈紅先生曾說："禪宗語錄確實是漢語史研究不可多得的寶貴材料，對探究漢語在唐宋時期的面貌及唐以後的發展演變之迹具有不可低估的價值。"②誠哉斯言！

二十世紀四十年代以來，禪籍語錄開始受到國內語言學界的關注。確切地說，呂叔湘先生《釋〈景德傳燈錄〉中"在""著"二助詞》③一文，是國內學者從語言學角度研究禪籍文獻的發端。自此之後，學者們對禪籍語言關注日有所增，並且也取得了一定成績。九十年代，江蘇教育出版社出版了袁賓先生《禪宗著作詞語匯釋》，可以說是二十世紀國內學者對禪籍文獻

---

① 季羨林：《中印文化交流史》，新華出版社，1993年，第121頁。
② 盧烈紅：《古漢語研究叢劄》，中國社會科學出版社，2013年，第60頁。
③ 載於1941年《華西協和大學中國文化研究所集刊》第1卷第3期。

詞彙研究的首部專著。此後，禪籍文獻語言學研究著作時有出版，學術論文發表數量亦甚可觀（詳見下文"1.2 百年來禪籍語錄語言研究的簡單回顧"）。從這些研究情況來看，學者們的視野基本上集中在幾部禪宗燈錄上。董志翹先生給《禪籍方俗詞研究》作的序中説道："二十世紀以來的禪宗語言研究主要是圍繞《五燈會元》和《祖堂集》《景德傳燈錄》等幾部禪宗燈錄展開的。禪宗語言的研究還有很大的空間，有待學人進一步探討和研究。"①另外，研究角度亦不外乎對禪籍文獻詞語的梳理或語法研究。至於明清禪籍語錄，可以説基本没有涉及，更談不上研究。當然，出現以上情況，與明清禪籍語錄的自身特點是分不開的。明清禪籍語錄，雖然口語化程度不減，但因襲唐宋語錄現象非常嚴重，甚至可以説已經格式化了，所以反映的究竟是否當時口語情況，還需要謹慎對待。因此，明清禪籍語錄不受學者們待見，也是可以理解的。

明清禪錄很多内容不好確定其時代，因爲確實存在不少前代語料夾雜在後代語錄之中的現象，但有一點可以確定的是，這些語料代表的時間段還是在近代漢語這一範圍之内。那麽作爲反映近代漢語語言文字現象的語料，明清禪錄自然不容忽視，應該充分利用起來。並且，全面研究近代漢語不能僅僅停留在唐宋禪籍上，元代以後禪籍語料也很有必要給予關注。特别是在語言文字使用差異上，明清禪籍語料是一座有待大力挖掘的礦藏。

1.2　百年來禪籍語錄語言研究的簡單回顧②

1922 年，胡適先生發表了《禪宗的白話散文》③一文，可以説是二十世紀第一篇涉及禪學的文章。但是從語言學角度來説，第一篇研究禪籍語言的論文，當屬吕叔湘先生於 1941 年發表在《華西協合大學中國文化研究所集刊》第 1 卷第 3 期的《釋〈景德傳燈錄〉中"在""著"二助詞》。自此之後，禪籍語錄語言研究相關論文、專著接續出版。百年來，國内外學者從語言學角度對禪籍語錄研究相繼取得了不少成就，特别是語法研究和俗語詞

---

① 董志翹：《禪籍方俗詞研究·序》，雷漢卿：《禪籍方俗詞研究》，巴蜀書社，2010 年，第 3 頁。

② 時賢雷漢卿先生《禪籍方俗詞研究》、《禪宗文獻語言論考》(此書與王長林先生合著)兩部專著及張鵬麗先生論文《禪宗語錄語言研究述略》對禪宗語錄研究成果也有相關綜述。考慮到本書研究内容，有必要從語言學角度作一個交代，故對相關研究成果以縱向時間綫索回顧於此，並作了一定的擴展及點評，勉强續貂。此外，因書稿於 2021 年交出版社校稿，因此文獻成果的梳理亦止於 2021 年。

③ 載於《國語月刊》第 1 卷第 4 期。

考釋這兩個方面。下面筆者試着做一點簡單的回顧（爲行文方便起見，以下涉及的專著、論文，皆只列出作者、文章名、時間，具體出版或發表的出版社、期刊等信息不再列出）。

1.2.1 國內學者對禪籍語録語言研究的貢獻

如上所說，呂叔湘先生發表《釋〈景德傳燈録〉中"在""著"二助詞》之後，國內學者開始涉足禪籍語録這一領域。但是直到二十世紀九十年代，纔出現第一部禪籍語録詞彙研究專著《禪宗著作詞語匯釋》。相對於敦煌文獻研究而言，禪籍語録研究顯得滯後、遲鈍得多。郭在貽先生曾指出："近年來出了不少有關俗語詞的論著，這是好事。但也有美中不足之處，就是大家目光所及，總不外乎古代的俗文學作品，諸如變文、通俗小説、戲曲之類，而很少有人注意到一個新的領域，即漢譯佛經和禪宗語録。殊不知這正是俗語詞的淵藪，是一塊未開墾的處女地，是大可以馳騁我們的學力和才氣的。"[①] 如果從呂叔湘先生發表《釋〈景德傳燈録〉中"在""著"二助詞》算起，迄今爲止，禪籍語言學研究已經有八十多年的歷史。這期間的研究情況十分耐人尋味。根據關注度和研究成果，禪籍語言學研究大致可以分爲四個時間段：八十年代以前、八十年代、九十年代、二十一世紀至今。

1.2.1.1 八十年代以前

八十年代以前，現代學者對禪籍語言學的研究可以説還處於起步階段。就筆者管見，大陸方面，只發現兩篇有關禪籍語言的研究論文：一是上面提到的呂叔湘先生的論文；二是高明凱先生於 1948 年發表在《燕京學報》第 34 期的《唐代禪家語録所見語法成分》一文。另外，還有臺灣輔仁大學郝慰光先生的碩士學位論文《唐朝禪宗語録語法分析》（1974），這可以説是國內較早有關禪籍語法研究的學位論文。本時期突出特點是數量少、關注度極低。

1.2.1.2 八十年代

1.2.1.2.1 專著

到了八十年代，之前低迷狀況有了不少改觀。這期間出版過兩部有關《壇經》研究的著作：郭明的《壇經對勘》（1981）和《壇經校釋》（1983）。

---

① 郭在貽：《禪宗著作詞語匯釋·序》，袁賓：《禪宗著作詞語滙釋》，江蘇古籍出版社，1990年，第2頁。

《壇經對勘》是把有關《壇經》的四個本子加以勘對,按照作者自己的話說就是"略加評按,其間的是非、真僞,當可概見"。毫無疑問,這種方法對整理《壇經》版本異文甚有用處。《壇經校釋》是對《壇經》內容的校釋,不乏創見,特別是對各版本文字異同,時有按斷,間下己意。

1.2.1.2.2 期刊論文

論文方面,數量已大有改變,主要有:孫錫信《〈祖堂集〉中的疑問代詞》(1983);蔣紹愚《〈祖堂集〉詞語試釋》(1985);曹廣順《〈祖堂集〉的"呢"》(1986);曹廣順《〈祖堂集〉中與語氣助詞"呢"有關的幾個助詞》(1986);曹廣順《〈祖堂集〉中的"底(地)""却(了)""著"》(1986);袁賓《〈五燈會元〉詞語釋義》(1986);伍華《論〈祖堂集〉中以"不、否、無、摩"收尾的問句》(1987);袁賓《〈五燈會元〉詞語續釋》(1987);張錫德《〈五燈會元〉詞語拾零》(1987);袁賓《〈五燈會元〉口語詞探義》(1987);曹廣順《語氣詞"了"源流淺説》(1987);袁賓《禪宗語録的修辭特色》(1988);袁賓《禪宗著作裹的口語詞》(1988);常青《〈祖堂集〉副詞"也""亦"的共用現象》(1989);袁賓《〈祖堂集〉被字句研究:兼論南北朝到宋之間被字句的歷史發展和地域差異》(1989);袁賓《再談禪宗語録中的口語詞》(1989);段觀宋《唐宋語詞考釋》(1989);等等。

1.2.1.2.3 學位論文

以上專著、論文之外,還值得關注的是臺灣一些大學碩博畢業論文,主要有:宋寅聖《〈祖堂集〉虛詞研究》(臺灣文化大學 1985 年博士學位論文);王錦慧《敦煌變文〈祖堂集〉疑問句比較研究》(臺灣師範大學 1986 年博士學位論文);張皓得《〈祖堂集〉否定詞之邏輯與語義研究》(臺灣政治大學 1987 年博士學位論文);周碧香《〈祖堂集〉句法研究——以六項句式爲主》(臺灣中正大學 1988 年博士學位論文);郭維茹《句末助詞"來""去":禪宗語録之情態體系研究》(臺灣大學 1988 年碩士學位論文);李斐雯《〈景德傳燈録〉疑問句研究》(臺灣成功大學 1989 年碩士學位論文)等。不得不承認,大陸學界在學位論文這一塊對禪籍語録的關注上顯然慢了一拍。

從以上情況,不難看出語言研究者們對禪籍語録價值有了認識,並開始着手進行相關研究。這時期特點表現在:重視禪籍語録利用價值,從各個角度分別進行研究,有了不少成果;研究視野上出現了新改變,如《禪宗語録的修辭特色》,可以説是對禪籍語録修辭進行研究較早的一文。不過缺陷也十分明顯:語料使用上集中在《祖堂集》《五燈會元》這兩部禪籍,研究角度多爲語法、口語詞研究。對於語言研究而言,這種情況顯然是一種不平衡的狀態。

1.2.1.3 九十年代

1.2.1.3.1 專著

從九十年代開始，著作出版和論文發表數量，與之前相比，都達到了一個新高度。著作、古籍整理方面有：袁賓《禪宗著作詞語匯釋》(1990)；袁賓《禪宗詞典》(1994)；于谷《禪宗語言和文獻》(1995)；吳福祥、顧之川點校本《祖堂集》(1996)；楊曾文《神會和尚禪話錄》(1996)；張美蘭《禪宗語言概論》(1998)、盧烈紅《〈古尊宿語要〉代詞助詞研究》(1998)；袁賓《禪語譯注》(1999)；周裕鍇《禪宗語言》(1999)。

《禪宗著作詞語匯釋》可以說是國內首部對禪籍語錄詞語進行考辨的著作，按照郭在貽先生的說法就是："袁賓同志則急起直追，乾脆對禪宗著作本身的特殊語詞進行系統的考釋。以個人聞見之陋，好象（像）這項工作國內還不曾有人做過。有之，則自袁賓同志始。"①評價甚是允當。該書共考釋了四百零六條禪籍俗語詞，論說詳略得當，精彩紛呈，創穫之多，可以想見。嗣後又出版了《禪宗詞典》《禪宗大詞典》，收錄俗語詞較前更為豐富。

《禪宗語言和文獻》一書中"同源詞語""歷史演變""詞義考釋""口語語法"等章節論述十分獨到，對歷史詞彙、語法研究而言，大有裨益。

吳福祥、顧之川點校的《祖堂集》，是繼1994年臺灣《佛光大藏經·禪藏》收入並點校《祖堂集》以來的第二部點校本，也是目前較為通行的整理本。

《神會和尚禪話錄》主要對神會和尚有關的文獻作了一次全面的蒐集，並利用敦博本同別的版本進行了校注，間下評斷，糾正了之前胡適先生校勘本不少失誤之處。

《禪宗語言概論》主要是對禪宗語言中詞彙構成、語法特點、修辭及禪宗語言藝術等方面作了研究。

《〈古尊宿語要〉代詞助詞研究》是對《古尊宿語要》中出現的代詞、助詞作了詳細全面的描寫和研究，利用不同時期語料，通過定性、定量分析，討論了代詞、助詞的起源和發展及衰亡。

《禪語譯注》是對歷史上四百多位禪師禪語的解釋。

---

① 郭在貽：《禪宗著作詞語匯釋·序》，袁賓：《禪宗著作詞語滙釋》，江蘇古籍出版社，1990年，第2頁。

《禪宗語言》是從語言哲學角度對禪宗文獻的解讀。

1.2.1.3.2 期刊論文

這一時期論文數量非常可觀。主要有：李崇興《〈祖堂集〉中的助詞"去"》(1990)；李思明《〈祖堂集〉〈五燈會元〉中的指示代詞"與麼"與"恁麼"》(1990)；袁賓《〈五燈會元〉口語詞例釋》(1990)；董志翹《〈五燈會元〉語詞考釋》(1990)；袁賓《禪宗著作詞語釋義》(1990)；李思明《〈祖堂集〉中"得"字的考察》(1991)；袁賓《禪宗著作詞語釋義》(1991)；項楚《〈五燈會元〉點校獻疑續補一百例》(1991)；呂幼夫《〈祖堂集〉詞語選釋》(1992)；劉利《〈祖堂集〉動詞補語管窺》(1992)；張美蘭《〈五燈會元〉詞語校釋兩則》(1992)；劉忠信《〈祖堂集〉中的隱名代詞》(1992)；袁賓《禪宗著作裡的兩種疑問句——兼論同行語法》(1992)；章備福《〈景德傳燈錄〉成語劄記》(1993)；曹小雲《〈祖堂集〉被字句研究》(1993)；刁晏斌《〈祖堂集〉正反問句探析》(1993)；段觀宋《〈五燈會元〉俗語言詞選釋》(1993)；劉凱鳴《〈五燈會元〉詞語補釋》(1993)；曲彥斌《關於禪籍俗語言民俗語源文體》(1993)；馮淑儀《〈敦煌變文集〉和〈祖堂集〉的形容詞、副詞詞尾》(1994)；馮春田《唐宋禪宗文獻的"V似"結構》(1995)；王鍈《讀〈葛藤典語箋〉隨劄》(1995)；馮春田《試說〈祖堂集〉〈景德傳燈錄〉"作麼生""怎麼生"之類詞語》(1995)；徐健《〈五燈會元〉詞語釋義》(1995)；滕志賢《〈五燈會元〉詞語考釋》(1995)；闞緒良《〈五燈會元〉裏的"是"字選擇問句》(1995)；李壯鷹《禪語解讀——"頭白"與"頭黑"》(1996)；祖生利《〈景德傳燈錄〉的三種複音詞研究》(1996)；張雙慶《〈祖堂集〉所見泉州方言詞彙》(1996)；段觀宋《禪籍俗語詞零劄》(1996)；邢東風《禪宗語言問題在禪宗研究中的位置》(1996)；劉瑞明《禪籍詞語校釋的再討論》(1996)；張美蘭《論〈五燈會元〉中同形動量詞》(1996)；張美蘭《〈五燈會元〉詞語二則》(1997)；刁晏斌《〈景德傳燈錄〉中的選擇問句》(1997)；段觀宋《禪籍詞語校釋辨》(1997)；梁曉紅《禪宗典籍中的"子"的用法》(1998)；劉勳寧《〈祖堂集〉"去"和"去也"方言證》(1998)；劉勳寧《〈祖堂集〉反複問句的一項考察》(1998)；武振玉《試析〈五燈會元〉中的是非問句與選擇問句》(1998)；盧烈紅《〈古尊宿語要〉的近指代詞》(1998)；梁曉虹《禪宗詞語辨析（一）》(1998)；李壯鷹《談談禪宗語錄》(1998)；黃靈庚《〈五燈會元〉標點正誤二則》(1998)；黃靈庚《〈五燈會元〉詞語劄記》(1999)；袁津琥《〈祖堂集〉中的俗語詞》(1999)；袁津琥《〈祖堂集〉中的俗語源（續）》(1999)。

以上論文有兩篇需要注意：《〈祖堂集〉所見泉州方言詞彙》《〈祖堂集〉"去"和"去也"方言證》。這兩篇論文有一個共同點，即把《祖堂集》中語言結合現代方言進行研究,這一方法顯然是研究禪籍語錄的新鮮視角,值得借鑒。這也提示我們在研究禪籍語錄時,既可以從橫向同時代語料進行分析研究,也可以以縱向歷時發展眼光研究語言的承襲、變化、異同。

1.2.1.3.3 學位論文

碩博論文方面主要有:盧烈紅《〈古尊宿語要〉代詞助詞研究》(北京大學 1998 年博士學位論文);歐陽宜璋《〈碧巖集〉的語言風格研究——以構詞法爲中心》(臺灣政治大學 1993 年碩士學位論文);章正忠《〈祖堂集〉詞彙研究》(臺灣師範大學 1994 年碩士學位論文);葉千綺《〈祖堂集〉助動詞研究》(臺灣中正大學 1995 年碩士學位論文);許嘉村《壇經版本考》(臺灣"中央大學"1996 年碩士學位論文);具熙卿《〈宋代禪宗語錄被動式語法研究——以被字句、爲字句爲例〉》(臺灣政治大學 1998 年碩士學位論文)。

這一時期內,大陸還是沒有出現大量碩博士有關論文,如此看來,大陸碩博士學位論文對禪籍語錄的關注恐怕不止慢了一拍。

根據以上有關專著和論文研究情況,這一時期特點爲:數量上存在顯著優勢,這是前兩個時期所不能比的,此其一;研究角度上大部分還是集中在語法方面,其次是詞語考釋,此其二;語料研究上,關注的同樣只是幾部禪籍文獻,如《壇經》《祖堂集》《碧巖集》《五燈會元》《景德傳燈錄》等,此其三;此前大陸碩博學位論文空白的現象得到了改觀,出現博士論文《〈古尊宿語要〉代詞助詞研究》,此其四;從歷時角度出發,把古籍文獻語言同方言相結合來研究,可以算作這一時期新視角,此其五。

1.2.1.4 二十一世紀

進入二十一世紀,禪籍語錄語言研究蓬勃發展,特別是學術論文和碩博士學位論文,數量之多,前所未見。可喜的是,這一時期內,大陸方面已開始出現更多碩博士學位論文。

1.2.1.4.1 專著

這時期出版的專著主要有:張美蘭《〈祖堂集〉語法研究》(2003);譚偉《〈祖堂集〉文獻語言研究》(2005);林新年《〈祖堂集〉的動態助詞研究》(2006);葉建軍《〈祖堂集〉疑問句研究》(2010);雷漢卿《禪籍方俗詞研究》(2010);袁賓、康健主編《禪宗大詞典》(2010);曹廣順、梁銀峰、龍國富等《〈祖堂集〉語法研究》(2011);田春來《〈祖堂集〉介詞研究》(2012);何小宛《禪宗語錄詞語研究》(2017);雷漢卿、王長林《禪宗文獻語言論考》(2018)。

需要關注的是《禪籍方俗詞研究》一書。該書是繼《禪宗著作詞語匯釋》後又一部對禪籍方俗詞系統考釋的力作。作者不僅考釋了一大批禪籍方俗詞，還探索出一些禪籍疑難字詞的來源，如指出"踣跳""跨跳"語源即"踠跳"，可以說已成定論。作者由此上升到理論高度，總結了禪籍方俗詞研究方法，這對禪籍語言研究很有參考價值。另外，該書還從"語法類推""實語素構詞""重疊構詞""修辭轉化""縮略""化用典故"六個方面分析了禪籍方俗詞衍生方式，並從"引申""感染""虛化""隱喻"等角度概括了禪籍方俗詞詞義演變途徑。總之，該書可以說使禪籍語言研究達到了新高度，正如董志翹先生所說："如今漢卿兄的專著《禪籍方俗詞研究》可以說是這一研究的繼續和超越，'繼續'自不待言，'超越'是指作者在吸收前人研究成果的基礎上，又有量的積累和質的探索。"①

《〈祖堂集〉語法研究》是首部系統研究《祖堂集》語法的專著，並且對《祖堂集》存在的俗字也作了系統整理，這是很有必要，也是很有價值的。另外，該書從句法角度對一些虛詞進行了研究，填補了以往《祖堂集》句法研究上的空白。

《〈祖堂集〉文獻語言研究》上篇對《祖堂集》編撰、流傳、文本特徵作了分析；全書重點是在下篇，下篇從語言視野出發，一改以往語法角度，從俗字入手，對《祖堂集》中俗字形體作了分類和辨析；另外還對《祖堂集》中的一些詞語作了考釋。

《〈祖堂集〉的動態助詞研究》對《祖堂集》中"了""却""著""得""過""取""將"七個動態助詞作了深入分析，並將《祖堂集》同《景德傳燈錄》《五燈會元》《朱子語類》《敦煌變文》等文獻中的動態助詞進行縱向比較，從歷時發展角度比較分析動態助詞語法化的過程和原因。

《〈祖堂集〉疑問句研究》全面探討了《祖堂集》中疑問句的語用功能。

《禪宗大詞典》是在《禪宗詞典》的基礎上增補修改而成，收詞更加豐富。

《〈祖堂集〉語法研究》對《祖堂集》"代詞""數詞和量詞""副詞""連詞""介詞""助動詞""助詞"，以及"判斷句""被動句""述補結構""疑問句""處置式"等作了全面分析。

《〈祖堂集〉介詞研究》主要是系統研究了《祖堂集》中的介詞，深入分析了"時間介詞""被動介詞""處置介詞和工具介詞""對象介詞""引進話題介詞""依憑介詞和原因介詞"等內容。有關《祖堂集》介詞研究，此書是必讀之書。

---

① 董志翹：《禪籍方俗詞研究·序》，雷漢卿：《禪籍方俗詞研究》，巴蜀書社，2010年，第3頁。

《禪宗語錄詞語研究》是作者在學位論文基礎上修改而成,對唐宋禪錄詞語的特性、方言色彩及詞義考釋等有一定的剖析和總結。

《禪宗文獻語言論考》從禪宗文獻詞彙研究綜述、詞彙研究方法、詞語訓釋相關問題、俗成語研究略論、域外禪籍著作考論、語言辭典編撰、語詞例釋七個方面,對禪宗文獻相關問題展開討論及綜述,具有一定的參考價值。

1.2.1.4.2 期刊論文

這一時期論文數量非常可觀,可以說是禪籍語錄語言學研究的高潮階段。主要有:徐時儀《密禪二宗語言觀探論》(2000);陳耀東、周靜敏《〈祖堂集〉及其輯佚》(2000);段觀宋《禪籍中"得"的用法》(2000);疏志強《淺析禪宗語言的"言有所為"現象》(2000);段觀宋《禪宗語錄疑難詞語考釋》(2001);沈丹蕾《〈五燈會元〉的句尾語氣詞"也"》(2001);武振玉《〈五燈會元〉中的是非問句與選擇問句初探》(2001);袁賓《唐代禪錄語法研究》(2001);張美蘭《高麗海印寺海東新開印版〈祖堂集〉校讀劄記》(2001);祖生利《〈景德、燈錄〉中的支配式和主謂式複音詞淺析》(2001);祖生利《〈景德傳燈錄〉中的補充式複音詞》(2001);祖生利《〈景德傳燈錄〉中的偏正式複音詞》(2001);王景丹《〈祖堂集〉中"將"字句研究》(2001);肖蘭萍《唐宋禪宗語錄中的隱形選擇疑問句式初探》(2002);袁賓《"囉囉哩"考(外五題)》(2002);祖生利《〈景德傳燈錄〉中的聯合式複音詞》(2002);朱慶之《王梵志詩的"八難"和"八字"》(2002);張美蘭《〈祖堂集〉語言研究概述》(2002);譚偉《〈祖堂集〉語詞考釋》(2002);雷漢卿《禪籍口語同義詞略說》(2003);王景丹《〈祖堂集〉的"何"及其語體色彩》(2003);譚偉《〈祖堂集〉俗別字考論》(2003);肖蘭萍《唐宋禪宗語錄特指問句末尾的"來"》(2003);張美蘭《〈祖堂集〉祈使句及其指令行為的語力級差》(2003);張美蘭《從〈祖堂集〉問句看中古語法對其影響》(2003);蔣宗福《敦煌禪宗文獻校讀劄記》(2003);鄧海榮《禪宗語錄詞語劄記二則》(2004);韓維善《〈祖堂集〉詩韻止、蟹二攝考》(2004);雷漢卿《禪籍俗語詞劄記》(2004);劉曉珍《禪宗對俳諧詞的影響》(2004);疏志強《試論禪宗修辭的非邏輯性》(2004);詹緒左《〈祖堂集〉卷一校讀記》(2004);周裕鍇《禪籍俗諺管窺》(2004);楊維中《四祖道信大師〈入道安心要方便法門〉校釋》(2004);徐時儀《禪宗語錄中"囉囉哩"語探源》(2004);張美蘭《論宋代禪宗語錄的語言特色——從〈祖堂集〉與〈五燈會元〉等語言的風格差異入手》(2004);馮國棟《〈五燈會元〉版本與流傳》(2004);陳寶勤《〈祖堂集〉總括副詞研究》(2004);林新年《談〈祖堂集〉"動1+了+動2"格式中

"了"的性質》(2004);譚偉《〈祖堂集〉校記》(2004);雷漢卿《禪籍詞語選釋》(2005);譚偉《〈祖堂集〉詞語考釋》(2005);袁賓、張秀清《禪宗詞語"專甲"與"某專甲"源流考釋》(2005);詹緒左《〈祖堂集〉校讀劄記》(2005);譚偉《〈祖堂集〉校點問題》(2005);劉海平《〈古尊宿語要〉選擇問研究》(2005);向德珍《〈祖堂集〉與唐五代前佛典特式判斷句比較研究》(2005);鞠彩萍《禪籍點校匡補》(2005);鮑澄《禪語劄記一則》(2005);詹緒左《〈祖堂集〉校讀記》(2006);詹緒左《〈祖堂集〉俗字校錄匡誤》(2006);詹緒左《〈祖堂集〉校讀散記》(2006);詹緒左、何繼軍、葉建軍《〈祖堂集〉校讀筆劄》(2006);張美蘭《〈祖堂集〉校錄勘誤補》(2006);譚偉《從用典看禪宗語言的複雜性》(2006);王群《唐宋禪宗文獻"自X"類詞的歷史形成》(2006);温振興《〈祖堂集〉中的"許"及其相關結構》(2006);謝潔瑕《〈六祖壇經〉中的副詞研究》(2006);焦毓梅《禪宗公案話語的修辭分析》(2006);雷漢卿《禪籍詞語選釋》(2006);林新年《〈祖堂集〉"還(有)……也無"與閩南方言"有無"疑問句式》(2006);劉青《〈祖堂集〉中"個"的詞性及用法》(2006);任珊《禪語問答的認知語言學觀照——以〈景德傳燈錄〉爲中心》(2006);詹緒左、何繼軍《〈祖堂集〉校讀散記》(2006);闞緒良《〈五燈會元〉校讀劄記》(2006);馮國棟《〈景德傳燈錄〉宋元刊本叙錄》(2006);鍾書林《〈禪門秘要訣〉校補》(2006);雷漢卿、孫艷《禪籍詞語考釋》(2006);范春媛《智慧禪語——禪宗典籍諺語語義探析》(2006);范春媛《禪籍俗語語義研究》(2007);疏志强《試析禪宗修辭的非語言形式》(2007);方廣錩《〈祖堂集〉中的"西來意"》(2007);陳前瑞、張華《從句尾"了"到詞尾"了"——〈祖堂集〉〈三朝北盟會編〉中"了"用法的發展》(2007);徐立《〈祖堂集〉校勘數則》(2007);葉建軍《〈祖堂集〉中"是"字結構附加問》(2007);葉建軍《〈祖堂集〉中的感嘆句》(2007);韓莎莎《説"禪"》(2008);田春來《釋唐宋禪錄裏的"只如"》(2008);葉建軍《〈祖堂集〉中四種糅合句式》(2008);何繼軍《〈祖堂集〉中"那"的隱指用法》(2008);梁嘤之《〈祖堂集〉校讀劄記一則——"王莽則位"辨》(2008);梁銀峰《〈祖堂集〉助動詞研究》(2008);詹緒左《〈祖堂集〉詞語劄記》(2008);何小宛《禪錄詞語釋義商補》(2009);鞠彩萍《禪籍詞語"漏逗"考》(2009);殷偉《〈五燈會元〉中"T,是否"句式研究》(2009);張鵬麗《唐宋禪宗語錄特殊選擇疑問句考察》(2009);張鵬麗《禪宗語錄語言研究述略》(2009);雷漢卿《語文辭書收詞釋義漏略禪籍新義例釋》(2009);孔慶友《禪宗語言的語義三角理論闡釋》(2009);詹緒左、何繼軍《〈祖堂集〉的文獻學價值》(2009);胡静書《〈景德傳燈錄〉中介詞"向"的多功能現象》

(2009);葉建軍《〈祖堂集〉詢問句的語用功能》(2010);張相平《〈祖堂集〉校補劄記》(2010);馮國棟《〈五燈會元〉校點疏失類舉》(2010);鞠彩萍《禪宗語錄中的同義成語》(2010);陳年高《敦博本〈壇經〉的被字被動句》(2010);劉孟洋《〈古尊宿語錄〉中的幾個助詞考察》(2010);杜軼《試論〈祖堂集〉中"V 得 VP"結構的句法性質》(2010);何繼軍《〈祖堂集〉"底"字關係從句初探》(2010);都興宙《〈祖堂集〉校點補正》(2010);林玲《〈祖堂集〉新詞研究與辭書編纂(一)——〈漢語大詞典〉未收及商榷之新詞義項》(2010);范春媛《禪宗人稱成爲"××漢"考察》(2011);雷漢卿《試論禪宗語言比較研究的價值——以詞彙研究爲例》(2011);溫振興《〈祖堂集〉俗語匯例釋》(2011);詹緒左、何繼軍《〈祖堂集〉校釋失誤舉偶》(2011);紀贇、黃俊銓《〈五燈會元〉之版本與校勘之諸問題研究》(2011);詹緒左、石秀雙《〈古尊宿語錄〉校讀劄記》(2011);康健《中華本〈祖堂集〉校注正誤》(2011);李艷琴《中華本〈祖堂集〉點校辨正》(2011);李艷琴《從〈祖堂集〉看"叉手"一詞的確義及其他》(2011);張鑫鵬《〈祖堂集〉成語探析》(2011);嚴寶剛《從〈祖堂集〉看唐五代時期的名詞化標記"底"》(2011);張秀清《〈祖堂集〉"且"類關聯副詞使用初探》(2011);王閏吉《〈禪錄詞語釋義商補〉商補》(2011);何繼軍《〈祖堂集〉"其 + N/NP"格式中"其"的功能及流變》(2011);雷漢卿《試論禪籍方俗詞的甄別——兼論漢語方俗詞的甄別》(2011);康健《關於禪宗文獻語言詞典的幾點認識》(2011);盧烈紅《禪宗語錄中帶語氣副詞的測度問句》(2011);詹緒左、崔達送《禪宗文獻中的同義介詞"擗""驀""攔"》(2011);康健《禪錄代詞隱指用法探析》(2011);徐琳《禪籍俗語語義探析》(2011);黃新強《〈祖堂集〉與〈景德傳燈錄〉選擇連詞比較》(2011);楊濤《"頓悟"語義的生成與發展》(2012);許興寶《〈詞源〉禪語匯釋》(2012);鞠彩萍《釋禪籍詞語"絡索""(隨)搜搜"》(2012);張秀清《"碗鳴"釋詁》(2012);田春來《〈祖堂集〉介詞研究》(2012);喬立志《〈五燈會元〉點校疑誤舉例》(2012);李艷琴《中華本〈祖堂集〉再續貂——兼與周瑶先生商榷》(2012);鞠彩萍《試述禪宗史書〈祖堂集〉複音詞對大型語文辭書的補充》(2012);張鵬麗《唐宋禪宗語錄疑問語氣詞"麼(摩)"考察》(2012);馬丹丹《〈祖堂集〉類化俗字之探析》(2012);張鵬麗《唐宋禪宗語錄新生疑問詞語考察》(2012);盧烈紅《談談禪宗語錄語法研究的幾個問題》(2012);譚偉《從〈寶林傳〉到〈傳法正宗記〉看禪宗語言的世俗化》(2012);袁衛華《〈五燈會元〉中帶語氣副詞的測度問句》(2012);張鵬麗《唐宋禪宗語錄"VP－Neg－VP"式正反疑問句研究》(2012);鞠彩萍《淺談禪宗稱謂中的借稱》(2012);王閏吉《〈祖堂集〉語法問題考辨數則》（2012）；惠紅軍《〈古尊宿語録〉量詞句法功能的語法等級》（2012）；雷漢卿《禪籍俗成語淺論》（2012）；任鵬波《〈古尊宿語録〉點校獻疑》（2012）；高列過《"截斷衆流"辨正》（2013）；王閏吉《唐宋禪録疑難詞語考釋四則》（2013）；常海星《〈五燈會元〉"因"字研究》（2013）；邱艷林《〈五燈會元〉中"底（的）"字結構研究》（2013）；胡雪兒《〈祖堂集〉之〈石霜和尚〉語詞考釋》（2013）；張秀清《〈祖堂集〉校記》（2012）；沈氏雪娥《禪籍方俗詞三題》（2013）；鞠彩萍《禪宗文獻帶"子"稱謂現象考察》（2013）；姚奇《漢語"將"字句的語法化研究——以〈古尊宿語録〉中的"將"字句爲例》（2013）；龔元華、曾良《禪籍文獻詞語考釋舉例》（2014）；龔元華《釋"骨堆"》（2014）；何小宛《禪籍諺語的語言特性》（2014）；鞠彩萍《禪籍詈稱的語義類別及語用效力》（2014）；鞠彩萍《釋禪籍稱謂"杜拗子""勤巴子""梢郎子"》（2014）；李艷琴、徐譜悦《禪籍賭博貨貿俗語宗門義舉隅》（2014）；雷漢卿、王長林《禪録方俗詞解詁》（2014）；雷漢卿、王勇《語素"祇"考論》（2014）；李旭《〈五燈會元〉詞語劄記》（2014）；王長林《禪語"君子可八"釋義商兑》（2015）；李艷琴、李豪傑《禪籍俗語語義層次及其分類》（2015）；鞠彩萍《禪録俗語詞"央庠""丁一卓二"考》（2015）；鞠彩萍《禪録詞語選釋四則》（2015）；鞠彩萍《禪録俗語詞"風后先生"解讀》（2015）；王勇、王長林《禪籍點校獻疑》（2015）；康健《唐宋禪録中的"是即/則是"句式及其演變》（2015）；王長林《禪籍"勃窣"拾詁》（2016）；王長林、李家傲《禪録俗語詞"風后先生"商詁》（2016）；詹緒左、周正《禪籍疑難詞語考四則》（2017）；徐琳《〈漢語大詞典〉始見例商補——以唐宋禪籍俗語詞爲例》（2017）；雷漢卿、李家傲《禪籍"漏逗"考論》（2017）；周碧香《〈慧琳音義〉與禪典外來詞對比分析》（2017）；趙川兵《"伎死漢（禪和）"釋義補議》（2017）；王長林《禪籍"茅廣""高茅"的詞義及其理據》（2018）；雷漢卿、王長林《禪籍俗成語的三個來源》（2018）；付建榮《禪諺"快馬一鞭，快人一言"解》（2018）；周正《禪籍"拍盲"考辨》（2018）；雷漢卿、李家傲《禪籍詞語考辨四則》（2018）；趙家棟《禪籍方俗詞待問録考辨》（2018）；潘牧天《禪籍"以假爲真、無中生有"相關概念四字詞語考》（2018）；任連明《禪籍詞語"茶毗""荼毗"考》（2019）；王長林《禪録"屢生"平議——兼談俗語詞溯源對古代語文辭書之利用》（2019）；盧烈紅《唐宋禪宗語録"只如"類話題標記句》（2020）；秦越《禪籍疑難詞語考釋方法舉隅》（2020）；王長林《禪宗文獻俗字例釋》（2020）、《禪宗文獻俗語詞零劄（二）》（2020）、《禪宗文獻俗成語輯釋》（2020）、《禪宗文獻俗語詞零劄（三）》（2021）、《禪宗文獻字詞續劄》（2021）；等等。

這些論文大體上來說還是對禪籍語錄語法展開討論，但是研究視野已經多元化。有從音韻學研究的，如《〈祖堂集〉詩韻止、蟹二攝考》；有從俗字進行研究的，如《〈祖堂集〉俗別字考論》《〈祖堂集〉俗字校錄匡誤》；有從複音詞研究的，如《〈景德傳燈錄〉中的補充式複音詞》《〈景德傳燈錄〉中的偏正式複音詞》；有從文獻學進行研究的，如《〈五燈會元〉版本與流傳》《〈景德傳燈錄〉宋元刊本敘錄》《〈祖堂集〉的文獻學價值》；有從修辭角度進行研究的，如《禪宗公案話語的修辭分析》；有研究語法化的，如《漢語"將"字句的語法化研究——以〈古尊宿語錄〉中的"將"字句爲例》；等等。

1.2.1.4.3 學位論文

主要有：闞緒良《〈五燈會元〉虛詞研究》（浙江大學 2003 年博士學位論文）；范春媛《禪籍諺語研究》（南京師範大學 2007 年博士學位論文）；田春來《〈祖堂集〉介詞研究》（上海師範大學 2007 年博士學位論文）；何小宛《禪宗語錄詞語研究》（上海師範大學 2009 年博士學位論文）；張慶冰《〈祖堂集〉完成體動詞辨析》（山東大學 2011 年博士學位論文）。碩士論文主要有：玄宗女貴蓮《〈壇經〉判斷句研究》（廣西師範大學 2000 年碩士學位論文）；王文傑《〈六祖壇經〉虛詞研究》（臺灣中正大學 2000 年碩士學位論文）；阮氏排《〈壇經〉的疑問句研究》（廣西師範大學 2002 年碩士學位論文）；杜曉莉《〈景德傳燈錄〉同義名詞研究》（四川大學 2003 年碩士學位論文）；孟艷紅《〈五燈會元〉程度副詞研究》（武漢大學 2004 年碩士學位論文）；蘇俊波《〈碧巖錄〉趨向詞"來""去"研究》（華中師範大學 2004 年碩士學位論文）；李豐園《〈碧巖錄〉研究》（上海師範大學 2004 年碩士學位論文）；李福唐《〈祖堂集〉介詞研究》（上海師範大學 2005 年碩士學位論文）；汪允《〈祖堂集〉與〈景德傳燈錄〉詞尾研究》（陝西師範大學 2005 年碩士學位論文）；梅鐵潔《〈祖堂集〉數詞的語法研究》（上海師範大學 2005 年碩士學位論文）；劉海平《〈古尊宿語要〉疑問句研究》（湖南師範大學 2005 年碩士學位論文）；龐亞飛《"禪門公案"的語用學研究》（山西大學 2005 年碩士學位論文）；殷偉《〈五燈會元〉反復問句及選擇問句研究》（南京師範大學 2006 年碩士學位論文）；王遠明《〈五燈會元〉量詞研究》（貴州大學 2006 年碩士學位論文）；劉愛玲《禪籍諺語研究》（南京師範大學 2006 年碩士學位論文）；具熙卿《唐宋五種禪宗語錄助詞研究》（臺灣中國文化大學 2007 年博士學位論文）；鄒仁申《〈五燈會元〉動態助詞研究》（福建師範大學 2008 年碩士學位論文）；龔峰《〈五燈會元〉祈使句研究》（蘇州大學 2010 年碩士學位論文）；劉孟洋《〈祖堂集〉動結式述補結構研究》（遼寧師範大學 2010 年碩士學位論文);黃新強《〈祖堂集〉與〈景德傳燈錄〉連詞比較研究》(溫州大學 2011 年碩士學位論文);李艷琴《〈祖堂集〉〈五燈會元〉校讀研究》(四川大學 2011 年碩士學位論文);李得成《〈祖堂集〉副詞系統研究》(西北師範大學 2011 年碩士學位論文);李燕燕《〈碧巖錄〉助詞研究》(溫州大學 2011 年碩士學位論文);李麗婷《〈景德傳燈錄〉疑問句研究》(四川師範大學 2012 年碩士學位論文);任鵬波《〈古尊宿語錄〉副詞研究》(湖南師範大學 2012 年碩士學位論文);方吉萍《〈五燈會元〉比擬句式研究》(溫州大學 2012 年碩士學位論文);符筱筠《〈景德傳燈錄〉中"來""去"二詞研究》(雲南大學 2012 年碩士學位論文);苗瑋《〈祖堂集〉與〈五代史平話〉詞綴比較研究》(浙江財經學院 2013 年碩士學位論文);王聰《唐宋禪宗語錄是非問句研究》(吉林大學 2016 年碩士學位論文);《禪宗文獻所見蘄春方俗詞語考釋——以〈祖堂集〉〈景德傳燈錄〉爲例》(武漢大學 2021 碩士學位論文)。

從這些碩博學位論文研究情況來看,二十一世紀以前大陸有關禪籍語錄語言學研究碩博學位論文寥寥無幾的情況至此已徹底得到改觀,並開始蓬勃發展。雖然和臺灣地區比起來,脚步慢了近三十年,但至少表明,進入二十一世紀,大陸學生已加强對禪籍語錄的語言學研究價值的關注。

二十一世紀以來,國内禪籍語言學研究形勢喜人,以上有關專著、學術論文、碩博學位論文數量,就是這一狀態的真實寫照。這一時期特點有:一是數量上超過了以往三個階段,甚至説是前三個階段數量之和也不爲過;二是研究角度多元化,雖然從比例上來看,大部分論文和專著還是因承前人語法研究脚步,但已有少量論文開始關注從語法以外的角度研究禪籍語錄,如音韻學、文獻學、俗字、複音詞、語用學等等;三是改變了以往大陸方面碩博學位論文寥寥無幾的研究現狀,二十一世紀以前,禪籍語錄語言學研究的碩博學位論文大都是臺灣研究生在做,直到二十一世紀以來,這一現狀纔慢慢得以改變,雖然步伐慢了一點,但是至少表明大陸學生已開始關注;四是創辦了禪學研究期刊《中國禪學》(2002 年創刊),刊登論文内容涉及禪籍語言學研究方面。

1.2.2 國外學者禪籍語錄語言研究情況

國外對禪籍語言學的研究主要在日本。學術乃天下之公器,雖説禪宗是中國本土化佛教宗派,但在學術研究上,日本禪籍語言學研究却比中國要早一步,並出了不少漢學專家,如太田辰夫、入矢義高、衣川賢次等等。當國内還處於禪籍研究初始階段的時候,日本學者已出版了不少禪籍研究方面的專著。主要有無著道忠《禪林象器箋》(1715)；無著道忠《葛藤語箋》(1744)；山田孝道《禪門法語集：校補點注》(1895)；天原素道《參盤禪語早解》(1902)；元恭《禪學俗語解》(1908)；山田孝道《碧巖集：和訓點注》(1912)；加藤咄堂《和訳碧巖錄：詳注》(1913)；安藤文英、神保如天《禪學辭典》(1915)；山田孝道《禪宗辭典》(1918)；中川渉庵《禪語字彙》(1935)；中川壯助《禪語字彙》(1967)；柳田聖山《六祖壇經紀諸本集成》(1976)；駒沢大學禪學大辭典編纂所《禪學大辭典》(1978)；柴野恭堂《禪語慣用語俗語要典》(1980)；太田辰夫《唐宋俗字譜・祖堂集之部》(1982)；田中良昭《敦煌禪宗文獻研究》(1983)；平田精耕《禪語事典》(1989)；古賀英彥《禪語辭典》(1991)；禪文化研究所《禪語辭書類聚》；等等。特別是《唐宋俗字譜・祖堂集之部》一書，是第一部着眼於《祖堂集》俗字字形方面的專著，該書對《祖堂集》中出現的俗字做了一次系統的梳理。

　　論文方面有入矢義高《高明凱氏の"唐代禪籍語錄に見える語法成分"を読む》(1951)；入矢義高《句終詞"在"について——吕叔湘氏の論考への批判》(1953)；飯田利行《〈葛藤語箋〉考》(1956)；山内舜雄《禪林象器箋并びに勅修百丈清規左[ケイ]における坐禪の注釈について》(1971)；柳田聖山《〈古尊宿語錄〉考》(1971)；佐藤喜代治《〈五燈會元〉の語彙の考察——わが國近代の漢語との関連において》(1974)；伊藤秀憲《"禦抄"の"正法眼藏"解釈：疑問詞と疑問の助詞について》(1977)；衣川賢次《臨濟錄箚記》(1988)；鈴木省訓《訓注〈誠拙禪師語錄〉その三》(1990)；椎名宏雄《宋金元版禪籍逸書目錄初稿》(1990)；長尾光之、李開《〈五燈會元〉詞語考釈》(1992)；北畠利信《〈瑞州洞山良價禪師語錄〉に見える語彙語法について(その2)：數詞研究(下)》(1992)；北畠利信《〈瑞州洞山良價禪師語錄〉に見える語彙語法について(その2)：數詞研究(上)》(1992)；芳沢勝弘《禪語辭典》(1993)；高松政雄《〈禪林類聚音義〉箚記》(1993)；高松政雄《〈禪林類聚音義〉箚記(二)》(1993)；入矢義高《禪宗語錄的語言與文體》(1993)；衣川賢次《禪宗語錄導讀》(1993)；高松政雄《〈禪林類聚音義〉箚記(三)：その引用書を巡って》(1994)；高松政雄《〈禪林類聚音義〉三本対校考》(1994)；高松政雄《〈禪林類聚音義〉箚記(四)：第一分冊の場合》(1994)；高松政雄《〈禪林類聚音義〉箚記(五)：第二分冊の場合》(1995)；高松政雄《〈禪林類聚音義〉箚記(六)：第三分冊の場合》(1995)；椎名宏雄《〈禪林寶訓〉諸版の系統》(1995)；劉勳寧《〈祖堂集〉反覆問句的一項考察》(1995)；入矢義高《禪語散論》

（1995）；衣川賢次《禪宗語錄導讀（二）》（1995）；柳田聖山《禪籍解題（1）——敦煌禪籍》（1995）；入矢義高《禪語談片》（1996）；衣川賢次《禪宗語錄導讀（三）》（1996）；柳田聖山《禪籍解題（2）——唐代禪籍》（1996）；堀江順子《〈禪林類聚音義〉の研究：その一分韻表》（1996）；北畠利信《〈祖堂集〉連詞鳥瞰》（1997）；衣川賢次《〈祖堂集〉劄記》（1998）；芳澤勝弘《岩波文庫版碧巖錄劄記》（1998）；柳田聖山《禪籍解題（三）——宋代禪籍》（1998）；丘山新、衣川賢衣、土屋昌明、小川隆共《祖堂集牛頭法融章疏證——祖堂集研究會報告之一》（2000）；中鉢雅量《唐宋口語釈義拾遺（1）杜詩を中心として》（2000）；小川隆《碧巖錄雜考》（2002）；衣川賢次《禪籍的校讎學》（2002）；衣川賢次《祖堂集の校理》（2003）；中鉢雅量《唐宋口語釈義拾遺（2）王梵志詩寒山詩を中心として》（2003）；衣川賢次《〈祖堂集〉の校理（特集中國の禪）——（中國禪宗史の諸相）》（2003）；石野幹昌《〈五燈會元〉訳注》（2005）；石野幹昌《訳注〈五燈會元〉訳注（2）》（2005）；衣川賢次《荷沢寺神會和尚五更轉訳注》（2005）；原瀬隆司《〈趙州禪師語錄〉にみられる"動詞+箇+名詞"の"箇"について》（2005）；中鉢雅量《唐宋口語釈義拾遺（3卷）——唐代禪語錄を中心として-》（2007）；田照軍、肖嵐《〈古尊宿語錄〉詞語劄記》（2007）；衣川賢次《〈祖堂集〉鳥[カ]章音韻考證》（2008）；衣川賢次《〈祖堂集〉異文校證（即/則）》（2009）；衣川賢次《〈祖堂集〉異文別字校證——〈祖堂集〉中の音韻資料》（2010）；田島毓堂《正法眼藏のサ変動詞——分析（その2）》（2010）；衣川賢次《〈祖堂集〉語法研究瑣談》（2012）；田島毓堂《正法眼藏のサ変動詞：分析（その3）意味分野別構造（その1）》（2012）；衣川賢次《〈祖堂集〉の基礎方言》（2013）等等。

另外，值得一提的是日本學者在1992年成立了"禪籍俗語研究會"，並創辦了《俗語言研究》刊物。可惜從1993年出版創刊號到1998年，只出了五期。

1.3 當前禪籍語錄語言學研究存在的問題

以上對百年來禪籍語錄語言學研究作了簡單回顧，可以看出，經過國內外歷代學者不間斷探索，禪籍文獻語言研究取得了巨大成績。百年來，禪籍語言研究發展速度很快，不斷湧現出新的研究成果，碩果累累。從二十世紀八十年代以前零星幾篇學術論文到九十年代至今，專著、論文爭相出版發表，《俗語言研究》《中國禪學》等期刊創刊，極大地促進了禪籍語言研究發展和繁榮,也使整個漢語史研究達到了一個新水準。

但是這些研究成果存在的問題亦不在少:

一是研究視野集中化。已出版的專著和發表的論文,雖然研究角度不斷多元化,從文獻學、語用學、修辭學、俗字、音韻學等皆有涉及,但是相對於從語法、俗語詞研究比例而言,可謂大巫見小巫。據初步統計,從音韻學研究的只有一篇,即《〈祖堂集〉詩韻止、蟹二攝考》;從語用學研究的有《〈祖堂集〉詢問句的語用功能》《"禪門公案"的語用學研究》;從修辭研究的有《禪宗語錄的修辭特色》《試論禪宗修辭的非邏輯性》《禪宗公案話語的修辭分析》《試析禪宗修辭的非語言形式》;從俗字研究的專著有《唐宋俗字譜・祖堂集之部》、《〈祖堂集〉文獻語言研究》,論文有《〈祖堂集〉俗別字考論》《〈祖堂集〉俗字校錄匡誤》《〈祖堂集〉類化俗字之探析》《禪宗文獻俗字例釋》等等。這些論文相對於語法研究論文而言,可以說是少得可憐。

二是研究專書集中化。從以往研究成果來看,對禪籍專書的研究,不外乎《祖堂集》《景德傳燈錄》《五燈會元》《碧巖錄》《古尊宿語錄》《神會語錄》這幾部,特別是《祖堂集》,方方面面皆有人研究,從來就沒有中斷過。

三是研究時間集中化。主要集中在唐宋這一時間段內,明清皆沒有涉及,對於禪籍文獻語言學研究整體來說,顯然是處於一種極端不平衡狀態。

1.4 宋與明清禪錄異文界定、範圍及語言學考察價值

二十世紀以來禪籍語錄研究發展很快,可研究語料和角度還很多,確如郭在貽先生所說"是大可以馳騁我們的學力和才氣的"。宋與明清禪錄異文語言學考察,就是在這一背景下提出的。

異文界定,陸宗達、王寧先生指出:"異文指同一文獻的不同版本以及同一文獻的本文與別處的引文用字的差異。異文的情況十分複雜,一般包括:同源通用字;同音借用字;傳抄中的訛字;異體字;可以互換的同義詞。"[①]蘇傑先生指出:"異文是指同一書的不同版本之間,某書的某章節、某句與他處所引該章節、該句之間,在本應相同的字句上出現的文字差異,包括異體字、通假字、古今字。"[②]以上的定義基本上可以弄清異文的概念:一是強調版本之間的用字差異,一是強調文字引用之間的差異。禪籍文獻

---

① 陸宗達、王寧:《訓詁方法論》,中國社會科學出版社,1983年,第188頁。
② 蘇傑:《〈三國志〉異文研究》,齊魯書社,2006年,第19~20頁。

的異文來源亦不外乎這兩點。不過,限於本人研究能力及興趣,本書提到的禪籍異文僅指字詞方面的異文差異,不涉及短語、句子段落及語法方面。

　　明清禪錄對前代禪籍語錄内容不斷因襲,出現了大量的異文材料,這些異文材料對研究宋與明清,乃至近代漢語語言文字情況皆極具研究價值。百年來禪籍語錄語言研究主要側重於語法、方俗詞及詞語釋義,而不同時代禪錄異文却鮮有人涉及,按照董志翹先生的話説就是:"禪宗語言的研究還有很大的空間,有待學人進一步探討和研究。"①不少明清禪錄皆引自宋代禪籍文獻,這樣一來,宋與明清禪錄形成的異文數量及其差異是大量且明顯的,這些異文差異所反映出的近代漢語詞語演變、同源關係、同詞異寫、用字特點、字形規律、方音演變、文獻校勘整理等等,都表明了其研究價值所在。

　　有鑒於此,本書將從語言文字使用時代性視野探討宋與明清禪錄異文,但限於能力,只擇取十八部習見禪錄作爲研究對象,分別是:《景德傳燈録》《天聖廣燈録》《建中靖國續燈録》《嘉泰普燈録》《聯燈會要》《古尊宿語録》《禪林僧寶傳》《五燈會元》八部宋代禪錄,以及《續傳燈録》《五燈嚴統》《指月録》《教外別傳》《禪宗正脈》《大明高僧傳》《五燈全書》《續燈正統》《列祖提綱録》《嵩山野竹禪師録》十部明清禪錄。

1.5　應該注意的問題及方法

　　宋與明清禪錄異文情況比較複雜,既有同時代禪籍之間的橫向共時引用,亦有不同時代禪錄之間的縱向歷時引用。因此,處理這些異文應該謹慎對待。真大成先生近來撰有《利用異文從事漢語史研究應該注意的三個問題》一文②,從分辨異文性質、真實性、來源三個方面展開論述,討論異文研究應該謹慎對待異文現象。禪錄異文研究顯然也適用於此。大量禪錄異文形成的性質、理據及源流演變,都需要慎重探討。此外,研究這些異文的方法,我們參考前人時賢已有研究,結合禪錄異文實際,大概有以下幾點。

　　一是要比勘。吕叔湘先生《通過對比研究語法》③一文就極力倡導用對比的方法來進行語法研究,認爲:"要認識漢語的特點,就要跟非漢語比

---

①　董志翹:《禪籍方俗詞研究・序》,雷漢卿:《禪籍方俗詞研究》,巴蜀書社,2010年,第3頁。
②　真大成:《利用異文從事漢語史研究應該注意的三個問題》,《浙江大學學報(人文社會科學版)》2019年第4期。
③　吕叔湘:《通過對比研究語法》,《語言教學與研究》1977年第2期。

較;要認識現代漢語的特點,就要跟古代漢語比較;要認識普通話的特點,就要跟方言比較。無論語音、語彙、語法,都可以通過對比來研究。"可見不僅語法要對比,語音、詞彙研究亦莫不如是。通過對比,往往可以發現很多問題。明清禪籍語録夾雜著不少唐宋禪籍的語料,重複度比例較高,這也就是治近代漢語者在語料使用上厚於唐宋而薄於明清的原因。但正是如此,形成了大量的異文,通過對比異文,可以解決不少問題。

　　二是要結合。對口語詞及字形的研究,要同敦煌寫卷、歷代石刻墓誌、出土文獻、近代漢語語料等結合起來,既證其形,又析其源,弄清演變過程,不濫施斧鉞,作鑿空之論。

　　三是要溯源。對唐宋以來新出現的字詞,辯考源流,弄清形成理據,分析訛變緣由。

第二章　宋與明清禪録異文差異與字詞形體多樣性考察

　　禪録語録屬於近代漢語時期的研究語料。這一時期，漢語語音、語法、詞彙、字形等成分及結構方式都發生了或多或少的變化，如北方通語入聲已經開始消失，濁音清化，m、n 尾合流，使用"吃"字句被動式及"把"字句，出現"頭""子""了""兒"等詞尾，産生大量新詞及一批俗字，凡此種種，不一而足。禪籍語録獨具特色，是近代漢語研究的寶貴資料。本章我們從詞語與文字變化多樣性角度對宋與明清禪録所反映的異文差異進行考察，既涉及詞語與文字縱向歷時源流演變，也涉及橫向共時的差異對比。進入討論之前，需要釐清"詞源""字源"的概念。

　　"詞源"即語源。孫雍長先生是這樣定義的："什麼是語源？由語詞甲孳生出語詞乙（及語詞丙、丁等），語詞甲便是語詞乙（及丙、丁等）的語源。'語'是指語詞，所以也有人把'語源'叫做'詞源'。"① 任繼昉先生認爲："詞的語源，是一個詞的音義來源、造詞理據（音義結合的理由、根據），即一個具體的詞音義最初結合的緣由。"② 曾昭聰先生説："我們所説的古人的詞源探討，即對'得名之由'的探討，實際上既包括對詞的'音義來源'（詞源）的探討，也包括對詞的構詞理據（詞源義）的探討。"③

　　從以上各位學者對"詞源"的解釋，我們可以對"詞源"得出以下兩點推論：一是其揭示的是詞語間的孳生關係，也可以説是先後關係，由甲孳生出乙；二是所涉及的是詞的音義來源及其結合的理據，即得名、得義之由。

　　值得注意的是，也有的學者認爲"詞源"就是字源。王力先生説："凡音義皆近，音近義同，或義近音同的字，叫做同源字……我們所謂同源字，實際上就是同源詞。"④ 許威漢先生釋"字（詞）源學"時説："《釋名》原想追求理論，探求事物得名的由來，但方法論錯了，没能成功。不過它畢竟衹是詞源探索的始創。"⑤ 又説："詞的尋源，要追溯到上古。上古漢語是單音節

---

① 孫雍長：《訓詁原理》，語文出版社，1997 年，第 176 頁。
② 任繼昉：《漢語語源學》，重慶出版社，2004 年，第 1 頁。
③ 曾昭聰：《魏晉南北朝隋唐五代詞源研究史略》，語文出版社，2010 年，第 14 頁。
④ 王力：《同源字典》，商務印書館，1982 年，第 3～5 頁。
⑤ 許威漢：《二十世紀的漢語詞彙學》，書海出版社，2000 年，第 39 頁。

佔極大多數的,所以同源詞也就是同源字。"①按照王力、許威漢兩位先生的觀點,"字源""詞源"實際上就是一回事。

關於"字源"的概念,高明先生認爲:"所謂字源,應指構成漢字形體的一些基本偏旁,主要是一些獨體象形字和少數會意字。"②王寧先生則這樣定義"漢字字源學":"儘量找出漢字的最早字形,尋找每個字構字初期的造字意圖,也就是探討漢字的形源,也叫字源,這是漢字字源學的任務。字源學是研究探討形源的規律和漢字最初構形方式的學科……漢字字源學探討原初字形,屬於漢字學範疇。"③任繼昉先生説:"字源意在文字形體的來源、造字的理據,而語源意在詞的音義來源、造詞的理據。"④孫雍長先生説:"什麼叫字源?由漢字甲孳生出漢字乙,漢字甲便是漢字乙的字源……語源屬於語言學範疇,字源屬於文字學範疇……所以嚴格地説,'語源'是不能等同於'字源'的。"⑤

綜合上述各家所論,"字源"是與字形部件演變相關,屬於文字學範疇,探討的是漢字最初的構形理據,尋找造字意圖。新近李學勤先生《字源》一書,主要描述的也是漢字從甲骨文到隸楷的字形演變軌跡。而"詞源"則與詞的音義相關,涉及的是詞的音義理據。我們這裏同意"字源""詞源"有別説。但是不得不承認的是"詞源""字源"又是緊密相聯的,因爲漢字本身就是形、音、義三者的統一體。因此,本章詞語形體與文字書寫形式的區別:前者涉及詞語形音義理據變化,後者僅僅是字形上的演變發展。當然,實際操作可能較爲複雜,特別是有些單音節條目既涉及詞的音義問題,又有字形上的變化元素,這種情況,我們往往只擇其一端。

2.1 異文差異與詞語形體多樣性考察

2.1.1 異文與詞語書寫形式縱向源流考察

大量使用口語、方言詞是禪籍語錄一大特點。這些詞語有些是中古或上古時期就已經出現,後來不斷發展變化,在近代漢語時期又衍生出新形體。這些詞語形體部分生命力頑強,至今還被方言使用;有些則在發展中

---

① 許威漢:《二十世紀的漢語詞彙學》,書海出版社,2000年,第361頁。
② 高明:《古文字的形旁及其形體演變》,《古文字研究》第4輯,中華書局,1980年,第42頁。
③ 王寧:《漢字構形學講座》,上海教育出版社,2002年,第11~12頁。
④ 任繼昉:《漢語語源學》,重慶出版社,2004年,第7頁。
⑤ 孫雍長:《訓詁原理》,語文出版社,1997年,第176~177頁。

慢慢消亡了；有些書寫形式不變，讀音和意義却發生了變化；有些書面形式繼續變化，讀音和意義却變化不大。值得注意的是，不管形體如何變化，它們都有一定的來源，而不是憑空出現的。郭在貽先生說過："所謂溯源，就是要從歷史語言學的角度，搞清楚某一詞語的來龍去脈及所以得義之由（由於種種原因，不可能每個詞都能做到這一點），這是一項最高級的研究工作，但也是最困難的工作。"①弄清每個詞的"來龍去脈及得義之由"，確實很難做到。王力先生說："我們現在要追究，像這一類在現代漢語裏佔重要地位的字，它是什麼時候產生的。至於'脖子'的'脖'，'膀子'的'膀'，比'鬆'字的時代恐怕更晚，但是我們應該追究它的來源。"②近三十多年來，中古、近代漢語詞彙研究取得了很大成果，單說有關近代漢語的詞典就有《近代漢語詞典》《近代漢語大詞典》《唐五代語言詞典》《宋語言詞典》《元語言詞典》等，其它著述和論文更是不計其數。這些研究成果弄清了不少詞語歷史來源問題。如禪籍語錄習見的"恁"有如此、這樣的意思，唐宋詩詞中的"能"也有如此、這樣的意思，《晉書·王衍傳》中的"寧馨"也是如此、這樣的意思，實際上它們是一組同源詞，發展過程是這樣的：寧馨—寧—能—恁—恁地。③

　　禪籍語錄中不少詞語很值得我們去探求其歷史來源，也很有必要弄清其"得義之由"。這一工作不唯對中古近代漢語詞彙研究很有價值，對漢語史研究也將大有裨益。下面是筆者依據宋與明清禪錄異文綫索對一些習見詞書寫形式源流作出的考證，不當之處，望博雅君子正之補之。

2.1.1.1 以聲爲訓，探求禪錄詞語書寫形式的源流

　　詞源的探求，往往離不開聲訓。王念孫《廣雅疏證序》說"就古音以求古義，引申觸類，不限形體"，戴震《六書音均表序》認爲"故訓音聲，相爲表裏"。不少近代漢語常用詞實際上就是從古漢語詞聲轉而來的。要探求詞源，必須同聲訓結合起來。以下是筆者從聲訓角度，對一些詞語源流變化作出的論述。

2.1.1.1.1 搭癡/瞌眵/皷瞪

《中華藏》七十八册《禪宗頌古聯珠通集》卷十九"法眼文益禪師"："頌曰：古佛堂前到者稀，相見難逢掣電機；死水有龍終不聖，驚起依前眼

---

① 郭在貽：《禪宗著作詞語匯釋·序》，袁賓：《禪宗著作詞語滙釋》，江蘇古籍出版社，1990年，第3頁。
② 王力：《新訓詁學》，《龍蟲並雕齋文集》第1册，中華書局，1980年，第321頁。
③ 蔣冀騁：《近代漢語詞彙研究》，湖南教育出版社，1991年，第3頁。

皯眣。"(829/c)"皯眣",《卍續藏經》一一五冊《禪宗頌古聯珠通集》卷三十六"法眼文益禪師"作"䶌睓"(462/a),《卍續藏經》一一六冊《宗鑒法林》卷五十四"法眼文益禪師"作"瞎眵"(682/b)。"皯眣""䶌睓""瞎眵"皆同,部件"目"俗寫習作"耳"①。或又作"瞎䀴",《卍續藏經》一三六冊《聯燈會要》卷十"保壽沼禪師":"鼓山永云:保壽雖具打破虛空底鉗鎚,未免犯鋒傷手,胡公末後悟去,誰知眼尚瞎䀴。"(599/b)"瞎䀴",《中華藏》七十七冊《宗門統要續集》卷九"保壽沼禪師"引作"瞎䀴"(497/b)。

"皯眣""䶌睓"實則"皯瞖"之俗寫,"皯瞖"即"瞎眵"。"瞎"與"皯","眵"與"眚",皆音同,故"瞎眵"稍變,改換聲符即成"皯瞖"。

"瞎眵",禪錄多見。《禪籍方俗詞研究》載有"搭眵漢",釋爲"懵懂的人"②,近是,惜未釋其源。實際上"瞎眵"之"瞎"指眼皮耷拉,"眵"指眼屎蔽垢,文獻多引申寓指迷蒙糊塗之人。《集韻·合韻》:"瞎,犬垂耳貌。"《五音集韻·合韻》:"瞎,大垂目貌。"垂耳作"瞎",垂目作"瞎","瞎""瞎"同,皆下垂義。或俗寫會意大耳垂作"耷",或表皮膚鬆弛下垂作"皯"。《玉篇·皮部》:"皯,寬皮貌。"《字詁》"䶌":"焦澹園《俗書刊誤》云'耳垂曰耷,皮寬曰皯',並音苔。吾鄉今有此語,但呼如苔,平聲。按:此聲即䶌之轉。"③如黃生所論,則其語源即"䶌","䶌"乃《說文》"䶌"之後起形體。"眵"即今所謂眼屎,《說文·目部》:"眵,目傷眥也……一曰瞢兜。"徐鍇系傳:"瞢兜,目汁凝也。"《新方言·釋形體第四》:"眵……今人謂眼中凝汁爲眼眵,讀如矢。"④《玄應音義》卷十八"法勝阿毗曇論音義"第六卷"眼眵"條:"今江南呼眵爲眵兜也……論文作眣,非也。"⑤"眣"即"眵"聲符改換之俗寫。

還能轉作"瞎癡""苔癡""搭癡"。有文章認爲禪籍"搭癡"之"搭"是懸掛,"癡"是癡呆⑥,恐非。《卍續藏經》一二一冊《北磵居簡禪師語錄》卷

---

① 古籍文獻中部件"目"俗書最後一筆往往上提作"目",稍變即成"耳",這是比較常見的寫法。敦煌寫卷P.3408《開蒙要訓》:"眠瞎。""瞎"即"睡",與耳垂之"耷"形體偶合。明世德堂刊本《伍倫全備忠孝記》卷二"第十五出兄弟赴任":"〔前腔〕……閂不住眼耷淚,便是鐵打心腸,交我寸寸碎。""眼"即"眼"。汲古閣本《四賢記》上"第十二出":"〔前腔〕……你青年出家,終招聊睨。""聊睨"即"睥睨"。皆此類。
② 雷漢卿:《禪籍方俗詞研究》,巴蜀書社,2010年,第463頁。
③ (清)黃生撰,(清)黃承吉合按,包殿淑點校:《字詁義府合按》,中華書局,1984年,第68頁。
④ 章太炎著,蔣禮鴻點校:《新方言》,上海人民出版社編:《章太炎全集》第5卷,上海人民出版社,2014年,第100頁。
⑤ (唐)釋玄應:《一切經音義》,《叢書集成初編》本,上海商務印書館,1936年,第851頁。
⑥ 參看李家傲:《金元禪籍字詞劄記》,《語言歷史論叢》第15輯,巴蜀書社,2020年,第135頁。

一"方丈":"上堂:惡星臨照命宮時,雪重山寒眼瞌癡。"(137/b)又《嘉興藏》二十九册《鄂州龍光達夫禪師雞肋集》卷一"頌古":"百萬人天眼荅癡,無風匝匝波千道。"(162/c)又《卍續藏經》一二六册《慈受懷深禪師廣録》卷一:"慧林長老眼搭癡,誰敢按牛頭吃草。"(556/a)"瞌癡""荅癡""搭癡"同,皆迷蒙糊塗義。

"皺""皷"形近,或俗訛作"皷瞜"。《大正藏》四十七册《大慧普覺禪師語録》卷六:"遂拈起拄杖云:這個是拄杖子,那個是抽底枝。擲下云:直下來也休眼皺瞜。"(835/b)

"皺"俗省或作"皮",而成"皮瞜"。《嘉興藏》二十八册《法璽印禪師語録》卷五"茶話":"者俗漢只會吞酒艷飾,則才放下脚跟,被者老漢一捏,直得眼皮瞜。"(797/b)

或重文作"瞌瞌"。《大正藏》四十七册《圓悟佛果禪師語録》卷五"上堂五":"入院詣方丈,坐云:摩竭陀國三七日內口呀呀,毗耶城中八萬人眾眼瞌瞌,雖然一期拈掇,未免犯手傷鋒。"(733/b)

或重文作"眵眵""瞜瞜"。《嘉興藏》第十册《古尊宿語録》卷四十五"雲門關榡子":"雲門關榡子,消息少人知;有時一撥動,大地眼瞜瞜。"(332/a)"瞜瞜",《卍續藏經》一一八册《古尊宿語録》卷四十五"雲門關榡子"作"眵眵"(750/a)。

明清小説多作"搭癡"。清刊本《野叟曝言》二十六回:"公子要大奶奶喜歡,越發妝憨搭癡,幫著春紅替大奶奶穿團襖、披霞帔、繫湘裙、圍角帶、戴鳳冠、插寶簪,鞋頭上也去摸摸,膝袴上也去扯扯,引得小蓮都笑起來。"①"妝憨""搭癡"近義連用。又清刊本《結水滸傳》卷三第七十三回:"衙內道:那雌兒的臉,好像撒過霜的,裝呆搭癡,恐他不省得風流,取來卻不淘氣。"②"裝呆""搭癡"近義偶麗。以上"搭癡"實即禪録"瞌眵"之轉寫引申。《卍續藏經》一一八册《古尊宿語録》卷二十二"黃梅東山演和尚語録":"當晚小參,云:一則三,三則七,牧羊堤畔女貞花,拒馬河邊望夫石;石擊尺,赤土畫簸箕,從教眼搭癡。"(439/b)"搭癡",《卍續藏經》一一二册《列祖提綱録》卷十二"解制提綱"引演和尚語作"瞌眵"(351/a)。此正"瞌眵""搭癡"互爲異文。

如上,明清小説習見的"搭癡",實則禪籍之"瞌眵","瞌"指眼皮耷拉,"眵"指眼屎蔽垢,可引申爲迷蒙糊塗、不智慧等義。或轉寫爲"皮瞜"

---

① (清)夏敬渠:《野叟曝言》,《古本小説集成》第4輯,上海古籍出版社,1994年,第773頁。
② (清)俞萬春:《結水滸傳》,《古本小説集成》第4輯,上海古籍出版社,1994年,第122頁。

"瞎痴""荅痴""鼓瞪""玻瞪""瞎瞎""眵眵""瞳瞳",等等。總之,"搭痴"之"搭"絕非懸掛,"痴"亦非取義於痴呆之"痴"。

2.1.1.1.2 骼/骼/搯/掆/卡/扴

《卍續藏經》一百三十六册《建中靖國續燈録》卷四"潤州金山達觀禪師":"勸人放開骼(枯駕切)蛇手,與汝斫却繫驢橛。"(85/a)"骼",《大正藏》五十一册《續傳燈録》卷四"潤州金山曇穎達觀禪師"引作"骼"(489/b)。按以文理,此"骼"明當作握持解。《漢書管窺》:"骼即骼字。"①故"骼"本即《説文·骨部》之"骼",義爲禽獸之骨,但在近代漢語文獻中却習用作把持、掐住等義。《通俗編》卷三十六"雜字"下:"骼,枯駕切……按:《玉篇》訓骼爲腰骨,與捕捉略無關,此但以同音借之,不顧義理;《集韻》自有搯字,訓持也,音與骼同。"②按翟灝所釋,則禪籍語録捉執之"骼",即《集韻》之"搯",以音相借而已。《禪籍方俗詞研究》釋"骼"通"搯"③,甚是。《集韻·麻韻》:"掆,挖也,或作搯、扲。"《廣韻·陌韻》:"搯,手把著也。"則握執、捉捕之"骼",形體或作"骼",皆"搯"字之借,又可作"掆"。那麼我們不禁要問"搯""掆"又是什麼詞?

考"搯""掆",表把執、捉拿義,不見於《説文》《玉篇》等字書(《説文·手部》有"掆",義爲指揮,與捉執義無涉)。今謂"骼""骼""搯""掆"等,皆是以音而言,無涉義理,其語源即"掐"。《玉篇·手部》:"掐,口洽切,掐抓也。爪按曰掐。"《説文新附·手部》:"掐,爪刺也,從手,臽聲。""掐"本義爲爪刺,引申即爲握持、抓按。"掐"爲洽韻溪紐,與"客"音同,改換聲旁可作"搯"是再正常不過了。《大正藏》十七册《正法念處經》卷五十四《觀天品》:"所謂有人種種方便劫奪他物,或扴他咽令其悶絶,而取其物。"(318/a)《高麗藏》三十五册《新集藏經音義隨函録》卷十四"或扴"條:"苦加反,搯項也。"(57/c)可洪以"搯項"釋"扴他咽","搯"明爲掐。又《六十種曲·還魂記》第五十五齣《圓駕》:"跳出個牛頭夜叉只一對七八寸長指驅兒,輕輕的把那撇道兒搯。"④"撇道"指嗓子,用七八寸長指"搯",就是"掐"。清刻本《韓大中丞奏議》卷九《審明安福縣逆倫重犯疏》:"陳赤紅左手搶住陳蕭氏左額角,用右手大二兩指緊搯咽喉,致指甲抓傷項頸左,當即氣絶殞命。"⑤"搯咽喉"亦掐喉嚨。明刻本《二刻拍案驚奇》卷三十九:

---

① 楊樹達:《漢書管窺》,上海古籍出版社,1984年,第676頁。
② (清)翟灝:《通俗編》,商務印書館,1958年,第819頁。
③ 雷漢卿:《禪籍方俗詞研究》,巴蜀書社,2010年,第22頁。
④ (明)湯顯祖:《還魂記》,《六十種曲》第4册,中華書局,1958年,第199頁。
⑤ (清)韓文綺:《韓大中丞奏議》,《續修四庫全書》本,上海古籍出版社,2001年,第322頁。

"次日,小孺人起來,忽然頭髮紛披,覺得異樣,將手一摸,頂髻俱無,大叫起來。合衙驚怪,多跑將來問緣故,小孺人哭道:誰人使促掐,把我的頭髮剪去了。"①"促掐",即捉弄人,亦可作"促搭"。《漢語大詞典》"促掐"下引劉復《〈何典〉序》:"這書做得好極,一味七支八搭,使用尖刀促搭的挖空心思,頗有吳老丈風味。""促掐""促搭"皆同。

以上"掐"作"搭""餎""抲"等,無涉義理,皆是以聲相借。"搭"從"客"得聲,"餎"亦從"客"得聲,故禪籍習用"餎""餎"爲之。唐以後,入聲漸失,派爲三聲,"掐""搭"轉爲平聲麻韻,故還可作"抲"。從"臽"轉作從"可",有例可循。《四部叢刊初編》本《朝野新聲太平樂府》卷七"馬致遠"下:"擂鼓體:也不怕薄母放訝塔,諳知得性格兒從來織下,顛不剌的相知不綣他,被莽壯兒的哥哥截替了咱。""訝塔"當作"訝掐",俗寫"臼""臽"不分,亦可作"牙恰"。《元語言詞典》:"牙恰,乖戾。無名氏《滿庭芳》:'牙恰母親,吹回楚雨……教別人進退無門。'"②"薄母放訝掐","牙恰母親",其義相類。另據《"齚齘"新考》考證,敦煌變文之"齚齘"與韻書、字書所載的"噁嚶"相同,義爲形容婦女狠惡,元曲中"牙恰""訝掐"也都是"噁嚶"之轉。③ 可知,"訝掐"即"齚齘"也,此即從"可"之"齘"轉作從"臽"之"掐"。類而推之,"掐"自然是可以轉作"抲"的,《集韻·麻韻》釋"抲"同"搭"即其證。

入聲消失後,形隨音變。明清文獻中"掐"還可作"卡""尲"。清刻本《什不閑全詞王小趕脚》:"王小兒拉你聽言,你這毛驢摔著我,手拉手兒到當官,將你拉在大堂上,四十大板掐南監。"④"掐",另一清刻本《四根弦全詞王小趕脚》正作"卡"⑤。又袁枚《續子不語》卷十《小僮遇女鬼》:"我下樓至梯中間,見一奶奶將我攬至堂前,我欲叫人,他將手卡我頸項,我即不能言語。"⑥"卡我頸項"即掐我頸項,此字與動作相涉,俗還可增"扌"旁作"扗"。又明刊本《古今小說》卷三十五《簡帖僧巧騙皇甫妻》:"那漢見那婦人叫將起來,却慌了,就把隻手去尲著他脖項,指望壞他性命。"⑦此處是

---

① (明)凌濛初:《二刻拍案驚奇》,《古本小說叢刊》第 14 輯,中華書局,1991 年,第 1942 頁。
② 李崇興、黃樹先、邵則遂:《元語言詞典》,上海教育出版社,1998 年,第 370 頁。
③ 張鉉:《"齚齘"新考》,《古漢語研究》2009 年第 1 期。
④ (清)佚名:《什不閑全詞王小趕脚》,舊刻本,早稻田大學風陵文庫藏。
⑤ (清)佚名:《四根弦全詞王小趕脚》,舊刻本,早稻田大學風陵文庫藏。
⑥ (清)袁枚著,鍾明奇校點:《續子不語》,王英志主編:《袁枚全集》第 4 册,江蘇古籍出版社,1993 年,第 190 頁。
⑦ (明)馮夢龍:《古今小說》,《古本小說集成》第 4 輯,上海古籍出版社,1991 年,第 1359～1360 頁。

説簡帖僧用計騙得皇甫松妻子,向其述説實情,皇甫松妻子得知後惱恨不已,抓住簡帖僧大叫,簡帖僧怕外人聞知,故"把隻手去尅著他脖項"。"尅著他脖項"就是用手掐她脖子,以望壞她性命。

今"掐""卡"行,而"髂""搭""尅"俱廢。

2.1.1.1.3 蹶/麎/赽

《卍續藏經》一百三十七册《嘉泰普燈録》卷三"隆興府黄龍普覺慧南禪師":"得大法者七十有九人,然在積翠庵所接者多。衲子趨風,相與交武,竭麎於道。"(66/b)"麎",《卍續藏經》一百三十七册《禪林僧寶傳》卷二十二"黄龍南禪師"引作"麎"(527/b),《大正藏》五十一册《續傳燈録》卷七"黄龍南禪師"引作"蹶"(506/b)。此言江湖之人慕聞黄龍南禪師之名,皆争相蹈踩於道去拜訪。"蹶"是踩踏的意思,文獻常用。《史記》卷九十六《張丞相列傳》:"申屠丞相嘉者,梁人,以材官蹶張,從高帝擊項籍,遷爲隊率。"《集解》引如淳曰:"材官之多力,能蹶強弩張之,故曰蹶張。""蹶"即踏也。作"麎"者,蓋"麎"字之訛,"麎"即"蹶"。

《説文·足部》:"蹶,僵也。從足,厥聲。一曰跳也。"《廣韻·月韻》:"蹶,失脚。""蹶"本義爲僵撲、跌倒,或爲跳義,但與踏蹈無涉。從語源來説,表踏蹈之義,"蹶"語源即"赽",後"蹶"行而"赽"廢。

《説文·走部》:"赽,踶也。"王筠句讀曰:"踶者,馬以足擊人也。""赽"本義爲馬足踢人,引申爲踏蹈。馬足踢人與足相涉,故俗增"足"旁作"跌"。《集韻·霽韻》:"跌,踶也。"《四部叢刊初編》本《淮南子》卷十五《兵略訓第十五》:"凡有血氣之蟲,含牙帶角,前爪後距;有角者觸……有蹄者跌。""有蹄者跌"即有蹄者能踢。

以足踢人,引申即有踏蹈義。《四部叢刊初編》本揚雄《太玄經》卷六"將"卦下:"次七,跌船跋車,其害不遐。"晉人范望注曰:"失志之王,故羯跌之。""羯跌",明鈔本《集注太玄》司馬光注引范望作"踢跌"①,則"跌"即踏而棄之之義。

"蹶""赽"古音都在月部,自然可借。《史記·張儀列傳》"秦馬之良,戎兵之衆,探前跌後,蹄間三尋。騰者,不可勝數。""探前跌後",《四部叢刊初編》本《戰國策·韓卷第八·襄王》作"探前蹶後"。蓋後世習用"蹶",本源"赽"却晦而不曉。

---

① (西漢)揚雄著,(北宋)司馬光集注:《集注太玄》,《續修四庫全書》本,上海古籍出版社,2001年,第65頁。

2.1.1.1.4 幀子/幀子

《大正藏》五十一册《景德傳燈錄》卷二十五"金陵清涼法燈禪師泰欽":"師便下坐,立倚拄杖而告衆曰:還會麽? 天龍寂聽而雨華,莫作須菩幀子提畫將去,且恁麽信受奉行。"(414/c)"幀子",《卍續藏經》一百一十二册《列祖提綱錄》卷十一"五參提綱·清涼欽禪師"作"幀子"(331/b)。

"幀"同"幀",作"幀",蓋"幀"之訛。《集韻·映韻》:"幀,張畫繪也。或作幀。"故"幀子"又作"幀子"。《卍續藏經》一百四十一册《五燈全書》卷五十四"明州天童止泓鑒禪師":"上堂,舉大陽玄問梁山:如何是無相道場? 山指大士幀子曰:者是吳處士畫底。"(173/a)"大士幀子"即大士畫像。

"幀""幀"即畫輻,唐代語料已見其用。宋刻本《白氏文集》卷七十"銘誌贊序祭文記辭傳"載錄白居易《畫彌勒上生幀贊並序》,明刊本《文苑英華》卷七百八十三作《畫彌勒上生幀贊並序》①,"幀""幀"同,"幀"即"幀"之省,指觀彌勒菩薩上生兜率天畫像也。

至遲在宋代佛籍文獻已見增詞綴"子"表畫像。《大正藏》五十四册《釋氏要覽》卷三"躁靜":"骨人:《智度論》云'更與骨人,令坐禪者觀之',即今盡作枯骨幀子是也。"(297/b)《卍續藏經》四十四册《法華經三大部補注》卷十三"禪鎮":"木版爲之,形量似筋……又有骨人,故《大論》云'更與骨人,令坐禪者觀之',即畫枯骨人也。"(447/a)如此,"枯骨幀子"即畫有一副枯骨人的畫,用以警醒參禪。

"幀""幀"爲何能表示畫像?《通雅》卷三十二"器用":"畫繪曰幀,音諍,今作幀。《晉書·志》'東海氣如圓窶',焦弱侯曰:窶俗作幀,絹畫在竹格也。智按:段成式説晉徐景於宣陽門外拾得錦麝幀,乃繡佛也。升庵以爲圓幀……焦所云竹格謂棚子也,今人以一幅爲一幀,非必在礬棚上也,在格上之幀,人安從拾之! 幀即窶字。"②焦竑説"幀"是絹畫在竹格上,方以智不贊同,實際上是方氏沒有理解"幀畫"的製作原理。敦煌壁畫就已經出現佛教幀畫,佛典文獻亦多有載錄。《大正藏》二十册《佛説持明藏瑜伽大教尊那菩薩大明成就儀軌經》卷三"造幀像分第三":"今復宣説畫像儀式……行人若欲畫像,先須用上好純素匹帛……即先須於稻穀聚中安七晝夜,然後用五藥净水浸三日或五日,七日爲上。即別用净水濯出,復用香水浸一晝夜。取出,復以五净水灑净了。又以五寶水洗,方可上幀。安排

---

① (北宋)李昉等編:《文苑英華》,中華書局,1966 年,第 4136 頁。
② (明)方以智:《通雅》,中國書店,1990 年,第 387 頁。

已……亦令畫人預先潔净。至時同此歸命已,方乃起首畫諸賢聖。其幀,行人先誦大明加持已,然用白土及粉相和塗幀。塗已,安清净處,此後直至彩畫畢工。常以香花閼伽供養。若如是依法作者,是最上品。"(684/c)又《大正藏》二十一册《佛説最上秘密那拏天經》卷二"最上成就畫像儀軌分第五":"爾時那拏天復説畫像法,若行人欲畫那拏天像者,當用新好素帛具茸頭者,量方四肘,得此帛已,復依法選擇殊勝處所。當令畫人齋戒清净,然可作幀起首。當用新净器内調和彩色,於幀中心畫那拏天作端嚴相。"(363/c-364/a)由此大概可以推知"幀畫"就是絹畫,特點是張開絹布而畫,關鍵是如何把絹布張開。

《繪事瑣言》卷六"幀":"古今畫絹必上膠礬,欲上膠礬,必先上幀,幀所以撑絹使平,不致見水而皺也。其制不過橫木三條,竪木二條,豈有他謬巧哉……視絹之寬窄爲度,即於竪木橫木斗笋處鑽通爲穴,用竹釘釘之,勿使摇動。然後黏絹上礬,絹邊三面黏定木上,一面綫穿纏於橫木,以俟絹拽平然後收緊縛定。故橫木竪木上必多鑽孔穴以便穿繩插釘,此其大略也。"①迮朗所言,"幀"即類似於今天的畫架,不過古人之"幀"是把絹布粘在木架上以求固定,上揭焦竑言竹格接近此制。

這樣一來,"幀""幀"的意思就好理解了。《廣韻·映韻》:"幀,開張畫繪也。"又《集韻·映韻》:"幀,張畫繪也。或作幀。"從語源上看,"幀""幀"是後起形體。從"長""登""堂"得聲之字往往可以通用,如"打"可演變出"振""橙""橙""樘""撑"等多個形體。②《論語·公冶長》"申棖",《史記索隱》作"申堂"。佛典"棖觸"或作"操觸""棠觸""撑觸"等。《通雅》卷四十三"植物":"橙柚橘棣枳柑……橙一作棖柚。"③元刻本《三國志平話》卷中:"周瑜待諸葛酒畢,左右人進棖橘。"④"棖柚""棖橘"即"橙柚""橙橘"。從"長""登""堂"皆可表支撑、撑開義,如"棖""橙"皆可爲木柱之支撑、"橙"爲坐具之支撑、"瞠"爲瞠眼、"瞪"爲撑眼、"蹬"爲撑腿、"膛"爲肚撑,等等。故"幀"之爲展開義即源於此。

"幀"或作"幀"。白居易《畫彌勒上生幀贊並序》或作《畫彌勒上生幀贊並序》是也。《正字通·巾部》:"幀幀幀,並同。"又或作"楨",《大正藏》二十册《虚空藏菩薩能滿諸願最勝心陀羅尼求聞持法》卷一:"幀上蓮華以

---

① (清)迮朗:《繪事瑣言》,《續修四庫全書》本,上海古籍出版社,2002年,第746頁。
② 詳見張涌泉:《漢語俗字研究》,商務印書館,2010年,第341頁。
③ (明)方以智:《通雅》,中國書店,1990年,第521頁。
④ (元)佚名:《三國志平話》,《古本小説集成》第1輯,上海古籍出版社,1991年,第78頁。

之爲座,復想菩薩來坐此華。"(602/b)"幰"下注:宋本作"楨"。《大正藏》五十四册《希麟音義》卷五"菩提場所説一字頂輪王經音義"下"爲幰":"下猪孟反,《文字指歸》云'開張畫繒也'……經從木作楨。"(957/a)上論指出,"幰"以木所製,故希麟提到原經作"楨"正是與木相涉而成,從"巾"作"幰"是與絹布相涉而成。

2.1.1.1.5 醭/樸/殕/醱

《卍續藏經》一百四十六册《禪宗正脈》卷七"長蘆真歇清了禪師":"上堂:口邊白醭去,始得入門;通身紅爛去,方知有門裏事。"(245/b)"白醭",《嘉興藏》三十五册《南海寶象林慧弓詗禪師語録》卷五"真州長蘆真歇清了禪師"作"白樸"(692/a)。"口邊白醭"即口邊白沫,蓋寓指説禪。《廣韻·屋韻》:"醭,醋生白醭。"《集韻·屋韻》:"醭,酒上白。"

"醭"即"殕"之轉。《廣雅·釋詁三》:"殕,敗也。"王念孫疏證:"殕之言腐也……《衆經音義》卷十六引《埤倉》云'殕,腐也'……《玉篇》殕又音步北切,云'斃也';襄十一年《左傳》'踣其國家'亦敗之義也。踣與殕通。"《廣韻·虞韻》:"殕,食上生白毛。"《廣韻·虞韻》:"殕,物敗生白。"據王氏所論,"踣""殕"同源,"踣"言人之敗,"殕"言物之敗,物敗發酵生白毛,酒醋亦如此,故與酒醋類化並改換聲符而成"醭"。"醭"本屋韻,"殕"爲虞韻,主要元音同,另外"殕"又有德韻一讀,與"醭"亦聲近。《毛詩·召南·野有死麕》"林有樸樕",馬瑞辰通釋:"《傳》:樸樕,小木也。瑞辰按:樸樕二字疊韻,《爾雅》'樕樸,心'即《詩》'樸樕'……樸樕之轉爲扶蘇,故《鄭風·山有扶蘇》曰'扶蘇、扶胥,小木也'。"①"扶"是虞韻字,"樸"是屋韻字,與"殕"之轉爲"醭"相類。

或作"醱"。《漢語大詞典》"白醭"條引章炳麟《五無論》:"微菌淫生,則有青衣、白醱之屬。""白醱"同"白醭"。

2.1.1.1.6 鎞/錍/篦

《卍續藏經》一百三十六册《聯燈會要》卷二十二"襄州洞山師虔禪師":"僧問:昔年疾苦中又毒,諸師醫。師云:金鎞刮破腦,頂上灌醍醐。"(801/b)"鎞",《大正藏》五十一册《景德傳燈録》卷十七"袁州洞山良价禪師法嗣"作"鎞"(338/c),"鎞"即"鎞"之俗寫;《卍續藏經》一百三十九册《五燈嚴統》卷十三"青林師虔禪師"則引作"錍"(558/a)。

禪録"金鎞""金錍"即"金篦"。《大日經義釋》卷六"毗盧遮那成佛神變加持經義釋卷第六"之"入漫荼羅具緣真言品第二之四":"西方治眼法

---

① (清)馬瑞辰撰,陳金生點校:《毛詩傳箋通釋》,中華書局,1989年,第98頁。

以金爲箄,兩頭圓滑中細,猶如杵形,可長四五寸許。用時以兩頭塗藥,各用一頭內一眼中塗之,涅槃金箄亦此類也。"(701/a)"金箄"即治眼之箄,佛典習用,寓指開悟之工具。《佛學大辭典》"金箄":"灌頂時阿闍梨加持受者之眼所用之道具,原爲印度醫生抉盲人眼膜所用之金籌。"

或作"椑"。《大正藏》十二册《大般涅槃經》卷八"如來性品":"是時良醫,即以金錍,決其眼膜。"(411/c)《玄應音義》卷二"大般涅槃經音義"卷八載作"金椑"①,蓋玄應所見早期版本與《大正藏》本不同。

或作"鈚""毘"。《大正藏》十五册《佛説阿闍世王經》卷二:"應時天王名曰休息心,與尊閱叉名曰金鈚,與俱而來,與阿闍世王相見。"(399/c)"叉"當作"又",原注"明本正作又","金鈚"注"元、明本作金剛鈚",《大正藏》五十三册《經律異相》卷二十六"阿闍世王從文殊解疑得於信忍七"引此作"金毘"(143/c)。

或作"錍"。《大正藏》二十一册《陀羅尼雜集》卷三"摩醯首羅天王呪":"菩薩妙行有四事,何等爲四?一者願我常生無佛世界,喻如日月行閻浮提,爲其除冥;二者如以金錍決其眼膜,令睹光明。"(596/b)"金錍",《玄應音義》卷二十"陁羅尼雜集經卷三"載作"金錍"②,即上舉之"金箄",除眼膜之具。

以上"鎞""錍""箄""椑""鈚""毘""錍"皆同,佛典指杵形工具。"卑""比"聲近,從"卑""比"得聲之字往往有細小義。如"錍"爲廣長而薄之箭,"箄"爲小竹籠,"椑"爲似柿而小之果實,"庳"爲矮小之宫室,"稗"爲微小之官;"粃"爲乾癟之穀,"蚍"爲小蟲,"鰏鮅"爲扁小之魚,"毗"爲距離之小,"毖"爲謹慎小心。"毘"從"比","毘"爲小籠,"鎞"爲細長之釵,"箆"爲密齒梳具,等等。故佛典翻譯以之爲細長如杵形之工具。

2.1.1.1.7 咭哚/咭咕/咭唧

《卍續藏經》一百三十七册《嘉泰普燈録》卷五"襄陽府鹿門法燈禪師":"露柱燈籠常對語,夜深拈轉太虚空。"(108/a)禪籍多用"露柱""燈籠"等述禪宗之心,引發學人自發自性。"露柱燈籠常對語"多見,或變作"露柱燈籠常咭哚",如《嘉興藏》二十六册《入就瑞白禪師語録》卷二"上堂":"萬象森羅盡説法,露柱燈籠常咭哚……"(756/b)"咭哚""對語"義近,"咭哚"狀人言語紛擾也。實際上"咭哚"與今"嘰呱"同,狀聲音嘈雜。

"哚"有四音,火怪切取氣息義;善指切採舌舐義,即"舐"之或體;古活

---

① (唐)釋玄應:《一切經音義》,《叢書集成初編》本,商務印書館,1936年,第80頁。
② (唐)釋玄應:《一切經音義》,《叢書集成初編》本,商務印書館,1936年,第903頁。

切是吵鬧義,即"聒"之或體;胡化切即"話"的義符改換形體。其聲有異則義爲別,字用各不相同。

上舉《入就瑞白禪師語録》"法""咶""呾"等字入韻,且其義與"對語"相近,則"咭咶"之"咶"必然取古活切,寓指言談參禪。明清小説亦多見"咭咶",《近代漢語大詞典》已載録,釋同"咭刮""咭聒""聒聒"等,不贅。值得注意的是標點本《飛龍全傳》第三十八回:"當下匡胤與趙普談論之間,只有鄭恩不懂義理,説道:'二哥!要呷酒就呷酒,不呷就去睡了罷;有這許多咭咶,樂子那里聽得?要去睡哩。'""咭咶"下注曰:"咭咶(huài,音壞)——囉嗦。"①此標點本顯然不解此"咶"同"聒",當取古活切,而非火怪切。

或作"咭呱"。庚辰本《石頭記》三十一回:"迎春笑道:淘氣也罷了,我就嫌他愛説話,也没見睡在那裏,還是咭咭呱呱笑一陣説一陣,也不知是那裏來的那些話。"②

或倒文作"呱咭"。清石印本《七俠五義》一百零六回:"韓二爺已知藥性發作,賊人昏暈過去,脚下也就慢慢的走了。只聽背後呱咭呱咭的亂響,口内叫道:二哥,二哥,你老在前面麽?"③

或作"咭咕""咕唧"。清石印本《七俠五義》九十八回:"衆人也不答言,也有擺手兒的,也有搖頭兒的,又有扭扭捏捏躲了的,又有咭咭咕咕笑了的。"④庚辰本《石頭記》六十七回:"我送下東西出來時,悄悄的問小紅,説剛纔二奶奶從老太太屋裏回來,不似往日歡天喜地的,叫了平兒去,咕咕唧唧的不知説了些什麽,看那個光景,倒像有什麽大事的似的。"⑤

或作"咭咯""咭嘎""咭閣""嘰咕"等,明清小説習見,不贅。

2.1.1.1.8 逴/綽

《卍續藏經》一百四十三册《指月録》卷十九"守廓侍者":"晚參告衆曰:夫參學龍象,直須子細入室決擇,不得容易,逴得個語,便以爲極則,道我靈利……"(413/b)"逴",《卍續藏經》一百三十五册《天聖廣燈録》卷十四"守廓上座"作"綽"(730/b)。禪籍多見"逴",它如《卍續藏經》一百一十八册《正法眼藏》卷一"羅山和尚":"兄弟,透頂透底始得,莫只遮邊那邊逴得些子言句,到處插語,指東畫西……"(7/a-b)又《卍續藏經》一百四

---

① (清)吴璿:《飛龍全傳》,華夏出版社,1995年,第229頁。
② (清)曹雪芹:《脂硯齋重評石頭記》(庚辰本),人民文學出版社,2009年,第721頁。
③ (清)石玉昆:《七俠五義》,《古本小説集成》第4輯,上海古籍出版社,1994年,第728頁。
④ (清)石玉昆:《七俠五義》,《古本小説集成》第4輯,上海古籍出版社,1994年,第673頁。
⑤ (清)曹雪芹:《脂硯齋重評石頭記》(庚辰本),人民文學出版社,2009年,第1606頁。

十三册《指月録》卷三十二"普説":"又有一般底,自知道眼不明……旋於座主處作短販,逴得一言半句,狐媚聾俗。"(721/a)

以上"逴"皆是獲取義。考"逴"有敕角、丑略二切,其義爲遠或行,施之與上舉文例,實不諧妥。今謂上"逴"與"綽"同,元明以來俗音"超",與"抄""戳"等表抓取義者音義皆同,明清戲曲小説習見,字書亦有載録,不贅。《中州全韻》"入聲作上聲":"綽,叶超。"上揭禪録之"逴",與敕角、丑略二切表行義之"逴"非同一詞。

2.1.1.1.9 淘/陶/洮/濤

《卍續藏經》一百四十四册《教外別傳》卷十五"芙蓉道楷禪師":"投子曰:煮粥邪?蒸飯邪?師曰:人工淘米著火,行者煮粥蒸飯。"(381/a)"淘",《嘉興藏》三十五册《南海寶象林慧弓詗禪師語録》卷五"東京天寧芙蓉道楷禪師"作"陶"(690/c),《卍續藏經》一百四十六册《佛祖綱目》卷三十六"宗本禪師住穹窿福臻"作"洮"(706/a)。"洮"明即"淘"之訛。

淘米之"淘",《説文》《爾雅》《廣雅》《玉篇》《廣韻》等皆不載録,其來源情況不得而知。淘米之"淘",其義即淘取、淘去,其形還可作"洮""濤"等。《玄應音義》卷九《大智度論音義》"洮沙"條下:"案:洮猶清汰也,論文作汱,徒蓋反。《通俗文》:渐米謂之洮汰。"①通志堂本《經典釋文》卷二"毛詩音義下"之"生民之什第二十四"之"叟叟"條下:"字又作溲,濤米聲也。"②此即作"濤"。"洮""濤"皆有其本義,但與淘汰義無涉。淘汰義之"淘""洮""濤"等,當別有所本。

今謂淘汰之"淘"來源於"搯"。《説文·手部》:"搯,掐也";"掐,搯掐也。""搯""掐"互訓,其義則同。《玄應音義》卷七《如來興顯經第三卷音義》"掏出"條下:"《通俗文》云:掐出曰掏。"③"掏"即"搯",後起改換聲旁。《廣雅》卷二上《釋詁》:"搯,掏,抒也。"王念孫按:"搯、掏,一字也。"④"搯"本義就是掏出取出,後改換聲符作"掏"。掏出、取出是相對於得到而言的,從失去的角度來說就是去掉、取掉。《齊民要術》卷二"種瓜第十四"下:"凡種法,先以水净淘瓜子,以鹽和之,先卧鋤,穰卻燥土,然後掊坑,大如斗口,納瓜子四枚、大豆三個於堆旁向陽中。瓜生數葉,搯去豆。""搯去豆"即去掉豆芽。又宋本《太平御覽》卷第四十八"金泉山"下:"《建安記》曰:金泉山南枕溪,有細泉出沙,彼人以夏中水小,披沙搯之得金,山之西有

---

① (唐)釋玄應:《一切經音義》,《叢書集成初編》本,商務印書館,1936年,第428頁。
② (唐)陸德明撰,黄焯斷句:《經典釋文》,中華書局,1983年,第93頁。
③ (唐)釋玄應:《一切經音義》,《叢書集成初編》本,商務印書館,1936年,第344頁。
④ (清)王念孫著,鍾宇訊點校:《廣雅疏證》,中華書局,1983年,第52頁。

金泉祠。"①此"掏"即去掉沙子,今作"淘"。

"搯"之作"淘",一則蓋習用水掏取、掏去,故改換義符作"淘";二則從"舀"之字,往往可作從"匋","滔"字後起字作"淘"即其例。又"蹈"之可作"踘",洪氏晦木齋刻本《隸釋》卷一《靈臺碑陰》:"惟仲阿東,年在元冠,幼有中質,遵櫃踘規,上仁好義。"②"踘規"即"蹈規",與前文"遵櫃"相對。又"滔滔"可作"淘淘",《廣雅》卷六上《釋訓》:"淘淘,流也。"王念孫疏證:"淘淘與滔滔同,《小雅·四月》篇'滔滔江漢',《毛傳》云'滔滔,大水貌'。滔之或作淘,猶搯之或作掏。"③

故"淘""掏""洮""濤"等表淘取、淘去義之語源即"搯"。

2.1.1.1.10 濁/濯/淖

《卍續藏經》一百三十六册《聯燈會要》卷二十七"廬山歸宗善暹禪師":"僧問:達磨未來時如何? 師云:清貧長樂。云:來後如何? 師云:濁富多憂。"(894/a-b)明清禪錄引此內容同,"濁富"之"濁"即今"渾濁"之"濁"。有意思的是我們發現佛典文獻"濁"異文有作"濯"者。《大正藏》第三冊《佛本行集經》卷三十四《轉妙法輪品》:"悦可衆情,無濁無垢,不可毀壞。"(810/c)"濁"字,原注宋本作"濯"。

《說文·水部》"濁"字本義爲水名,"從水蜀聲",顯然和渾濁義無涉。我們認爲渾濁字文獻作"濁""濯"皆可,語源即"淖"。《說文·水部》:"淖,泥也。"段注:"按,泥淖以土與水合和爲之。"以土與水合和即泥水,泥水本渾濁,故"淖"可表渾濁。《儀禮》卷十四《士虞禮》:"敢用潔牲剛鬣、香合、嘉薦、普淖、明齊溲酒,哀薦祫事,適爾皇祖某甫。""普淖"下王引之按:"是淖爲濡且濁之稱。"④又《廣雅·釋詁三》:"淖,濁也。"《史記·屈原賈生列傳》:"濯淖污泥之中,蟬蜕於濁穢。"王念孫《讀書雜志·史記第五》"濯淖"條下曰:"上言洗濯,下言淖,則文不相屬,濯字當讀直教反。濯、淖、污、泥四字同義……《喪大記》:濡濯棄於坎。皇侃疏曰:濯謂不净之汁也。《廣雅》:淖,濁也。是濯、淖皆污濁之名。"⑤據此,"淖""濁""濯"皆同,表渾濁也。

"淖"有一讀音與"濁"同。《莊子·逍遥遊》"淖約若處子",陸德明釋

---

① (北宋)李昉等:《太平御覽》,中華書局,1960 年,第 231 頁。
② (南宋)洪适:《隸釋·隸續》,中華書局,1985 年,第 16 頁。
③ (清)王念孫著,鍾宇訊點校:《廣雅疏證》,中華書局,1983 年,第 184 頁。
④ (清)王引之:《經義述聞》,《萬有文庫》本,商務印書館,1935 年,第 411 頁。
⑤ (清)王念孫:《讀書雜志》,江蘇古籍出版社,1985 年,第 135 頁。

文:"淖,《字林》:丈卓反。"①又《黃帝内經太素》卷三"陰陽"之"陰陽雜說":"淖則剛柔不和。"楊上善注曰:"淖,亂也,音濁。"②同上卷二十七"邪論"之"邪中":"其肉淖澤。"楊上善注作:"其肉濁澤。"③又《四部叢刊初編》本《黃帝素問靈樞經·營氣第十六》:"濁者,入骶。""濁"字下王冰注:"一本作淖。"此皆"淖""濁"同音之證。

"淖"本義爲泥,可引申爲混合、黏稠、渾濁等,與"濁"同行不悖。韓愈《題張十八所居》"君居泥溝上,溝濁萍青青"錢仲聯注曰:"《考異》諸本上句作'濁溝'。"④"泥溝"異文作"濁溝",是濁即泥也,與淖即泥同。又《松窗夢語》卷二《西遊記》:"合江以上,水猶澄清;以下,渾淖似黃河矣。"⑤"渾淖"明爲渾濁義。又《顧松園醫鏡》卷四"靈素摘要"之"髒象":"津之濁者曰液。"⑥《讀醫隨筆》卷一《氣血精神論》:"液者,淖而極濃。"⑦一作"濁",一作"淖","淖""濁"同,指唾液黏稠。例多不備舉。

又從"卓"、從"翟"之字習相借用,故渾濁之"淖"改換聲符即成"濯"。《方言》卷九:"楫謂之橈,或謂之棹。"錢繹箋疏:"楫所以引舟而行,故謂之棹,是擢爲正字,櫂、棹並俗字。"⑧又《史記·佞幸列傳》:"鄧通,蜀郡南安人也,以濯船爲黃頭郎。"司馬貞索隱:"濯音棹,遲教反。"是"濯船"即"棹船"。《大正藏》第三册《佛本行集經》卷四十九"五百比丘因緣品":"其五人者,一者執船,二者持棹……"(879/a)"持棹",《大正藏》五十四册《慧琳音義》卷五十六引《玄應音義》"佛本行集經音義"作"持櫂":"馳校反,《方言》'楫謂之橈,或謂之櫂',江南櫂大於橈,而楫殊小。作橈者,面向船頭立撥之;作櫂者,面向船尾坐撥之……字從手,經文作掉,當世俗字耳。"(682/c)玄應所言,則船楫或作"櫂",作"掉"乃聲符改換,是俗字也。故污濁之"淖"亦可作"濯",上引《讀書雜志》"濯、淖、污、泥四字同義"即其例。又《新唐書·王方翼列傳》:"明年,召方翼議西域事,引見奉天宮,賜食帝前,帝見衣有污濯處,問其故,具對熱海苦戰狀。""污濯"即污濁,近義連用,與濯洗無涉。

另外從"翟""蜀"之字可互換聲符,亦證"濁""濯""淖"三者可輾轉音

---

① (唐)陸德明撰,黃焯斷句:《經典釋文》,中華書局,1983年,第361頁。
② (隋)楊上善撰注:《黃帝内經太素》,人民衛生出版社,1965年,第50頁。
③ (隋)楊上善撰注:《黃帝内經太素》,人民衛生出版社,1965年,第510頁。
④ (唐)韓愈著,錢仲聯集釋:《韓昌黎詩繫年集釋》,上海古籍出版社,1984,第987頁。
⑤ (明)張瀚著,盛冬鈴點校:《松窗夢語》,中華書局,1985年,第40頁。
⑥ (清)顧松園:《顧松園醫鏡》,河南人民出版社,1961年,第129頁。
⑦ (清)周學海:《讀醫隨筆》,《續修四庫全書》本,上海古籍出版社,2002年,第391頁。
⑧ (清)錢繹撰集,李發舜、黃建中點校:《方言箋疏》,中華書局,1991年,第330頁。

通用。容與堂本《水滸傳》第三十八回"那人便望肋下躅得幾拳"①,《水滸詞典》"躅"字條:"字當作'擉'。"②貫華堂本《第五才子書水滸傳》第三十七回作"攉得幾拳"。③"擉""攉"音義同。又《卍續藏經》一百一十六册《宗鑒法林》卷三十六"荊溪龍池禹門幻有正傳禪師":"回頭擉瞎頂門眼,金鎖玄關當下灰。"(470/b)"擉瞎"别處載作"戳瞎",《卍續藏經》一百四十五册《揞黑豆集》卷一"杭州府靈隱松源禪師":"忽有一個半個,驀然戳瞎頂門眼。"(843/a)古籍文獻亦多見"濯""濁"互爲異文者。《尚書正義·夏書》:"又東過漆沮,入於河。"孔穎達疏曰:"《水經》沮水出北池直路縣,東入洛水;又云鄭渠在太上皇陵東南,濯水入焉,俗謂之漆水,又謂之漆沮。"④"濯水入焉",《叢書集成初編》本《禹貢指南》"沮水"下引《水經》作"濁水入焉"。⑤ 又《卍續藏經》第七册《華嚴經合論》卷一百一十九卷尾"音切":"濯,濁音。"(282/a)《卍續藏經》一百四十三册《指月錄》卷二十三卷尾音釋"戳":"直角切,音濁,築也。"(525/a)

以上渾濁義本作"淖",變而成"濯""濁",今"濁"行而"淖""濯"皆廢。渾濁之"濯"與洗濯之"濯"字形體僅僅偶合,義不相涉。

2.1.1.1.11 潦倒/老倒

《卍續藏經》一百三十八册《五燈會元》卷十五"瑞州洞山曉聰禪師":"師一日不安,上堂辭衆,述法身頌曰:參禪學道莫茫茫,問透法身北斗藏;余今老倒尫羸甚,見人無力得商量。"(587/a)此"老倒""尫羸"連文,其義則近。考《漢語大詞典》"老倒"釋爲"落拓",施之於此,顯有不協。"老倒"之用,禪錄多有所見。《卍續藏經》一百三十五册《天聖廣燈錄》卷十五"汝州風穴山延昭禪師":"師云:少年曾決龍蛇陣,老倒還聽雉子歌。"(733/a)又《大正藏》四十八册《宏智禪師廣錄》卷九《禪人並化主寫真求贊》:"少年行腳事,老倒住山人。"(115/b)上兩例"少年""老倒"反義相對,則"老倒"乃年老義。查《近代漢語詞典》(白維國)收錄"老倒"有"衰老"義項,是也。不過問題是爲什麽"老倒"有年老、衰老的意思。

實際上,表示"衰老"這個義項,"老倒"即"潦倒",屬於同一詞語的不同書寫形式。"潦倒"有衰老義,大型辭書已有收錄,禪籍文獻亦習見,如《卍續藏經》一百四十八册《山菴雜錄》卷一"台州廣孝秋江湛禪師":"師

---

① (明)施耐庵:《水滸傳》,《古本小説集成》第 2 輯,上海古籍出版社,1990 年,1232 頁。
② 胡竹安編著:《水滸詞典》,漢語大詞典出版社,1989 年,第 553 頁。
③ (明)施耐庵:《第五才子書水滸傳》,《古本小説集成》第 4 輯,上海古籍出版社,1994 年,第 2089 頁。
④ (唐)孔穎達:《尚書正義》,《十三經注疏》,中華書局,1980 年,第 152 頁。
⑤ (南宋)毛晃:《禹貢指南》,《叢書集成初編》本,商務印書館,1936 年,第 31 頁。

於是令法輪住持通道原等設饌生祭,眾駭異,以爲年耄潦倒。師促之愈急,遂出草具致祭。"(342/a)"年耄""潦倒"連文,"潦倒"同"年耄",年紀大之稱。更有意思的是上舉禪錄"老倒還聽稚子歌"異文正作"潦倒還聽稚子歌",如《卍續藏經》一百一十八册《古尊宿語錄》卷二十七"舒州龍門佛眼和尚語錄":"師云:少年曾決龍蛇陣,潦倒還同稚子歌。"(511/b)又《全唐詩》卷四百四十七白居易《歲日家宴戲示弟姪等兼呈張侍御二十八丈殷判官二十三兄》:"形骸潦倒雖堪歎,骨肉團圓亦可榮。"①"潦倒",《白氏長慶集》作"老倒"②。

音理來看,《廣韻》"潦""老"都有來母皓韻一讀,到了《中原音韻》同在蕭豪來母。胡刻本《文選》卷八《上林賦》:"頻岑眇而無見,仰攀橑而捫天。"李善注:"橑音老。"③因此,"潦倒""老倒",不僅表義相同,讀音亦完全相同,在"衰老""年邁"這個義項上没有理由各立詞條,它們在近代漢語時期是同一詞語書寫形式之變體。我們在爬梳語料時,發現"老""尞"作爲聲符通用改換之例很多。

《說文・竹部》:"簝,宗廟盛肉竹器也。""簝"爲竹器之具,近代漢語時期改换聲符變作"笼"。《通雅》卷三十四"器用":"屈竹爲器曰笼笼……或作栳栳,言其屈也,即古之簝,受盛器也。"④是"簝""笼"爲同一詞語在漢語史不同時期的形體變化。敦煌寫卷 S.318《洞淵神呪經斬鬼品第七》:"道言甲午之旬年,多有氐蛥羌胡之鬼流行。""氐蛥",另一寫本 P.2444 作"氐獠"。又甲戌本《石頭記》第六回:"狗兒遂將岳母劉姥姥接來一處過活。這劉嫽嫽乃是箇久經世代的老寡婦,膝下又無兒女,只靠兩畝薄田度日。"⑤此上文用"劉姥姥",下文作"劉嫽嫽","姥""嫽"同也,今通行本皆作"劉姥姥"。又今貴州少數民族"仡佬族",文獻或作"獨獠""犵獠"。《四部叢刊續編》本《大清一統志》卷五百"貴陽府・苗蠻":"犵狫,一名犵獠,其種有五,蓬頭赤脚,趫而善奔。"⑥又《大明光宗貞皇帝實錄》卷六:"御史馮三元言遼事結局無期,其略曰:法有積弊,不可不除……如此用兵,不下數年,膏火自煎,秋潦易盡,此立罄之術也。"⑦"秋潦",《明史鈔略・貞

---

① (清)彭定求編:《全唐詩》,中華書局,1999年,第5049頁。
② (唐)白居易:《白氏長慶集》,《四部叢刊初編》本,上海商務印書館,1922年。
③ (南朝梁)蕭統編,(唐)李善注:《文選》,中華書局,1977年,第125頁。
④ (明)方以智:《通雅》,中國書店,1990年,第407頁。
⑤ (清)曹雪芹:《脂硯齋重評石頭記》(甲戌本),人民文學出版社,2009年,第165頁。
⑥ (清)穆彰阿:《大清一統志》,《四部叢刊續編》本,上海商務印書館,1934年。
⑦ (明)葉向高等纂修:《大明光宗貞皇帝實錄》,《四庫禁毁書叢刊》本,北京出版社,1997年,第356頁。

皇帝本紀》引作"秋潦"①。又清刊本《七劍十三俠》卷五第四十七回："那王能也是仰面一交,跌在季芳上面……恰巧把淤泥抹在季芳的鬍子上。季芳道:你這小忘八,卻把這東西我吃。說著,便抓了一大把臭淤泥向王能嘴上只一栳,道:叫你也上上口。那王能正在張著口要挣扎起來,不提防他這一栳,只栳得滿口淤泥。"②此處"栳",從上下文意來看,當即"撩","撩"有撥弄、扔義,文獻習見。

語源上來說,前賢指出"潦倒"與"龍鍾""郎當""伶仃"等屬一聲之轉。《字詁》:"郎當之轉口即籠東,輕轉即伶仃,籠東之搭舌即龍鍾,郎當之仄聲即落托,大抵皆失志蹭蹬之意,特古今方言轉口有異耳。"③《義符續貂》"鹿獨"條:"鹿獨古或作路亶、鹿埵、㑰僤……陇鍾并鏈語聲轉……復有闌單、潦倒、郎當,金、元曲詞又有㑦,斯皆聲轉義通,同條共貫者矣。"④《唐詩與俗語詞》:"有作闌彈者……聲轉又作藍縿、拉塔……聲轉又作郎當……又有作潦倒者……聲轉又有作龍鍾者……聲轉又有作鹿獨者。"⑤董志翹先生指出"潦倒""郎當""龍鍾"等同源,屬於"[l]-[t]"型詞的變體。⑥ 此外,《"郎當"考》⑦一文更是搜羅豐富,指出"郎當"形體變化多達數十個,備述前人所不及者。

據上,禪錄"潦倒""老倒"在年老衰邁義上同,屬於同一個詞的不同書寫形式。

2.1.1.2 以形為訓,探求禪錄詞語書寫形式的源流

除了聲訓之外,詞形考辨也在詞源探求中起著非常重要的作用。詞形是詞的書寫形式,詞的音義寓於詞形之中,所以詞形差別,會影響到音義乖互。有些時候,一組同源詞的出現可能就是由詞形演變造成的。

2.1.1.2.1 裰/綴

《卍續藏經》一百三十八冊《五燈會元》卷十四"舒州投子義青禪師":

---

① (清)莊廷鑨:《明史鈔略》,《四部叢刊三編》本,上海商務印書館,1936年。
② (清)桃花館主:《七劍十三俠》,《古本小說集成》第1輯,上海古籍出版社,1994年,第233頁。
③ (明)黃生撰,(清)黃承吉合按,包殿淑點校:《字詁義符合按》,中華書局,1984年,第71頁。
④ 蔣禮鴻:《義府續貂》,中華書局,1981年,第10頁。
⑤ 郭在貽:《唐詩與俗語詞》,《郭在貽文集》第3卷,中華書局,2002年,第69~70頁。
⑥ 董志翹:《同源詞研究與語文辭書編纂——以"了"、"闌單"、"郎當"、"龍鍾"、"潦倒"、"落拓"為例》,《語言研究》2010年第1期,第85~93頁。
⑦ 蕭旭:《"郎當"考》,見復旦大學出土文獻中心:http://www.fdgwz.org.cn/Web/Show/1291

"鑑(按:圓鑑禪師)時出洞下宗旨示之,悉皆妙契,付以大陽頂相皮履直裰,囑曰……"(524/b)"直裰",《卍續藏經》一百四十四册《教外別傳》卷十五"投子義青禪師"引作"直綴"(379/b)。

"直裰"即一種僧尼服裝,又叫褊衫。《卍續藏經》一百零六册《毗尼日用切要香乳記》卷一"五,別解偈文":"上衣者,俗説長衣,曰直裰,曰褊衫,曰海青。"(154/a)"直裰""褊衫""海青"皆同。關於"直裰"來源,有説是把裙和偏衫綴合在一起而名之。《大正藏》四十八册《敕修百丈清規》卷五"直裰"下:"相傳前輩見僧有偏衫而無裙,有裙而無偏衫,遂合二衣爲直裰。然普化索木直裰。"(1139/a)對"直裰"命名情況,我們這裏不作深入討論,僅就"裰"的來源作一點考索。

《説文》《玉篇》《方言》《廣雅》等不載"裰"。《廣韻·末尾》:"裰,補綴破衣也。"《集韻·末韻》:"裰,補也。"則"裰"之爲字,其義爲修補。今謂"裰"來源於"綴"。《説文·糸部》:"綴,合箸也。從叕,從糸。"段玉裁注曰:"聯之以絲也。""綴"本義就是以絲綫聯補,此與"裰"字義是相同的。部件"糸"和衣布相關,故俗寫中,從"糸"之字習作從"衤"。比較典型的如"絝"之作"袴"、"絑"之作"袾"①、"絨"之作"羢"、"綄"之作"袩"(《字彙·衣部》:"袩,喪服……亦作綄")、"縿"之作"襂"(《集韻·銜韻》:"縿,或作襂")、"緹"之作"衹"(《説文·糸部》:"緹,帛旦黄也。衹,緹或從氏")、"緤"之作"褋"(《集韻·葉韻》:"緤,《説文》'繫衣也',或作褋")、"綻"之作"袒"(《集韻·霰韻》:"綻,縫解也,或從衣")等,用例之多,不勝枚舉。

故"裰"就是"綴"義符改換而成。《卍續藏經》一百一十一册《百丈清規證義記》卷七"道具":"直綴,俗呼袍子,亦名海青。"(792/b)上揭《毗尼日用切要香乳記》却作"直裰",此亦其證。另外,"綴"或變作"褖",《正字通·衣部》:"褖,同綴。""褖"字下從"衣",部件移位即成"裰"。

2.1.1.2.2 攢/潰

《卍續藏經》一百三十六册《聯燈會要》卷二十二"洪州雲居道膺禪師":"若無恁麽事,饒汝攢花簇錦,亦無用處……"(797/a–b)"攢花",《卍續藏經》一百一十二册《列祖提綱録》卷十"五參提綱"引作"潰花"(310/a),《卍續藏經》一百四十三册《指月録》卷十六"瑞州洞山良价悟本禪師"引作"簇花"(358/a)。

異文"簇花"乃"攢花"之近義替换,"潰花"蓋音借或形訛。禪籍頻見

---

① 詳見龔元華:《俗字視野下秩、袟辨》,《名作欣賞》2013 年第 9 期。

"攢"表聚集義,如攢眉、攢錢等。我們認爲"攢"語源即"儹"。《説文·人部》:"儹,冣也。從人,贊聲。"同上:"冣,積也。"段注:"《廣韻》曰:'儹,聚也。'冣、聚古通用。"胡刻本《文選》卷三十九《詣建平王上書》"莫不浸仁沐義,照景飲醴而已"下李善注曰:"揚雄《和靈賦》曰:文王之始起,浸仁漸義,會賢儹智。"①"會賢""儹智"偶麗,"儹""會"義同,皆表聚集。

聚集錢財亦曰"儹"。《元曲選》庚集上《崔府君斷冤家債主雜劇》第一折:"營辦著千般活計,積儹下萬貫貲財。"②"積儹"即今積攢。《四部叢刊初編》景元本《朝野新聲太平樂府》卷四小令下喬夢符《山坡羊·冬日寫懷》:"儹家私,寵花枝,黃金壯起荒淫志。""儹家私"即今攢家俬。《俗書刊誤》卷十一"俗用雜字"下:"聚錢穀由寡至多曰積儹。"③

"儹"本義聚集,聚集可與動作有關,改換義符類化作"攢"。"攢"出現後,"扌"旁可能更符合聚集這一動作,故"攢"行而"儹"廢。"儹"之作"攢",猶"伸"之俗作"抻"(《集韻·真韻》:"伸,申也,或作抻"),字雖不同,其理實一。

有意思的是,"儹"表聚集,如果涉及與脚走路義,如聚集脚步引申爲催趕之義,在近代漢語還可寫作"趱",宋元以來戲曲小説等習見"趱路""趱行"表趕路即此用。

2.1.1.2.3 皺/縐

《卍續藏經》一百三十六册《建中靖國續燈録》卷三"鄆州興陽山遜禪師":"問:如何是佛? 師云:髮白面皺。"(68/a)"皺"與此相類者作"縐",如《卍續藏經》一百一十册《二林唱和詩》卷一《和知歸子偶述四首》:"青已落顛毛,白未縐顏面。"(689/a)"縐顏面"即使臉面起皺紋。《大正藏》五十四册《慧琳音義》卷二十六載玄應《方等般泥洹經音義》"面皺":"經文作縐,借字也。"(481/b)《大正藏》本《佛説方等般泥洹經》作"面皺",可見玄應所見原經文作"面縐"。我們認爲"縐"非借字,而是本源。

《玉篇·皮部》:"皺,側救切,面皺也。"魏晉以降,"皺"字用例始夥。今謂"皺"來源於"縐"。《詩經·鄘風·君子偕老》:"蒙彼縐絺。"鄭玄箋曰:"縐絺,絺之蹙蹙者。"《説文·糸部》:"縐,一曰戚也。從糸,芻聲。"段注:"戚各本作蹴,蹴者,躡也,非其義。蓋本作戚,俗作慼,又改爲蹴耳,今正。鄭箋云:縐絺。絺之蹙蹙者。此鄭説之異毛也。戚戚者,如今皺紗然。"可見,"縐"即聚攏、減縮。《史記·司馬相如列傳》:"襞積褰縐,紆徐

---

① (南朝梁)蕭統編,(唐)李善注:《文選》,中華書局,1977年,第555頁。
② (明)臧晉叔編:《元曲選》,中華書局,1958年,第1133頁。
③ (明)焦竑:《俗書刊誤》,《景印文淵閣四庫全書》本,臺灣商務印書館,1986年,第581頁。

委曲,鬱橈谿谷。"集解"蘇林曰:襞縐,縮蹙之也,縐音側救反"即其例。

蓋"縐"最初指絲織品褶皺、減縮的形狀,故從"絲"。後詞義擴大,凡褶皺義皆用"縐"表示,故《説文》釋作"一曰戚"也。隨着漢字不斷發展,後改换"縐"義符作"皺"專門表示皮膚褶皺,與"縐"並行不悖,以至古籍作"縐"者異文或作"皺"。《後漢書·張衡列傳》:"美襞積以酷裂兮,允塵邈而難虧。""襞積"下李賢注引《史記·司馬相如列傳》"襞積褰縐"作"襞積褰皺"。"縐""皺"同也。又《異苑》卷八:"見樹下有一老公,長可三尺,頭鬢蒙然,面縐齒落,通身黄服。"①"面縐"即今面皺,别處文獻類似之例正有作"面皺"者,如《大正藏》五十册《釋迦譜》卷一"釋迦降生釋種成佛緣譜第四之三":"時三天女變成老母,頭白面皺,齒落垂涎。"(32/c)又《陽春集·謁金門》中名句"風乍起,吹縐一池春水"②,《四部叢刊續編》本馬令《南唐書·當與傳下》作"延巳有'風乍起,吹皺一池春水'之句,皆爲警册",是"吹縐""吹皺"同也。

另外還比較典型的,如今"皺紋",古或作"縐文"。《漢書·司馬相如列傳》:"雜纖羅,垂霧縠。"顔師古注曰:"纖,細也;霧縠者,言其輕靡如霧,非謂縐文也。"此"縐文"即今所謂"皺紋"。又《説文·韋部》"韏"字段注曰:"今按:衣襇,古曰韏,亦曰襞積,亦曰纐。然則皮之縐文蹙蹙者曰韏何疑。""皮之縐文"即皮膚之皺紋。又明刻本《西遊補》第十三回:"只見水中又有一百座倒插翠圍峰,水面縐紋盡是山林圖畫。"③"縐文"即褶皺之紋也,本來是指物體褶皺、減縮之紋理,今"皺紋"專表示人皮膚收縮褶皺紋路。又明刊本《警世通言》卷二"莊子休鼓盆成大道":"吃了合巹杯,正欲上床解衣就寝,忽然楚王孫眉頭雙縐,寸步難移……"④"眉頭雙縐"即今眉頭雙皺,正用"縐"字。

可見"皺"來源於"縐",今"皺"之大行其道,"縐"却很少使用。

2.1.1.2.4 罣/絓/挂

《卍續藏經》一百三十六册《聯燈會要》卷二十二"秀才張公拙":"隨順世緣無罣礙,涅槃生死是空華。"(794/a)"罣礙",《卍續藏經》一百一十四册《宗範》卷一引作"挂礙"(625/a),《乾隆藏》一百五十五册《弘覺忞禪師語録》卷十五"對衆機緣"化用引作"絓礙"(299/a)。

《玉篇·网部》:"罣,古畫切,罣礙也。"禪籍"罣礙"寓指內心的牽制、

---

① (南朝宋)劉敬叔撰,范寧校點:《異苑》,中華書局,1996年,第79頁。
② (南唐)馮延巳:《陽春集》,《續修四庫全書》本,上海古籍出版社,2001年,第285頁。
③ (明)静嘯齋主人:《西遊補》,《古本小説集成》第3輯,上海古籍出版社,1993年,第215頁。
④ (明)馮夢龍:《警世通言》,《古本小説叢刊》第32輯,中華書局,1991年,第355~356頁。

障礙。"罣"語源即"絓"。從"糸"之字往往可改換從"网",從"网"之字亦可改換從"糸",如"罝"之與"䋞"、"䍙"之與"繛"、"罥"之與"䌩"、"罠"之與"緡"等等,皆其類。故"絓"可作"罣"。《説文·糸部》:"絓,繭滓絓頭也。"段注:"謂繅時繭絲成結,有所絓礙。""絓"本義爲繅時成結了的繭絲,絲成結即有所受阻,故段玉裁謂"有所絓礙"。引而申之,"絓"可表示絆住。《史記·齊太公世家》:"丑父恐齊侯得,乃易處,頃公爲右,車絓於木而止。""絓於木而止"即被木絆住而止。《玄應音義》卷二十二"攝大乘論第一卷"之"罣礙"條下:"《字略》作罫,同,胡卦反,絓礙也。炘曰:《説文》:絓,繭滓絓頭也……絓礙之絓本作絓,罣、罫皆世俗字,展轉互增耳。"①莊炘所言甚是,"罣"即"絓"的後起形體。《大正藏》五十四册《希麟音義》卷二"新花嚴經卷第五"之"罣礙"條下:"上又作罫、絓二形,同。"(940/a)"絓""罣""罫"皆同。

現今我們所謂挂念、懸挂字,其語源皆應是"絓",與"挂"本義無涉。《説文·手部》:"挂,畫也。"段注:"古本多作畫者,此等皆有分別畫出之義。""挂"本義是區劃、區別的意思,和挂念、懸挂義無關。《莊子·漁父》:"好經大事,變更易常,以挂功名,謂之叨。""挂",陸德明釋文曰:"音卦,別也。"②

"絓"本是繭絲成結,引申有阻礙、絆住義。而牽挂是對人事的想念結住於心,懸挂是物體結住於某地,故"絓"繼續引申即可表示挂念、挂止。蓋後世多借用"挂"字表牽挂、懸挂義,本源"絓"廢而不用。

古籍中"絓""挂"習相借用。《史記·平津侯主父列傳》:"當是時,秦禍北構於胡,南挂於越,宿兵無用之地,進而不得退。""北構於胡""南挂於越"偶麗,是"構""挂"義近,顯然此"挂"即"絓"字之借。《讀書雜志·漢書第十一》"南挂於越"條下:"師古曰:挂,縣也。念孫案:挂讀爲絓。絓,結也,言禍結於越也。"③又《楚辭·哀時命》:"衣攝葉以儲與兮,左袪挂於榑桑。"王逸注曰:"挂,一作絓。"④"挂於榑桑"即"絓於榑桑","挂"即"絓"字之借。凡古籍用"挂"表牽挂、懸挂、結止、阻礙義,語源皆是"絓"字。

2.1.1.2.5 攤/㳾

《大正藏》五十一册《景德傳燈録》卷二十七"善慧大士":"二十四,與

---

① (唐)釋玄應:《一切經音義》,《叢書集成初編》本,商務印書館,1936年,第1064頁。
② (唐)陸德明撰,黄焯斷句:《經典釋文》,中華書局,1983年,第401頁。
③ (清)王念孫:《讀書雜志》,江蘇古籍出版社,1985年,第332頁。
④ (南宋)洪興祖撰,白化文等點校:《楚辭補注》,中華書局,1983年,第261頁。

里人稽亭浦澰魚,獲已,沈籠水中,祝曰:去者適,止者留。"(430/a)"澰",《卍續藏經》一百四十三册《指月録》卷二"善慧大士者"作"摙"(43/b)。"摙"用於撈取義,多見於唐及以後的文獻。《周禮》有"二鼓摙鐸"之用,此"摙",鄭玄讀如"弄",賈公彦疏曰:"以摙、弄聲相近,以振鐸謂之弄也。"①則此"摙"爲振動義,與撈摙義無涉。《六書故》卷十四:"摙,上下振撼也。《周官》:司馬振鐸……康成曰:掩上振之爲摙。摙,止行息氣也。因之爲撈摙之義。"②戴侗認爲撈摙義源於振動之"摙",似稍迂曲,並且振動之"摙"是"摙、弄聲近,以振鐸謂之弄也"。那麽振動之"摙",其語源就與"弄"相涉。實際上"摙"表撈取,當源自"澰"。

《説文・水部》:"澰,浚也。一曰水下貌。"段注:"《封禪文》:滋液滲澰。後世言澰酒是也。"《玉篇・水部》:"澰,竭也,涸也,滲澰也。""澰"本指澰乾水,使竭盡。水澰乾後,水中之物便可顯現而出,這種情況導致"澰"字在表意上有兩種引申傾向:一是側重於棄,即澰乾水而棄去水中之物;二是側重於取,可以是澰乾而取其水中之物,亦可以是取所澰之液體。

我們先説説第一種引申。澰乾而棄去水中之物,可引申爲澰去義。《葛仙翁肘後備急方》卷四"治虛損羸瘦不堪勞動方第三十三・附方"下:"用生枸杞子五升,好酒二斗,研搦勻碎,浸七日,澰去滓飲之。"③"澰去滓"即澰乾而去其渣。又《抱朴子・内篇》卷五《至理》:"抱朴子曰:防堅則水無澰棄之費,脂多則火無寢曜之患。"④"澰""棄"近義連文,"澰"已有棄去之義。如果此例還不是很明顯的話,那麽下面的例子則無可辯駁。《周氏冥通記》卷四:"可以蓬蒿爲薪煎,令餘一斗,澰滓乾之,閉汁三日。"⑤此"澰滓"之"澰"顯然即澰去之義。《大正藏》二十三册《十誦律》卷三"明三十尼薩耆法之四":"若值水有蟲者,當澰飲之。"(58/a)"澰飲之"即澰去蟲而飲之,飲的是水,而非蟲。

"澰"第二種引申義即澰乾而取之,亦即澰取,可以是所澰之液體,也可以是澰乾後所顯現的物體。《方言》卷五:"箕,陳、魏、宋、楚之間謂之

---

① (東漢)鄭玄注,(唐)賈公彦疏:《周禮注疏》,《十三經注疏》,中華書局,1980年,第838頁。
② (南宋)戴侗:《六書故》,《温州文獻叢書》本,上海社會科學院出版社,2006年,第339頁。
③ (東晉)葛洪:《葛仙翁肘後備急方》,《道藏》本,文物出版社、上海書店、天津古籍出版社,1988年,第61頁。
④ (東晉)葛洪:《抱朴子》,《道藏》本,文物出版社、上海書店、天津古籍出版社,1988年,第189頁。
⑤ (南朝梁)陶弘景:《周氏冥通記》,《道藏》本,文物出版社、上海書店、天津古籍出版社,1988年,第541頁。

籤。"錢繹箋疏曰："案,籤之言漉也,所以漉米而去滓者也。"①漉米去滓,即漉得精米,去其渣滓。《大正藏》二十二冊《四分律》卷十四"九十單提法之四"："比丘煮粥熟,頃日時已過。應煮麥令皮不破,漉汁飲之,無犯。"(662/c)"漉汁飲之"即漉取汁液而飲。又《大正藏》第一冊《長阿含經》卷十八《鬱單曰品》："取寶器已,次到果樹,樹爲曲躬。其人手取種種美果,或噉食者,或口含者,或漉汁飲者。"(118/b)"漉汁飲"《大正藏》第一冊《起世經》卷七《三十三天品》引作"取汁飲"(346/c),則"漉"即取之。

"漉"表漉取義,和動作相關,在俗寫中,自然會改換部件作"掹"。《抱樸子·內篇》卷五《至理》："又以丕禁沸湯,以百許錢投中,令一人手探掹取錢,而手不灼爛。"②"探掹"即探取。《歷世真仙體道通鑒》卷三十四"趙即"下引作"探漉"。③ 又《卍續藏經》一百三十八冊《五燈會元》卷二"西天東土應化聖賢"之"善慧大士"："生普建、普成二子,二十四,與里人稽亭浦漉魚,獲已,沈籠水中。"(78/b)"漉魚"即抓取魚。《卍續藏經》一百一十三冊《祖庭事苑》卷五"爐韝良醫"引作"掹魚"(148/a),"漉""掹"同。"掹"爲撈取義,可與"撈"連文。《卍續藏經》七十二冊《起信論疏記會閱》卷一"音釋"下："撈漉,音牢六,同撈掹,沉取之也。"(290/a)"撈""掹"連文,是"掹"即"撈"也;以"沉取之"釋"掹",即入水或其他液體中以取物,此實際上就是"漉"字引申之義。"漉"爲漉水使乾,水乾則水中之物可顯現,顯現則可拿取。故《四部叢刊初編》本《淮南子·主術訓》："不涸澤而漁,不焚林而獵。"高誘注曰："涸澤,漉池也。"漉池而漁,即漏盡池塘而取魚,以動作而言,即今掹魚。

由此可見,"掹"之爲字,義爲撈取、抓取時,其語源即"漉"。"漉"本指漉乾水使竭盡,由此發展出漉去、漉取兩種引申方向。其中漉取義因和動作相涉,故可改換部件形成"漉"的或體"掹"。

2.1.1.2.6 蕊/蕋

《卍續藏經》一百一十八冊《古尊宿語錄》卷二十五《筠州大愚芝和尚語錄》："金蕋銀絲成玉露,高僧不坐鳳凰臺。"(482/a)"金蕋",《大正藏》五十一冊《續傳燈錄》卷三"瑞州大愚山守芝禪師"引作"金蕊"(485/c)。"蕋"即"蕊"之俗體,部件"止""心"俗寫不分。如甲戌本《石頭記》第八

---

① (清)錢繹撰集,李發舜、黃建中點校：《方言箋疏》,中華書局,1991年,第190頁。
② (東晉)葛洪：《抱樸子》,《道藏》本,文物出版社、上海書店、天津古籍出版社,1988年,第191頁。
③ (元)趙道一：《歷世真仙體道通鑒》,《道藏》本,文物出版社、上海書店、天津古籍出版社,1988年,第299頁。

回:"秦鐘此去,學業料必進益,成名可望,因此十分歡喜;只是宦囊淰……"①"淰"即"澀"。又可作"蘂""榮",皆花蕊字。《正字通·心部》:"惢……亦作橤,別作蘂、榮、蕊。"則"惢""榮""蕊""蘂""橤"等字表花蕊義時音義同。考《說文·惢部》只有"惢""橤"二字,其餘不載。《說文·惢部》:"惢,心疑也。從三心。"同上:"橤,垂也。從惢,糸聲。"可見"惢"本是表心疑,而"橤"則是垂下義,皆與花蕊義無涉。

今按花蕊義,語源即"甤"或"蕤"。《說文·生部》:"甤,草木實甤甤也。"段注:"甤與蕤音義皆同。"同上《艸部》:"蕤,草木華垂貌。"是"甤""蕤"音義同,皆表草木華實義。《文選箋證》卷四《南都賦》"敷華蘂之蓑蓑"條下:"按:蓑蓑即蕤蕤……甤,草木實甤甤然也。實謂之甤,華亦謂之甤,猶實謂之蕤,華亦謂之蕤。蘂與蕤音義亦通。"②"甤"或"蕤"同"蘂",皆表花蕊義。又《廣雅·釋草》:"蘂,華也。"王念孫疏證:"蘂之言蕤也……劉逵《蜀都賦》注云:蘂者或謂之華,或謂之實,一曰花鬚頭點也。《廣韻》云:花外曰萼,花內曰蘂。實謂之甤,亦謂之蘂;華謂之蕤,亦謂之蘂。皆垂之貌也。"③據胡紹煐和王念孫所論,則《說文》"甤"字所釋"草木實甤甤"之"實"義指花蕊,"蘂"之言"蕤"也。《玉篇·生部》:"甤,如壘切。甤甤,草不實。今作蘂。"顯然《玉篇》是據《說文》而釋"甤",其言"甤""今作蘂",則"蘂"即"甤"之後起詞形,猶"葳蕤"或作"葳蘂"。

2.1.1.2.7 峭/捎/鞘

《卍續藏經》一百三十六冊《聯燈會要》卷十四"潭州雲蓋守智禪師":"示眾云:緊峭離水靴,踏破湖湘月。手把鐵蒺藜,打破龍虎穴。"(664/a)"緊峭",《大正藏》五十一冊《續傳燈錄》卷十五"潭州雲蓋守智禪師"作"緊鞘"(569/b),《卍續藏經》一百四十冊《五燈全書》卷三十七"潭州雲蓋守智禪師"作"緊捎"(856/b),《卍續藏經》一百三十七冊《嘉泰普燈錄》卷四"潭州雲蓋守智禪師"作"緊峭"(89/a)。

或化用作"緊著離水靴"。《卍續藏經》一百四十五冊《揞黑豆集》卷八"杭州仁和圓照□溪行森禪師":"師云:你又像白兔山時。進云:緊著離水靴,踏破澄潭月。"(1009/a)

或作"緊梢"。《卍續藏經》一百四十三冊《續指月錄》卷十九"台州通玄林野通奇禪師":"若向者裏辨得出,不妨緊梢草鞋;如辨不出,莫道通玄山勢險。"(1019/b)《祖庭事苑》卷一"雲門錄上"釋"緊梢":"當作峭,七笑

---

① (清)曹雪芹:《石頭記》(甲戌本),人民文學出版社,2009年,第252頁。
② (清)胡紹煐:《文選箋證》,《續修四庫全書》本,上海古籍出版社,2001年,第59頁。
③ (清)王念孫著,鍾宇訊點校:《廣雅疏證》,中華書局,1983年,第336頁。

切,縛也。梢,音宵,非義。"(9/b)《禪宗大詞典》載有"緊悄草鞋",釋爲繫緊草鞋,是也。

"緊""悄"近義連文。"悄"有縛義,蓋與"捎"有關。《説文·手部》:"捎,自關已西,凡取物之上者爲撟捎。"由捎帶義可引申爲繫縛。《卍續藏經》一百一十二册《列祖提綱録》卷二十九"開田並謝提綱":"三載區區弄水泥,捎裙掰褲又扶犁。"(626/a)"捎裙掰褲"言繃緊裙褲操犁開田。又明刻本《隋史遺文》卷四第二十回:"我比衆老爺不同,有公務在身,把回書與回批不要捎在馬鞍後,恐有疏虞,可用氈袋隨身帶了,這都是性命相關的事。"①"捎在馬鞍後"即繫緊在馬鞍後。元曲明清小説多用"稍",此不贅。繫緊與繩索有關,故又作"悄"。《廣韻·笑韻》:"悄,悄縛。"禪録用於繫鞋,類化作"鞘",以音而作"峭""稍"等。

2.1.1.2.8 拯/抍/抖

《卍續藏經》一百三十六册《建中靖國續燈録》卷十五"東京法雲寺大通禪師":"僧曰:既欲拯物導迷,爲什麼九年冷坐?"(223/b)"拯物導迷",佛典習語,《卍續藏經》一百二十册《開福道寧禪師語録》卷一作"抍物導迷"(459/a)。有意思的是,"抍"還能與"抖"形成異文。《大正藏》二十二册《四分律》卷三十八"自恣揵度之二":"聞客比丘來聲,經行聲,謦欬聲,誦經聲,言論聲,抖擻衣聲。"(842/b)"抖擻"下注"聖本作抍捒"。同上《四分律》卷五十七"調部之三":"時有比丘欲心共女人抖擻衣,疑。佛言:偷蘭遮。"(987/a)"抖"字下注曰"聖本作枡"。按:"枡"即"抍",俗寫中"木""扌"不分。那麼"抖擻"之"抖"與"抍""拯"是什麼關係呢?它們的意思其實是一樣的,都有舉起義。

實際上此處"抖""拯"皆源於"抍",請試而論之。《説文》不載"抖"。《四部叢刊初編》本《方言》卷六:"鋪頒,索也。東齊曰鋪頒,猶秦晉言抖藪也。"郭璞注曰:"謂斗藪舉索物也。"《玉篇·手部》:"抖擻,上多口切,下思口切,抖擻起物也。"後世字書對"抖"的解釋基本上本於《方言》《玉篇》。《大正藏》五十四册《慧琳音義》卷六十四《沙彌十戒並威儀音義》"抖擻"條下:"《考聲》云:抖,上舉者也。"(732/b)同上《希麟音義》卷九《根本破僧事卷第二十音義》"抖擻"條下:"《考聲》云:抖,上舉也。"(974/b)《廣韻·厚韻》:"抖,抖擻,舉貌。"不難想見,"抖"有上舉、舉索之義。

我們認爲表上舉、舉索之"抖"即"抍"之形變。《説文·手部》:"抍,上舉也。從手升聲。"徐鉉曰:"今俗別作拯,非是。"則今"拯"即古"抍",

---

① (明)袁於令:《隋史遺文》,《古本小説集成》第3輯,上海古籍出版社,1994年,第510頁。

義爲上舉。"升"的俗體"卅"①,"斗"的俗體"廾",俗寫中非常相似。②"斗"俗寫中確實易訛作"升",張涌泉先生曾論證"斛"爲"斞"之僞俗寫便是很好的證明:"'斛'與'斞'是什麽關係呢……我們認爲'斛'乃爲'斞'的僞字……'升''斗'形近易僞,於是原來的'斞'就有可能僞而爲'斛'了。"③"斛"訛作"斞"與"抖"訛作"扜"很有異曲同工之妙。蓋"扜"訛作"抖",後世習用"抖"字,而"扜"字隱晦矣。

《大正藏》五十四册《慧琳音義》卷四十四《中陰經上卷音義》載玄應所釋"斗藪"條下:"《方言》:斗撒,走舉也……經文作抖揀二形,音同拯策,並非字體也。"(600/c)玄應認爲"抖"音同"拯",這條解釋的重要性不言而喻。"抖"無論如何也不可能音同"拯",所以玄應認爲"並非字體也"。唯一合理的解釋是"抖"即"扜"字之訛,"扜"即今"拯",故"抖"可音同"拯"。這也表明古文獻中即便"扜"已訛變作"抖",但在讀書人眼裏"抖"還是保留了"扜"讀音。《玄應音義》卷十四《四分律音義》第三十三卷"抖撒"條下:"律文作抖揀二形,抖與極字同。"④玄應説"抖"與"極"字同,"極"字顯然於此處無涉,當是"拯"字之訛,上揭玄應所説"抖"音同拯便是最好的證明。玄應釋"抖"音"拯",又釋"抖"與"拯"同,足以表明"抖"明爲"扜"字,"扜"同"拯",故可與"拯"音義同。

"抖"異文多見作"扜",現略舉幾例。《大正藏》二十四册《根本説一切有部毘奈耶雜事》卷三十五"第八門第九子攝頌之餘説":"佛言舊者應觀莫翻新者,有襯褥布時時抖撒,不爾得越法罪。"(381/b)"抖撒"注"聖本作枡揀"。又《中阿含經》卷三十二《大品》:"猶如力士手執氅裘,抖撒去塵,我亦如是。"(628/c)"抖"字注"聖本作枡"。據以上用例,作"扜"者皆是聖本,聖本即正倉院聖語藏本,亦即太平寫經,其時屬唐代。説明至少在唐代寫經用字中,還是作"扜",而非"抖"。

至此,"抖"當來源於"扜"。蓋"扜"俗作"抖",後世承襲不返,"抖"遂爲常用詞,"扜"反而退出了歷史舞臺。"扜"本指上舉、拔取。《方言》卷十三:"扜,拔也,出休爲扜。"今言抖撒精神,即舉起精神也。引而申之即有舉振、振起之義。如《大正藏》第二册《雜阿含經》卷十:"如人刈草,手攬其端,舉而抖撒,萎枯悉落,取其長者。"(70/c)又上舉《慧琳音義》《希麟音義》釋"抖撒"引《考聲》云"抖,上舉也",亦其證。

---

① 黄征:《敦煌俗字典》,上海教育出版社,2005年,第361頁。
② 黄征:《敦煌俗字典》,上海教育出版社,2005年,第90頁。
③ 張涌泉:《漢語俗字研究》(增訂本),商務印書館,2010年,第361頁。
④ (唐)釋玄應:《一切經音義》,《叢書集成初編》本,商務印書館,1936年,第666頁。

2.1.1.2.9 瑳/苴/渣

《卍續藏經》一百三十六《聯燈會要》卷十六"蘄州五祖法演禪師"下："即訪白雲端。端一見乃云：川磋瑳，儞來也。"（684/a）"川磋瑳"，《大正藏》五十四册《續傳燈錄》卷二十八"臨安府靈隱瞎堂遠禪師"引作"川磋苴"（660/c）。《宋語言詞典》"磋苴"條下釋爲："宋時中原人認爲四川人頗不檢束，故以'磋苴'稱之。又稱'川磋苴'。"①"磋苴"一詞，《漢語大詞典》有釋，義爲不整潔、不利落、不端莊。這種解釋是很正確的，問題是爲什麼"瑳""苴"能形成異文呢？這要從"渣"説起。

我們今天所説渣滓之"渣"實際上就是來源於"苴"。《説文·艸部》："苴，履中艸。從艸，且聲。""苴"義爲墊鞋所用的草。墊鞋之草，本就微賤，故可引申爲糟粕。《四部叢刊初編》本《莊子·讓王》："道之真以治身，其緒餘以爲國家，其土苴以治天下。"陸德明《釋文》"苴"字下曰："側雅反，又知雅反。司馬云：土苴，如糞草也。李云：土苴，糟魄也。皆不真物也。"②"土苴"爲糟粕、糞草之用，陸德明釋"苴"爲側雅反，正與"渣"字讀音吻合。又《四部叢刊初編》本《皇明文衡》卷四十六趙汸《跋東坡尺牘後》："然則世人所求於公者，殆其粃糠土苴耳。""粃糠""土苴"連文，其義必近，"粃糠"爲糟粕無用之物，"土苴"義當亦爲糟粕無用之物。又上揭"川磋苴"異文有作"川土苴"者，《卍續藏經》一百二十三册《了庵清欲禪師語錄》卷七"偈頌"下"滅宗示胤侍者"："堪笑堪悲川土苴，覿面當機看脚下。"（737/a）此"川土苴"與"川磋苴"同，皆爲不整潔之義。

糟粕之"苴"作"渣"，猶山樝之"樝"作"楂"。山楂字本作"樝"。《説文·木部》："樝，果似梨而酢。從木，虘聲。""虘"從"且"得聲，故"樝"又可省作"柤"。《廣韻·麻韻》："樝，似梨而酸。或作柤。"今"楂"行而"樝""柤"俱廢。

再來説説"瑳"。上揭《聯燈會要》"磋瑳"，《續傳燈錄》引作"磋苴"。"苴""瑳"音同通用。"瑳"從"差"得聲。從"差"得聲與從"查"得聲習通，如溠水之"溠"又作"渣"（《廣韻·麻韻》："溠，水名……渣、溠同"），是"苴""瑳""渣"皆輾轉可通。《新方言·釋器第六》："今人謂糟滓爲苴，作側加反，俗字作渣，乃沮之形變也。"③甚是。

---

① 袁賓編著：《宋語言詞典》，上海教育出版社，1997年，第173頁。
② （唐）陸德明撰，黃焯斷句：《經典釋文》，中華書局，1983年，第398頁。
③ 章太炎著，蔣鴻禮點校：《新方言》，上海人民出版社編：《章太炎全集》第5卷，上海人民出版社，2014年，第128頁。

2.1.1.2.10 槊/矟

《卍續藏經》一百三十五册《天聖廣燈錄》卷二十四"夾山大哥和尚"："師云：單雄信解弄棗子木矟，尉遲公隨後喝番謂。"（838/b－839/a）"木矟"，《卍續藏經》一百一十八册《古尊宿語錄》卷二十四"舉古"引作"木槊"（473/a）。漢文佛典多見"槊"異文作"矟"。《大正藏》十二册《大般涅槃經》卷一"序品"："以佛神力復發是心：令諸眷屬皆捨刀、劍、弓、弩、鎧、仗、鉾、槊、長鉤、金椎、鉞斧、鬥輪、羂索。"（609/b）"槊"，《卍續藏經》五十六册《涅槃經會疏》卷一"序品"作"矟"（716/b）。

《説文新附・木部》："槊，矛也。"實際上，"槊"即"矟"之後起字形。《説文・木部》："梢，木也。"《爾雅・釋木》："梢，梢擢。"郭璞注曰："謂木無枝柯，梢擢長而殺者。"郝懿行《義疏》曰："《釋文》：梢，郭音朔……按：《説文》：'擢，引也。'是擢有引長之義。梢讀如輪人掣爾而纖之掣。鄭注：'掣，纖殺小貌也。'然則梢之言掣，擢言其長而翹出也。此蓋謂木喬竦無旁枝者謂之梢，亦謂之梢擢。"①則"梢"義爲樹尖或高聳且没有旁枝的樹幹。《漢書・禮樂志第二》："大硃塗廣，夷石爲堂，飾玉梢以舞歌，體招摇若永望。"顏師古注曰："梢，竿也，舞者所持。"此"梢"即引申爲竿子之用。又明刊本《天許齋批點平妖傳》第一回："袁公覷著樹梢頭透出一竿枯竹，踴身一跳，早已拔起。撇向空中墜下那根竹，迎著風勢咭喇一聲，折作兩段。處女接取竹梢，袁公接取竹根，袁公就勢去刺那處女。"②"竹梢"與下文"竹根"相對，"竹梢"即竹子梢端部分。以上"梢"字之義正與矛槊之"槊"形制相類。

《玄應音義》卷二《大般涅槃經音義第一卷》"矛矟"條下曰："矟，山卓反。《埤蒼》：矟，長丈八尺也。經文有作梢，所交反，木名也。或作槊，北人俗字也。或作鎙，俗字也……坫曰：……矟，本應作梢，《淮南子》所謂'曳梢肆柴'即矟是也。矟、槊並俗別字。《玉篇》：鎙，鐵器。所諫切。鎙、矟爲聲之轉，故俗亦以鎙爲矟。"③玄應所釋"經文有作梢"，則"梢""矟"或又作"槊""鎙"等。蓋"梢"由樹幹引申表示長矛，改換義符作"矟"；又與"朔"聲近，故又可改換聲符變作"槊"。上揭《爾雅義疏》引《經典釋文》曰"梢，郭音朔"，正表明梢、朔聲同。又《大正藏》五十四册《慧琳音義》卷六十二《根本毘奈耶雜事律第三十八卷》"以矟"條下："雙捉反，律文作搠，木

---

① （清）郝懿行：《爾雅義疏》，上海古籍出版社，1983年，第1111頁。
② （明）羅貫中編，（明）馮夢龍增補：《天許齋批點平妖傳》，《古本小説叢刊》第33輯，中華書局，1991年，第521頁。
③ （唐）釋玄應：《一切經音義》，《叢書集成初編》本，商務印書館，1936年，第67頁。

名,非也。"(725/a)此亦"稍""挮"同詞,"挮"即槊(俗寫"木""扌"不分)。

值得注意的是"槊"可表示動作擊、刺。《卍續藏經》一百四十八册《祖庭指南》卷二"第五世鎮州臨濟義玄禪師"下:"濟在黄蘖栽松次,以钁頭槊地三下。蘖云:吾宗到汝大興。"(426/a)"槊地三下"即擊地三下。表擊、刺義之"槊"又是"箾"字之借。這樣一來,"槊"一身兼二職。《説文·竹部》:"箾,以竿擊人也。"《史記·吴太伯世家》:"見舞象箾、南籥者,曰:'美哉,猶有感。'"司馬貞索隱曰:"箾音朔。"此即"箾""朔"同音之證。"槊"之借作"箾",猶"梢"之借作"箾"。《説文·木部》"梢"字,朱駿聲《通訓定聲》曰"假借爲箾",是也。用例如胡刻本《文選》卷十三宋玉《風賦》:"蹷石伐木,梢殺林莽。"李善注曰:"韋昭曰:梢,擊也。"①是"箾""槊""梢"皆可表擊、刺義。因與動作相涉,"槊"俗寫又作"挮"。明刊本《醒世恒言》卷三十三《十五貫戲誠巧禍》:"那人大怒道:這牛子,好生無禮。連挮一兩刀,血流在地。"②"連挮一兩刀"即連刺一兩刀。例多不備舉。

2.1.1.2.11 牯/羖/羘

《卍續藏經》一百三十八册《五燈會元》卷十七"潭州大潙懷秀禪師":"僧問:昔日潙山水牯牛,自從放去絶蹤由……"(658/a)禪籍文獻中習見水牯牛、白牯牛之用,南泉禪師、潙山禪師皆以水牯牛自喻,多寓指自性。清《嵩山野竹禪師録》引作"水羖"。我們依據這種綫索,對"牯牛"之"牯"作一點考察。實際上"牯"即"羖"的後起形體,本專指公羊。《説文·羊部》:"羖,夏羊牡曰羖。從羊,殳聲。"同上《羊部》:"羯,羊羖犗也。"《大正藏》五十四册《慧琳音義》卷六十五玄應《薩婆多毗尼婆沙第四卷音義》:"羖羊,公户反,亦名羯羊。"(741/b)"羖"可以表示閹割的公羊。有學者指出"羖"還有黑色羊這一義項。③

"羖"上古音在侯部,《切韻》時代屬姥韻見母,與"古"音同。敦煌寫卷 P.2609《俗務要名林》:"羖䍦,上音古,下音歷。"《俗務要名林》記録的是唐初日常生活中的實際口語音,"羖""古"音注與《切韻》聲韻地位一致。用常見的"古"給"羖"注音,會加強人們大腦中對"古"與"羖"關聯的認知,繼而會出現"範疇化"劃分,把它們歸爲聽覺圖像一類,這樣一來,作爲聽覺圖像記號的"古"在此背景下會與原指示含義產生偏離,並通過認知"隱喻"方式促使大腦在"羖"原型視覺圖像基礎上創造出新形體。因此,"牯"便應運而生了。比如敦煌寫卷 P.2484《歸義軍畜牧狀況》:"牧羊人

---

① (南朝梁)蕭統編,(唐)李善注:《文選》,中華書局,1977年,第191頁。
② (明)馮夢龍:《醒世恒言》,《古本小説叢刊》第30輯,中華書局,1991年,第2037~2038頁。
③ 黑維强、敏春芳:《"羖"字釋義疏證》,《蘭州大學學報(社會科學版)》2005年第5期。

王阿朵……大羖羠伍拾柒口,二齒古羠玖口,當年古兒羔子貳口";"牧羊人楊住成……大古羠壹伯壹拾陸口,二齒古羠叁拾肆口"。同一寫卷既用"羠",又用"古",表明在實際書寫中"古"與"羖"的聽覺範疇化關聯已經完成。敦煌寫卷 S.2071《切韻》(切三)殘卷"十姥"韻:"羖,羖䍽,羊。"此"羖䍽"即《爾雅》卷下羊屬"夏羊"郭璞注的"羖䍽",一種羊名。《玉篇·羊部》:"羖䍽,羊也。"到了有唐一代,"羖"已經成了通用形體。《干祿字書·上聲》:"羖羖,上通下正。"

這裏只是構擬了"羖"產生的認知原理,至於"羖"出現的具體時間,則要比敦煌寫卷早得多。據目前所見材料,至遲戰國時期已經有"羖",包山楚簡二號墓202、233、237、243 簡皆有"羖"字①,整理者釋同"羖"。"羖"從"古"得聲,"古"上古在魚部,"羖"在侯部,韻部不同,都是一等字。魚侯兩部從先秦到兩漢一直存在不同程度的通押情況,學者們的觀點是:董同龢先生分析《老子》魚侯相押現象,認爲與《楚辭》押韻相似,帶有上古楚方言特色②;謝榮娥先生認爲先秦魚侯合流屬於區域現象,通過分析秦漢楚方言區域文獻材料,得出古侯部一等字與魚部合流是上古楚方音特點的結論③。由此可見,"羖"之作"羖"與上古楚方音侯部一等字與魚部合流的結論是完全相合的。有論文指出"羖(羖)"在楚簡中使用頻繁,爲古楚方言詞④,如果確信的話,那麼"羖"的出現可能反映的是先秦楚方言對秦地語音"羖"的區域描述。

"羖"變作"羖"是書寫形式的變化,其本身原指示含義隨着時間發展也會出現一定偏離。上面提到"羖"本來是指公羊,這一含義後來出現了認知上的擴大——還可以用來指代公牛,這在近代漢語時期禪籍文獻中是比較習見的。

《嘉興藏》二十九冊《嵩山野竹禪師錄》卷十一"示牧之禪人":"溈山一頭水羖,隨處拖犁拽杷。"(140/a)"溈山一頭水羖"乃禪籍中一公案,語出《大正藏》四十七冊《汾陽無德禪師語錄》卷二:"溈山示衆云:老僧遷化

---

① 湖北省荆沙鐵路考古隊:《包山楚簡》,文物出版社,1991 年,第 33~34、36 頁。
② 董同龢:《與高本漢先生商榷"自由押韻"說兼論上古楚方音特色》,《歷史語言研究所集刊》1938 年第 7 本第 4 分,第 533~543 頁。
③ 謝榮娥:《秦漢楚方言區文獻中的魚部與侯部》,《雲南民族大學學報(哲學社會科學版)》2009 年第 4 期。
④ 馬藝萌、邵則遂:《古楚方言詞"羖"、"羖"》,《語言研究》2017 年第 4 期。該文從出土文獻、方言等多角度闡述了"羖"與"羖、羖"因存在同源關係而衍生出的方言詞,創獲頗多,可信度高,不過我們認爲"羖""羖"並非不同的詞,"羖"就是"羖"後起聲符義符改換的書寫形式。

後,去山下檀越家,作一頭水牯牛,於左脅上,書一行字云'潙山僧某甲'。若喚作潙山僧,又是水牯牛;若喚作水牯牛,又是潙山僧。當恁麼時,喚作什麼?"(608/a)一作"水羖牛",一作"水牯牛","水牯牛"即"水羖牛",公牛也,故可曰"拖犁拽杷"。又《卍續藏經》一百一十五册《禪宗頌古聯珠通集》卷十八"祖師機緣·六祖下第四世之五":"趙州一日問南泉曰:知有底人向甚麼處去? 泉曰:山前檀越家作一頭水牯牛去。"(215/b)此即"南泉水牯牛"公案。又可作"南泉水羖牛",如《嘉興藏》二十九册《嵩山野竹禪師錄》卷一《住雲南府慈雲禪院語錄》:"驀拈拂子豎起云:三世諸佛不知有,狸奴白羖却知有。南泉水羖牛,子湖叫看狗,喝一喝。"(93/a)

上舉禪籍文獻"水羖牛"即公牛,禪籍語錄習用水羖牛、白羖牛自喻,寓指自性,表明"羖"的原始視覺符號含義已有所變化。《六書故》卷十七"羊部":"羖,牡羊也,牡牛亦曰羖牛,猶羖羊亦曰牡羊也。"①戴侗釋義表明公羊之"羖"在實際用法中可以用來表示公牛已得到約定俗成的承認。後來的文獻中頻有用例,此再舉一用。王守仁《登硤石山》:"葛井雖依然,日暮飲牛羖。"此"牛羖"明爲公牛,不會指公羊,因爲詩境的畫面是日落牽牛飲水回。

"羖"的原始視覺符號含義不局限於表示公羊,還用來表示公牛,牛羊不嫌同用,特別習見的是用來表示公牛。這樣一來,"羖"的書寫形式會隨著表義的範疇化變化重新再構,因爲視覺圖像"羖"已不能滿足表示公牛的需要。上文提到"羖"至遲在戰國楚簡已經出現新的形體"羘",加上表義範疇擴大至能表示公牛,那麼大腦機能認知範式會與牛這一事物進行關聯,從而又出現一個新的形體"牯"。

上舉敦煌寫卷 P.2484《歸義軍畜牧狀況》中"羖"又被寫作"古",説明"古"因與"羖"同音而被脱離原始的表往昔標記,而與"羖"的表意範疇相關聯。那麼我們可以推測,因"羖"可以表示公牛,又與"古"形成同音關聯,古人借助讀音和意義上的認知,重新構建了一個新的形體"牯",來滿足表達公牛意義的需要。這一書寫形式變化至遲在唐初敦煌寫卷已有用例,唐以後文獻用"牯""羖"表示公牛開始頻繁起來。敦煌寫卷 S.2071《切韻》(切三)殘卷"十姥"韻:"牯,牡牛。"《廣韻·姥韻》:"牯,牯牛。"《六書故》卷十七"羊部":"羖,別作牯。"《正字通·牛部》:"牯,音古,俗呼牡牛曰牯。"

文獻用例如《卍續藏經》六十二册《四分律含注戒本疏行宗記》卷一:

---

① (南宋)戴侗:《六書故》,《温州文獻叢書》本,上海社會科學院出版社,2006 年,第 411 頁。

"乃至引阿難語難陀偈云:如羝羊相觸,將前而更却(羊門欲前而退,羝音低,牯羊也。)"(383/b)"羝"義爲公羊,此以"羝"釋牯羊,顯然"牯"即"羖"也。《大正藏》五十三冊《法苑珠林》卷二十七"求忍部第四":"有一黑蛇蜇一犢子,還入穴中。有一呪師以羖羊呪,呪令出穴,不能令出。呪師便於犢子前燃火呪之,化成火蜂,入蛇穴中燒蛇,蛇不堪痛,然後出穴。羖羊以角抄著呪師前。"(482/b)"羖羊",宫本作"牯","牯"即"羖"也。又《大正藏》五十一冊《續傳燈録》卷三"瑞州大愚山守芝禪師":"上堂:三世諸佛不知有,狸奴白牯却知有。"(485/b)"狸奴白牯"亦作"狸奴白羖",如《嘉興藏》二十九冊《山暉禪師語録》卷三《住甕安縣聖恩禪院語録》:"三世諸佛也如是,狸奴白羖也如是。"(35/b)又《卍續藏經》五十冊《法華經大窾》卷二:"南泉云:王老師自小養一頭水牯牛。擬向東溪牧,未免食他國王水草;擬向西溪牧,未免食他國王水草。"(138/b)此"水牯牛"即上文提到的禪籍公案"水羖牛",來表示自性。以上皆"牯"即"羖"之證。

此外"羖"還能用於表示男性。宋本《太平寰宇記》卷五十九"河北道八·邢州内邱縣":"《耆老傳》云:魏時黑山群盗張燕等不立君長,直以名號爲稱,多髯者謂之羖公,大聲者謂之雷公。"① 此"羖公"指鬚髮較多、雄性特徵明顯的男性。"羖""牯"表示雄性,今天還存在於方言中。有學者發現今天不少方言地區凡言雄性動物都可以用"牯",如閩南語、贛方言、湘方言、吴方言等,甚至官話區也有用例。② 今貴州"牯臟節"祭祀宰殺的也是公牛。

"牯"的出現是表意範疇擴大而引起的圖像重構,這種重構還可以繼續發展。有意思的是我們在文獻中還發現了一個"羒"。《四部叢刊》初編景元刊本《元文類》卷四十一"雜著·招捕":"魚鼎紀號,鼠穴正衙,坐止其身,族鄰宥赦,惻不盡戮,視同羖羒。""羒",古代字書不見其用,《漢語大字典》釋作"公羊"。如果這種解釋可靠的話,那麽"羖""羒"就是同義連文。"羒"有可能是"羖"或"牯"後起聲符改换形體而成。"羒"從"叚"得聲,中古有馬韻見母的讀音,上古在魚部。"羖"或"牯"中古是姥韻見母,姥韻的"牯"來源於上古魚部,如果《元文類》"招捕"部分的作者語音中"牯"還有魚部讀音,那麽改變聲符作"羒"是再正常不過了。類似之例如包山楚

---

① (北宋)樂史:《太平寰宇記》,《景印文淵閣四庫全書》本,臺灣商務印書館,1983年,第496頁。
② 見張振興:《從"牯"字説漢語方言的詞彙分布》,《方言研究與社會應用》,商務印書館,2013年,第123~129頁。

簡二號墓 187、207、219 有"豤"字①，整理組釋即《說文·豕部》之"豤"，又《說文·馬部》之"騾"，曾侯乙墓竹簡 176 作"駐"，皆可比類。

當然還存在一種可能，就是"豤"即《說文·豕部》之"豤"，公豬義。"視同殺豤"即把那些反叛分子當作羊豬一類畜生對待。"豤"受上文"殺"類化而改換義符。這樣的話，那麼《漢語大字典》的釋義就是有問題的。

2.1.1.2.12 毵毵/髿髿/髟髟

《卍續藏經》一百一十八冊《正法眼藏》卷一："明招和尚領衆至堯庵，乃提起條子云：得恁麼鬍毿毿地？"（30/a）"毿毿"，《卍續藏經》一百四十三冊《指月錄》卷二十一"婺州明招德謙禪師"引作"毵毵"（467/a）。

"毵毵"同"毿毿"，毛髮長義。《大正藏》五十四冊《慧琳音義》卷五十二"雜阿含經音義"引玄應釋"毿毿"："《通俗文》：毛長曰毿毿。經文作參，非體貌也。"（656/b）

從語源來說，"毿毿"表毛長，實則得義於"彡"。《說文·彡部》："彡，毛飾畫文也。"引申爲長。《廣韻·銜韻》："彡，毛長。"或重疊作"彡彡"。《西河集》卷一百七十二《秋杪陪群公集同年馮太史宅觀菊分賦得潛字》之二："滿頭思插去，搔首白彡彡。"②"彡彡"即髮長貌。又《五百四峰堂詩鈔》卷十八戊申年《社樹》："老樹空靈似有神，彡彡藤幂歲寒身。"③此"彡彡"狀藤條之長。

或作"騄騄"。《四部叢刊初編》本《樂府詩集》卷八十一孫光憲《楊柳枝》："騄騄金帶誰堪比，還笑黃鶯不較多。""騄騄"狀柳條之長。《全唐詩》卷七百六十二孫光憲《楊柳枝詞四首》作"毿毿"④。

或作"髿髿"。崇禎刊本《金瓶梅》第五十九回："頭上挽著一窩絲杭州䰀，梳的黑髿髿光油油的烏雲，雲鬢堆鴉，猶若輕烟密霧。"⑤"黑髿髿"即表黑髮之長。

或作"參參"。《大正藏》五十一冊《慧琳音義》卷八"大般若波羅蜜多經音義"五百九十三卷"白鷺"條："陸機《毛詩鳥獸虫魚疏》云：白鷺大如鷄，青脚，脚長尺七八；尾如鷹尾，喙長三寸餘；頂及背上有長翰毛，可長尺餘，參參然。"（355/c）"參參然"即狀白鷺背部毛髮之長。

---

① 湖北省荊沙鐵路考古隊：《包山楚簡》，文物出版社，1991 年，第 31、33~34 頁。
② （清）毛奇齡：《西河集》，《景印文淵閣四庫全書》本，臺灣商務印書館，1986 年，第 769 頁。
③ （清）黎簡：《五百四峰堂詩鈔》，《續修四庫全書》本，上海古籍出版社，2002 年，第 672 頁。
④ （清）彭定求編：《全唐詩》，《景印文淵閣四庫全書》本，臺灣商務印書館，1986 年，第 493 頁。
⑤ （明）蘭陵笑笑生：《金瓶梅》，《明清善本小說叢刊》第 10 輯，臺北天一出版社，1985 年，第 35 頁。

或聲轉作"髣髴""髴髴"。《劍南詩稿》卷二十三《隱者詩》："客來與語不能答,但見醉髮覆面垂髴髴。"①"髴髴",《淵鑒類函》卷二百九十載陸游《隱者詩》作"鬖髿"②,清人高士奇化用此詩作"鬖鬖",《城北集》卷一《豐臺行》："鬖鬖醉髮任覆面,一生衣食隨天工。"③"髴髴""鬖鬖""鬖髿"同也。

2.1.2 異文與詞語書寫形式的疑難形體考察

袁賓先生《禪宗著作詞語匯釋》《禪宗詞典》《禪宗大詞典》《宋語言詞典》及雷漢卿先生《禪籍方俗詞研究》等專著釋錄了不少禪籍文獻中的疑難詞、方俗詞,極大地推動了近代漢語詞彙研究的發展。但是不得不指出的是,宋與明清禪錄因爲不同版本歷時共時引文形成的一大批疑難詞語書寫形體還有待解決,即便是已經釋錄的詞語,它們的形體歷史來源及得義之由,也需要進一步的討論和研究。對考釋詞語,郭在貽先生作過精彩論述："談到俗語詞的研究,我認爲必須具備四個程序,方能稱得上是高層次的研究工作,這四個程序是:求證、溯源(包括窮流)、袪惑、通文。所謂求證,就是從語言材料中尋找證據,有了確鑿而又充分的證據,詞義的考釋纔能立於不敗之地,沒有證據,或證據不充分,單靠涵泳文意、玩味章法那一套文學賞析的功夫,所得的結論往往不甚可靠。證據又有本證(或曰內證)旁證(或曰外證)之分。比如研究禪宗語錄的詞彙,語錄本身的材料便是本證,從非語錄的材料中所得的便是旁證。所謂溯源,就是要從歷時語言學的角度,搞清楚某一詞語的來龍去脈及其所以得義之由(由於種種原因,不可能每個詞都做到這一點),這是一項最高級的研究工作,但也是最難的工作。所謂袪惑,就是要袪除前賢及時人的某些誤解謬見,給讀者一個正確的答案。所謂通文,就是用你考釋所得的結論,去暢通無阻地解釋其他一些作品中的同類詞語,做到如清儒王引之所說的'揆之本文而協,驗之他卷而通'。"④郭先生的論述可以作爲我們考釋詞語疑難形體的指導思想。

前賢時修對禪籍語錄詞語做過不少釋錄,但大多數僅僅停留在郭在貽先生所說的"求證"與"通文"兩個方面,至於"溯源""袪惑",還有不少工

---

① （南宋）陸游:《劍南詩稿》,《景印文淵閣四庫全書》本,臺灣商務印書館,1986年,第398頁。
② （清）張英等:《淵鑒類函》,《景印文淵閣四庫全書》本,臺灣商務印書館,1986年,第502頁。
③ （清）高士奇:《城北集》,《四庫未收書輯刊》本,北京出版社,1997年,第606頁。
④ 見郭在貽:《禪宗著作詞語匯釋·序》,袁賓:《禪宗著作詞語匯釋》,江蘇古籍出版社,1990年,第2~3頁。

作要做。如《大正藏》五十一册《續傳燈錄》卷二"明州雪竇重顯禪師":
"上堂:十方無壁落,四面亦無門,古人向甚麼處見客? 或若道得接手句,許
爾天上天下。"(475/c29－476/a)"壁落"一詞,《漢語大詞典》没有載錄,
《近代漢語詞典》①《近代漢語大詞典》②皆釋爲"墻壁"。這種解釋很是妥
帖,但是"落"字怎麼解釋呢?《禪宗大詞典》載有"壁角落頭":"指角落
裏,冷僻處……又作'壁角頭'。"③這顯然是認爲"落"爲角落,實際上"壁
角落頭"即"壁角""落頭","壁""落"近義相對。《卍續藏經》一百四十一
册《五燈全書》卷八十五"三峰檗庵志禪師":"虚豁豁,壁落全無;峭巍巍,
階梯迥絶。"(725/a)此"壁落""階梯"偶麗,是"壁""落"亦必近義相連。
又《卍續藏經》一百三十七册《大光明藏》卷二"鄧州香嚴下堂義端禪師":
"無鎖無壁落,無形無心眼。"(849/a)此"壁落"與"心眼"對文,"壁""落"
當近義相對。據上,"壁""落"當爲近義連用。今謂"落"義爲籬笆,正與
"壁"爲墻壁文義相類。《説文·木部》:"柂,落也。"《叢書集成初編》本
《玄應音義》卷十四"四分律第一卷音義""栅欄"下:"欄又作籬、柂,二形
同,力支反。《通俗文》:柴垣曰柂,木垣曰栅。"④是則"落""柂"皆爲籬笆
義。《後漢書·列女傳》:"時歲荒,賊乃遺詩米肉,受而埋之,比落蒙其安
全。"李賢注曰:"比,近也。落,藩也。"又胡刻本《文選》卷二張衡《西京
賦》:"鼻赤象,圈巨狿,摣狒猥,批窳狻,揩枳落,突棘藩。"李善注曰:"杜預
《左氏傳》注曰:藩,籬也。落,亦籬也。"⑤以上"落"皆爲籬笆義。可知
"壁""落"近義連文,指代墻垣之類,"落"爲籬笆而非角落義。

下面我們從詞語疑難形體形成原因來談談它們的"所以得義之由"。

2.1.2.1 同源詞詞形演變形成的疑難形體

談到詞語形體改變,不得不提的是同源詞詞形演變。同源詞往往音近
義同,或音同義近,或音義皆近。它們的形體,有的聲符相同,有的義符相
同,有的存乎其聲、不限形體。宋與明清禪錄中不少詞語疑難形體都是在
這一背景下形成的。這些形體雖然疑難,但若能依據異文考鏡源流,梳理
出演變脈絡,則豁然可解。

---

① 高文達:《近代漢語詞典》,知識出版社,1992年,第30頁。
② 許少峰:《近代漢語大詞典》,中華書局,2008年,第99頁。
③ 袁賓、康健主編:《禪宗大詞典》,崇文書局,2010年,第20頁。
④ (唐)釋玄應:《一切經音義》,《叢書集成初編》本,商務印書館,1936年,第641頁。
⑤ (南朝梁)蕭統編,(唐)李善注:《文選》,中華書局,1977年,第46頁。

2.1.2.1.1 浪施/虛施

《卍續藏經》六十八册《古尊宿語錄》卷二十五:"僧問:特特上來伸三拜,乞師分付拄杖子。師云:科。進云:恁麼則功不虛施也。"(163/c)"功不虛施",亦作"功不浪施"。《大正藏》五十一册《續傳燈錄》卷五"洪州法昌倚遇禪師":"南云:小院子栽許多松作麼?師曰:臨濟道底……南指石云:這裏何不栽?師曰:功不浪施。"(497/b)"功不浪施""功不虛施"文義皆同,"浪"爲空虛義。另如《齊民要術》卷二"種瓜第十四":"蔓廣則歧多,歧多則饒子。其會是歧頭而生,無歧而花者,皆是浪花,終無瓜矣。"開花不成果之花曰"浪花",此亦取虛空義。

"浪"表虛空,得義於聲旁"良"。從"良"得聲之字,往往有廣大、高廓義,引申即可表示虛空。如門高曰"閬",引申即有空虛義。《漢書·揚雄傳》:"和氏瓏玲,炕浮柱之飛榱兮,神莫莫而扶傾,閌閬閬其寥廓兮,似紫宫之峥嶸。"顏師古注曰:"閬閬,空虛也。"又屋宇空闊曰"㝗",《説文·宀部》:"㝗,康也。"《方言》卷十三:"康,空也。"《玉篇·宀部》:"㝗,空虛也。"又高木曰"桹"。胡刻本《文選》卷十《西征賦》:"纖縴連白,鳴桹厲響。"李善注曰:"《説文》曰:'桹,高木也。'"①

"浪"從"良"得聲,自然也可表虛空義。上舉"閬"由門高引申爲空虛,"浪"讀與"閬"同,往往可與"閬"通。如唐代詩人賈島字浪仙,又作"閬仙"。又《卍續藏經》一百一十四册《高峰龍泉院因師集賢語錄》卷二"净三業文":"强去獼猴貪水石,迷來浪蕩拾花針。"(15/a)"浪蕩",《卍續藏經》一百二十二册《希叟紹曇禪師廣録》卷二作"閬蕩"(207/a)。

2.1.2.1.2 骨堆/孤堆

《卍續藏經》一百四十一册《五燈全書》卷七十"閬部東川吕大器居士":"遂占一偈,示曰:無端平地起孤堆,駭得虛空顛倒走。"(466/c)"平地起孤堆",禪籍文獻中習作"平地起孤骨堆"。拙文《釋"骨堆"》對此已有詳盡的討論,指出:"骨堆""孤堆"與墳墓没有任何關聯,就是指隆起的土堆,禪籍"平地起骨堆"寓指無事生非、無風起浪;"骨堆"與"骨朵"乃一聲之轉,義存乎聲,無關其形,核心詞義爲凸起、鼓起,聲轉又作"榾柮""餶飿""骨卓""骨都""孤都""疙瘩""榾柭""姑都""咕嘟""骨篤""孤墩",等等。②

2.1.2.1.3 卓朔/乇朔/查沙/磔索

《卍續藏經》一百一十八册《古尊宿語錄》卷三十八"襄州洞山第二代

---

① (南朝梁)蕭統編,(唐)李善注:《文選》,中華書局,1977年,第160頁。
② 詳見《釋"骨堆"》,《辭書研究》2014年第6期。

初禪師語錄"："有僧問：列祖升堂，人天堅請；不昧宗乘，乞師指示。師云：頭髼鬙，耳卓朔。"（646/a）《漢語大詞典》《禪宗大詞典》都收錄有"卓朔"，意爲直豎。

又作"厇朔"。《卍續藏經》一百三十六册《建中靖國續燈録》卷二十五"福州越峰粹珪妙覺禪師"："倚門傍户者，嚥唾吞精，且饒有一箇半箇，眼厇朔地跳得出來。"（344/a）

還作"厇愬"。《卍續藏經》一百三十六册《聯燈會要》卷二"台州瑞巖師彦禪師"："大潙喆云：瑞巖雖然威獰厇愬，争奈夾山水清不容。"（818/a）《卍續藏經》一百一十三册《祖庭事苑》卷一"雪竇後録"之"厇愬"條下："厇，當作獢，陟革切。愬，色責切。獢愬，犬張耳貌。故云耳獢愬。或音卓朔，非義。"（26/b）可見《祖庭事苑》認爲"卓朔""厇愬"都只是表音，和義無關，並且爲"卓""厇"找出了本字"獢"。《説文·犬部》："獢，犬張耳貌。"用例如《卍續藏經》一百一十三册《祖庭事苑》卷二"雪竇頌古·展事投機"："時有僧問：列祖升堂，人天堅請，不昧宗乘，乞師舉唱。師云：頭髼鬙，耳傷愬。"（44/b）"傷愬"即"獢愬"之訛。不管《祖庭事苑》怎麽解釋，其於"愬"都避而不談，或只是認爲"非義"。實際上"卓朔""厇朔""厇愬"皆音近義同，《祖庭事苑》爲"厇"找出本字"獢"，認爲"卓"非義，只是表音，那就可以商榷了。

"卓朔"還可以作"卓豎"。《卍續藏經》一百三十八册《五燈會元》卷二十"安吉州何山然首座"："入室次，堂問：貓兒爲甚麽偏愛捉老鼠？曰：物見主，眼卓豎。"（821/a）又《大正藏》第三册《佛本行集經》卷四十二《迦葉三兄弟品》："時其優婁頻螺迦葉心生羞慙，身毛卓豎，頂禮佛足。"（849/a）亦其例。

戲曲小説文獻中習作"查沙""扎煞""奓沙""磔索""吒沙""鬌髿"等，形雖不同，其詞則一。元刻本《新刊關目諸葛亮博望燒屯》第一折："早把一對環眼睁開瞅覷誰？查沙其黄髭髯，顯出他那五霸諸侯王氣。"①"查沙其黄髭髯"説的是張飛髯鬚張豎。《漢語大詞典》釋"查沙"爲張開、伸開，是也。實際上這個詞在近代漢語時期的形體很多，元曲習作"查沙"，《集韻·麻韻》等字書作"挓挱"，明清小説或單作"查"等，形雖各異，其詞實一。《元曲釋詞》："魯人把'嗔嗻'讀作'勢張'，有張狂、放肆之意，與'能而大'意近；倒呼'奢遮'爲'遮奢'，即觰沙、披張之謂……元曲中又作扎煞、奓沙、查沙、渣沙、鬌髿；與嗔嗻、奢遮音略異而形不同，實爲一辭。或

---

① （元）佚名：《古今雜劇》第6册，《中華再造善本》金元編，北京圖書館出版社，2005年。

形容手張開,或形容鬍鬚張豎的情態。都是由'張'字孳衍而出的,嚓、煞、沙等均語尾助詞。就古音而言,'車'(嘩從車得聲)屬'魚'部;'張'屬'陽'部,古音'魚''陽'對轉。"①其論援據精確,"查沙"之"沙"乃一語助也,可備一説。世德堂本《西遊記》三十六回:"僧官道:怎的模樣？道人道:是個圓眼睛,查耳朵,滿面毛,雷公嘴;手執一根棍子,咬牙恨恨的,要尋人打哩。"②"查耳朵"就是張豎着耳朵。《明清通俗小説語彙研究》指出:"'展挣''扎挣'同義,説明'扎挣'的'扎',就是展開義。它還可以寫作'磔''厏''挓''卓''掉'等,儘管寫法不一,但却是同一個詞。"還可作"紥挐""磔索""吒沙",等等。③《漢語大詞典》"查沙""卓朔""挓抄"各立詞條,顯然欠妥。《"吒沙"源流考——兼論詞語合流及單純詞的再複合化》一文對此亦有論及,並認爲"沙"源於"豎"。④

今"扎手"字,義當源於此。庚辰本《石頭記》七十一回:"賈母道:這纔是鳳丫頭知禮處,難道爲我的生日,由著奴才們把一族中的主子都得罪了也不管罷？這是太太素日没好氣,不敢發作,所以今兒拿著這個作筏,明是當著衆人給鳳兒没臉罷了。"⑤"作筏"原字迹被筆墨劃去,旁邊用小體字補寫爲"扎筏子",蓋抄者因讀音關係寫"扎筏子"爲"作筏子",意即出氣筒,與"挣扎"之作"拃挣""扎挣"相類。此僅舉數用。庚辰本《石頭記》第十九回:"襲人起來便覺身體發重,頭疼目脹,四肢火熱,先時還拃挣的住,次後捱不住,只要睡著。"⑥又明刻本《元曲選·包待制陳州糶米》第一折:"只見他金錘落處,恰便似轟雷著頂,打的來滿身血迸,教我呵怎生扎挣。"⑦又作"作挣",《清車王府藏曲本》第十五册《搗兒訓妓全串貫》:"眼淚在眼圈兒裏亂轉,可又不掉下眼淚來,強作挣換出一付笑容來。"⑧

或單用"乍"。《清車王府藏曲本》第三十册《青石山狐妖傳二》:"思量了半晌番了臉,眼望著倉頭髮乍衝冠。"⑨又《清車王府藏曲本》第三十册《青石山狐妖傳三》:"吕洞賓説:勿論他來者有多少妖邪,俱把他讓到法臺上面,有貧道在此,諒他們也斷不敢作耗。倉頭又不敢違背吕洞賓的命令,

---

① 顧學頡、王學奇:《元曲釋詞》第 1 册,中國社會科學出版社,1983 年,第 246 頁。
② (明)吳承恩:《西遊記》,《古本小説集成》第 4 輯,上海古籍出版社,1992 年,第 901 頁。
③ 曾良:《明清通俗小説語彙研究》,江西教育出版社,2009 年,第 217、232 頁。
④ 王長林、王勇:《"吒沙"源流考——兼論詞語合流及單純詞的再複合化》,《語文研究》2016 年第 1 期。
⑤ (清)曹雪芹:《脂硯齋重評石頭記》(庚辰本),人民文學出版社,2009 年,第 1709 頁。
⑥ (清)曹雪芹:《脂硯齋重評石頭記》(庚辰本),人民文學出版社,2009 年,第 426 頁。
⑦ (明)臧晉叔編:《元曲選》,中華書局,1958 年,第 37 頁。
⑧ 首都圖書館編輯:《清車王府藏曲本》,學苑出版社,2001 年,第 22 頁。
⑨ 首都圖書館編輯:《清車王府藏曲本》,學苑出版社,2001 年,第 304 頁。

乍著膽子重到門前。"①同上第四十三册《劉公案·蓮花庵》:"欲火攻心似箭攢,乍著膽子又動手。"②庚辰本《石頭記》第十九回:"剛到窗前,聞得房内有呻吟之韻,寶玉到唬了一跳,敢是美人活了不成。乃乍著膽子,礄破窗紙,向内一看……"③"乍著膽子""壯著膽子""仗著膽子"皆一聲之轉,指張大膽子,而非依靠膽子。

部分知組、莊組字在近代漢語中蓋已合流,故又可作"叉"。《清車王府藏曲本》第二十七册《西遊記》:"忽見行者到來臨,手捂眼睛説疼死我,哎喲咕咚,四脚拉叉淌在塵。"④"拉叉"即張開,近義連用。同上下文:"行者拜别菩薩駕,跟定了木叉一仝下山坡。"⑤此"木叉"即木吒,足證抄書者方言中知、莊二組可能已經沒有對立。又同上下文"不擖煙粉天然俏"⑥,"擖"同"擦","查"爲崇紐,"擦"即初紐,亦此證。

"波查"之"查"亦與此同。清刊本《雨蝶痕傳奇》下卷"枉鞠第十九齣":"〔泣顔回〕這是平地起波查,有奸究明明虛捏。"⑦"平地起波查"蓋當時俗語,或作"平地起波揚"。《清車王府藏曲本》十三册《瓊林宴全串貫》:"似雪上加霜,平地起波揚,到作了烈焰投湯,慘殺非常。"⑧或作"波渣""波吒""波蹅""波槎",等等。如清刻本《續西遊記》第五回:"恩師,弟子們因前世孽深,今生受了無數的波渣,求大大發一個慈心,重將靈文妙典開講一二卷。"⑨敦煌寫卷《目連變文》有"波吒",與此同。《漢語大詞典》載有"波蹅""波槎",不贅。今"波折"蓋亦此之聲轉。

2.1.2.1.4 努/弩/抣/瞥

《卍續藏經》一百三十六册《聯燈會要》卷二十八"洪州法昌倚遇禪師":"師曰:恁麽則臨崖看滸眼,特地一場愁。英云:深沙努眼睛。"(904/b)"深沙"即深沙神,"努眼睛"爲睜眼睛。《大正藏》五十一册《續傳燈録》卷三十一:"雲門曰:花藥欄,此意如何?師曰:深沙弩眼睛。"(680/a)此作"弩眼睛"。《卍續藏經》一百二十六册《紫柏尊者全集》卷三"法語":"嗚呼!男兒家頂天立地,睜眉努眼。"(688/b)"睜眉努眼","睜""努"偶麗,

---

① 首都圖書館編輯:《清車王府藏曲本》,學苑出版社,2001年,第325頁。
② 首都圖書館編輯:《清車王府藏曲本》,學苑出版社,2001年,第293頁。
③ (清)曹雪芹:《脂硯齋重評石頭記》(庚辰本),人民文學出版社,2009年,第405頁。
④ 首都圖書館編輯:《清車王府藏曲本》,學苑出版社,2001年,第202頁。
⑤ 首都圖書館編輯:《清車王府藏曲本》,學苑出版社,2001年,第208頁。
⑥ 首都圖書館編輯:《清車王府藏曲本》,學苑出版社,2001年,第211頁。
⑦ (清)浣霞子:《雨蝶痕》,《古本戲曲叢刊》第5集,上海商務印書館,1986年。
⑧ 首都圖書館編輯:《清車王府藏曲本》,學苑出版社,2001年,第419頁。
⑨ (清)無名氏:《續西遊記》,《古本小説集成》第3輯,上海古籍出版社,1992年,第81~82頁。

"努"即睜開義。

我們認爲"努"是"弩"的後起形體。《說文·弓部》釋"弩"本義爲弓弩。可以力射箭,故後世改換義符作"努"。"弩"之作"努",猶"弼"之作"勞"。《六藝之一錄》卷一百八十九"上聲"下:"弩,煗五切,弓有臂(龔按:當作臂)者,從弓,奴聲,借用力,俗作努,非。"①倪濤所言甚是。上揭"弩眼睛""努眼睛"同。還可作"瞠眼",如《卍續藏經》一百三十七册《嘉泰普燈録》卷二十五"渤潭真净文禪師":"直饒聞恁説,當下忽然見得個儻分明去,也是棺木裏瞠眼。"(345/b)

"弩眼""努眼"都是眼睛張大的意思。又《卍續藏經》八十二册《五燈全書》卷八十八:"乾坤萬里一條鐵,壓折虚空背出血。惱得金剛弩目瞋,山山桃李花狼藉。"(488/a)"金剛弩目瞋","弩"就是張開的意思,義爲張大眼睛嗔怒。又明刊本《警世通言》卷一《俞伯牙摔琴謝知音》:"伯牙全無客禮,把嘴向樵夫一弩,道:你且坐了。你我之稱,怠慢可知。"②"把嘴向樵夫一弩"即用嘴指示樵夫,即今言努嘴巴。"努嘴巴"與動作相涉,明清小説有變作"拗"者。甲戌本《石頭記》第七回:"只見王夫人的丫鬟名金釧兒者……見周瑞家的來了,便知有話回,因向内拗嘴兒。"③"拗嘴兒"即努嘴兒。或改換義符作"督"。《卍續藏經》一百一十八册《古尊宿語録》卷十《并州承天嵩禪師語録》:"師作宗本頌:左顧右覷,黄昏莽鹵。展手回來,早是彰露。且道作麼生是彰露底句? 楊云:正殺人時督出頭。"(280/a-b)"督出頭",《卍續藏經》一百四十三册《指月録》卷二十三作"努出頭"(506/a),"督"即"弩""努"之形體改換。

"弩眼"或作"弩目",可與"睜""瞠"近義偶麗。《卍續藏經》一百二十七册《紫柏尊者别集》卷四"語録·修行四難":"嗚呼! 男兒家頂天立地,睜眉弩眼,高談闊論。"(137/b)此"睜眉弩眼"即"睜""弩"近義偶麗之用。又《卍續藏經》一百二十二册《斷橋妙倫禪師語録》卷一:"然雖如是,山門外兩箇金剛,爲甚麼弩目瞠眉,擎拳執杵?"(417/a)此"弩目瞠眉"即"弩""瞠"偶麗之用。

"弩"從"奴"得聲,"怒"亦從"奴"得聲,故"弩眼"亦可作"怒眼",義皆爲張大睜開,而非嗔怒。《大正藏》五十三册《法苑珠林》卷三十八"感應緣·西晉會稽鄮縣塔":"有一盲人,積年目冥,怒眼直視,忽然明净。"

---

① (清)倪濤:《六藝之一錄》,《景印文淵閣四庫全書》本,臺灣商務印書館,1986年,第257頁。
② (明)馮夢龍:《警世通言》,《古本小説叢刊》第32輯,中華書局,1991年,第312~313頁。
③ (清)曹雪芹:《石頭記》(甲戌本),人民文學出版社,2009年,第193頁。

(586/b)此處説的是開啓舍利塔,取出舍利示衆,剛好衆人中有一盲人,累年不能視,舍利一出,盲人使力睜開眼睛直視,忽然能見。是"怒眼"即睜開眼睛,和怒恨義無涉。又宋刊本《大唐三藏取經詩話》卷上《入香山寺第四》:"大蛇頭高丈六,小蛇頭高八尺,怒眼如燈,張牙如劍,氣吐火光。"①前説"怒眼",後説"張牙","怒""張"近義相對,"怒眼"即張大眼,與嗔怒無關。又《大正藏》五十册《續高僧傳》卷二十七:"有索頭陀者,川鄉巨害,縱橫非一,陰嫉安德,恒思誅殄。與伴三人,持弓挾刃,攘臂挽弓,將欲放箭,箭不離弦,手張不息,怒眼舌噤,立住經宿。聲相通振,遠近雲會,鄉人稽首,歸誠請救。安曰:素了不知,豈非《華嚴》力也?"(681/b)此"怒眼"也是張開眼睛的意思。文意是説鄉里有一爲非作歹的壞人,被《華嚴經》神力懲罰,與其同伴持刀拉箭、手張不息立地定住一晚上,所以"怒眼舌噤"就是眼睜口閉,顯然也没有怒恨的意思。

今所習見"瞋目怒眼",義爲張大眼睛,與憤怒無涉。"瞋""怒"近義連文(據《説文·目部》,"瞋"字本意爲"張目也"),"怒眼"即"努眼"。引申可爲擠出、突出義。《大正藏》五十一册《續傳燈録》卷十六"楊州建隆昭慶禪師":"示衆曰:始見新歲倐忽,早是二月初一,天氣和融,擬舉箇時節因緣與諸人商量,却被帝釋梵王,在門外柳眼中努出頭來。"(575/b)"努出頭"即探出頭。

2.1.2.1.5 腲脮/旭㾾/㿃㿃

《卍續藏經》一百三十八册《五燈會元》卷二"明州奉化縣布袋和尚":"形裁腲脮,蹙額皤腹,出語無定,寢臥隨處,常以杖荷一布囊並破席。"(81/a)《卍續藏經》一百四十三册《指月録》卷三"音釋":"腲脮,音猥腿,肥貌。"(79/b)"形裁腲脮"即言布袋和尚腹大肥胖。

"腲脮",佛典習見,還可作"旭㾾""㾾㾾""㿃痕""㿃㿃",等等。如《大正藏》五十一册《十誦律》卷二十一"具足戒法第一":"年太小、大老、旭㾾,不能行……如是一切污染僧人,盡不應與出家受具足。"(155/b)"旭㾾",《磧砂藏》六十五册《十誦律》訛作"㾾㾾"(234/a),《高麗藏》三十五册《可洪音義》卷十五"十誦律"作"㿃痕",並注:"上烏罪反,下他罪反,肥貌也,謂肥臕則行上稍難也。正作腲脮也。或作㾾㾾……病也。"(106/c)同上卷二十五作"㿃㿃":"肥貌也,律意謂肥臕則起坐艱難,不任事師,不聽出家也。和尚以㾾㾾字替之,非也。"(496/b)

---

① (南宋)佚名:《大唐三藏取經詩話》,《古本小説集成》第4輯,上海古籍出版社,1992年,第8頁。

據可洪所釋，"脮脮""胆胚""胆胆""痕痕""痕瘣"皆同，上字烏罪反，下字他罪反，即身材肥胖臃腫、行動不便之義，故宋代禪錄用以描述布袋和尚。

實際上，以上書寫形式表肥胖臃腫，取義於"瘣隤"，爲近義連用。《說文·疒部》："瘣，病也……一曰腫旁出也。"同上"𨸏部"："隤，下隊也。"《釋名·釋疾病》："陰腫曰隤，氣下隤也。"是"瘣""隤"皆有腫脹義。

從"鬼"與從"畏"之字往往可互換，如"崔嵬"或作"崔嵔"，"嵬嶵"或作"嵔嶵"。又《集韻·紙韻》："磈，或作碨。"故"瘣"可作"痕"，身體腫脹與肉或病態有關，改換義符即"脮""胆"等。"隤"與病相涉或作"癩""瘣"。《六書故·疒部》："癩，徒回切，陰病腫脹，攻刺也。又作瘣。"又"隤"與"退""妥"音近可通。《易·繫辭下》："夫坤，隤然示人簡矣。"陸德明《釋文》："隤然，大回反，馬、韓云'柔貌也'，孟作'退'，陸、董、姚作'妥'。"①是也。故"隤"聲符義符皆變即成"脮""痕""瘣""胚"等。

禪錄"脮脮"源自"瘣隤"，由腫脹引申爲病弱、行動不便等。或改換義符變作"猥㛥"。《集韻·賄韻》："猥㛥，弱也。"文獻習見作"虺隤"，如"我馬虺隤"，又作"虺頹"，清人多有論說。《爾雅·釋詁》："虺頹，病也。"郝懿行《義疏》："虺頹者，《卷耳》傳云'病也'，《釋文》'虺，《說文》作瘣'。按：痕字誤，《說文》作瘣，云'病也'……《詩》及《爾雅》之虺，俱瘣之叚音；頹，詩作隤，亦叚音也……《說文》'隤，下隊也'，《釋名》'陰腫曰隤，氣下隤也'，然則虺隤亦人病之通名。"②

2.1.2.1.6 骨力/骵髏/骨律/骨肋

《卍續藏經》一百三十七册《嘉泰普燈錄》卷十六"韶州南華知昺禪師"："卓一下，曰：變大地作黃金，窮漢依前赤骵髏。爲復自家無分？爲復不肯承當？"（237/b）"赤骵髏"即貧窮赤條條，《卍續藏經》一百三十八册《五燈會元》卷十九引作"赤骨力"（772/a），《卍續藏經》一百四十五册《錦江禪燈》卷六引作"赤骨立"（586/b）。或作"赤骨律"。《卍續藏經》一百一十二册《列祖提綱錄》卷二十八"佛朗性禪師"："化緣歸，上堂：一切破慳貪，真人赤骨律，生死爲活計。"（608/b）或作"赤骨歷"。《卍續藏經》一百一十九册《續古尊宿語要》卷六"或庵體禪師語"："小參：赤骨歷窮擔片板，顛癡教癩豎雙眉。"（186/b）或作"赤骨聿"。《卍續藏經》一百一十九册《續古尊宿語要》卷四"法語"："劫來劫去，劫得渾身赤骨聿地。"（34/a）

---

① （唐）陸德明撰，黃焯斷句：《經典釋文》，中華書局，1983年，第32頁。
② （清）郝懿行：《爾雅義疏》，北京市中國書店，1982年，第75頁。

《近代漢語大詞典》(白維國)已收錄有"赤骨""赤骨力""赤骨立""赤骨髏""赤骨律",不贅。

從詞義理據來看,"赤"與"骨立"應屬近義連文,問題是"骱髏""骨髏""骨力""骨立""骨律""骨歷""骨肋""骨聿"爲什麼能表示光禿禿貧窮義。我們認爲來自"兀硉"。王梵志《道人頭兀雷》:"道人頭兀雷,例頭肥特肚。"項楚先生注:"兀雷,按梵志詩一一一首亦云:'何須禿兀硉,然始學薰修。''兀雷'即是'兀硉','雷''硉'一聲之轉。'兀雷''兀硉'形容僧徒頭顱滾圓之貌。疑即'渾淪''囫圇'之聲轉。"①《敦煌寫卷〈王梵志詩〉校補》一文進一步指出"兀硉"聲轉可作"屹峍""崛峍""忽硉""胡硉""鶻硉""骨碌""砧碌""濩漉""豁碌""骨盧""骨魯""骨雷""忽雷""骨鹿"等。② 這些不同形體皆一聲之轉,核心義即圓滾圓溜。圓滾圓溜稍作引申即爲圓禿禿赤條條。如《嘉興藏》三十四册《天界覺浪盛禪師全錄》卷十五"呼惺佛偈":"狗子誰將佛性呼,漫疑是有漫疑無。一歸何處知端的,穿破青州赤骨盧。"(676/a)"赤骨盧"即赤裸無物,上揭禪錄轉爲"骱髏""骨髏""骨力""骨立""骨律""骨歷""骨肋"等。或重言爲"骨淥淥""骨魯魯""骨嚕嚕"等,《漢語大詞典》已載,釋滾轉貌,不贅。

2.1.2.1.7 伶俜/跉䟛/竛竮

《卍續藏經》一百一十八册《古尊宿語錄》卷三十六《投子和尚語錄》:"問:抱璞再呈,請師彫琢。師云:不爲棟梁材。學云:與麼則卞和無出身處也。師云:擔帶即伶俜辛苦。"(624/a)"伶俜",《卍續藏經》一百三十八册《五燈會元》卷五"舒州投子山大同禪師"作"跉䟛"(190/b),《卍續藏經》一百四十册《五燈全書》卷十"舒州投子山大同禪師"引作"竛竮"(345a)。

"伶俜""辛苦"近義連文,蓋其有漂泊獨立義,故可改換義符聲符而成"跉䟛""跉跰""跉俜"等。《卍續藏經》一百三十五册《天聖廣燈錄》卷三十"真州定山惟素山主":"天地同根,萬物一體。喚作衲僧眼睛,絲絲不漏絲髮。苟或於此不明,徒自伶俜辛苦。"(896/b)"伶俜辛苦",《卍續藏經》一百四十六册《禪宗正脈》卷五"定山惟素山主"引作"跉䟛辛苦"(177/a)。《嘉興藏》二十二册《憨山老人夢遊全集》卷四"示寶藏相禪人禮普陀":"乃跋跋山川,必數千里外,伶俜辛苦,而向外求之,迷之甚矣。"(774/b)此"伶俜辛苦",《卍續藏經》一百二十七册《憨山老人夢遊集》卷八"示寶藏相禪人禮普陀"作"跉跰"(316/a)。又《大正藏》第九册《妙法蓮華經》卷

---

① (唐)王梵志著,項楚校注:《王梵志詩校注》(增訂本),上海古籍出版社,2010年,第90頁。
② 蕭旭:《群書校補》,廣陵書社,2011年,第1272~1274頁。

二"信解品第四":"諸君當知,此是我子,我之所生,於某城中捨吾逃走,伶俜辛苦五十餘年。"(17/b)"伶俜",《卍續藏經》九十三冊《法華經精解評林》卷一引作"跉䚻"(83/b)。上舉禪錄作"姘娉","姘"蓋受"跉䚻"下字"娉"影響類化訛成。

還可作"跉䢨"。《卍續藏經》五十六冊《法華五百問論》卷釋"釋信解品":"問:伶俜者字義何耶? 答:上郎丁反,下匹丁反,《俾倉》云'猶聯翩也',亦孤獨貌……亦作跉䢨。"(739/b)《正字通·人部》"俜"字:"《讀書通》:伶俜通作零丁。"王雲路先生指出"伶俜"是"零丁"的變體,"俜"是唇音,"丁"是舌音,"從聽感上,雙唇音在前高元音前更接近舌尖音,所以'俜'與'丁'這兩個字的讀音應該説是非常接近的"。①

2.1.2.1.8 趁讚/趁讃

《卍續藏經》一百三十八冊《五燈會元》卷七"福州玄沙師備宗一禪師":"仁者,佛法因緣事大,莫作等閑相似,聚頭亂説雜話,趁讚過時,光陰難得。"(244/b)"趁讚",《卍續藏經》一百三十九冊《五燈嚴統》卷七"福州玄沙師備宗一禪師"引作"趁讃"(317/a),"讃"蓋"讚"之訛字。《禪宗大詞典》釋"趁讚":"湊趣,跟隨衆人喧哄、湊熱鬧。"關鍵是爲什麽"讚"有此義?《廣韻·恩韻》:"讃,謔弄貌。"《集韻·図韻》:"諲、讃、諓,玩人也。"

我們認爲"讚"表戲弄玩鬧,源於"混""渾"。言語混沌不正作"諢"。《南詞叙録》:"諢,於唱白之際,出一可笑之語以誘坐客,如水之渾渾也。切忌鄉音。"②此正言戲曲"打諢"猶如水渾一般。言語混沌不明作"諑""詤"。《集韻·混韻》:"諑,語不明。"《正字通·言部》:"詤,俗字,舊注音混,譌詤,無稽。或曰語不明謂之詤。""諑"同"詤"。引而申之爲以言語戲弄,戲曲之"諢語""渾言"是也。

"渾""混"同,從"昆"之字往往可以與從"袞""貫"者通。洪氏晦木齋刻本《隸釋》卷八《衛尉衡方碑》:"維時假階,將授緄職。"③"將授緄職",《金薤琳琅》卷五《漢衛尉衡方碑》作"將授袞職"④。又漢《司隸校尉魯峻碑》:"當遷緄職,爲國之權。"⑤"緄職"即"袞職"。又滾動之"滾"或作

---

① 王雲路:《釋"零丁"與"伶俜"——兼談連綿詞的産生方式之一》,《古漢語研究》2007 年第 3 期。
② (明)徐渭原著,李復波、熊澄宇注釋:《〈南詞叙録〉注釋》,中國戲劇出版社,1989 年,第 90 頁。
③ (南宋)洪适:《隸釋·隸續》,中華書局,1985 年,第 90 頁。
④ (明)都穆:《金薤琳琅》,《景印文淵閣四庫全書》本,臺灣商務印書館,1986 年,第 257 頁。
⑤ 徐玉立主編:《漢碑全集》第 5 册,河南美術出版社,2006 年,第 1495 頁。

"硜""輥"。"昆"與"貫"通者,如《尚書·禹貢》"瑤琨篠簜",《漢書·地理志》作"瑤瓘篠簜"。又《大正藏》五十四册《慧琳音義》卷三十三載玄應釋《六度集經》卷四"臂錕":"又作瓘,同音,孤魂反。"(527/b9)今考《磧砂藏》本《六度集經》原經作"臂釧"。又《毛詩·大雅·皇矣》:"帝遷明德,串夷載路。"鄭玄箋:"串夷即昆夷,西戎國名也。""串"同"貫",《説文》作"毌"。如鄭玄所注,則"串夷"即"昆夷"。《孟子·梁惠王下》有"文王侍昆夷",正作"昆夷"。

故以言戲之義之"諢"而改换聲符可成"讚""譣""諨"等。禪録之"趁讚"當即源於此。

2.1.2.1.9 桗/挆/櫷

《大正藏》五十一册《景德傳燈録》卷九"潭州溈山靈祐禪師":"即指净瓶問云:不得唤作净瓶,汝唤作什麽? 華林云:不可唤作木桗也。"(264/c)"木桗",《卍續藏經》一百四十六册《佛祖綱目》卷三十二"靈祐禪師開法溈山"作"木櫷"(525/a)。"木桗""木櫷"同,木塊也。俗書"扌""木"不分。《卍續藏經》一百三十八册《五燈會元》卷九"潭州溈山靈祐禪師"引作"木挆"(315/b)。"桗"爲什麽有木塊義? 這得從"骨朵"説起。

"骨朵"有凸起義,聯綿詞義存乎聲,不限形體,與木相涉作"榾柮",與食物相涉作"餶飿"。或聲轉作"阿朵""阿卓""骨卓""骨朵""骨都""孤都",等等。《敦煌文獻字義通釋》"阿朵、骨卓、阿卓"條下:"'朵'有鼓起、突出義,或作'骨朵'、'骨都'、'孤都'等,宋趙彦衛《雲麓漫鈔》卷二:'《宋穎文公筆記》云:關中爲大腹爲孤都,語訛爲骨朵……''骨卓'蓋也是'骨朵'之音轉,取鼓起、凸起義。如疙瘩也是鼓凸起的形狀,故又稱疙瘩。"①"2.1.2.1.2 骨堆/孤堆"也有論説。

或作"咕嘟"表嘴巴鼓起,或作"疙瘩"表突出的塊狀。或單用"堆"。《卍續藏經》一百三十六册《建中靖國續燈録》卷六"灃州報恩禪院紹端禪師":"師云:若論祖師玄旨,可謂平地起堆,更問如何,箭過新羅。"(113/a)"平地起堆"即平地起土堆,寓指談論佛法就是無事生非,與騎牛覓牛相類,習作"平地起骨堆"。《卍續藏經》一百一十七册《禪林類聚》卷四"浮山遠禪師":"僧問:如何是祖師西來意? 師云:平地起骨堆。"(51/b)

或作"榾桗"。《嘉興藏》二十八册《紫竹林顓愚衡和尚語録》卷十七"圓通頌"之一:"雪擁巖扉煨榾桗,瓦鐺爛煮無油菜。"(750/b)"煨榾桗"即燒木塊。單用即成"桗"。

---

① 曾良:《敦煌文獻字義通釋》,廈門大學出版社,2001年,第1~2頁。

2.1.2.1.10 헀/헀

《卍續藏經》一百一十二册《列祖提綱録》卷四"佛降誕提綱·佛誕上堂":"僧云:出世後如何? 山云:者頭踏著那頭掀。"(223/b-224/a)"者頭踏著那頭掀"蓋當時習語,禪師多用此提示參悟要有平常心。或作"這頭踏著那頭헀"。《嘉興藏》二十七册《隱元禪師語録》卷二:"覷的這頭踏著那頭헀,那邊動著這邊摇。"(233/a)"掀""헀"義近,掀起也。"헀"異文或作"헀"。《卍續藏經》一百四十五册《錦江禪燈》卷十二"師林育禪師":"第一要:踢著麻繩兩頭헀,波斯疑是赤斑蛇……"(654/b)"兩頭헀",《嘉興藏》三十六册《蔗庵範禪師語録》卷五"住越州雲門顯聖寺語録"作"兩頭헀"(916/a)。"헀""헀"同,當與掀起義近。

我們認爲"헀""헀"即"趬""翹"之同源分化。《集韻·嘯韻》:"헀,高也。"《五音集韻·笑韻》:"헀,高也。"《正字通·高部》:"헀,헀字之譌。"從"喬""高"者可通,非訛字。有字書分"헀""헀"爲二用,不確。《堅瓠集》九集卷二《撒酒風詩》"面孔紅來乾急进,髭鬚白得헀髮鬆"①,"헀"下注音"窱"。則"헀""헀"與"趬""窱"同音同義同用,明即同源之變。文獻從"堯""高""喬"之字習通用。《史記·高祖本紀》:"大臣内叛,諸侯外反亡,可翹足而待也。""翹足",《漢書·高帝紀》作"蹺足"。《集韻·宵韻》:"舉趾謂之蹺,或作趬、蹻、蹻。"正是作爲異體而釋。又《四部叢刊初編》景宋本《淮南子·俶真訓》:"禍福弗能撓滑,非譽弗能塵垢。""撓滑",《四部叢刊三編》景宋本《通玄真經注·守静》作"矯滑"。《六書故》卷五"石之諧聲"下"磽"字:"别作墽,《説文》'磽也',又作硚、磽、塙。"皆此例,不贅。

故"헀""헀"即"趬"之同源分化,其形成理據爲"兀""高""喬"皆有高義,故可換用。"喬"亦表音,與"堯"通。

2.1.2.1.11 淈溮/淈腣

《卍續藏經》一百一十八册《古尊宿語録》卷二十"次住太平語録":"上堂云:太平淈溮漢,事事盡經遍;如是三十年,也有人讚歎;且道讚歎箇什麽,好箇淈溮漢。"(419/a)"淈溮漢",《禪籍方俗詞研究》釋爲"不明事理的人"②,甚妥。《卍續藏經》一百一十五《禪宗頌古聯珠通集》卷九"江西道一禪師"下:"頌曰:即心是佛,顢頇淈溮;菽麥不分,光陰飄忽。"(101/a)"顢頇"與"淈溮"近義連文,"顢頇"義爲糊塗,是"淈溮"亦當爲糊塗之義。又倒文作"溮淈",《卍續藏經》一百二十三册《恕中無愠禪師語録》卷

---

① (清)褚人穫:《堅瓠集》,《續修四庫全書》本,上海古籍出版社,2002年,第383頁。
② 雷漢卿:《禪籍方俗詞研究》,巴蜀書社,2010年,第465頁。

三"頌古"之《趙州一日在方丈》："沙彌伶俐,侍者涽淈;鑑裁分明,不差毫忽。"(838/a)後言"鑑裁分明",則前文"伶俐"必與"涽淈"反義對舉,是"涽淈"亦即糊塗。此皆其用。

"淈涽"一詞,古代辭書不載,其形又可作"淈腯"。《卍續藏經》一百三十七册《嘉泰普燈錄》卷二十八"頌古"之《風幡》："不是風幡動,亦非人者心;自從胡亂後,淈腯到如今。"(398/b)"淈腯到如今",《卍續藏經》一百一十五册《禪宗頌古聯珠通集》卷七"六祖受法辭五祖"下載有此頌作"淈涽到如今"(78/b),可見"淈涽""淈腯"皆同。今考"涽"字,字書不見其跡,蓋受"淈"字類化而出現的訛俗字。

實際上,"淈涽""淈腯"即今"糊塗",屬於連綿詞的不同書寫形式,義存乎聲不限其形。據《廣韻·沒韻》,"淈"有一讀音爲"下没切",《集韻·沒韻》作"呼骨切",入聲消失後,正與"糊"讀音相同。而"腯"字,《廣韻·沒韻》讀音爲入聲沒韻定母,此與"突"同音,《說文·肉部》"腯"字下段注曰"音突"。"糊塗"本又作"鶻突"。《漢語大詞典》引孟郊《邊城吟》："何處鶻突夢,歸思寄仰眠。"是也。而"鶻""淈"又同音,《大正藏》五十四册《慧琳音義》卷九十四《音續高僧傳》卷二十三"掐淈"條下："下音鶻。"(897/c)。故"淈腯"之作"糊塗",猶"鶻突"之作"糊塗"。另外,從"屈""骨"得聲之字往往是可以通用的,《漢字通用聲素研究》指出"屈"與"滑"、"淈"與"滑"、"掘"與"滑"、"掘"與"搰"、"鶌"與"鶻"等皆可以通用。① 又从"突""盾"亦能换用,《集韻·沒韻》："腯,或從突……䐼,槍也,或從突。"《義符》卷下"白堊突面"條："又《徐庶傳》:爲人報讎,白堊突面,被髮而走。突即塗語音之轉。"②則"白堊突面"即"白堊塗面",此"突"作"塗"用。

禪錄中亦習見"淈涽""淈突""鶻突"互爲異文。《卍續藏經》一百二十三册《曇芳守忠禪師語錄》卷一"西源達首座"下："啞子吃苦瓜,大家廝淈突。"(324/b)"大家廝淈突"爲禪籍習語,又作"大家廝淈涽",如《卍續藏經》一百四十一册《五燈全書》卷五十二"蘇州靈巖南堂了菴清欲禪師"下："(僧)曰:香嚴叉手近前,又作麼生? 師曰:大家廝淈涽。"(139/a)是"淈涽""淈突"同也。又明版《嘉興藏》四十册《雨山和尚語錄》卷十"住維揚天寧禪院語"下："進云:可謂從前汗馬無人識,祗要重論蓋代功。師云:且道上座分上,大眾分上? 進云:和尚莫分別好。師云:你也莫淈涍好。"

---

① 張儒、劉毓慶:《漢字通用聲素研究》,山西古籍出版社,2002 年,第 915~916 頁。
② (明)黄生撰,(清)黄承吉合按,包殿淑點校:《字詁義符合按》,中華書局,1984 年,第 200 頁。

(568/c)此作"淈渁",與上揭"淈突"同。又《卍續藏經》一百二十四册《愚菴智及禪師語錄》卷六"下參"下:"又卓云:還聞麽,聞見分明,是個什麽……冷水浸冬瓜,大家廝鶻突,叵耐個周金剛,不識好惡。"(342/a)"大家廝鶻突",《卍續藏經》一百一十二册《列祖提綱錄》卷三"應菴華禪師"下引作"大家廝淈渲"(214/a)。此例足以證明"淈渲""鶻突"是同一詞的不同書寫形式。

以上表明,"糊塗""鶻突",另外還可作"淈腯""淈渲""渲淈""淈渁""淈突"等。蓋聯綿詞不可分訓,義存乎聲,故其形多樣化。

實際上"糊塗"的形體變化遠不止於此。或作"胡突"。元刻本《古杭新刊關目的本李太白貶夜郎》第三折:"沾拈着不摘離,廝胡突不伶俐。"①"胡突"即糊塗,不伶俐也。

或可作"忽突"。明刊本《邯鄲夢記》二十八折:"忽突帳,六十年光景,熟不的半米黃粱。"②該本"忽突帳"旁有注"好荒唐怎",其體例語義相近,此"忽突"即糊塗。

或作"滑突"。《楚辭·悲回風》:"入景響之無應兮,聞省想而不可得。"汪瑗集解:"王逸曰:目視耳聽,歎寂寞也。意雖是,而於'省想'二字亦滑突欠明白也。"③此"滑突"即"欠明白",亦即今糊塗。又《水經注》卷三"河水三":"又南,過離石縣西,奢延水注之……歷長城東,出于赤翟、白翟之中。"趙一清釋:"按赤翟在中山,不應在此,道元注頗滑突。"④此"滑突"即趙一清認爲酈道元糊塗不明白。

從語源上來看,與"糊塗"讀音相近的一批詞語,應該都是同源關係。《通雅》卷三十九"飲食":"餛飩,本渾沌之轉。鶻突亦混沌之轉……凡渾沌、餛飩、糊塗、鶻突、榾柮皆聲轉。"⑤方氏所言近是。又《新方言》卷二:"《左傳》'渾敦',杜解謂不開通之貌……今音轉謂人不開通者爲昏蛋。"⑥以此類推,今屬於舌上音之"混帳"亦恐來自舌頭音的"混沌""鶻突"等。

2.1.2.1.12 覻睨/䀉䁢

《卍續藏經》一百三十八册《五燈會元》卷五"澧州大同濟禪師":"僧問:此個法門,如何繼紹?師曰:冬寒夏熱,人自委知。曰:恁麽則蒙分付去

---

① (元)佚名:《古今雜劇》第 1 册,《中華再造善本》金元編,北京圖書館出版社,2005 年。
② (明)湯顯祖:《邯鄲夢記》,《古本戲曲叢刊》初集,上海商務印書館,1954 年。
③ (明)汪瑗:《楚辭集解》,《續修四庫全書》本,上海古籍出版社,2002 年,第 192 頁。
④ (清)趙一清:《水經注釋》,《景印文淵閣四庫全書》本,台灣商務印書館,1986 年,第 61 頁。
⑤ (明)方以智:《通雅》,中國書店,1990 年,第 475 頁。
⑥ 章太炎著,蔣鴻禮點校:《新方言》,上海人民出版社編:《章太炎全集》第 5 册,上海人民出版社,2014 年,第 50 頁。

也。師曰:頑嚚少智,勔臏多痴。"(171/b)"勔臏",《禪宗大詞典》釋爲"昏亂糊塗"①。其形又或作"瞶睍",《卍續藏經》一百三十六册《建中靖國續燈錄》卷九"廬山棲賢智遷禪師":"上堂云:是什麽物得恁頑頑嚚嚚、瞶瞶睍睍?拊掌呵呵大笑云:今朝巴鼻,直是黄面瞿曇,通身是口,也分疏不下。"(149/a)"瞶瞶睍睍"即"瞶睍"叠用,《禪宗詞典》②《禪籍方俗詞研究》③分别釋爲昏亂糊塗、昏庸糊塗貌。《廣韻・銑韻》"瞶""睍"音胡典切。"勔"爲彌兖切,與"覥"又讀相同,"覥"同"瞶",《正字通・目部》:"瞶,與覥同。"故"瞶睍"之作"勔臏",自不難想見。從文義來看,"頑嚚"爲愚頑,與"少智"近義相聯,則"勔臏"與"多痴"亦當同類并舉。

《通俗編》卷十五"性情・眠娗"認爲:"《列子・力命篇》'眠娗、諈諉、勇敢、怯疑四人亦相與遊',張注云:眠,莫典切;娗,徒典切,瑟縮不正之貌。'按:眠娗者,當依《列子》注訓瑟縮。《五燈會元》智遷云'得恁瞶瞶睍睍',蓋即當用眠娗而不知其字,漫以音發之也。"④翟灝認爲禪録"瞶睍"即"眠娗"。《俗書刊誤》卷六《略記駢字》下:"眠娗音免腆。"⑤又郝懿行《證俗文》卷十七《方言》:"猶與不前曰眠娗。"原注曰:"田汝成《委巷叢談》:眠娗音如緬忝。"⑥《義府》卷下"酩酊"下:"酩酊二字,古所無。《世説》'茗艼無所知',蓋借用字。今俗云懵懂,即茗艼之轉也。"⑦

翟灝認爲"眠娗"實則今之"覥腆",轉作"酩酊""懵懂"等,與上舉釋"瞶睍"爲昏亂糊塗迥然兩別。翟氏所論有些問題無法解釋:"娗""腆""酊""懂"等都屬端組字,而"睍""臏"却是匣母字,聲母變化相差太遠,難以調和,且上舉廬山棲賢智遷禪師是錢塘人,吳方言、日語吳音都没有證據表明端母能作匣母用,此其一;上文提到"勔臏"與"多痴"語義應該相類,如翟灝所釋,"覥腆"却并非痴傻,此其二。

袁賓先生釋"昏亂糊塗"較爲合理。"瞶睍""勔臏"除上舉禪録用例,别無所用,值得懷疑。雷漢卿先生懷疑"勔臏"當即《尚書》中所説的"瞑眩"。⑧ 我們贊同這個説法,請試而論之。

"瞑眩"有惑亂義,形體多變,可作"瞶眩""恦眩""洏眩""酳眩""眲

---

① 袁賓、康健:《禪宗大詞典》,崇文書局,2010年,第290頁。
② 袁賓:《禪宗詞典》,湖北人民出版社,1994年,第595頁。
③ 雷漢卿:《禪籍方俗詞研究》,巴蜀書社,2010年,第516頁。
④ (清)翟灝:《通俗編》,商務印書館,1958年,第332頁。
⑤ (明)焦竑:《俗書刊誤》,《景印文淵閣四庫全書》本,臺灣商務印書館,1986年,第568頁。
⑥ (清)郝懿行:《證俗文》,《續修四庫全書》本,上海古籍出版社,2001年,第595頁。
⑦ (明)黄生撰,(清)黄承吉合按,包殿淑點校:《字詁義府合按》,1984年,第214頁。
⑧ 雷漢卿:《禪籍詞語選釋》,《漢語史研究輯刊》第8輯,2005年。

眩""眠眩""眩""䁒眩",等等。如《大正藏》三十九册《首楞嚴義疏注經》卷一:"若藥弗瞑眩,厥疾弗瘳。"(838/c)"瞑眩",《永樂北藏》一百六十八册《首楞嚴經義海》卷四作"䀄眩"(273/a)。又《大正藏》十二册《大般涅盤經》卷二"壽命品":"世尊!譬如人醉,其心怋眩。"(377/b)"怋眩",原注稱宋、元、明本皆作"瞑眩"。又《大正藏》第三册《六度集經》卷八:"前飲爾酒,湎眩無知。"(51/c)又《大正藏》二十七册《阿毗達磨大毗婆沙論》卷一二三:"將至醉悶,酳眩便倒,衣鉢錫杖狼藉在地。"(645/b)又《大正藏》十二册《佛説方等般泥洹經》卷二"天菩薩品":"除無央數淫怒癡,人民眲眩頓躄地。"(926/a)"眲眩",原注稱宋、元、明本作"瞑眩"。又《高麗藏》三十四册《新集藏經音義隨函録》卷四"方等般泥洹經音義"之"眠眩"條:"上或作瞑,下音玄。"(772/c)同上卷六"六度集經音義"之"湎眩"條:"上音緬,下音縣。"(849/b)今考《大正藏》第三册原經《六度集經》卷八作"湎眩"(51/c)。又明刻本《玉茗堂全集》"尺牘"卷六《答李還素》:"非不讀六籍,一讀一䁒眩;文字原不立,何字可寓瞬。"①此"䁒眩"與上同。

上揭"瞑眩"或作"䁒眩",又文獻多以"賢"爲"眩"注音。《經典釋文·春秋公羊音義·桓公第二》"右髌":"一本作眩,音賢。"②又《高麗藏》三十四册《新集藏經音義隨函録》卷六"眩倒"條:"上玄縣二音……正作眩,又音賢。"(846/c)同上三十五册卷三十"眩氣":"上音賢。"(721/b)或有通用者,《四部叢刊初編》本《樂府詩集》卷八十二薛能《升平樂十首》之一:"君王故不有,台鼎合韋弦。""弦"字下原注:"一作賢。"有意思的是,從"賢""玄"得聲之字往往有厚多義,"礥"爲剛强,"賢"爲財多,"胘"爲肉多,"眩"爲肉之厚多,"婜"爲婦人守志之堅,"蚿"爲多足之蟲,"誸"爲堅正,"弦"爲狠戾之堅,皆聲近義通。蓋受此類化,"䁒眩"稍變而成"䀝䏏",以音而成"䀄䁒"。施之禪意,則蓋用"䀄䁒""䀝䏏"指僧徒自身愚癡虛妄。另外,《卍續藏經》一百一十三册《祖庭事苑》卷七"䀝䏏"條:"肥也。"(201/b)此釋甚不足據,其説蓋出自《廣雅》卷六《釋訓》:"䏏䏏,肥也。"

"瞑眩"多與"頑嚚"同類而用。《大正藏》五十二册《辯僞録》卷二"偷佛神化僞第十四":"同木石之頑嚚,似藥酒之瞑眩。"(762/c)或與"無知""癡惑"連用,《大正藏》第三册《六度集經》卷八:"前飲爾酒,湎眩無知,今始寤耳。"(51/c)又《大正藏》三十七册《大般涅盤經義記》卷二"壽命品":"癡惑亂心説之爲醉,心志濁悶名爲瞑眩。"(647/a)《卍續藏經》十六册《楞

---

① (明)湯顯祖:《玉茗堂全集》,《續修四庫全書》本,上海古籍出版社,2002年,第182頁。
② (唐)陸德明:《經典釋文》,中華書局,1983年,第308頁。

嚴經義疏釋要鈔》卷三:"瞑眩即冥昧發動之貌。"(895/b)"眩"亦多與"愚痴"而用,《卍續藏經》四十二册《般若心經注疏》卷一:"虛靈之極,自然纖毫不眩,照破種種愚痴。"(40/a)此皆"瞑眩"即無知、愚痴類,可爲"劙臏多痴"作注。

2.1.2.2 音同音近改换形成的疑難形體

音同音近改换是形成詞語疑難形體的途徑之一。一是形體全部改换,一是形體中的聲符改换。形體全部改换,也就是常説的借用,《顔氏家訓·勉學》提到"豆逼"當讀作"豆皀"便是最好的例證。值得注意的是聲符改换。不少詞語疑難形體的出現實際上就是聲符改换造成的。下面禪録中的詞語疑難形體,實際上就是音同或音近改换而來。

2.1.2.2.1 鬭釘/餖飣

《卍續藏經》一百三十六册《建中靖國續燈録》卷十五"佛慈禪師":"山僧每遇月朔特地鬭釘家風,抑揚答問,一場笑具。雖然如是,因風撒土,借水獻花。"(227/b)"鬭釘",《卍續藏經》一百三十八册《五燈會元》卷十六"辯良佛慈禪師"引作"鬪釘"(630/a),"鬭釘""鬪釘"同,此寓指陳設家風。"鬭釘"其實就是"餖飣",大型辭書已收有"餖飣""鬪釘",釋義皆同,即把食物貯放在盤中,引申爲堆積、排列、陳設等。

其形又作"殸飣"。《大正藏》四十七册《大慧普覺禪師語録》卷二十四"示成機宜":"如空中雲,如水上泡,瞥然而有,忽然而無,只向這裏翻身一擲,抹過太虛。當恁麽時,安排他不得,殸飣他不得。"(912/a)

或倒文作"飣殸"。《大正藏》五十四册《慧琳音義》卷七十六"飣殸"條下:"上丁定反。顧野王:飣謂置肴饌於盤榻之中也。《考聲》:施食於器也。下音豆。《考聲》:亦食於器也。並從食,經從豆作餖,俗字也。"(801/a)"飣殸"二字音雖各異,義實相類,皆爲置食物於器皿中,故字書往往飣、殸轉相訓釋。《玉篇·食部》:"飣,貯食也。"《廣韻·宥韻》:"飣,餖飣。"《集韻·候韻》:"殸,飣也。"亦可單用"飣",《叢書集成初編》本《朝野僉載》卷二:"嶺南獠民好爲蜜蝍,即鼠胎未瞬通身赤蠕者,飼之以蜜,飣之筵上,嗢嗢而行。以筋(按:當作箸)挾取啖之,唧唧作聲,故曰蜜蝍。"①"飣之筵上"即以食器盛而置之筵上。

"飣殸""餖飣""殸飣""鬭釘""鬪釘"皆是同一詞的不同書寫形式。那麽,這些不同的書寫形式爲什麽能表示貯放食物於器皿上這個意義?

---

① (唐)張鷟:《朝野僉載》,《叢書集成初編》本,中華書局,1985年,第23頁。

實際上，"飣"應是"奠"的後起形體。"奠"字本義是把祭品置放在神前祭祀，引申即爲置放，蓋因用於置放食物，與食物相涉，故增加"食"旁並改換聲符作"飣"。《大正藏》第四册《佛本行集經》卷十二"捔術爭婚品"："羹臛雜奠，百味蘭餚，種種珍羞，及諸餅果。"（707/b）"雜奠"，《大正藏》五十四册《一切經音義》卷五十六"佛本行集經音義"引作"雜飣"（679/c），此其確證。《廣韻·徑韻》："飣，貯食；奠，上同。"此亦"奠""飣"異形同詞之證。"奠""丁"聲近而換用。《大正藏》十七册載南齊譯經《善見律毘婆沙》卷十七"舍利弗品"："若在船上布薩，應下碇。若下棟，不得繫著岸。"（793/b）此處内容，《卍續藏經》六十七册《四分律行事鈔批》卷三引作："若在船上布薩，應下矴。下矴者，此明船上作法，要須住船。"（365/a）一作"下碇"，一作"下矴"，是"碇""矴"同也，即停船所用之石。《集韻·徑韻》："矴、碇，丁定切，錘舟石也，或從定、從奠。"

至於"餖"或"餿"，皆爲"豆"的後起俗體。"豆"本義就是食器，用以貯放食物，與食物相涉，增"食"旁作"餖"亦屬情理之中，故字書釋"餖"爲貯食。作"餿"，顯然是"餖"改换聲符所致。"豆""殳"中古音雖有侯虞之分，但上古皆是侯部字。方音歷史層次變化與通語並不一致，故從"豆""殳"得聲往往可以互换聲符。胡刻本《文選》卷十八馬融《長笛賦》："故聆曲引者，觀法於節奏，察變於句投，以知禮制之不可踰越焉。"李善注曰："《説文》曰：逗，止也。投與逗古字通。"①據李善注，此"句投"即"句逗"也。又如"饅頭"或作"饅豆"。清刻本《再生緣全傳》卷十二："炒肉煎魚雙色擺，饅豆扁食兩般呈。"②或作"饅餿"。《卍續藏經》一百二十六册《湛然圓澄禪師語録》卷八"寒食弔古"："土堆做就肉饅餿，不到渠邊誓不休。一陌紙錢酹志極，問君此外復何求。"（298/b - 299/a）"饅餿"即"饅頭"，此指墳墓。故"豆"一變作"餖"，改换聲符再變成"餿"。

據上，"餖飣"或"飣餿"表排列、陳設等義，實則是近義連文，得義於"豆"及"奠"，乃與食物相涉而增"食"旁並改换聲符而成，或借音而作"鬭釘""鬬釘"。

2.1.2.2.2 掉鬭/挑鬭

《大正藏》五十一册《續傳燈録》卷三"安吉州天聖皓泰禪師"下："到琅邪，邪問：埋兵掉鬭，未是作家；匹馬單鎗，便請相見。"（486/c）"埋兵掉鬭"禪籍文獻頻見。又作"埋兵挑鬭"。《卍續藏經》一百一十六册《宗鑑法

---

① （南朝梁）蕭統編，（唐）李善注：《文選》，中華書局，1977 年，第 252 頁。
② （清）陳端生：《再生緣全傳》，《續修四庫全書》本，上海古籍出版社，2002 年，第 326 頁。

林》卷十"池州南泉普願禪師"下:"兩陣交鋒戰不難,埋兵挑鬭何人曉。"(160/a)又作"埋兵調鬭"。《卍續藏經》一百四十一册《五燈全書》卷八十一"大雄慧舟濟禪師":"雖埋兵調鬭,慣用神機;檢點將來,只振塗毒。"(665/a)

今按:"掉鬭""挑鬭"皆可,義即收藏兵器以待挑戰。禪籍中寓指禪師逗引僧人,藏鋒隱機,如誘敵深入用計掩襲,最終使僧人破除妄想,以見自性。異文有作"埋兵索戰"者。《卍續藏經》一百一十五册《宗門拈古彙集》卷二十九"青五"下:"博山來云:搥打不開,屏折不下,各各具有隱身之術,大似埋兵索戰。"(847/a)"掉鬭""挑鬭""索戰"義同。

《廣韻·蕭韻》"挑""掉"皆有徒了切這一讀音,故可通借。《三國志·魏書·典韋傳》:"未及還,會布救兵至,三面掉戰。""三面掉戰",《北堂書鈔》卷一百一十八"武功部六·攻戰十一·持十戟"下注《英雄記》引《魏書》作"三面挑戰"。① 又《大正藏》卷二十三《十誦律》卷三"明十三僧殘法之初"下:"比丘語主人言:若見我在衆中大語時、若挑衣時,當知得、不得。"(20/a)"挑"字下注宋、元、明本作"掉"。《大正藏》五十四册《慧琳音義》卷五十八《十誦律音義》卷三載有"掉衣":"徒弔反。《廣雅》:'掉,振搖動也。'律文作挑,吐堯反……非也。"(693/c)"跳衣"當作"掉衣",搖動衣服也。以上皆"挑""掉"通借之用。今言"單挑",亦源於"掉鬭""挑鬭"。

2.1.2.2.3 霶烹/霶澎/滂渹

《卍續藏經》一百三十八册《五燈會元》卷十五"荆門軍玉泉承皓禪師":"有示衆曰:一夜雨霶烹,打倒蒲萄棚。"(600/b)"霶烹"從文意上看指的是雨下得很大,"霶"即"滂",關鍵是"烹"怎麼理解。異文或作"霶澎"。《大正藏》四十七册《虛堂和尚語錄》卷九:"大書云:一夜雨霶澎,打倒葡萄棚。"(1057/b)或又作"滂烹"。《卍續藏經》一百三十四册《補續高僧傳》卷八"荆門軍玉泉皓禪師傳":"示衆曰:一夜雨滂烹,打倒葡萄棚。"(155/a)亦作"滂澎"。《卍續藏經》一百二十一册《無準師範禪師語錄》卷二:"上堂,古德道:昨夜雨滂澎,打倒蒲萄棚。"(901/a)還作"滂渹"。《嘉興藏》三十八册《晦嶽旭禪師語錄》卷七"住嘉興府真如禪寺語錄":"載道怨嗟聲不已,慇懃只願雨滂渹。"(532/c)

不管是作"霶烹",還是"滂烹""霶澎""滂澎""滂渹",等等,實皆"滂滂"也。②《説文·水部》:"滂,沛也。""滂"或作"霶""雱""霶"等。《集

---

① (唐)虞世南輯:《北堂書鈔》,《續修四庫全書》本,上海古籍出版社,2001年,第539頁。
② 本書匿名評審專家認爲"滂滂"變作"滂烹""霶澎""滂澎""滂渹",是從重疊轉爲雙聲。

韻・唐韻》:"滂,或作雱、霶。"音義皆同,多用於形容雨雪盛貌。《詩・邶風・北風》"北風其涼,雨雪其雱"是也。重言則曰滂滂、雱雱、霶霶、濛濛等。胡刻本《文選》卷二十謝朓《新亭渚別范零陵詩一首》:"停驂我悵望,輟棹子夷猶。"李善注引蔡邕《初平詩》曰:"暮宿河南悵望,天陰雨雪滂滂。"①又《元詩選》二集戊集傅若金《雪中送宋上舍仲敏歸滑州省親》:"北風何烈烈,雨雪亦雱雱。"②又《廣雅疏證》卷六上《釋訓》:"霶霶,雪也。"王念孫疏證:"皆雪盛貌也,《邶風・北風篇》云'雨雪其雱,雨雪其霏',雱與霶同,重言之則曰霶霶。"③皆其例也。

據此,壯雨雪之盛,則可曰"滂滂""雱雱""霶霶""濛濛"。上揭《續傳燈錄》"一夜雨濛烹"之"濛烹",《嘉興藏》三十四冊《天界覺浪盛禪師全錄》卷六"夜參"正作"滂滂"(623/a),是"濛烹"確即"滂滂"矣。引而申之,凡衆盛之貌,皆可曰"滂滂"。《全唐詩》卷三百八十七盧仝《月蝕詩》:"天狗下舐地,血流何滂滂。"④韓愈《聽穎師彈琴》:"推手遽止之,濕衣淚滂滂。"皆其類。

2.1.2.2.4 搆取/䨛取

《卍續藏經》一百三十六冊《建中靖國續燈錄》卷四"汝州寶應院法昭演教禪師":"衆苦所逼,無自由分,而被妄心於中主宰。大丈夫兒,早搆取好。"(83/a)"搆取",《大正藏》五十一冊《續傳燈錄》卷三"汝州寶應院法昭演教禪師"引作"構取"(488/a)。"構取""搆取"同,俗書"扌""木"不分,"搆""取"近義連文,就是以手取的意思。《禪宗文獻語言論考》指出"禪籍'搆'有'領悟'義"⑤,乃手取之引申,惜未揭其源。

又作"䨛取"。《大正藏》第四冊南齊《百喻經》卷一:"却後一月爾,乃設會迎置賓客。方牽牛來欲䨛取乳,而此牛乳即乾無有。"(543/b)亦可單用"䨛"。《大正藏》第一冊東晉《中阿含經》卷三十九"梵志品":"行如是大施,八萬四千牛,衣繩衣覆,䨛之皆得一斛乳汁。"(677/b)又作"𣂏"。《龍龕手鏡・身部》:"𣂏,古文,音搆,取牛羊乳也,又苦角反。"

實際上"𣂏"並非什麼古文,不管是作"𣂏",還是作"䨛",我們認爲都是"㝅"的後起俗字。作"搆",是以音而言,當讀作"㝅"。《說文・子部》釋"㝅"字"從子,㱿聲",本義爲哺乳。佛經中多與"牛""羊"相涉,故增

---

① (南朝梁)蕭統編,(唐)李善注:《文選》,中華書局,1977年,第294頁。
② (清)顧嗣立編:《元詩選》,中華書局,1987年,第444頁。
③ (清)王念孫著,鍾宇訊點校:《廣雅疏證》,中華書局,1983年,第178頁。
④ (清)彭定求編:《全唐詩》,中華書局,1980年,第4366頁。
⑤ 雷漢卿、王長林:《禪宗文獻語言論考》,上海教育出版社,2018年,第167頁。

"牛""羊"作"𤚐""𤛆",上揭佛典例正是用爲以手取乳。又《大正藏》二十二册《四分律》卷四十二:"時諸比丘乞食,時見有人𤚐牛乳,令犢子飲已,復𤚐。犢子口中涎沫出,與乳相似。後遂疑,不復飲乳。"(869/b)"𤚐"即"㝅",哺乳也。《大正藏》五十四册《慧琳音義》卷三十三"佛説犢子經音義"之"𤚐取"條下:"取牛羊乳也……《説文》或從子作㝅。"(530/a)此亦證。

"㝅"從"㱿"得聲,"㱿""構"古音同。《説文·犬部》"㝅"字下:"從犬,㱿聲。讀若構。"又《説文·木部》釋"楮"字:"㝅也。從木,者聲。"桂馥《義證》曰:"㝅也者,《本草》:'楮實,一名㝅實,所扛有之。'陶隱居云:'此即今㝅樹也,㝅音構。'"陶弘景所言"㝅音構","㝅"從"㱿"得聲,此亦"㱿""構"古同音之證。那麽從"㱿"得聲之字自然可與"構"通借。《孟子·告子下》:"宋牼將之楚,孟子遇於石丘,曰:先生將何之?曰:吾聞秦楚搆兵,我將見楚王説而罷之。""秦楚搆兵",《説苑·奉使》作"秦楚㲉兵",《群書拾補·説苑》曰:"當與構同。"①又《廣雅·釋木》:"㝅,楮也。"王念孫疏證曰:"㝅、構古同聲,故㝅一名構。陶宏景《別錄》注云:㝅,即今構樹也。"②綜上,從"㱿"得聲者可與"構"通借,"㝅"亦從"㱿"得聲,是"構"亦可借作"㝅"。上揭"𤚐取"(即"㝅取"之訛俗),或作"構取",即其例。又《漢書·叙傳》:"楚人謂乳'穀',謂虎'於檡'。"如淳曰:"穀音構,牛羊乳汁曰構。"此"穀"亦"㝅"之借也,如淳所言,則"構"明爲"㝅"之借。

2.1.2.2.5 和和/啝啝/嗊嗊

《大正藏》五十一册《景德傳燈錄》卷十四"潭州石室善道和尚":"十六行中,嬰兒行爲最,哆哆和和時,喻學道之人離分別取捨心,故贊嘆嬰兒,何況喻取之。"(316/b)"和和",《大正藏》四十八册《佛果圜悟禪師碧巖錄》卷八引作"啝啝"(206/c)。《禪宗文獻語言論考》認爲"哆哆和和"是"形容小兒張口學語的樣子"③,是也。我們這裏對"和"及其異文稍加論述。

《説文·口部》釋"和"字本義爲聲音相應。重言則曰"和和",引申爲嬰兒咿呀學語以聲相應。《卍續藏經》一百一十七册《筦絶老人天奇直注天童覺和尚頌古》卷一:"不妨我哆哆和和(此是嬰兒學語之貌)。"(785/a)是也。敦煌寫卷P.2285《佛説父母恩重經一卷》:"父母養育,卧則蘭車,父

---

① (東漢)劉向:《説苑》,《叢書集成初編》本,上海商務印書館,1935年,第497頁。
② (清)王念孫著,鍾宇訊點校:《廣雅疏證》,中華書局,1983年,第351頁。
③ 雷漢卿、王長林:《禪宗文獻語言論考》,上海教育出版社,2018年,第211頁。

母懷抱,和和拚聲,含笑未語。""和和拚聲"即形容嬰兒學人言語。

或作"喎喎"。《卍續藏經》一百三十八册《五燈會元》卷十五"南康軍雲居曉舜禪師":"婦搖機軋軋,兒弄口喎喎。"(595/b)"喎喎",《卍續藏經》一百三十六册《聯燈會要》卷二十八"南康軍雲居曉舜禪師"作"喝喝"(907/a)。《廣韻·戈韻》:"喎,小兒相應也,又音禾。"禪籍中"喝喝"蓋"喎喎"減省寫法。

"喎"見於《廣韻》,屬後起形體,我們認爲其語源即"和"。"和""咼"古音在歌部,"和""咼"通借之例多見。《四部叢刊初編》本《淮南子·説山》:"咼氏之璧,不若得事之所適。""咼氏"即"和氏"。又《新書》卷八《道術》:"行歸而過謂之順。"俞樾《諸子平議》卷二十八《賈子二》下按曰:"過當作和,古書和字,或以咼爲之。"①故"和"改換聲符即成"喎",重言則曰"喎"。

2.1.2.2.6 權教/拳教

《大正藏》五十一册《續傳燈録》卷十二"隨州大洪守遂禪師":"巖頭舉拳曰:是甚麼? 教曰:是權教。頭曰:苦哉! 我若展脚問爾,不可道脚教也。"(545/a)此處所寓禪旨不易索得,這裏單從語言學層面探尋"權教"所指爲何。"權教"費解,實際上,此當讀作"拳教"。後言"我若展脚問爾,不可道脚教",則前舉拳頭定爲"拳教",而非"權教"。與上揭内容相類之文,如《卍續藏經》一百三十八册《五燈會元》卷七:"師竪起拳曰:靈山會上,唤這箇作甚麽? 曰:拳教。師笑曰:若恁麽,唤作拳教。復展兩足曰:這箇是甚麽教? 僧無語。師曰:莫唤作脚教麽?"(241/b)此即舉拳爲"拳教",展脚爲"脚教",足證上舉拳之"權教"當讀作"拳教"。

2.1.2.2.7 盤礴/磅礴/盤磚

《卍續藏經》一百三十九册《五燈嚴統》卷二"千歲寶掌和尚":"由千頃至天竺,往鄮峰,登太白,穿雁蕩,盤礴於翠峰七十二庵。"(162/a)"盤礴",即《莊子·田子方》之"般礴",盤踞義,辭書有載,不贅。此"盤礴",《卍續藏經》一百四十五册《揞黑豆集》卷八"寶掌和尚"引作"磅礴"(1016/b),《卍續藏經》一百四十八册《禪苑蒙求瑶林》卷二"青猿洗鉢"下引作"盤磚"(255/b),義皆同。

或類化作"礚礴"。《卍續藏經》一百一十二册《列祖提綱録》卷三十八"用彰俊禪師靈隱秉拂":"如斯禁制,争知靈山門下,燈籠走入露柱,佛殿騎却山門,斯須之間,礚礴於上方拄杖頭上。"(731/a)

或作"盤魄"。庾信《枯樹賦》:"根柢盤魄,山崖表裏。"或作"盤泊"。

---

① (清)俞樾:《諸子平議》,中華書局,1954年,第570頁。

《卍續藏經》一百一十八冊《古尊宿語錄》卷三十五"大隨開山神照禪師語錄":"師云:未入蜀時,在什麼處盤泊? 僧云:無處所。"(613/a)

或作"磻磚"。《古今遊名山記》卷十下《明王叔果仙巖記》:"永嘉之山,惟大羅山最鉅,磻磚數十里。"①《〈祖堂集〉詞語研究》還亦指出有"盤泊""盤磚""槃磚"等形。②

2.1.3 異文與同詞異形考察

同詞異形,即同一個詞語有不同的書寫形式。對這個現象,學者定名各異,有"異形詞""異體詞""異寫詞"等,存在一定的爭議,不過這些概念爭議針對的是現代漢語詞語書寫形式規範問題。較早對古代漢語詞語書寫形式作出討論的是陳立中先生。陳先生指出:"異形詞是指在歷代文獻中語音相同或符合古今演變規律,語義和用法完全相同而書面形式不同的詞語。"③這實際上已指出同一詞語不同書寫形體的歷時演變問題。此後曾昭聰先生進一步擴展認爲:"古漢語異形詞是指古漢語階段中同時或先後產生的同音(包括方言音變和歷史音變)、同義(一個或多個義位相同)而書寫形式不同的詞語。"④

禪錄語料存在大量同詞異形情況,屬於同一個詞在文獻記錄中的不同書寫形式。它們共存共用、同音(包括方言音變和歷史音變)同義。這些形體是漢語史基礎材料,是一個完整的詞形族群整體,不能分開割裂。因此,探尋揭示它們在漢語史上的分布情況,考察研究不同形體之間連結理據及演變軌迹,解釋其來龍去脈,最終形成不同詞語在漢語史上形成的詞形庫,是很有必要的,也具有十分重要的意義。禪錄文獻中的同詞異形,有的是同源詞,有的是聯綿詞,有的是歷史詞彙變化形成的不同形體。

2.1.3.1 契重/器重

《卍續藏經》一百三十七冊《嘉泰普燈錄》卷十"慶元府二靈知和庵主":"次謁衡嶽辯禪師,辯尤器重。"(161/a)"器重",《大正藏》五十一冊《續傳燈錄》卷二十六"慶元府二靈知和庵主"下引作"契重"(648/a)。"契重""器重"義皆同,今"器重"行而"契重"廢。清刊本《聊齋志異》卷六

---

① (明)何鐘輯:《古今遊名山記》,《續修四庫全書》本,上海古籍出版社,2002 年,第 677 頁。
② 詹緒左:《〈祖堂集〉詞語研究》,上海師範大學博士學位論文,2006 年,第 207 頁。
③ 陳立中:《異形詞與方言詞源研究》,《詞彙學理論與應用》(5),商務印書館,2010 年,第 270 頁。
④ 曾昭聰:《古漢語異形詞與詞語釋義》,《中國語文》2013 年第 3 期。

《小謝》:"常宿部郎家,有婢夜奔,生堅拒不亂,部郎以是契重之。"①"契重"即器重。又《老殘遊記》第四回:"這上房住的,一個姓李,一個姓張,本是極倨傲的。今日見撫臺如此契重,正在想法聯絡聯絡,以爲託情謀保舉地步。"②皆其例。

2.1.3.2 蹉過/剉過/挫過

《卍續藏經》一百三十五册《天聖廣燈録》卷二十五册"襄州白馬山歸喜禪師":"上堂云:急走即蹉過,慢行趁不上。"(850/b)"蹉過"即錯過,又作"剉過"。《清平山堂話本》:"司公念畢詩賦,再請新人下轎。三回五次,不見蓮女下轎。司公怕剉過時辰,便叫張待詔媽媽自向前請新人下轎。"③又作"挫過"。明刊本《天許齋批點平妖傳》第三十一回:"王則道:仙姑莫出此言,官中耳目較近,王則是貝州一個軍健,豈敢爲三十六州之主? 仙姑道:你若無這福分時,我須不著人來請你,只恐你挫過了機會,可惜了。"④"挫過了機會"即錯過了機會。

又可單用一個"挫"字。明刊本《警世通言》卷二十一《趙太祖千里送京娘》:"京娘口中不語,心下躊躇:如今將次到家了,只管害羞不説,挫此機會,一到家中,此事便索罷休,悔之何及!"⑤"挫此機會"即錯過此次機會。

2.1.3.3 擉/築/㧺/稍/斲

表戳、刺義,其形可作"築""㧺""稍""斲""擉"等,屬同一個詞的不同書寫形式。有作"築"者。《大正藏》五十一册《續傳燈録》卷二十"蘄州五祖法演禪師":"上堂:若要七縱八橫,見老和尚打鼓陞堂七十三八十四,將拄杖驀口便築。"(602/b)"驀口便築"即以拄杖對着口便戳。《卍續藏經》一百一十八册《續古尊宿語要》卷三"東山五祖演禪師語"引此作"驀口便㧺"(970/b)。還有作"稍"者。《嘉興藏》三十四册《青原愚者智禪師語録》卷一:"師以杖稍曰:瞎撞習家池。"(823/b)"以杖稍"即以杖戳刺。亦有作"斲"者。《大正藏》十二册《大般涅槃經》卷二十二"光明遍照高貴德

---

① (清)蒲松齡:《聊齋志異》,《古本小説集成》第 4 輯,上海古籍出版社,1994 年,第 784 頁。
② (清)劉鶚著,汪原放句讀:《老殘遊記》,亞東圖書館,1934 年,第 6 頁。
③ (明)洪楩編:《清平山堂話本》,文學古籍刊行社,1955 年,第 158 頁。
④ (明)羅貫中編,(明)馮夢龍增補:《天許齋批點平妖傳》,《古本小説叢刊》第 33 輯,中華書局,1991 年,第 1450 頁。
⑤ (明)馮夢龍:《警世通言》,《古本小説叢刊》第 32 輯,中華書局,1991 年,第 1056 頁。

王菩薩品":"有調象師以大鐵鉤鉤斲其頂,即時調順,惡心都盡。"(756/a)"斲"下注正倉院聖語藏本作"擉",可知"斲""擉"同也,"以大鐵鉤鉤斲"即以大鐵鉤鉤刺。《卍續藏經》三十一册《金光明經照解》卷二引作:"有調象師以大鐵鉤鉤擉其頂,即時調順。"(823/b)"擉""斲"明爲同詞異寫。值得注意的是,後世文獻還有作"鉤𠁁象頂"者,如《大正藏》二十四册《根本說一切有部毘奈耶雜事》卷十九:"時彼群象聞師子氣,遺失便利,驚怖奔馳。時彼象師鉤𠁁象頂,不能令住,六衆遥見告言:賢首,急牽!急牽!答言:鉤𠁁不住,如何手牽?"(297/a)此"鉤𠁁象頂",顯然與前揭"鉤擉其頂"同。"擉""𠁁"表戳刺義,亦屬同詞異寫,蓋"𠁁"從"屬"得聲,而"屬"又從"蜀"得聲,故"𠁁""擉"同。

另外,"擉"還有敕角反這一讀音。《莊子·則陽》:"冬則擉鼈于江,夏則休乎山樊。"陸德明《釋文》曰:"擉,初角反,又敕角反。司馬云:刺也。郭音觸,徐丁緑反,一音捉。"①陸德明所釋"擉"字敕角反正與"戳"字讀音同,"戳"亦爲刺義,"擉""戳"在表戳刺這一義項上音義皆同。故《六書故》"擉"字下曰:"測角切。又作籍。《周官》:鼈人以時籍魚鼈,凡貍物。鄭司農曰:籍謂以叉刺泥中搏取之。《莊子》曰:冬則擉鼈於江。按:籍,刺也,今刀刺人者又作戳。"②據戴侗所論,則"擉""籍""戳"屬於同一詞的不同書寫形式。《説文·手部》有"籍",無"擉""戳",蓋其後起。"戳"即"𢧐",今"戳"行而"擉""籍"皆廢。

2.1.3.4 踢/趯/躍

《卍續藏經》一百一十八册《古尊宿語録》卷十四《趙州真際禪師語録之餘》:"問:一燈燃百千燈,一燈未審從什麽處發?師便趯出一隻履。"(323/b)"趯",《卍續藏經》一百二十三册《了堂惟一禪師語録》卷一引作"躍"(902/a)。與此相類者《嘉興藏》三十五册《華嚴聖可禪師語録》卷三"機緣"作"踢"(795/b)。

"躍"乃"趯"義符改换,考"趯""踢"表以脚踢義,筆者所見唐以前語料鮮見其例,唐及以後用例始繁。《説文·走部》有"趯"字,本義爲跳躍,讀音爲以紐藥韻。顯然《説文》所載"趯"與上揭禪録之"趯"音義互乖,迥然二事。《廣韻·錫韻》"趯"字有入聲透母錫韻這個讀音,剛好"踢"也是透母錫韻字。這表明至少在以脚擊物這個義項上,"趯""踢"音義是完全

---

① (唐)陸德明撰,黄焯斷句:《經典釋文》,中華書局,1983年,第394頁。
② (南宋)戴侗:《六書故》,《温州文獻叢書》本,上海社會科學院出版社,2006年,第345頁。

相同的,禪籍文獻中往往互爲異文。《大正藏》五十一册《續傳燈錄》卷十"信州鵝湖山仁壽德延禪師":"而今大義重宣也,剔起眉毛覷面看。"(526/b8)"剔起眉毛",别處異文有作"踢起眉毛""趯起眉毛"等。《卍續藏經》一百二十一册《無明慧性禪師語録》卷一"南康軍廬山歸宗能仁禪寺語録":"踢起眉毛著眼看,閃電光中急薦取。"(636/a)《卍續藏經》一百一十七册《禪林類聚》卷九:"南堂静頌云:潙山遷化絶音容,趯起眉毛何處去。"(117/b)又《大正藏》五十一册《續傳燈錄》卷二十八"臨安府靈隱瞎堂遠禪師"下:"跳金圈,吞栗棘,氍拍板對無孔笛,屈屈,獨脚山魈解雙趯。"(660/b)"獨脚山魈解雙趯",《卍續藏經》一百二十册《瞎堂慧遠禪師廣録》卷一"衢州報恩光孝禪院語録"下引作"獨脚山魈解雙踢。"(911/b)又《大正藏》五十一册《續傳燈錄》卷三十一"澧州靈巖仲安禪師"下:"師曰:説甚官馬廝踢,正是龍象蹴踏。"(681/b)"官馬廝踢",《卍續藏經》一百三十七册《嘉泰普燈録》卷十九"澧州靈巖仲安禪師"下作"官馬廝趯"(275/b)。皆其類。

我們認爲"趯""踢"表用脚擊物應該是後起形體。蓋唐代以降,表脚擊物用"趯",又因"翟""易"音近,從"走""足"之字亦相替换,故"趯"變作"踢"。文獻中"翟"與"狄"、"狄"與"易"皆可輾轉相通。如殷契之母曰"簡狄",又作"簡翟";"戎狄",又或作"戎翟"。胡刻本《文選》卷二十陸機《答賈長淵》"景命是膺"李善注引《詩》作"戎翟是膺"。① 又《周禮·天官·内司服》"揄狄"鄭玄注曰:"狄當爲翟。翟,雉名。"② 又《説文·辵部》:"逖,遠也。逷,古文逖。"則"逖""逷"本爲一字。至於從"走""足"之字换用之例,如"赴"之與"趴"(《玉篇·足部》"趴,趨赴,亦作赴")、"趉"之與"踣"(《集韻·德韻》"踣,或從走")、"趲"之與"踴"(《玉篇·走部》"趲,與踴同")、"趌"之"跬"(《玉篇·走部》"趌,半走也,舉一足也。與跬同"),等等,用例甚夥。

故表示用脚擊物,"趯""踢"同。上舉用例表明唐宋以來,已出現"趯""踢"之用,但就字形而言,作"趯"或"踢"皆可,其形無定,後世"踢"行而"趯"廢。

至於"踢"字語源情況,章太炎、王力先生亦有提及。《新方言·釋言第二》:"《説文》:踶,躗也。特計切。今人謂以足擿人爲踶,音如惕,俗作

---

① (南朝梁)蕭統編,(唐)李善注:《文選》,中華書局,1977年,第345頁。
② (東漢)鄭玄注,(唐)賈公彦疏:《周禮注疏》,《十三經注疏》,中華書局,1980年,第691頁。

踢。"①又《同源字典·同源字論》:"新詞的産生,不是從天上掉下來的,往往是借舊詞作爲構成新詞的材料(如'輪船''電話')。有些字,近代纔出現,但並不是什麽新詞,而是舊詞的音變而已。例如腳踢的'踢'不見於古代的字典,只見於《正字通》,它是近代纔出現的一個詞。《水滸傳》第二十九回:'蔣門神見説,吃了一驚,踢翻了交椅。'宋代以前,没有腳踢的'踢',但是古代有個'踶'字,音大計切。《莊子·馬蹄》:'喜則交頸相靡,怒則分背相踶。'踶就是踢。'踶'的本義是用馬蹄踶。'蹄、踶'古音同屬支部,'蹄'是名詞,'踶'是動詞。'踶'與'踢'是支錫對轉。毫無疑問,'踢'是'踶'的音變。"②章太炎、王力先生皆認爲"踢"是由"踶"音變而來,此可備一説。

《清車王府藏曲本》第四十四册《壽榮華》:"但見一個大漢,青衣小帽,鑾代夠腰,身形高大,相冒魁韋,見他在那裏按著方纔嚇死我那個山王拳打腳蹄。"③"拳打腳蹄"即拳打腳踢,"蹄"同"踶"。

2.1.3.5 啀/㘞/嗋/嚍

《大正藏》五十一册《續傳燈録》卷二十二"隆興府兜率從悦禪師":"有一般漢……向混沌未剖已前薦得,猶是鈍漢,那堪更於他人舌頭上啀澹滋味,終無了日。(616/c)"那堪更於他人舌頭上啀澹滋味,終無了日"寓指參禪需自己參透玄機頓悟成佛。"啀澹",《中華藏》七十四册《續傳燈録》即作"啀啖"(863/c),《卍續藏經》一百三十八册《五燈會元》卷十七"隆興府兜率從悦禪師"下作"㘞啖"(677/a-b),皆爲食啖之義。

實際上"啀"即"㘞"之訛變,"㘞"之作"啀",猶環繞之"帀"今訛變作"匝"。不管是"㘞"還是"啀",都是"嗋"之後起形體,今"啀"行而"嗋"廢。《説文·口部》:"嗋,嗛也。"段注曰:"玄應引作'銜也'。嗛、銜,音義同。""嗋"本義爲含銜,改换聲符又作"嚍"。《大正藏》第四册《出曜經》卷一"無常品":"或有食噉盡不盡者,有似炙鴿,蛆蟲㘞唊,臭穢難近。"(612/b)"㘞"字下注宋、元、明本作"嗋"。"㘞""嗋"明爲一詞異形。此"㘞唊",《大正藏》五十三册《經律異相》卷二十《比丘修不净觀得須陀洹道六》引作"嚍唊"(111/a),則"嗋""嚍""㘞"皆同。

《大正藏》十五册《禪秘要法經》卷下:"見此事已,當起慈心以身施鬼,

---

① 章太炎著,蔣鴻禮點校:《新方言》,上海人民出版社編:《章太炎全集》第5卷,上海人民出版社,2014年,第85頁。
② 王力:《同源字典》,商務印書館,1982年,第44頁。
③ 首都圖書館編輯:《清車王府藏曲本》第4册,學苑出版社,2001年,第10頁。

餓鬼得已,嚌食其體,即便飽滿。"(261/a)《叢書集成初編》本《玄應音義》卷二十"治禪病秘要經第三卷"之"嚌食"條下:"子臘反。《説文》:'嚌,銜也。'《埤蒼》:'齧脣也。'義與喋音同,喋血也。《通俗文》作'吤,入口也',《莊子》作'嚌蚊虻''嚌膚',是也。"①據玄應所釋,"嚌""吤""喋"皆同。

玄應釋"嚌"爲子臘反,正與"帀"讀音同,故可改換聲符作"吤",引《通俗文》作"吤"便是其證,繼續變化即成"咂"。故上"咂""嚌""嚍"皆同詞異寫。

2.1.3.6 餿/鱐

《卍續藏經》一百三十七册《嘉泰普燈録》卷三"平江府明因慧贇禪師":"假饒信手拈來,也是殘羹餿飯,一時吐却,方有少分相應。"(78/b)"餿飯",類似之文有作"颸飯"。《卍續藏經》一百三十六册《建中靖國續燈録》卷十三"南康軍雲居山真如禪院元祐禪師":"盡是古人用不盡底殘羹颸飯,道林都不拈動,恐壞佗人腸肚。"(201/a)"餿飯""颸飯"同,即變質有異味之飯。

餿臭之"餿",還可作"鱐"。《大正藏》四十九册《佛祖歷代通載》卷十五:"拾得日常滌器,冀有殘鱐,著以筒,留餉寒山。"(614/b-c)"鱐"下原注反切讀音爲所流切,正與"餿"字讀音相同。這裏説的是拾得每每飯後洗滌食器,若器中有殘留飯食,則以竹筒盛之,留給寒山吃。此事別處亦有載。《大正藏》五十册《宋高僧傳》卷十九:"時來國清寺有拾得者,寺僧令知食堂,恒時收拾衆僧殘食菜滓,斷巨竹爲筒,投藏於内,若寒山子來,即負而去。"(831/c)此作"殘食菜滓",則前言"殘鱐"明爲"殘餿"。《卍續藏經》一百零八册《凈土十要》卷十:"儒者咀名理,豔清言,視念佛不啻臭腐殘餿,食唾欲歐。"(862/b)據此"殘餿"之用,是"餿"明即"鱐"。

《説文·肉部》:"鱐,乾魚尾肅肅也。從肉,肅聲。《周禮》有膴鱐。"段注曰:"肅肅,乾貌。今俗尚有乾肅肅之語。……《庖人》《内則》注曰:鱐,乾魚。《籩人》注曰:鱐者,析乾之,出東海。……今《周禮·庖人》作膴鱐。"《玉篇·肉部》:"鱐,乾魚也。""鱐"字本義爲乾魚。《周禮》有"膴鱐",今《十三經注疏》本《周禮·庖人》作"膴鱐"②,"鱐""鱐"同也。蓋"鱐"本表乾魚,與魚相涉,故改換義符俗作"鱐"。"鱐"義爲魚曬熱而使乾,爲乾魚者,必於日下所曝,日久而後成。對於鮮活之魚而言,則乾魚爲

---

① (唐)釋玄應:《一切經音義》,《叢書集成初編》本,商務印書館,1936年,第926頁。
② (東漢)鄭玄注,(唐)賈公彦疏:《周禮注疏》,《十三經注疏》,中華書局,1980年,第661頁。

壞魚也,其形壞,其味臭,故往往與腐臭等近義連用。《四部叢刊初編》本《歐陽文忠公集》卷三十九《夷陵縣至喜堂記》:"而民俗儉陋,常自足,無所仰於四方。販夫所售,不過鱐魚腐鮑。""鱐魚腐鮑","鱐""腐"對文。又《雅宜山人集》卷十《弔吳嗣業文》:"腥鱐腐鼠臭穢,彼類也。"①"鱐"與"腐""臭穢"連用。

要之,"鱐"義爲乾魚,於日下久曝而成,質地已變,其味腥臭。引而申之,飯食放久,質變味臭亦曰"鱐"。蓋從"肅"之字可改換聲符作從"叟",又因與食物相涉,故"鱐"又可作"餿"。魚壞曰"鱐",飯壞曰"餿",其義相成,形雖不同,理實劃一。

"鱐"爲所鳩切(《廣韻·尤韻》),"魚鱐"之"鱐"爲所求反(陸德明《釋文》)②,《爾雅翼》卷三十《釋魚二》"音釋"下:"鱐音捜。"③則"鱐"與"餿"讀音相同。值得注意的是,從"肅"得聲者與從"叟"得聲之字往往可互換聲旁。《說文·鳥部》:"鷫,鷫鸘也,五方神鳥也。……司馬相如說:從夋聲。"段注曰:"按肅、夋同在三部,鷫、鵔皆可讀如梭也,蓋《凡將》字如此。""叟"即"夋"。許慎、段玉裁所說五方神鳥之"鷫"又可作"鵔",即"肅"、"夋"(叟)換用之例。又萬曆藏氏刊本《元曲選》癸集上《風雨像生貨郎旦雜劇》第四折〔轉調貨郎兒〕:"怎禁那颼颼颼颼風,點點滴滴雨,送的來高高下下、凹凹凸凸、一搭模糊,早做了撲撲簌簌、濕濕淥淥疎林人物。"④〔轉調貨郎兒〕又名〔九轉貨郎兒〕,"颼颼",《四部叢刊續編》本《雍熙樂府》卷九載〔九轉貨郎兒〕作"颾颾",此亦從"肅""叟"之字通用之證也。又《四部叢刊初編》本《證類本草》卷十四"木部下品·南燭":"作飯法:以生白粳米一斛五斗,更舂治……以潚米,釋坎之。潚即溲字也。"據注所言,"以潚米"即"以溲米",淘米也。《字彙補·水部》:"潚,與溲同,淘米也。"此亦從"肅""叟"之字通用之例。故"餿""鱐"音義皆同也。

2.1.3.7 擺/捭/掰

《卍續藏經》一百三十七册《嘉泰普燈錄》卷十二"潭州南巖法輪達宗彥孜禪師":"上堂曰:若是諦當漢,通身無隔礙。舉措絕毫氂,擺手出紅塵。"(192/b)"擺",《卍續藏經》一百三十九册《五燈嚴統》卷十二"南嶽法

---

① (明)王寵:《雅宜山人集》,《四庫全書存目叢書》本,齊魯書社,1997年,第110頁。
② (唐)陸德明撰,黃焯斷句:《經典釋文》,中華書局,1983年,第111頁。
③ (南宋)羅願:《爾雅翼》,《叢書集成初編》本,商務印書館,1939年,第312頁。
④ (明)臧晉叔編:《元曲選》,中華書局,1958年,第28頁。

輪彥孜禪師"引作"把"(536/b)。"擺手"言揮動,作"把"乃音借。

"擺"即"捭"改換聲旁之後起形體。《説文·手部》"捭"字下:"兩手擊也。從手,卑聲。""捭"本義爲兩手擊打。《文選》卷五左思《吳都賦》:"莫不鈒鋭挫芒,拉捭摧藏。"李善注曰:"捭,兩手擊絶也。"① "捭"由擊打義引申可表示開。《廣雅·釋詁三下》:"捭,開也。"王念孫《疏證》:"捭之言擘也。"② 又引申可爲撥動義。《四部叢刊初編》本《鬼谷子》卷上"捭闔第一"下陶弘景注曰:"捭,撥動也;闔,閉藏也。凡與人之言道,或撥動之令有言,示其同也,或閉藏之令自言,示其異也。"繼續引申可表示搖動義。《全唐詩》卷三百八十七盧仝《月蝕詩》:"東方蒼龍,角插戟,尾捭風,當心開明堂。統領三百六十鱗蟲,坐理東方宮。"③ "尾捭風",與此文意相類的有作"尾搖風"。《大正藏》八十册《竺仙和尚語録》卷上:"無端打著蒼龍脊,尾搖風,角插戟,興雲吐霧,爲雨爲霖。"(355/b)"捭風"即"搖風"也。

"捭"還可變作"擺"。"捭"之作"擺",猶"䫌"之與"矲"。《説文·立部》:"䫌,短人立䫌䫌貌。從立,卑聲。"後衍生出"䫌"。《玉篇·矢部》:"䫌,䫌䫌,短小貌。"表短矮之貌,亦可作"矲"。《方言》卷十:"矲,短也。桂林之中謂短矲。矲,通語。"④ 人短小曰"䫌",曰"䫌",或曰"矲"。牛短小則曰"矲"。《爾雅·釋畜》"矲牛"郭璞注:"矲牛庳小,今之㸹牛也,又呼果下牛,出廣州高涼郡。"狗短小曰"猈"。《説文·犬部》:"猈,短脛狗。"屋矮小曰"庳"。《説文·广部》:"庳,一曰屋庳。"《玉篇·广部》:"庳,短也。"

綜上,人短小曰"䫌""䫌""矲",牛短小曰"矲",狗短小曰"猈",屋矮小曰"庳","䫌""䫌""矲""猈""庳"同源。《方言》卷十:"矲,短也。"錢繹《箋疏》:"罷、䫌、猈、矲義並與矲同。"⑤ 此爲從"卑"從"罷"得聲之字通用之明證。

故"捭"可變作"擺"。《大正藏》五十四册《慧琳音義》卷五十四"佛説鴦掘摩經"之"投捭"條下:"下補賈反。《廣雅》:捭,開也。《説文》:兩手揮擊也,從手卑聲。亦作擺。"(667/a) 又《廣韻·蟹韻》:"擺,捭撥,北買切。捭,上同。"《廣雅·釋詁三下》:"捭,開也。"王念孫《疏證》:"捭、擺、

---

① (南朝梁)蕭統編,(唐)李善注:《文選》,中華書局,1977年,第91頁。
② (清)王念孫著,鍾宇訊點校:《廣雅疏證》,中華書局,1983年,第107頁。
③ (清)彭定求編:《全唐詩》,中華書局,1980年,第4365頁。
④ (清)錢繹撰集,李發舜、黃建中點校:《方言箋疏》,中華書局,1991年,第357頁。
⑤ (清)錢繹撰集,李發舜、黃建中點校:《方言箋疏》,中華書局,1991年,第357頁。

罷聲義並同。"①此亦其證。

"擺"出現後,"捭""擺"同行不悖。"擺"既可表擺動、擺設之義,亦可表開義,後者引申爲掰開。《養生類要》前集"解飲食諸毒下·補天大造丸":"將河車輕輕擺開,換洗米泔五次,不動筋膜,此乃初結之真氣也。"②紫河車爲中藥名,即胎盤,"將河車輕輕擺開",就是用手將胎盤輕輕掰開,"擺開"即今掰開。又吳興臧氏刊本《元曲選》癸集上《望江亭》第四折〔雙調新水令〕下:"他只待强拆開我長攙攙的連理枝,生擺斷我顫巍巍的並頭蓮。"③前說"强拆開",後説"生擺斷","生擺斷"就是生掰斷。

值得一提的是,"擺"至遲在明代已發展出"挲"這個新的形體。《俗書刊誤》卷十一:"布列曰挲,音擺。"④"挲""擺"音同,實際上"挲"就是"擺"。"擺"的擺弄義引申就是布列,"擺"的掰開義引申就是分開,故《字彙·手部》曰:"挲,普擺切,派上聲,分開也。""挲"字部件位移即成"掰",後專門用"掰"字來表示分開這個義項。又《中華字海·扌部》:"拝,同擺。"顯然,"拝"亦"擺"。

以上"捭""擺""挲""掰""拝"是同一個詞的不同書寫形式。"捭"改換聲符出現"擺","捭""擺"同行不悖。"擺"既可表"捭"的擺動義,又可表示"捭"的分開義。最晚在明代,在"擺"的基礎上改換聲旁演變出另一個形體"挲";"挲"同"擺"一樣,既可表示擺弄、布列,又可表示分開。值得關注的是,"挲"部件換位即成今"掰"字。後專用"擺"來表示擺弄義,而用"掰"專門表示掰開義。

2.1.3.8 躶/裸/髁

《卍續藏經》一百三十八册《五燈會元》卷十九"大慧普覺禪師":"師於言下忽然前後際斷,雖然動相不生,却坐在净躶躶處。"(752/11-12)此"净躶躶",《大正藏》五十一册《續傳燈錄》卷二十七引作"净裸裸"(649/c),還有作"净髁髁"者。《卍續藏經》八十七册《圓覺經夾頌集解講義》卷一"大方廣圓覺修多羅了義經夾頌集解講義":"何謂顯理,此一義妄盡覺明大開眼,於一切處,圓陀陀,净躶躶,赤洒洒,頭頭是,物物全。"(727/b)"净躶躶",《卍續藏經》十五册《圓覺經類解》卷一作"净髁髁"(793/b)。"躶"與"髁""裸"皆同。

---

① (清)王念孫著,鍾宇訊點校:《廣雅疏證》,中華書局,1983 年,第 107 頁。
② (明)吳正倫輯:《養生類要》,上海古籍出版社,1990 年,第 127 頁。
③ (明)臧晉叔編:《元曲選》,中華書局,1958 年,第 1667 頁。
④ (明)焦竑:《俗書刊誤》,《景印文淵閣四庫全書》本,臺灣商務印書館,1986 年,第 582 頁。

不獨佛典文獻"裸"有作"髁"者,其它文獻亦然。《百衲本南齊書·褚淵列傳》:"時東陽徐嗣醫術妙。有一傖父冷病積年,重茵累褥,牀下設鑪火,猶不差。嗣爲作治,盛冬月,令傖父髁身坐石,啓以百瓶水,從頭自灌……"①"髁身"即"裸身"。又《四部叢刊續編》景宋鈔本《平齋文集》卷八《梅》:"寒根不與物俱陳,髁髁梢頭寂寂春。"此是詠梅詩,"髁髁梢頭"言寒冬梅葉掉落枝幹突突,故"髁髁"即"裸裸"無疑也。

據《説文·骨部》,"髁"本爲髀骨義之本字,以上表明其還能作"裸"的或體。"裸"之作"髁",蓋與骨肉相涉而改换義符,恰與"髀骨"之"髁"偶合。

2.2 異文差異與字形書寫多樣性考察

文字是詞的書寫符號,詞的音義寓於字形之中,所以字形改變必然將會對詞的涵義產生影響,甚至不少疑難問題的出現實際上都是詞的字形書寫多樣性變化造成的。如《管子·法禁第十四·外言五》:"聖王之身,治世之時,德行必有所是,道義必有所明。故士莫敢詭俗異禮,以自見於國,莫敢布惠緩行,修上下之交,以和親於民。""和親"費解。《讀書雜志五·管子第三》"和親"條下:"和親當爲私親……上文曰'厚財博惠,以私親於民'是其證。"②"私"之訛作"和",是因爲漢字俗寫中尖口往往俗寫作方口,如古籍文獻中習見"叅"之爲"叅"、"弘"之爲"引",等等,"私"字受此類化影響即成"和"。又《卍續藏經》一百一十八册《古尊宿語録》卷二十五《筠州大愚芝和尚語録》:"乃云:舉一步,須彌岌峇,海水騰波。"(479/b)"峇",《卍續藏經》一百三十五册《天聖廣燈録》卷十七"筠州興教院守芝禪師"訛作"岑"(761/b),亦俗寫尖口作方口所致。由此可見,字形的改變不容小視。

2.2.1 異文與古籍用字辨考

俗體在漢字形體演變過程中扮演着非常重要的角色。自文字產生伊始,俗字的出現及其發展就没有停止過。隨便打開一部古籍文獻,都會發現存在着不同程度的俗寫情況,即便是儒家經典亦不例外,至於敦煌文獻,那更是俗訛滿紙。由此,面對浩瀚的古籍文獻,就不難想見其中俗體存在

---

① (南朝梁)蕭子顯:《百衲本南齊書》,國家圖書館出版社,2014 年,第 228 頁。
② (清)王念孫:《讀書雜志》,江蘇古籍出版社,1985 年,第 433 頁。

的狀況。這些俗體寫法，往往會隨着時代變遷而"漸失本真"，更有些可能面目全非。儘管如此，我們還是能夠根據俗寫特點發現其中的一些規律。俗寫有一現象特別引人注意：俗寫形體近似，造成不同文字之間使用訛混，不分彼此。某一字形，具體在文獻中是哪個字，只能根據上下文去判斷。這種情況，無疑增加了古籍閱讀難度，更對古籍文獻整理提出了更高的用字辨別要求。古籍文字用字混用現象會形成大量異文材料。禪籍語料中不少異文就是這種情況的實際反映，因此很有必要也很有價值進一步挖掘和討論。

2.2.1.1 異文與古籍文獻用字辨考研究意義

一是有助於解決訓詁學中的疑難問題。訓詁學中一些疑難問題的解決，離不開對異文與文字混用狀況的瞭解。如"2.2.1.2.3 魯/曾"提到"曾""魯"形體近似，在俗寫中往往互爲異文，甚至混用不分，由此造成本該從"曾"的字訛變成從"魯"，引發"樓櫓"詞義理據難以訓詁："樓櫓"之"櫓"本當作"橧"，"橧"字本義是北地高樓（從"曾"之字往往有高義），高樓因木而建，俗體類化改換義符作"檜"，又因故訛而成"櫓"，後世習非成是，沿襲至今。

二是有助於古籍文獻整理應用。古籍文獻中有不少異文現象是俗寫混用所造成的，要準確無誤地進行整理，相關文字學知識必不可少。如《中華藏》七十四册《續傳燈錄》卷五"越州天章楚寶月禪師"："禪人到此莫商量，向道僧堂對廚庫。"（709/c）同上卷十二"真州靈巖志願禪師"："問：六六三十六，春風動脩竹。新斵没絃琴，請師彈一曲。師曰：不落宫商角徵羽。"（765/a－b）"商量""宫商"，《卍續藏經》一百三十六册《建中靖國續燈錄》卷六"廬山萬杉善爽禪師"及卷十八"真州靈巖山志愿禪師"分別作"商量"（111/b）、"商角"（268/b）。關於"商""商"俗寫不分，可參閱《俗字及古籍文字通例研究》"'商'與'商'不別例"條。① 由此可見，明瞭俗字混用不分狀況，必然有利於古籍整理。

三是有助於詞語考釋。如"2.2.1.2.5 刋/刊"提到刊刻表識義本應作"刋"或"栞"，而削除、刊減義應作"刊"，而"刋""刊"形體十分近似，後世文獻基本混用不别，遂以"刊"爲"刋"。

從以上三個方面來看，不管是對疑難問題訓釋、文獻整理，還是對詞語考釋，異文與俗字的考辨都發揮着舉足輕重的作用。甚至簡化字簡化緣由

---

① 曾良：《俗字及古籍文字通例研究》，百花洲文藝出版社，2006年，第141頁。

亦可以從中窺之一二,詳見"2.2.1.2.1 埶/執"條。

下面是筆者在閱讀宋與明清禪錄異文時發現的一些用字訛混用例,現提出來,作一點考辨。

2.2.1.2 辨字形俗寫:俗寫不分,音義各別

宋與明清禪錄異文形成與字形俗寫混用存在一定的關係,魚魯、豕亥之類便是最好的證明。這些異文材料,往往俗寫混用,但音義各別。因此,要讀通古籍,必須對這類混用加以梳理考辨。

2.2.1.2.1 埶/執

《卍續藏經》一三七冊《禪林僧寶傳》卷二十二"黃龍南禪師":"慈明理前語曰:脫如汝會雲門意旨,則趙州嘗言:臺山婆子,被我勘破。試指其可勘處。公面熱汗下。"(527/a)"熱",《中華藏》七十四冊《續傳燈錄》卷七"黃龍南禪師章氏諱惠南"作"熱"(720/a)。"熱"即"熱"之俗寫。"熱"本從"埶"得聲,俗寫變作從"執",恐非偶然。考《說文·丮部》,"埶"本義爲種植,同時又是權勢、形勢之"勢"古字;而"執"本義爲執捕罪人。"埶""執"形音義皆不相同,僅僅只是形體有所近似,但已足以達成"埶""執"俗寫混用的條件。實際上,古籍文獻中"埶""執"俗寫確實常常混用,並且致使從"埶"之字亦可俗作從"執"。

"埶"俗作"執",文獻習見。《四部叢刊初編》本《周禮·冬官考工記第六》:"或審曲面執,以飭五材,以辨民器。"鄭玄注曰:"鄭司農云:審曲面執,審查五材曲直方面形執之宜,以治之。"鄭司農所言,"面執""形執"之"執"皆當作"埶","埶"即古"勢"字,文義爲形體、情況。又《四部叢刊初編》本《鶡冠子·兵政第十四》:"之二也,在權在執。在權,故生財有過富,在執,故用兵有過勝。"前說"在執",後用"在埶",二者必有一誤。按以文義,作"在埶"者是。"在埶"即"在勢",與"在權"相對而言,言窮困、豁達皆取決於權勢。又《四部叢刊初編》本《誠齋集》卷一百三十二《西和州陳史君墓誌銘》:"君率乃僚,行視故迹,荒度地執,於是徙廣就陿,捨舊相新。""地執"義不可解,此當作"地埶"。

從"埶"之字亦往往可作從"執"。東漢《淳于長夏承碑》:"治詩尚書,兼覽群埶,靡不尋暢。"①"埶"即"藝"。洪氏晦木齋刻本《隸釋》卷十《外黃令高彪碑》:"亐數四蔑勢利之權,庶幾乎仁義之道。"②"勢利"即"勢

---

① 徐玉立主編:《漢碑全集》第 4 冊,河南美術出版社,2006 年,第 1292 頁。
② (南宋)洪适:《隸釋·隸續》,中華書局,1985 年,第 122 頁。

利"。《四部叢刊初編》本《呂氏春秋·功名》:"大熱在上,民清是走。""熱"即"熱"字。同上卷四《勸學》:"學者處不化不聽之勢而以自行,欲名之顯、身之安也。""勢"即"勢"字。《中華藏》七十四册《續傳燈錄》卷八:"上堂:風雨蕭騷,塞汝耳根……冷熱甘甜,塞汝舌根……蒼鷹得勢,俊鶻橫飛。"(729/b)"冷熱"即"冷熱","勢"即"勢"。

反之,"執"俗作"埶",用例亦夥。《四部叢刊初編》本《呂氏春秋·先識》:"夏太史令終古出其圖法,埶而哭之。夏桀迷惑暴亂愈甚,太史令終古乃出奔如商。""埶"當即"執",義爲終古拿着圖書和法典而哭。同上卷二十六《士容》:"傲小物而志屬於大,似無勇而未可恐狼,埶固橫敢而不可辱害。""埶固"即"執固",堅持之義。又唐《張去逸墓誌》:"公歷職凡九,埶心不貳。"①"埶"即"執"字,此與種植之"埶"無關,"執心"即心志專一。又宋本《太平御覽》卷三百二十三"兵部五十四·敗":"曹沫埶匕首刼齊桓公,問曰:子將何欲?"②"埶匕首"不辭,當作"執匕首"。同上卷四百六十三"人事部一百四·辯上":"若以周紹爲丞相,孔丘爲御史大夫……季路爲埶金吾……"③"埶金吾"不辭,當作"執金吾",漢代時設立保衛宫城的官職名。又《四部叢刊初編》本《秋澗先生大全文集》卷四十《故翰林學士紫山胡公祠堂記》:"故舉世皆曰'儒者埶一而不通,迂闊而寡要',於是士風大沮。""埶一"文不成義,當作"執一"。"執一而不通"即固執一端,不知變通。《嘉興藏》二十三册《醒世錄》卷八"感應緣":"尋還山陰廟,臨別埶手,贈獸香三盒。"(163/b)"臨別埶手"顯然當作"臨別執手"。

從"執"之字亦可作從"埶"。《四部叢刊初編》本《孔子家語》卷三"弟子行第十二":"啟蟄不殺,方長不折。""蟄"即蟄蟲之"蟄"。"啟蟄不殺"言春分時蟄蟲啟户,此時不殺生也。又《龍龕手鏡·土部》:"墊、𡎺,都念反,下也,二同。"都念反之"墊"俗作"𡎺",聲符發生了變化,還得到了承認。又《四部叢刊續編》本《禮部韻略》去聲第四至韻之小韻"致"下:"𩢴,馬重。按《說文》:馬重貌。"今考《說文·馬部》:"𩢴,馬重貌。從馬,執聲。""𩢴"即"𩢴"之訛俗。又《卍續藏經》六十八册《涅槃經疏三德指歸》卷八"邪正品":"杜元愷注《左傳》云:莊公欲奢誇夫人,故使宗婦同贄俱。"(606/a)"贄"顯然即"贄"字,從"執",非從"埶"。

---

① 北京圖書館金石組編:《北京圖書館藏中國歷代石刻拓本匯編》第 25 册,中州古籍出版社,1989 年,第 147 頁。
② (北宋)李昉等:《太平御覽》,中華書局,1960 年,第 1484 頁。
③ (北宋)李昉等:《太平御覽》,中華書局,1960 年,第 2128 頁。

據上所論,"埶""蓺"在古籍文獻具體使用中,已混淆不分。不少用例更是説明,俗寫中"埶""蓺"可互爲俗體。所以,在古籍文獻整理中,凡是遇到"埶""蓺"之字,恐怕應該據上下文義擇情而釋。另外,今簡化字從"埶""蓺"之字皆簡化作"執",至少是對"埶""蓺"字俗寫不分發展趨勢的合併。

2.2.1.2.2 銷/鎖

《卍續藏經》一百三十六册《建中靖國續燈録》卷二十八"舒州投子山義青禪師":"舉僧問石霜:如何是石霜深深所?霜云:無鬚銷子兩頭摇。"(382/a)"無鬚銷子"費解。《卍續藏經》一百一十五册《禪宗頌古聯珠通集》卷二十四"祖師機緣"作"無鬚鎖子"(300/b),是也。

"鎖"怎麽會變成"銷"呢?其實是俗寫在作怪。"鎖"字從"金","貨"聲,"貨"從"貝";"銷"從"金","肖"聲,"肖"從"肉"(隸變作"月")。俗寫中,部件"貝"下面兩點拉直,其形即同"月(肉)"十分近似,甚至混同。王氏家刻本《讀書雜志·淮南子内篇第一》"損"條下:"去其誘慕,除其嗜欲,損其思慮。念孫案:損當爲捐字之誤也,捐與去除同意,作損則非其指矣。《文子·道原》篇正作'捐其思慮'。又《精神》篇'忘其五藏,損其形骸',損亦當爲捐,捐與忘意相近,即《莊子》所謂'外其形骸'也,作損則義不可通矣。又下文'殘亡其國家,損棄其社稷',案:社稷可言棄,不可言損,當亦是捐字之誤。"①據王氏考證,《淮南子》"損其思慮""損其形骸""損棄其社稷"等"損"字皆是"捐"字之訛誤,此即"貝"訛作"月"之例。又"2.2.3.8 狷啼"指出"狷"即"狽"之訛,此亦部件"貝"訛作"月"之用。如此,"鎖""銷"互相混用也就不難理解了。就筆者所知,"鎖""銷"混用情況,文獻中比較習見。

"鎖"俗訛作"銷"。《全唐詩》卷五百七十五温庭筠《舞衣曲》:"蟬衫麟帶壓愁香,偷得鶯簧鎖金縷。"②"鎖金縷",宋刊殘本《樂府詩集》卷一百《舞衣曲》作"銷金縷"③,"銷"乃"鎖"字之訛。又元刊本《古杭新刊的本關目風月紫雲庭》第三折:"你孛項新開銷。"④"開銷"當作"開鎖"。佛典文獻亦多見。《大正藏》三十九册《注大乘入楞伽經》卷七"法身品":"是故長劫爲之鉤銷,連環不斷,故目因緣名鉤鎖也。"(487/a)前説"鉤銷",後説"鉤鎖",必有一誤。據文意,作"鉤鎖"是,義爲連環不斷。又《大正藏》二

---

① (清)王念孫:《讀書雜志》,江蘇古籍出版社,1985年,第770頁。
② (清)彭定求編:《全唐詩》,中華書局,1980年,第6697頁。
③ (北宋)郭茂倩編:《樂府詩集》,文學古籍刊行社,1955年,第2252頁。
④ (元)佚名:《古今雜劇》第1册,《中華再造善本》金元編,北京圖書出版社,2005年。

十册《不空罥索神變真言經》卷二十九"功德成就品":"復得不怖世間一切水火、刀風……枷銷、禁閉、杖捶、怨苦身。"(391/a)"枷銷"義不可通,當即"枷鎖"之訛。又《大正藏》五十一册《續傳燈錄》卷十九"壽州資壽灌禪師":"僧問:朝宰臨筵,請師舉唱?師曰:翠竹搖風,寒松銷月。"(595/a)"寒松銷月"費解,當作"寒松鎖月"。《卍續藏經》一百三十六册《建中靖國續燈錄》卷二十五"壽州資壽灌禪師"正作"寒松鎖月"(341/b)。

"銷"俗訛作"鎖",文獻中用例亦夥。《四部叢刊初編》本《樂府雅詞》卷中《鶴沖天》:"不似長亭柳,舞風眠雨,伴我一春鎖瘦。""鎖瘦"不辭,當即"銷瘦"。又元刊本《元典章》卷三十三"禮部"卷六"革罷僧司衙門"條下:"這裏有的管和尚的總統所衙門革罷了,他每的印如今便銷毀了者……但是和尚的衙門都交革罷了,拘收了他每的印,鎖毀了者,不揀有甚合歸斷的等勾當……"①上文提到"銷毀了者",下文却說"鎖毀了者","鎖毀"當作"銷毀"解。又《本堂集》卷四十一《念奴嬌·留范景山處有感》:"如今何在,鎖凝分付啼鵑。"②"鎖凝"於意無涉,當作"銷凝"。又庚辰本《石頭記》第五回:"寶玉聽了此回,散漫無稽,未見得好處,但其聲韻淒婉,竟能銷魂醉魄。"③"銷魂",程甲本訛作"鎖魂"④。佛典用例如《卍續藏經》第五册《華嚴經合論》卷十六"世主妙嚴品第一":"衆生觀見種種身,一切苦難皆鎖滅。"(874/b)"鎖滅"即"銷滅"。又《大正藏》四十六册《摩訶止觀》卷八:"若食食已入腹鎖化,粗者爲糞尿,細者融鎖,從腰三孔溜入四支,清變爲血潤澤一身。"(107/a)"鎖化""融鎖"之"鎖"當爲"銷"字。例多不備舉。

2.2.1.2.3 魯/曾

《卍續藏經》一百一十五册《禪宗頌古聯珠通集》卷三"密庵傑禪師詩":"賢聖劫來未曾殺,而今斷這一刀休。"(32/b)"未曾",《卍續藏經》一百三十七册《嘉泰普燈錄》卷二十八"開善密庵謙禪師七首"作"未魯"(403/b)。"魯"明即"曾"字之訛。"曾"訛作"魯"並非偶然所致。"曾""魯"俗寫形體近似,漢簡時代已見其用。如"曾"武威漢簡有作"![字形]"⑤,"魯"居延漢簡有作"![字形]"⑥,已無區別。此後古籍文獻多有承襲。《碑別字

---

① (元)佚名:《大元聖政國朝典章》,中國廣播電視出版社,1998年,第1220頁。
② (南宋)陳著:《本堂集》,《景印文淵閣四庫全書》本,臺灣商務印書館,1986年,第10頁。
③ (清)曹雪芹:《脂硯齋重評石頭記》(庚辰本),人民文學出版社,2009年,第115頁。
④ (清)曹雪芹、高鶚:《程甲本紅樓夢》,書目文獻出版社,1992年,第202頁。
⑤ 陳建貢、徐敏編:《簡牘帛書字典》,上海書畫出版社,1991年,第407頁。
⑥ 陳建貢、徐敏編:《簡牘帛書字典》,上海書畫出版社,1991年,第936頁。

新編》錄唐《趙君夫人郭氏墓誌》"曾"字作"魯"①,《敦煌俗字譜》錄"魯"俗體作"曽"②,均是。

在此背景下,常出現"魯""曾"不分之例。《史記·仲尼弟子列傳》:"冉孺,字子魯。"裴駰《集解》曰:"一作曾。"宋刊本《大唐西域記》卷一《大唐西域記序》:"抗策平道,包九部而吞夢;鼓枻玄津,俯四韋而小曾。"③"小曾"費解,當作"小魯"。清刻本《全唐文》卷二百二十五《大唐西域記序》正作"小魯"④。《六臣注文選》卷二十六謝靈運《初發石首城》"晨裝摶魯颸","魯颸",五臣本《文選》作"曾颸"。⑤《金史·宗室列傳》:"齊,本名掃合,穆宗曾孫。父胡八魯,寧州刺史。""胡八魯",清刻本《弘簡錄》卷二百二十三"掃合"下引此作"胡八曾"⑥。又《册府元龜》卷八百九十七"改過"下:"昔孟母三徙以成人,曾氏烹豕以存教,豈我居不蔔隣,教有所闕,何爾曾鈍之甚也!"⑦"曾鈍",中華書局標點本《晉書·皇甫謐列傳》作"魯鈍"。

值得注意的是,"魯""曾"之混可能會引發大的訓詁問題。比如古今辭書一般都收"樓櫓"一詞,釋爲瞭望、攻守的無頂蓋的高臺。《說文·木部》釋"櫓"有大盾和船櫓兩種意思。不管是大盾之"櫓"還是劃水之"船櫓",都同辭書所釋"高臺"不存在任何關聯。拙文《"樓櫓"之"櫓"考源》依據"曾""魯"訛混這個綫索,指出"樓櫓"之"櫓"是個訛俗形體,本當作"橧"。⑧"橧"本義是積聚柴薪而成的高臺(從"曾"之字往往皆有高義),與柴木相涉,改換義符作"橧""曾";又與"魯"俗寫混同,"橧"訛而成"櫓",並且音隨形變,最終形成"樓櫓"之"櫓"。

2.2.1.2.4 穴/宂

《卍續藏經》一三七册《禪林僧寶傳》卷十六"廣慧璉禪師":"去年假守兹郡,適會廣慧禪伯,實嗣南院念,念嗣風穴,風穴嗣先南院。"(507/a)"風穴",《中華藏》七十四册《續傳燈録》卷四"文公楊憶居士"作"風宂"(700/c)。"風穴"是指風穴延沼禪師,"風宂"即"風穴"之俗。值得注意的是,"宂"兼另有其字。《説文·宀部》:"宂,散也。從宀,人在屋下,無

---

① 秦公輯:《碑別字新編》,文物出版社,1985年,第206頁。
② 潘重規主編:《敦煌俗字譜》,石門圖書公司,1978年,第381頁。
③ (唐)釋玄奘譯,(唐)釋辯機撰:《宋思溪藏本大唐西域記》,國家圖書館出版社,2017年,第4頁。
④ (清)董誥等編:《全唐文》,中華書局,1983年,第2269頁。
⑤ (南朝梁)蕭統編,(唐)李善等注:《六臣注文選》,中華書局,1987年,第499頁。
⑥ (明)邵經邦:《弘簡録》,《續修四庫全書》本,上海古籍出版社,2001年,第648頁。
⑦ (北宋)王欽若等編:《册府元龜》,中華書局,1960年,第10618頁。
⑧ 詳見《"樓櫓"之"櫓"考源》,《漢語史學報》第14輯,2014年。

田事。"此字後作"冗",本義爲冗散,今簡化字從之。則"宂""穴"本不同,其形雖近,音義實殊。俗寫中,"宂""穴"混用不分。

"穴"俗作"宂"。《四部叢刊初編》本《呂氏春秋》卷十七《不二》:"夫能齊萬不同,愚智工拙皆盡力竭能,如出一宂者,其唯聖人乎!""如出一宂"即"如出一穴",喻其同心竭力。又《四部叢刊初編》本《華陽國志》卷一《巴志》:"江州縣郡治……縣下有清水宂,巴人以此水爲粉……""清水宂"即"清水穴",義即出清水之穴。《四部叢刊初編》本《水經注》卷三十三《江水》下亦載有此地,正作"清水穴"。又胡刻本《文選》卷三十一鮑照《代君子有所思》:"蟻壤漏山河,絲淚毀金骨。"李善注引傅玄《口銘》曰:"蟻孔潰河,溜宂傾山。"①"蟻孔"與"溜宂"近義偶麗,"溜宂"即"溜穴"也,義爲流穴,故可傾山,此與繁冗之"宂"無關。又宋刊本《文苑英華》卷一百四十一《蟬蛻賦》:"有甘宂居於聖代,期羽化於天庭,久羨出身之術,多慚負贅之形。""宂"即"宂","宂"又是"穴"的訛俗體(見《龍龕手鏡·宀部》),但此處皆當作"穴"。《嘉興藏》第九册《續傳燈録》卷十五"雲蓋守智禪師":"手把鐵蒺藜,打碎龍虎宂。"(615/a)"龍虎宂"明爲"龍虎穴",此與冗散之"宂"無涉。古籍中,"穴"俗作"宂",用例之多,隨處可見,不贅。

"宂"亦訛俗作"穴"。這樣一來,本來沒有任何關係的兩個字,却因俗寫而糾纏不清。《説文·豸部》"豻"字下:"從豸,宂聲。"段注曰:"此宂散之宂,俗譌作穴聲。篆體亦誤。今正。"是"豻"本從"宂"。《説文》作爲字書奠基之作,刻本"豻"却作從"穴",學人不可不察。又十通本《文獻通考》卷八十八"郊社考二十一·右難"下:"十二獸有衣毛角。中黃門行之,穴從、僕射將之,以逐惡鬼於禁中。"②"穴從"義不可通,此當作"宂從",漢制散職侍從官名。此處引自《後漢書·禮儀志》,原書即作"宂從、僕射將之"。又《叢書集成初編》本《宋景文公筆記》卷下《雜説》:"穴而不可不嗇者,財也。"③"穴而不可不嗇者"費解,"穴"當作"宂"。"宂而不可不嗇者,財也",意謂財物閑散却不可不愛惜。《四部叢刊初編》本《慎子·內篇》正作"宂而不可嗇者,財也"。又《全上古三代秦漢三國六朝文》之《全宋文》卷六《恤東使詔》下:"或下窮流穴,頓伏街巷,朕甚閔之。"④"下窮流

---

① (南朝梁)蕭統編,(唐)李善注:《文選》,中華書局,1977年,第443頁。
② (元)馬端臨:《文獻通考》,中華書局,1986年,第805頁。
③ (北宋)宋祁:《宋景文公筆記》,《叢書集成初編》本,商務印書館,1936年,第20頁。
④ (清)嚴可均校輯:《全上古三代秦漢三國六朝文》,中華書局,1958年,第2005頁。

穴"扞格不通,當作"下窮流宄","流宄"即流散失所,故接着説"頓伏街巷"。此與《漢書·成帝紀》"水旱爲災,關東流宄者衆"文義相類。

上揭"穴""宄"之用,已混淆不分,治理古籍,學人不可不察。

2.2.1.2.5 刋/刊

《卍續藏經》一百三十七册《禪林僧寶傳》卷二十一"慈明禪師":"又令童子曰:碑文刋白字,當道種青松。"(523/a)"刋",《大正藏》五十一册《續傳燈録》卷三"潭州石霜楚圓慈明禪師"作"刊"(482/b)。"刊白字"即刊刻白字。"刋"本從"千"。《玉篇·刀部》:"刋,七見切,切也。""刋"爲切斫義,異於剗除之"刊"。《説文·刀部》:"刊,剟也。從刀,干聲。"《辨字通考·辨似》:"刊、刋:上看平聲,削也;下音茜,切也。"①又《俗書刊誤》卷一寒韻"刊"字下:"從干,削也,俗作刋,非。刋音七見切。"②據上字書所論,"刊""刋"本不同字,形音義各别:"刊"是剗除義;"刋"是切斫義,即今刊刻本字。

我們認爲"刋"即"枆"字,斫刻表識也。殿本《漢書·地理志》:"隨山枆木,奠高山大川。"顔師古注曰:"枆,古刋字也。"③"枆木",《四部叢刊初編》本《尚書·夏書·禹貢》作"刊木"。《六書故》卷二十九"刊"字下:"邱寒切,削除也,又作枆。《禹貢》:隨山刊木。《史記》作枆。枆,刊木也。"④是"刊"即古"枆"字也。"隨山枆木",宋刻十四行本《史記》作"行山表木"⑤。"表木"即表志其木,義同"枆木"。《説文·木部》:"枆,槎識。"段注:"槎識,裹斫以爲表志。"《廣雅·釋詁二》:"枆,志識也。"故"刋""枆"同字,義爲切斫以表識之義,引而申之即有刊刻義,即斫刻木石作字以表識之。東漢《楊著墓碑》:"若兹不刋,後哲曷聞?"⑥北魏《鄭黑墓誌》:"式述景績,垂之無疆,刋石千古。"⑦"刋"即刻石表識。故"刋"與"枆"同字,與削除之"刊"無涉。《説文·木部》"枆"字下段注曰:"然《刀部》曰:刊,剟也;剟,刊也。刊者,除去之意,與枆訓槎識不同。蓋壁中古文作枆,今文《尚書》作枆,則未知何時改爲刊也。"段注所説"刊""枆"義不相涉,甚是。

---

① (清)王在鎬:《辨字通考》,《續修四庫全書》本,上海古籍出版社,2001年,第20頁。
② (明)焦竑:《俗書刊誤》,《景印文淵閣四庫全書》本,臺灣商務印書館,1986年,第544頁。
③ (東漢)班固:《漢書》,上海古籍出版社,1986年,第513頁。
④ (南宋)戴侗:《六書故》,《溫州文獻叢書》本,上海社會科學院出版社,2006年,第692頁。
⑤ (西漢)司馬遷著,(南朝宋)裴駰集解:《宋刻十四行本史記》,鳳凰出版社,2011年,第20頁。
⑥ 北京圖書館金石組編:《北京圖書館藏中國歷代石刻拓本匯編》第1册,中州古籍出版社,1989年,第132頁。
⑦ 北京圖書館金石組編:《北京圖書館藏中國歷代石刻拓本匯編》第5册,中州古籍出版社,1989年,第156頁。

實際上"栞"又可作"刊",但因"刊""刊"形近,遂使"刊""刊"混用,後以"刊"爲刊刻義,本字"刊"却隱而不爲人曉。

刊刻字本應作"刊",文獻多見。東方文化學院京都研究所藏宋本《後漢書·竇融列傳》:"乃遂封山刊石,昭銘上德。""刊石"即銘刻其石以表志。又汲古閣開雕於崇禎十七年之《三國志·魏書·毋丘儉傳》:"刻石紀功,刊丸都之山,銘不耐之城。""刊""銘"近義偶麗,即斫刻以表志之也。又胡刻本《文選》卷五十八王儉《褚淵碑文》:"方高山而仰止,刊玄石以表德。"①"刊玄石"即斫刻碑石立字以表識也。此"刊"皆斫刻表志之用。

"刊""刊"形似,俗寫中習混訛。下面列舉一些剗除之"刊"訛作"刊"之例。汲古閣本《三國志·魏書·三少帝紀》:"二月,西域重譯獻火浣布,詔大將軍、太尉臨試以示百寮。"裴松之注:"至是西域使至而獻火浣布焉,於是刊滅此論,而天下笑之。"②"刊滅"顯然不是斫刻表志之義,"刊"當即"刊"字,義爲削除,與"滅"近義連文。又東方文化學院京都研究所藏宋本《後漢書·馬援列傳》:"遂緣海而進,隨山刊道千餘里。"李賢注:"刊,除也。"③"刊"乃"刊"之誤。又胡刻本《文選·西京賦》:"刊層平堂,設切厓隒。"李善注:"刊,削也。"④李善注"刊"爲削義,顯然"刊"也是"刊"字之訛。

以上表明"刊""栞"的關係可能如顏師古所説,"刊"是"栞"的古字,刊刻表識義本應作"刊"或"栞",而削除、刊滅義應作"刊"。但因"刊""刊"形體十分近似,後世文獻混用不别,遂以"刊"爲"刊"。

2.2.1.2.6 束/來

《卍續藏經》一百三十五册《天聖廣燈錄》卷十八"袁州南源山楚圓禪師":"問:四山火束時如何?師云:物遂人興。"(766/a)"束"費解,《大正藏》五十一册《續傳燈錄》卷三"潭州石霜楚圓慈明禪師"作"來"(483/b)。佛典中"四山"指生老病死,"四山火來時"即生老病死之臨,"束"乃"來"字之訛。此"來"之訛作"束",是因爲"來""束"在俗寫中往往不分。

"束"俗作"來",典型的如敕命之"敕"俗寫可作"敕""勑"等形,文獻習見,不贅。又北宋《王守恩墓誌》:"番將懼公而靡旗,漢祖賴公而稱帝。"⑤"賴"即"賴"字。敦煌寫卷 S.388《正名要錄》"正行者楷,脚注稍

---

① (南朝梁)蕭統編,(唐)李善注:《文選》,中華書局,1977年,第808頁。
② (西晉)陳壽:《三國志》,崇禎十七年汲古閣刻本。
③ (南朝宋)范曄:《後漢書》,東方文化學院京都研究所藏宋刻本。
④ (南朝梁)蕭統編,(唐)李善注:《文選》,中華書局,1977年,第39頁。
⑤ 北京圖書館金石組編:《北京圖書館藏中國歷代石刻拓本匯編》第37册,中州古籍出版社,1989年,第2頁。

訛"下即把"賴"字作爲"賴"稍訛寫法。"賴"的部件"束"訛變作"來",在漢字書寫系統中,應該是受到"敕""敇""勑"等字左邊部件俗寫混用的影響。"敕""敇""勑"本是三個不同的字,但是左邊部件俗寫往往混用不別,這種情況在漢代碑刻字形中已經出現。顧藹吉《隸辨》對此有十分精彩的論述,顧氏認爲:"隸譌束爲來……束本作朿,有似於來,故致譌爾。誠敕之敕,《說文》從攴從束,擊馬之敇乃從朿……後人譌敕爲敇,又譌束爲來,轉轉相譌,遂以勞勑之勑爲敕……敕之爲勑,譌於後漢……敕皆作勑者,從石經之文也。"①這種寫法,後人因之,到隋唐時期的敦煌寫卷和墓誌用字中,部件"束"作"來"已十分習見。北宋《温仁朗墓誌》:"夫人贈西河縣太君任氏,儀表秀㦛,進止詳閑。"②"㦛"即"整"字。北宋《石繼遠墓誌》:"上親臨其第,屑涕者久之,勑鴻臚護葬。"③"勑"即"敕",敕命之義。

"來"俗作"束"者亦夥。《四部叢刊初編》本《齊民要術》卷十"棗"下:"《東方朔傳》曰:武帝時上林獻棗,上以杖擊未央殿檻,呼朔曰:叱叱,先生來來,先生知此篋裏何物? 朔曰:上林獻棗四十九枚。上曰:何以知之? 朔曰:呼朔者上也;以杖擊檻,兩木,林也;朔來來者,棗也;叱叱者四十九也。""棗"本從重"束",俗寫作重"來",故曰"來來,棗"。"來來",《太平廣記》卷一百七十四《俊辯東方朔》正作"束束"④。又明刻本《管氏指蒙・四勢三形第八十五》:"結峰爲來勢,入路爲行勢。""來"字下原注:"一作束。"⑤此亦"來"作"束"之類。又《說文・水部》"濡"字下:"濡水出涿郡故安,東入淶。"段注曰:"淶,各本作漆涞二字,今正……今《水經注》淶訛深,《說文》淶訛漆涞二字,皆字之誤耳。"據此,則各本《說文》之"漆涞"即"淶"字之訛。蓋《說文》"淶"字一訛作"漆"(敦煌寫卷 S.388《正名要錄》有"淶""涞","柒"即"漆"字,俗體作"淶",世人不查"淶水",以"淶"爲"漆"字之俗,故訛"淶"成"漆"),寫者不查"漆"爲"淶"字之訛,又誤合作"漆涞";又部件"來""束"俗寫不分,三訛作"漆涞"。

2.2.1.2.7 揀/揀

《卍續藏經》一百三十七册《嘉泰普燈録》卷三"隆興府黄龍普覺慧南禪師":"諸人莫有揀得者麼? 出來道看。"(71/b)"揀",《中華藏》七十四

---

① (清)顧南原撰集:《隸辨[隸書字典]》,北京市中國書店,1982年,第743頁。
② 北京圖書館金石組編:《北京圖書館藏中國歷代石刻拓本匯編》第37册,中州古籍出版社,1989年,第194頁。
③ 北京圖書館金石組編:《北京圖書館藏中國歷代石刻拓本匯編》第37册,中州古籍出版社,1989年,第203頁。
④ (北宋)李昉等編:《太平廣記》,中華書局,1961年,第1292頁。
⑤ (三國魏)管輅:《管氏指蒙》,《續修四庫全書》本,上海古籍出版社,2001年,第436頁。

冊《續傳燈錄》卷七"洪州翠岩可真禪師"引此作"揀"(722/a)。"揀"是"揀"的俗體,這在古籍文獻中是很常見的寫法。"柬""東"俗寫往往混同不分,以至從"柬""東"之字亦混用不別。

"東"俗作"柬"者習見。東漢《太尉楊震碑》:"統之門人汝南陳熾等,緣在三義一,頌有《清廟》……"①"陳"即"陳",姓氏之"陳"。又東魏《嵩陽寺碑》:"乃北背高峰,南臨廣陌,西帶浚澗,柬接修林。"②上言"北""南",下言"西""柬",則"柬"當即"東"之俗。又《四部叢刊初編》本《呂氏春秋·慎人》:"編蒲葦,結罘網,手足胼胝不居,然後免於柬餒之患也。""柬餒"即"凍餒"。又《四部叢刊初編》本《玉臺新詠集》卷八劉孝綽《夜聽妓賦得烏夜啼》:"別有啼烏曲,柬西相背飛。""柬西"文義不協,顯然當作"東西"。又明刊本《隋唐演義》卷九第一百零五節:"巡曰:真柬樑之大材也!""柬樑"即"棟樑"③。又《卍續藏經》一百四十冊《五燈全書》卷十"舒州投子山大同禪師":"(僧)問:抱璞投師,請師雕琢。師曰:不爲棟梁材。"(345/a)"棟梁"亦即"棟樑"。

"柬"俗作"東"之例亦夥。敦煌寫卷 S.388《正名要錄》"右本音雖同,字義各別例":"練,帛;鍊,鑄。"則"練""鍊"所從的"柬"俗作"東"已成當時常用寫法。又《四部叢刊初編》本《歐陽文忠公集》之《雜著述·詩話》:"盈前盡珠璣,一一難東汰。""東汰"文不成義,當作"柬汰",義即剔除。又元刻本《元典章》卷十八"戶部"卷四"婚姻·嫁娶"之"女婿在逃"下:"揀擇貴賤,就捨貧富。"④"揀擇"即"揀擇"。又宋刊本《六臣注文選》卷三十九鄒陽《於獄上書自明》:"比干剖心,子胥鴟夷。"李善注曰:"《史記》曰:比干強諫,紂怒曰'吾聞聖人心有七竅',剖比干,觀其心。"⑤"強諫"即"強諫"。又隋《馬穉墓誌》:"諫十區育王之功未盡,奄歌梁木。"⑥"諫"即"諫"。又明刊本《隋唐演義》卷五第五十四節:"唐主復慮王寶餘黨在京師,恐生內患,欲議悉令遠徙惡地,侍御史伏伽上表諫曰……"⑦"諫"即

---

① 徐玉立主編:《漢碑全集》第 1 冊,河南美術出版社,2006 年,第 364 頁。
② 北京圖書館金石組編:《北京圖書館藏中國歷代石刻拓本匯編》第 6 冊,中州古籍出版社,1989 年,第 28 頁。
③ (明)無名氏撰,(明)徐文長批評:《隋唐演義》,《古本小說集成》第 1 輯,上海古籍出版社,1991 年,第 1351 頁。
④ (元)佚名:《大元聖政國朝典章》,中國廣播電視出版社,1998 年,第 670~671 頁。
⑤ (南朝梁)蕭統編,(唐)李善等注:《六臣注文選》,中華書局,1987 年,第 727 頁。
⑥ 北京圖書館金石組編:《北京圖書館藏中國歷代石刻拓本匯編》第 9 冊,中州古籍出版社,1989 年,第 131 頁。
⑦ (明)無名氏撰,(明)徐文長批評:《隋唐演義》,《古本小說集成》第 1 輯,上海古籍出版社,1991 年,第 678 頁。

"諫"。又《四部叢刊初編》本《吕氏春秋·離俗》："有士曰賓卑聚,夢有壯士,白縞之冠,丹績之袘,束布之衣……""束布之衣",宋本《太平御覽》卷三百八十七入"事物二十八·唾"下引作"練布之衣"①。據文義,作"練"字是,"練"即"練","練布"即經過煮練加工的布匹。

以上"束""東"俗寫多有不别,已混用難分。值得注意的是上揭"楝"之俗作"梀","梀"却另有其字。《説文·木部》："梀,木也,從木,束聲。""梀"本義是梀樹名,同時又是"楝"之俗體,一形兼二體。另外,"揀"的俗體作"揀",但"揀"亦另有其字。《集韻·董韻》："揀,擊也。"這樣一來,"揀"也是身兼二職。關於擊打之"揀",《説文》《廣雅》皆無,顯然應該是個後起字。《説文·手部》有"挏""撞"二字,前者爲摇動義,後者爲碰擊義,古音都在東部。不知"揀"與"挏""撞"是否有關聯、其語源到底爲何,以俟賢者。

2.2.1.2.8 臼/臼

《卍續藏經》一百四十四册《教外別傳》卷八"金山曇穎禪師"："隱曰:語不離窠臼,安能出蓋纏!"(208/b)"臼",《中華藏》七十四册《續傳燈録》卷四"潤州金山曇穎達觀禪師"作"窠臼"(698/a)。"臼"當即"臼"字之俗。《説文·臼部》："臼,叉手也。從彐、ヨ。"像兩手對插,後作"掬","臾""盥"等字從之。同上臼部："臼,舂也。古者掘地爲臼。"是"臼""臼"形音義各别。俗寫中,舂臼之"臼"與叉手之"臼"多不别。

《四部叢刊初編》本《國語·周語上第一》："吾聞夫犬戎樹惇,能帥舊德而守終純固,其有以禦我矣!""舊"即"舊"字,本從"臼",此俗從"臼"。唐《張明墓誌》："人之云:亡丕儘矣,何止舂不相杵。"②"舂"即"舂"字,本從"臼",此俗从"臼"。唐《賈從贄墓誌》："曾祖千秋父政,高蹈不仕,居貧樂道……婦道盡於舅姑,坤德竭於君子。"③"蹈""舅"即"蹈""舅"二字,本皆從"臼",此皆訛從"臼"。又高麗本《龍龕手鏡·臼部》："臼,其九反,杵臼。《世本》云:雍父作杵……舂,書容反,舂擣也。"顯然,此"臼"爲"臼"之訛俗。

"臼"俗訛作"臼"之例,亦爲習見。《禮記》卷二十一《禮運第九》"污尊

---

① (北宋)李昉等:《太平御覽》,中華書局,1960年,第1789頁。
② 北京圖書館金石組編:《北京圖書館藏中國歷代石刻拓本匯編》第11册,中州古籍出版社,1989年,第48頁。
③ 北京圖書館金石組編:《北京圖書館藏中國歷代石刻拓本匯編》第32册,中州古籍出版社,1989年,第132頁。

而抔飲"鄭玄注曰:"抔飲,手掬之。"陸德明曰:"掬,九六反,本亦作臼。"①"本亦作臼"義不可通,此與舂臼無涉,當作"本亦作臼","掬"爲"臼"之後起字。又《元包經傳》卷四:"震下艮上,頤爪丮臼,上擊下局……傳曰:爪丮臼,手之執也。"②"丮""臼"近義連文,爲手執義,但"臼"不可能有手執義,故此當作"丮臼","丮"讀若"擊","臼"讀若"局"。《集韻‧屋韻》:"臼,《説文》:乂手也。""乂手"即"叉手"的俗寫,"臼"無論如何也不可能有叉手義,此當作"臼"。《列朝詩集》丙集卷五羅玘之《西安嚴太守考最歸郡》:"偶從壁隙觀白戰,予愕不覺臼在手。"③"臼在手"即"臼在手",驚愕之際,無意間會把兩手叉在一起。

2.2.1.2.9 浙/淅

《卍續藏經》一百一十二册《列祖提綱錄》卷四十一"重陽日提綱":"上堂:金風浙瀝,玉露淒清,菊解香苞,稻懸嘉穟。"(772/a)"浙瀝"費解,別處有作"淅瀝"者。如《卍續藏經》一百四十四册《續燈正統》卷十五"杭州府徑山南石文琇禪師":"今朝七月初一,門前金風淅瀝。"(668/b)據文義,"浙"明即"淅"。

"浙"本義爲江名,從"水","折"聲,古音在月部;"淅"本義爲淘米,從"水","析"聲,古音在錫部。準是,"浙""淅"形音義乖異,劃然二字。上揭"淅瀝"作"浙瀝",僅從字形上看,顯然是因形體相近而出現的訛誤。實際上,這種訛誤,已不是簡單的偶然所致。

俗寫中,"扌""木"不分是很常見的,這裏不多説。"浙"字部件有"扌","淅"字部件有"木",必然會導致"浙""淅"俗寫亦相混用。上揭"淅瀝"或作"浙瀝",就是對這一情況的客觀反映。"浙""淅"混用,文獻用例甚多,此略舉些許,以示其用。

"浙"作"淅"常見。宋本《太平御覽》卷一百七十一"州郡部十七‧江南道"下"越州":"《輿地志》曰:順帝時,陽羨人周嘉上書請分淅江以西爲吳郡,東爲會稽郡。"④"淅江"即"浙江"。又元刻本《元典章》卷三十六"兵部"卷三"違例"之"走死鋪馬交陪"下:"行拠烏馬兒走死馬匹,省落本人,依例追陪馬價給主,別行補買好馬,走遞外及江淅行省,差百户禹順楊庭玉赴北取發盤纏……"⑤"江淅行省"當作"江浙行省"。元朝置江浙行省中

---

① (東漢)鄭玄注,(唐)孔穎達正義:《禮記正義》,《十三經注疏》,中華書局,1980 年,第 1415 頁。
② (北周)衛元嵩:《元包經傳》,《叢書集成初編》本,商務印書館,1939 年,第 23 頁。
③ (清)錢謙益輯:《列朝詩集》,《續修四庫全書》本,上海古籍出版社,2001 年,第 251 頁。
④ (北宋)李昉等:《太平御覽》,中華書局,1960 年,第 832 頁。
⑤ (元)佚名:《大元聖政國朝典章》,中國廣播電視出版社,1998 年,第 1413 頁。

書,管轄兩淛、江西、福建等地。又《四部叢刊初編》本《皇明文衡》卷九十三《陳靜誠先生墓表》:"嘗奉密命偕中官趙信往視淛江,還奏稱旨,賜白金。""淛江"殊爲不辭,當作"浙江"。明刻初印本《册府元龜》卷一百九十七"閏位部·納貢獻"下:"兩淛節度吏錢鏐,進睦州大茶三百一十籠,洞牙弩百枝,桐木槍二千條。"①"兩淛"當作"兩浙"。唐末,錢鏐擁兵兩浙,被任命爲兩浙節度使。

"浙"作"淛"者,亦不少見。宋本《藝文類聚》卷九"水部下·浦":"森森荒樹齊,淛淛寒沙漲。"②"淛淛"當作"浙浙"。前言"森森"狀樹林繁密,後用"浙浙"描寒沙湧漲之聲。又宋本《太平御覽》卷二百七十一"兵部二·叙兵下":"克國不及民,廢其君而易其政,尊其秀士而顯其賢良,賑其孤寡,恤其貧窮,出其囹圄,賞其有功。百姓開門而待之,淛米而儲之,唯恐其不來也。"③"淛米"當作"浙米",淘米也。又《四部叢刊初編》本《唐詩紀事》卷三十九李紳《奉酬樂天立秋日有懷見寄》:"篁塸淛瀝響,露葉參差光。""淛瀝"即"浙瀝"之誤。又《四部叢刊初編》本《資治通鑒》卷二百四十八"唐武宗六年":"謂左右曰:適近我者,非太尉邪?每顧我,使我毛髮灑淛。""灑淛"當作"灑浙",義謂毛骨悚,寒顫不安,《漢語大詞典》有載。又《四部叢刊初編》本《論衡》卷三十《自紀篇》:"材鴻莫過孔子。孔子才不容,斥逐,伐樹,接淛,見圍,削迹,困餓陳、蔡,門徒菜色。""接淛"當作"接浙",語出《孟子·萬章下》:"孔子之去齊,接淅而行。"《漢語大詞典》釋爲"捧着已經淘濕的米"。

以上"浙""淛"混用之例,已足夠説明古籍文獻中,"浙""淛"是不分的。這種訛混並非是偶然個例,而是漢字俗寫訛變規律的一大表現。

2.2.1.3 辨部件混同:部件相近,音義各别

王寧先生指出:"漢字的構形單位是構件(也稱部件)。當一個形體被用來構成其他字,成爲所構字的一部分時,我們稱之爲所構字的構件。"④一般來説,漢字部件都有自己的讀音和意義,是音義的結合體。既然屬於音義結合體,那麼部件之間的關係當有所分別。但在禪録異文中,字形相近的部件往往會混同使用,下面的用例便屬此類。

---

① (北宋)王欽若等編:《册府元龜》,中華書局,1960年,第2381頁。
② (唐)歐陽詢:《宋本藝文類聚》,上海古籍出版社,2013年,第288頁。
③ (北宋)李昉等:《太平御覽》,中華書局,1960年,第1267頁。
④ 王寧:《漢字構形學講座》,上海教育出版社,2002年,第35頁。

2.2.1.3.1 豕/豖

《卍續藏經》一百四十册《五燈全書》卷三十三"明州育王山懷璉大覺禪師":"第一不用妄與安排,但知十二時中,平常飲啄,快樂無憂。"(777/b)"啄",《中華藏》七十四册《續傳燈録》卷五"明州育王山懷璉大覺禪師"作"琢"(705/c)。"飲啄"即"飲啄",近義連文。"啄"本從"豖"得聲,此譌從"豕"。《説文·豕部》:"豕,彘也。"古音在支部,"豚""逐""𢑚""豢"等從之。同上:"豖,豕絆足行豖豖。從豕繫二足。"古音在屋部,"涿""啄""琢""冢"等字從之。是則"豕""豖"形音義殊遠,互不相涉。但在俗寫中,從"豕"從"豖"往往相亂。這裏需要説明的是,漢字隸定以後,"豕""豖"音義互乖,約定俗成,遂成兩字,但在古文字階段,"豕""豖"並無什麽區別性特徵。① 所以我們這裏僅僅是着眼於隸定以後的漢字使用情况。

從"豖"之字譌作從"豕"者習見。《四部叢刊初編》本《晏子春秋·外篇·不合經術者第八·景公問天下》有《極大極細晏子對第十四》:"足遊浮雲,背凌蒼天,尾偃天間,躍琢北海,頸尾咳於天地乎,然而寥寥不知六翮之所在。""躍琢"即"躍啄"。又法藏敦煌寫卷 P.2305《妙法蓮華經蔣講經文》:"或鐵鳥喙髓,或銅蛇啖肉。"②"喙"亦即"啄"。又光緒癸卯年五洲同文書局石印本《史記·趙世家》:"六年,中山築長城,伐魏敗涿澤。"張守節《正義》曰:"涿音濁。""涿"從"豕"得聲,不可能"音濁",《四部叢刊初編》本《廿二史考異》之"史記卷二·十二諸侯年表"下正作"涿澤",是也。又洪氏晦木齋刻本《隸釋》卷一《魯相韓勑造孔廟禮器碑》:"故涿郡大守魯麃次公五千。"③"涿郡"即"涿郡"。同上卷五《溧陽長潘乾校官碑》:"琢質繡章,寔天生德。""琢質"即"琢質"。又東漢《史晨後碑》:"假夫子冢顏母開舍及魯公冢守吏凡四人,月與佐除。"④"冢"即"冢"字,本從"冂","豖"聲,此譌作"豕"。又明刊本《隋唐演義》卷六第六十九節:"又嘗謁告上冢,還言於上曰……"⑤"冢"亦即"冢"俗寫,墳墓之義。又《史記·律書》:"西至於注。"司馬貞《索隱》曰:"注,咮也。《天官書》云'柳爲鳥咮'。"同上《天官書》:"柳爲鳥注,主木草。"《漢書·天文志》作"柳爲鳥

---

① 何琳儀:《戰國文字形體析疑》,《于省吾教授百年誕辰紀念文集》,吉林大學出版社,1996年,第224頁。
② 黄征:《敦煌俗字典》,上海教育出版社,2005年,第570頁。
③ (南宋)洪适:《隸釋·隸續》,中華書局,1985年,第20頁。
④ 徐玉立主編:《漢碑全集》第4册,河南美術出版社,2006年,第1252頁。
⑤ (明)無名氏撰,(明)徐文長批評:《隋唐演義》,《古本小説集成》第1輯,上海古籍出版社,1991年,第855頁。

喙"。中華書局標點本《史記》作"鳥注",司馬貞時所見《史記》作"鳥咮",《漢書》作"鳥喙":顯然"鳥喙"當作"鳥啄","啄""注""咮"聲近借用。蓋"啄"本從"豕"得聲,俗寫"豕""豖"不分,故訛而成"喙"。清刻本《續西遊記》第二十二回:"却説狐妖看見樹林枝上喜鵲撕書,他也搖身一變,變個鷂鷹飛來喙鵲,不匡靈虛子到廟復了原身。"①"喙鵲"義不可通,此當作"啄鵲"。其它從"豕"之字訛作從"豖"者,敦煌寫卷、碑刻文獻用例繁夥,此不贅舉。

從"豖"之字訛作從"豕",用例亦不少見。《四部叢刊初編》本《晦庵先生朱文公文集》卷第六《和章國華祈雨呈平父諸兄三首》其一:"更憐不待豚蹄祝,便得污邪暗滿車。""豚蹄"當作"豚蹄"。"豚"本義爲小豬,從"肉",從"豕",非從"豖"。又後周《安重遇墓誌》:"逐四時而成歲,但慕松喬。"②含咀文義,"逐"當作"逐"。又宋本《太平御覽》第九百三十一卷"鱗介部三·龜"下:"《符子》曰:'邦人獻燕昭王以大豕者,曰於今百二十歲,邦人謂之豕仙。'"③"大豕"不辭,後文説的是"豕",故"大豕"當作"大豕",豬也。

2.2.1.3.2 氏/氐

《大正藏》五十册《大明高僧傳》卷五"隆興黃龍寺沙門釋法忠傳十六":"若向牧庵門下,檢點將來,秖得一橛,千種言萬般説,秖要教君自家歇,一任大地虛空七凹八凸。"(920/b)此兩"秖",《卍續藏經》一百三十八册《五燈會元》卷二十"隆興府黃龍牧庵法忠禪師"作"祗"(778/b),《中華藏》七十四册《續傳燈録》卷二十九"隆興府黃龍牧庵法忠禪師"作"秪"(932/a)。按此文義,作副詞用當作"秖"。《玉篇·衣部》:"秖,適也。"或作"祇"。《廣雅·釋言》:"祇,適也。""祇""秪""秖"形成異文是因爲"氏""氐"不分,"禾""礻""衤"亦遞相訛混。"禾""礻""衤"俗寫混同,可參拙文《俗字視野下秩、袟辨》。④ 禪籍用例如《卍續藏經》一百四十册《五燈全書》卷十六"昇州清涼院休復悟空禪師":"北海王氐子,幼出家,十九納戒。"(460/a)"王氐"費解,《卍續藏經》一百三十九册《五燈嚴統》卷八"昇州清涼院休復悟空禪師"正作"王氏"(378/b)。下面我們主要論述文獻中"氏""氐"不分的情況。

---

① (清)無名氏:《續西遊記》,《古本小説集成》第3輯,上海古籍出版社,1992年,第387頁。
② 北京圖書館金石組編:《北京圖書館藏中國歷代石刻拓本匯編》第36册,中州古籍出版社,1989年,第127頁。
③ (北宋)李昉等:《太平御覽》,中華書局,1960年,第4139頁。
④ 龔元華:《俗字視野下秩、袟辨》,《名作欣賞》2013年第9期。

"氏""氐"混用不分，在古籍文獻中較爲常見。曾良先生提道："神祇當寫作'祇'，表示恭敬義的應寫作'祇'，但在古籍中二字常常相混，早在漢魏隸碑中就已'祇''祇'相混。"①實際上不僅"祇""祇"如此，但凡從"氏""氐"之字，俗寫多有不分。《史記·刺客列傳·豫讓》："趙襄子最怨智伯，漆其頭以爲飲器。"司馬貞《索隱》按："《大宛傳》曰'匈奴破月氏王，以其頭爲飲器'。""月氐王"，《史記·大宛列傳》作"月氏王"。又明刻初印本《册府元龜》卷九百五十六"外臣部·種族"下："自漢中達邛笮洲洞之間，所在皆有種，其多散居山谷中，不辨姓氐。"②"姓氐"即"姓氏"。又"翅"字本或從"氏"作"𦐊"，俗寫可作"𦐋"。光緒癸卯年五洲同文書局本《史記·楚世家》："奮翼鼓𦐋，方三千里，則秦未可得獨招而夜射也。""鼓𦐋"即"鼓翅"。又洪氏晦木齋刻本《隸釋》卷三《仙人唐公房碑》下洪适曰："《神仙錄》則云：神仙李八百爲公房家傭，僞作惡瘡，使公房夫婦及三婢舐之。"③"舐"即"舐"字。胡刻本《文選》卷四十五揚雄《解嘲》："激卬萬乘之主，介涇陽，抵穰侯而代之，當也。"李善注曰："《説文》曰：抵，側擊也。音紙。"④今考《説文·手部》，表側擊義且音"紙"之字，是"扺"字，從"氏"得聲。段玉裁"扺"字下注曰："扺字今多譌作抵，其音、義皆殊。"則《文選》"抵穰侯"當作"扺穰侯"。

以上皆從"氏"之字俗作從"氐"者，從"氐"之字亦可從"氏"。《後漢書·桓譚馮衍列傳》："性嗜倡樂，簡易不修威儀，而意非毀俗儒，由是多見排抵。""排抵"文義不協，"抵"本義爲排擠，十通本《通志》卷一百零七列傳第二十上"桓譚"下正作"排抵"⑤。又洪氏晦木齋刻本《隸釋》卷五《漢成陽令唐扶頌》："綜緯河雒，底究群典。"⑥"底"即"柢"字，"柢究"義即窮究。同上卷四《司隸校尉楊君石門頌》："出散入秦，建定帝位，以漢𧘂焉。"⑦"𧘂"字當即"柢"字，義爲到達、至。此言漢高祖由子午道出散關進入秦地。十通本《通志》卷四十四禮略第三"講武"下："元帝用貢禹議，始罷角觝戲。"⑧"角觝"即"角抵"。又《詩經·小雅·甫田》"如坻如京"，鄭箋曰："坻，水中之高地也。"觀稼樓仿刻本《音學五書·詩本音卷七·甫田

---

① 曾良：《俗字及古籍文字通例研究》，百花洲文藝出版社，2006 年，第 149 頁。
② （北宋）王欽若等編：《册府元龜》，中華書局，1960 年，第 11246 頁。
③ （南宋）洪适：《隸釋·隸續》，中華書局，1985 年，第 41 頁。
④ （南朝梁）蕭統編，（唐）李善注：《文選》，中華書局，1977 年，第 632 頁。
⑤ （南宋）鄭樵：《通志》，中華書局，1987 年，第 1540 頁。
⑥ （南宋）洪适：《隸釋·隸續》，中華書局，1985 年，第 60 頁。
⑦ （南宋）洪适：《隸釋·隸續》，中華書局，1985 年，第 49 頁。
⑧ （南宋）鄭樵：《通志》，中華書局，1987 年，第 593 頁。

四章章十句》作"如坻如京"①,"坻"即"坻"字之訛。

以上皆是從"氏""氐"之字混用實例。

2.2.1.3.3 辵/夂

《卍續藏經》一百三十六冊《建中靖國續燈錄》卷七"洪州翠巖廣化可真禪師":"拄杖子變作天大將軍,巡歷四天下。"(117/a)"巡歷",《中華藏》七十四冊《續傳燈錄》卷七"洪州翠岩可真禪師"引作"巡歷"(721/c)。"巡"即"巡"。我們要論述的是"巡"部件"辶"訛俗作"夂"。"巡"本從"辵","辵"字本義爲乍行乍止,古音在鐸部,作爲部件隸變省作"辶",沿襲至今。《說文·夂部》:"夂,長行也。從彳引之。"古音在真部,則"夂""辵"形音義互乖。值得說明的是,"巡"俗作"巡",已非偶然訛變,而是漢字書寫訛變規律的一大客觀表現。這一特點不僅僅發生"巡"字上,而是從"辵"之字,往往皆訛俗作從"夂",反之亦然,即從"夂"之字亦習訛作"辵"。下面從古籍文獻用字層面列舉一些用例,以證此論。

從"辵"之字,隸變省作"辶",與"夂"形近,俗寫習作"夂"。《四部叢刊初編》本《淮南子·覽冥訓》:"遭急迫難,精通於天。""廹"即"迫"。《四部叢刊初編》本《墨子·節用》:"建至其厚愛,黍稷不二,羹胾不重,飯於土塯,啜於土形,斗以酌。""建至其厚愛"殊爲費解,此當作"逮至其厚愛",言堯舜雖尊有天下,四海賓服,但至於他們所喜愛的食物,却十分節儉,不奢華。"逮"本從"辶",此作從"夂"。洪氏晦木齋刻本《隸釋》卷十一《劉寬後碑》:"祇慕祖武,允廸不道。"②"允廸"即"允迪"。又北魏《穆纂墓誌》:"廹戰剋捷,橫屍掩路……若乃鋒談電飛,興廸雲水,皆率然巧妙。"③"廹""廸"即"迫""連"。唐《楊越墓誌》:"日月遄速,存亡後先。"④"遄速"即"遄速"。又明刊本《隋唐演義》卷七第七十九節:"是時,魏徵、王珪、房玄齡等俱在席,使中官行酒至數巡,上曰……"⑤"巡"即"巡"字。

從"夂"之字亦可俗寫作從"辶"。敦煌寫卷 S.238《金真玉光八景飛經》:"天魔承空發,萬精駭神逘。""逘"即"庭",本從"夂"。《宋拓懷仁集

---

① (明)顧炎武:《音學五書》,中華書局,1982年,第141頁。
② (南宋)洪适:《隸釋·隸續》,中華書局,1985年,第126頁。
③ 北京圖書館金石組編:《北京圖書館藏中國歷代石刻拓本匯編》第4冊,中州古籍出版社,1989年,第102頁。
④ 北京圖書館金石組編:《北京圖書館藏中國歷代石刻拓本匯編》第21冊,中州古籍出版社,1989年,第40頁。
⑤ (明)無名氏撰,(明)徐文長批評:《隋唐演義》,《古本小說集成》第1輯,上海古籍出版社,1991年,第986頁。

王書聖教序》:"基乎西土,騰漢㹴而皎夢。"①"㹴"亦"庭"。又北魏《元始和墓誌》:"故刊石逮誌,以銘斯德。"②"逮"即"建"。唐《劉阿延墓誌》:"曾祖諱庭珍,左驍衛大將軍……乃爲銘曰:阿㢟阿㢟,壽何促焉。"③"庭"即"庭","㢟"即"延",本皆從"廴"。又清刻本《清平山堂話本·風月相思》:"至㢟席散,生偕入洞房。"④"㢟席"即"筵席"。

從上面所舉用例可以看出,部件"辵"隸變後減省作"辶",與部件"廴"之間的區別性特徵,可以說是微乎其微,導致從"辵(辶)"、"廴"之字往往書寫訛混。諸如"廼"之或作"迺"、"迴"之或作"廻",皆此類。

2.2.1.3.4 攴/支

《卍續藏經》一百四十四冊《教外別傳》卷八"龍潭智圓禪師":"汾陽曰:別無送路,與子一枝拄杖,一條手巾。"(207/a-b)"枝",《中華藏》七十四冊《續傳燈錄》卷三"唐州龍潭智圓禪師"引作"枝"(694/c),右邊部件"支"訛作"攴"。

"支"本義爲枝條,"攴"本義爲小擊,音義各異,劃然有別。但在俗寫中,從"支"與從"攴"已混淆不分。《四部叢刊初編》本《國語·周語第一》:"是故爲川,決之使導,爲民者,宣之使言。""故"即"故"。同上:"是歲也,三川竭,岐山崩。""岐山"即"岐山"。又《龍龕手鏡·豆部》:"鼓,俗;皷,通;鼔,正。"行均把"鼓"作爲"鼔"的通體亦其類。同上《身部》:"肢,俗;肢,正;音支,與肢、胑同。""肢"即"肢"的訛俗體。

俗寫中從"支"之字亦可訛作從"攴"。洪氏晦木齋刻本《隸釋》卷四《桂陽太守周憬功勳銘》:"宣魯衛之政,敷二南之澤。"⑤"政""敷"即"政""敷"之俗體。又唐《景教流行中國碑》:"啓三常之門,開生滅死。"⑥"啓"即"啓"。唐《張楚璋墓誌》:"公亦當之,曾無讓色,追數月,疾發於内。"⑦"數"即"數"。又《龍龕手鏡·支部》:"敕,古文勑字。""敕"即"敕"之俗體,"敕"本從"攴"。同上:"斀,音燭,陰州也;又音卓,刑也。""斀"即"斀"的俗

---

① 《歷代碑帖法書選》編輯組:《宋拓懷仁集王書聖教序》,文物出版社,1984年。
② 北京圖書館金石組編:《北京圖書館藏中國歷代石刻拓本匯編》第3冊,中州古籍出版社,1989年,第87頁。
③ 北京圖書館金石組編:《北京圖書館藏中國歷代石刻拓本匯編》第32冊,中州古籍出版社,1989年,第142頁。
④ (明)洪楩編:《清平山堂話本》,文學古籍刊行社,1955年,第159頁。
⑤ (南宋)洪适:《隸釋·隸續》,中華書局,1985年,第54頁。
⑥ 北京圖書館金石組編:《北京圖書館藏中國歷代石刻拓本匯編》第28冊,中州古籍出版社,1989年,第12頁。
⑦ 北京圖書館金石組編:《北京圖書館藏中國歷代石刻拓本匯編》第23冊,中州古籍出版社,1989年,第1頁。

體。又明刻本《東度記》卷一第三回:"你若見得透,參得明,何必敲鐘擊鼓,焚香禮懺。"①同上卷二第六回:"道人説:敲榔擊鉢,説陰果,念經文……"②兩"敲"即"敲"之俗體。另外,如"敌"之與"敌"、"敦"之與"敦"、"散"之與"散"、"變"之與"變",等等,皆此類,不備舉。

2.2.1.3.5 巠/至

《卍續藏經》一百一十八册《古尊宿語録》卷四十一"雲峰悦禪師初住翠巘語録":"你一隊後生,經律論固是不知也。"(691/b)"經",《中華藏》七十四册《續傳燈録》卷九"南嶽雲峰文悦禪師"引作"經"(737/a)。"經律論"即"經律論",僅從字形來看,"經"在"經""經"之間。這種兩可的情况,實際上是漢字俗寫部件"巠"俗寫習作"至"的客觀反映。

部件"巠"俗寫可作"至"。東漢《衛尉卿衡方碑》:"階夷潛之貢,經常伯之寮。"③"經"即"經"。"至"上面部件左右兩撇拉直相連,即與"至"形體幾無差別。敦煌寫卷 S.214《燕子賦一卷》:"必其欲得磨勘,請檢《山海經》中。""經"即"經",右邊部件"巠"與"至"字寫法無别。又敦煌寫卷 S.5655《太公家教》:"積財千萬,不如明解經書。""經書"即"經書"。

準是,從"巠"之字,必然會譌作從"至"。敦煌寫卷 S.427《禪門十二時》:"一切煩惱漸輕微,解脱逍遥出六塵。""輕微"即"輕微"。又《四部叢刊初編》本《戰國策校注》卷一《西周·韓魏易地》:"且魏有南陽鄭地三川。"鮑彪注曰:"《周紀》:三川震。注:涇、渭、洛。""涇"字義有不妥,當作"涇"。"三川震"之事亦見於《四部叢刊初編》本《國語》卷一《周語上》:"幽王三年,西周三川皆震。"韋昭注曰:"三川,涇、渭、沕,出於岐山也。"韋昭所注三川有"涇""渭"二河,水出岐山,則上揭"涇"即"涇"字之誤。又《四部叢刊初編》本《楚辭》卷三《天問》:"到擊紂躬,叔旦不嘉。""到擊",郭在貽先生認爲:"今謂到字乃到字之譌。到有刺、割之義。"④可謂一言中的,以往之紛議,至此而止。另外,聞一多先生《楚辭校補》"到擊紂躬"條下亦有論及從"巠"之字,每譌作從"至":"隸書從巠之字,或書作至,與至相似,故每誤爲至。《大荒南經》'有山名玄瘁',郭音風瘁之瘁,今本誤作瘁,《九辯》'前輕輬之鏘鏘兮',輕今誤作輕,並其比。"⑤聞氏所舉"瘁"之譌作"瘁"、"輕"之譌作"輕",皆其例也。又王氏家刻本《廣雅疏證》卷十上《釋草》:"牛莖,牛䒷

---

① (明)清溪道人:《東度記》,《古本小説集成》第 2 輯,上海古籍出版社,1990 年,第 41 頁。
② (明)清溪道人:《東度記》,《古本小説集成》第 2 輯,上海古籍出版社,1990 年,第 96 頁。
③ 徐玉立主編:《漢碑全集》第 4 册,河南美術出版社,2006 年,第 1193 頁。
④ 郭在貽著,張涌泉、郭昊編:《新編訓詁叢稿》,浙江大學出版社,2010 年,第 61 頁。
⑤ 聞一多著,李定凱編校:《楚辭校補》,巴蜀書社,2002 年,第 55 頁。

也。"王念孫按:"各本莖譌作莖,今訂正。"①則王氏所見別本"牛莖"有作"牛莖"者。明鈔本《集注太玄》卷二"爭"卦下:"次六,臂膊胻如,股脚膜如,維身之疾。"司馬光注曰:"王、小宋本胻作胻,其意音迭,腫也。今從大宋、范、陸本。范本測曰:臂胻如股,今從宋、陸、王本。范曰:枝大於幹,臣大於君,皆爲疾也。光謂:臂膊胻如,言臂大如胻,不可使也。"②據司馬光所注,則《太玄》"臂膊胻如",王、小宋本作"臂膊胻如"。按之文義,此言臂大如胻,故"胻"明,即"胻"字之誤。姚刊三韻本《類篇‧肉部》"胻"字釋曰:"何交切,胻骨也。""胻"字本義爲鳥胃,胃中何來骨頭之稱?今按"胻骨"當作"胻骨",述古堂影宋鈔本《集韻》"胻"下正釋作"胻骨也"。又明刊本《包龍圖判百家公案》卷二第十回"獲學吏開國材獄":"雪梅**逕**往其家,又不見了……"③"**逕**往其家"即"逕往其家"。曾良先生《敦煌文獻中的俗字問題》一文舉有不少敦煌寫卷"經"字俗作"經"的用例④,亦可參證。又《清平山堂話本‧花燈轎蓮女成佛記》:"却綜白過這八句詩,是大宋皇帝第四帝仁宗皇帝做的,單做著贊一部《大乘妙法蓮花**經**》,極有功德。"⑤"**經**"即"經"。

2.2.1.3.6 阝/卩

《大正藏》五十一册《續傳燈録》卷十二"滁州琅邪山宗初禪師":"(僧)云:如何是境中人?師曰:擡頭山萬朶,伴手一枝笻。"(540/b)"笻",《卍續藏經》一百三十六册《建中靖國續燈録》卷十八"滁州瑯琊山宗初禪師"作"笻"(265/b)。《廣韻‧鍾韻》:"笻,竹名,可爲杖,張騫至大宛得之。""笻"之爲名,蓋本於四川邛地,其地盛產邛竹,可爲竹杖,俗增"竹"旁作"笻",因以"笻"爲竹杖名。《史記‧西南夷列傳》:"博望侯張騫使大夏來言,居大夏時,見蜀布,邛竹杖。""笻"爲竹杖,從"邛";"邛",從邑。上舉"笻"異文作"卭"乃其俗變。"阝""卩"形體差異不大,音義却互乖。俗寫中,從"阝"與從"卩"往往不分。下面舉一些筆者所見之例以成此論。

從"阝"之字俗作"卩"者,如敦煌寫卷 P.2794《伍子胥變文》:"不假尋覓,廢我還卿。"⑥"卿"即"鄉"之俗寫,此作從"卩"。唐《何簡墓誌》:"君博

---

① (清)王念孫著,鍾宇訊點校:《廣雅疏證》,中華書局,1983 年,第 310 頁。
② (西漢)揚雄著,(北宋)司馬光集注:《集注太玄》,《續修四庫全書》本,上海古籍出版社,2001 年,第 22 頁。
③ (明)安遇時編集:《包龍圖判百家公案》,《古本小說集成》第 2 輯,上海古籍出版社,1992年,第 121 頁。
④ 曾良:《敦煌文獻叢劄》,浙江古籍出版社,2010 年,第 56 頁。
⑤ (明)洪楩編:《清平山堂話本》,文學古籍刊行社,1955 年,第 303 頁。
⑥ 黃征:《敦煌俗字典》,上海教育出版社,2005 年,第 449 頁。

學道高,溫恭志肅,以進士及第解褐楊州高郵主簿。"①"高郵"即"高郵",地屬揚州,本從"阝"。又唐《賈元恭墓誌》:"以其年九月辛丑朔,二日壬寅,權窆於河南縣平樂鄉北邙山之崇原。"②"北邙山"即"北邙山",地屬河南洛陽,"邙"本從"阝"。《煙畫東堂小品》本《京本通俗小説》第十卷《碾玉觀音上》:"(崔寧)便教來人行在取它丈人丈母,寫了地理脚色,與來人到臨安府尋見它住處,問它隣舍,指道:'這一家便是。'"③"隣"即"鄰"。明刊本《隋唐演義》卷十第一百一十節:"早有人報知元濟曰:官軍至矣,尚如此熟睡耶?"④"耶"即"耶","耶"是"邪"的後起俗體。

從"阝"之字俗作"阝"者,如洪氏晦木齋刻本《隸釋》卷七《冀州刺史王純碑》:"進則延賓分禄,退則邦掃閉門。"⑤"邦"即"却"字,本從"卩"。《四部叢刊初編》本《戰國策》之"齊卷第四·齊襄王"下:"今楚、魏交退,燕救不至,齊無天下之規,與聊城共據期年之弊,即臣見公之不能得也。""即"就是"即"的俗體,《史記·仲連鄒陽列傳》作"則","即""則"同義相换。《四部叢刊初編》本《古列女傳》卷一《棄母姜源》:"及堯崩,舜即位,乃命之曰棄。""即位"亦"即位"。又《四部叢刊初編》本《資治通鑑》卷第七十八"魏紀十·元皇帝下":"炎立,髮委地,手垂過郄。""郄"當作"却",本從"卩"、"㭉"聲,此字後作"膝",今"膝"行而"却"廢。《龍龕手鏡·邑部》:"郗、鄌,二俗;郄,正,息聿反,脹㔾。"實際上不管是"郗""鄌",還是"郄",都只能算作"㔾"的俗體。又《四部叢刊初編》本《戰國策》之"齊卷第四·齊王建"下:"是其爲人,哀鰥寡,郄孤獨,振困窮,補不足,是助王息其民者也,何以至今不業也!""郄"即"㔾"。又蘇州博物館藏本《唐寅落花詩册》:"色即是空空是色,欲從調御懺貪嗔。"⑥"調御"即"調御","御"從"卩"。明刊本《醒世恒言》卷十五《赫大卿遺恨鴛鴦縧》:"那香公平昔間捱著這幾碗黃齏淡飯,没甚肥水到口,眼也是盲的,耳也是聾的,身子是軟的,腳兒是慢的。"⑦"腳"即"脚",本從"却"得聲,"却"從"卩"。又甲戌本《脂硯齋重評石頭記》第三回:"只可憐我這妹妹這樣命苦,怎麽姑媽

---

① 北京圖書館金石組編:《北京圖書館藏中國歷代石刻拓本匯編》第25册,中州古籍出版社,1989年,第14頁。
② 北京圖書館金石組編:《北京圖書館藏中國歷代石刻拓本匯編》第23册,中州古籍出版社,1989年,第77頁。
③ (明)無名氏:《京本通俗小説》,《古本小説集成》第5輯,上海古籍出版社,1994年,第24頁。
④ (明)無名氏撰,(明)徐文長批評:《隋唐演義》,《古本小説集成》第1輯,上海古籍出版社,1991年,第1483頁。
⑤ (南宋)洪适:《隸釋·隸續》,中華書局,1985年,第80頁。
⑥ 《歷代碑帖法書選》編輯組:《唐寅落花詩册》,文物出版社,1985年。
⑦ (明)馮夢龍:《醒世恒言》,《古本小説叢刊》第30輯,中華書局,1991年,第820頁。

偏就去世了。"①"命"即"命"。

以上從"阝""卩"之字,本相迥異,但在俗寫中,其形體兩可,既可作從"阝",又可作"卩"。值得注意的是,一些字形部件本與"卩"無關,但因隸變寫法與"卩"相同,俗寫亦訛變作"阝"。如"卯"字,甲骨文習見作"卯""夘"等形。吳其昌先生認爲:"卯象雙刀並植。"②姚孝遂先生按斷曰:"卜辭'卯'既借爲干支字,亦爲用牲之法。王國維'以卯即劉之假借字',實則'劉'乃'卯'之孳乳字。"③則"卯"字本義當爲劉殺,又作干支之用,其形象雙刀之狀,但在俗寫中右邊部件與"阝"隸變之形"卩"寫法相同,"卩"可訛變作"阝",受此類化,"卯"之右邊部件亦俗訛作"阝"。如明刊本《醒世恒言》卷一八《施潤澤灘闕遇友》:"施復仰天看了一看,乃道:此時正是夘時了,快些豎起來。衆人聞言,七手八腳,一會兒便安下柱子。"④"夘時"即"卯時"。《中華藏》七十四册《續傳燈録》卷十九:"上堂,顧視大衆,拍禪床一下:聊表不空。便下座。"(837/a)"聊"即"聊","聊"從"卯"得聲。

另外,《漢語大字典》"邜"下釋爲"邜"的訛字,此説法還可商榷,定爲俗體可能更爲妥當。

2.2.1.3.7 殳/殳

《卍續藏經》一百三六十册《建中靖國續燈録》卷四"汝州寶應禪院法昭演教禪師":"記持憶想,向外馳求,與靈覺心轉勿交涉。"(83/a)"勿",《卍續藏經》一百四十六册《禪宗正脈》卷六"寶應昭禪師"作"没"(202/b),《中華藏》七十四册《續傳燈録》卷三"汝州寶應院法昭演教禪師"作"没"(696/a)。我們這裏要討論的是"没""没"。"没"從"殳","殳""殳"形音義各異,互不相及。但在俗寫中從"殳""殳"者,常相訛混。以下略舉幾例,以示其用。

北齊《西門豹祠堂碑》:"於是生致屍祝之禮,殁貽棠杜之思。"⑤"殁"即"殁",本從"殳"。又明刊本《隋唐演義》第六節:"前征高麗,率兵一百一十三萬,全軍敗没。"⑥"没"即"没",今簡化字從之。又《漢書·匡衡傳》:"親戚之恩薄,婚姻之党隆,苟合僥倖,以身設利。"王氏家刻本《讀書

---

① (清)曹雪芹:《脂硯齋重評石頭記》(甲戌本),人民文學出版社,2009年,第76頁。
② 于省吾主編:《甲骨文字詁林》,中華書局,1996年,第3439頁。
③ 于省吾主編:《甲骨文字詁林》,中華書局,1996年,第3441頁。
④ (明)馮夢龍:《醒世恒言》,《古本小説叢刊》第30輯,中華書局,1991年,第1060頁。
⑤ 北京圖書館金石組編:《北京圖書館藏中國歷代石刻拓本匯編》第7册,中州古籍出版社,1989年,第43頁。
⑥ (明)無名氏撰,(明)徐文長批評:《隋唐演義》,《古本小説集成》第1輯,上海古籍出版社,1991年,第56頁。

雜志四·漢書第十三》"以身設利"下曰:"以身設利殊爲不辭,設當爲没,草書相似而誤也。没謂貪冒也,冒没語之轉耳。《秦策》'没利於前而易患於後',高注曰'没,貪也',一本没利作設利,誤與此同。"①據此,則《漢書》"以身設利"當作"以身没利","設"即"没"字之訛,義謂貪没;"没"之訛作"設",顯然是因爲俗寫"殳""殳"不分。例多不備舉。

從"殳"之字,俗亦習作從"殳",用例較多,現略舉幾例。唐《顏相墓誌》:"孝由填造,毀將滅性。"②"毀"即"毀",本從"殳"。又敦煌寫卷Φ《雙恩記》:"富役貧人,何日破除於辛苦。"③"役"即"役"字。又明刊本《隋唐演義》第四節:"於是日以宰牛殺馬,大排筵席,與衆兵高歌作樂,暢飲不息。""殺"即"殺",本從"殳"。同上第八節:"密欣然與之。頲與孝和二人投仁基處來。"④"投"即"投",本從"殳"。又《中華藏》七十四册《續傳燈錄》卷四:"雲門問:僧人搬柴,柴搬人,如何會？師無對。"(697/c)"搬"即"搬",本是從"殳",此作從"殳"。

2.2.1.3.8 兒/皃

《卍續藏經》一百三十六册《建中靖國續燈録》卷六"東京十方浄因禪院大覺禪師":"在凡同凡,在聖同聖,一切處出没自在,並拘檢佗不得,名邈佗不得。"(101/b)"邈",《中華藏》七十四册《續傳燈録》卷五"明州育王山懷璉大覺禪師"引作"邈"(705/b)。"名邈"即"名邈",描述之義。"邈"是"邈"的俗體字(見《龍龕手鏡·走部》)。"邈"之作"邈",是俗寫中部件"兒""皃"訛混相用造成的。"邈"從"貌"得聲,"貌"同"兒",俗寫中習作從"皃"。北魏《元弼墓誌》:"然凝神瑋皃,廉正自居,淹辭雅韻,顧盼生規。"⑤"皃"即"貌"字。又敦煌寫卷P.2160《摩訶摩耶經卷上》:"面皃悉圓净,猶如秋滿月。"⑥"面皃"即"面貌"。其它從"兒"之字,多訛從"皃",用例之多,比比皆是,此不贅舉。

從"皃"之字,俗亦往往訛作從"兒"。唐《王頎墓誌》:"兒而志好盤

---

① (清)王念孫:《讀書雜志》,江蘇古籍出版社,1985年,第355頁。
② 北京圖書館金石組編:《北京圖書館藏中國歷代石刻拓本匯編》第12册,中州古籍出版社,1989年,第124頁。
③ 黄征:《敦煌俗字典》,上海教育出版社,2005年,第496頁。
④ (明)無名氏撰,(明)徐文長批評:《隋唐演義》,《古本小説集成》第1輯,上海古籍出版社,1991年,第36、78頁。
⑤ 北京圖書館金石組編:《北京圖書館藏中國歷代石刻拓本匯編》第3册,中州古籍出版社,1989年,第41頁。
⑥ 黄征:《敦煌俗字典》,上海教育出版社,2005年,第268頁。

遊,情惟遷播。"①"旡而"即"既而",此訛作從"兒"。又《四部叢刊初編》本《晦庵先生朱文公文集》卷五十九《答輔漢卿》:"年滿七十,禮合休致,又以罪戾,不敢自上奏牘,百端懇禱,僅得州郡申省狀一紙。""懇"即"懇",本從"艮"。又《大正藏》五十二冊《弘明集》卷一"正誣論":"即如世人狠清心穢,色屬內荏,口詠禹湯而行偶桀蹠。"(8/c)"狠清心穢"義不可通,"狠"當爲"貌","貌清心穢"正與下文"色屬內荏"文意相協。

2.2.1.3.9 幸/羍

《卍續藏經》一百三十八冊《五燈會元》卷十四"鼎州梁山善冀禪師":"師頌魯祖面壁曰:魯祖三昧最省力,纔見僧來便面壁。若是知心達道人,不在揚眉便相悉。"(528/a)"知心達道人",《中華藏》七十四冊《續傳燈錄》卷四"鼎州梁山善冀禪師"引作"知心逹道人"(701/b),"逹"即"達"也。"達"本從"羍",此訛從"幸"。

《說文·夭部》"㚔"字下:"從屰,從夭。夭,死之事,故死謂之不㚔。""㚔"隸變作"幸"。《說文·羊部》"羍"字下:"小羊也。從羊,大聲。""羍"俗作"羍","達"字從之。據此,則上揭"知心達道人"之"達",即"達"字之俗訛。

"幸""羍"形近,俗寫中往往不分。胡刻本《文選》卷十七陸機《文賦》:"或奔放以諧合,務嘈囋而妖冶。"李善注曰:"《埤蒼》曰:嘈啐,聲貌。啐與囋及嘖,同,才曷切。"②"啐"從"幸"得聲,絕不可能有才曷切,此當作"啈"。《大正藏》五十四冊《慧琳音義》卷八十三"大唐三藏玄奘法師本傳卷第一·嘈啈"下:"上皂勞反,下才曷反。《廣雅》:嘈啈,聲也。《古今正字》:鼓聲也。"(843/a)即其證。又唐《大達法師玄秘塔碑》:"舍此以爲丈夫也,背此無以爲逹道也。"③"逹道"即"達道",此訛從"幸"。又《叢書集成初編》本《古今印史》"達"字下:"羅念庵,名洪先,字達夫,有小方印二,一刻羅洪先印四字,一刻達夫二字,篆法古而刻亦精……達作羍,妙有至理,幸與達古字通用,小羊也。"④"幸與達古字通用,小羊也"文義扞格,"幸"與"達"古字不可能通用,更不可能有"小羊"義,此當作"羍"。

據《說文·夭部》,"㚔"本義爲夭死之事,隸變作"幸",其形與"羍"甚

---

① 北京圖書館金石組編:《北京圖書館藏中國歷代石刻拓本匯編》第21冊,中州古籍出版社,1989年,第34頁。
② (南朝梁)蕭統編,(唐)李善注:《文選》,中華書局,1977年,第242頁。
③ 北京圖書館金石組編:《北京圖書館藏中國歷代石刻拓本匯編》第31冊,中州古籍出版社,1989年,第90頁。
④ (明)徐官:《古今印史》,《叢書集成初編》本,商務印書館,1939年,第14頁。

似，故"幸"習訛俗作"夆"。洪氏晦木齋刻本《隸釋》卷二《樊毅復華下民租田口筭碑》："時日清和，神歡民喜，誠聖朝勞神日昊，廣被四表，覆毓之德，神人被施，遐邇大小，莫不夆甚。"①"莫不夆甚"，"夆"與此義不相涉，當作"幸"。同上卷六《中常侍樊安碑》："制詔中常侍樊安，宿衛歷年，恭恪淑慎，嬰被疾病，不夆蚤終。"②"不夆蚤終"亦當作"不幸蚤終"。同上卷十《司隸從事郭究碑》："委爵禮讓，群公側廂，書垂置郵，不夆抯祚，命登六辰春秋廿八而卒。"③此"不夆"亦"不幸"也。又東漢《曹全碑》："父琫，少貫名州郡，不夆早世。"④此"夆"亦"幸"之訛俗。又東漢《韓仁墓碑》："尉表上，遷槐里令，除書未到，不夆短命喪身。"⑤"夆"亦當作"幸"。

"幸""夆"訛混不分，自漢碑文獻已現其例，後世多相承襲，沿用不衰。古籍文獻閱讀及整理，自當留意於此，不致"夭""幸"成"夆"、"羊""夆"成"幸"。

2.2.1.3.10 朿/束

《卍續藏經》一百一十八册《古尊宿語錄》卷四十六"拈古"："院主云：某甲有頌相送，云：何處青山不道場，遥須策杖禮清涼。雲中縱有金毛現，正眼觀時非吉祥。"(790/a)"策杖"，《大正藏》五十一册《景德傳燈錄》卷十"趙州觀音院從諗禪師"作"策杖"(277/a)。"策"即"策"之俗書。

古籍文獻從"朿"之字俗作往往從"束"。敦煌寫卷 P.2700《秦婦吟》："含元殿上狐兔行，花萼樓前荆棘滿。""棘"即"棘"。宋刻本《世說新語·德行第一》："王戎父渾，有令名，官至涼州刺史。"⑥"刺史"即"刺史"。又《說文新附·木部》之"楝"，宋本《廣韻·屋韻》作"楝"。又通志堂本《經典釋文》之《爾雅音義下·釋獸第十八》："麤，素卜反，本又作速。《字林》云鹿迹。"⑦此"速"當作"速"，即《說文·辵部》"迹"之籀文，段玉裁注："《釋獸》：鹿其迹速。《釋文》：本又作麤，素卜反。引《字林》：鹿迹也。按：速正速字之誤。"

從"朿"之字亦可作從"束"。宋刻本《世說新語·方正第五》"盧志"下劉孝標注："即舉書示充，充父亡時雖小，然已見父手迹，便歔欷無辭。崔

---

① （南宋）洪适：《隸釋·隸續》，中華書局，1985年，第28頁。
② （南宋）洪适：《隸釋·隸續》，中華書局，1985年，第79頁。
③ （南宋）洪适：《隸釋·隸續》，中華書局，1985年，第120頁。
④ 徐玉立主編：《漢碑全集》第5册，河南美術出版社，2006年，第1778頁。
⑤ 北京圖書館金石組編：《北京圖書館藏中國歷代石刻拓本匯編》第1册，中州古籍出版社，1989年，第166頁。
⑥ （南朝宋）劉義慶撰，（南朝梁）劉孝標注：《宋本世說新語》第1册，國家圖書館出版社，2017年，第13頁。
⑦ （唐）陸德明撰，黃焯斷句：《經典釋文》，中華書局，1983年，435頁。

即救内,令女郎莊嚴,使充就東廊。"①"救"明即"敕"字。又《脈望館鈔校古今雜劇·裴少俊墻頭馬上》第一折:"〔金盞兒〕……他把烏靴桃寳鐙玉束腰圍,真乃是能騎高價馬,會著及時衣。"②"束"即"束"。又《正字通·攴部》:"整……按正非聲,會整飭意,俗譌從束作整。"又明刻本《滑稽館新編三報恩傳奇》卷上第六齣"群侮":"〔玉抱肚〕……速成之器不堅牢,自古良工費琢珮。"③"速"即"速"之俗寫,非上舉"迹"之籀文。

"迹"之籀文作"速","速"之俗體也可作"速",如此一來,造成一個問題,即"速"一形兼二體。

2.2.1.3.11 耳/目

《卍續藏經》一百三十八册《五燈會元》卷十一"汝州首山省念禪師":"曰:如何是迦葉不聞聞?師曰:瞶人徒側耳。"(411/a)"瞶",《卍續藏經》一百四十册《五燈全書》卷二十二"襄城首山省念禪師"作"瞶"(571/a)。"瞶"即"瞶"之俗寫,禪籍多有所見。又《大正藏》五十一册《景德傳燈録》卷十一"婺州新建禪師":"有僧問:和尚年老,何不畜一童子侍奉?師曰:有瞽瞶者,為吾討來。"(287/c)"瞽瞶",《卍續藏經》一百三十八册《五燈會元》卷四"婺州新建禪師"作"瞽瞶"(156/b)。

"瞶"異文作"瞶",涉及字形俗寫問題。部件"目"俗書最後一筆往往上提作"耳",稍變即成"耳",這是比較常見的寫法。敦煌寫卷 P.3408《開蒙要訓》:"眠睡。""睡"即"睡",與耳垂之"腄"形體偶合。明世德堂刊本《伍倫全備忠孝記》卷二第十五齣"兄弟赴任":"〔前腔〕……閣不住眼裏淚,便是鐵打心腸,交我寸寸碎。"④"眼"即"眼"。汲古閣本《四賢記》上第十二齣:"〔前腔〕……你青年出家,終招睥睨。"⑤"睥睨"即"睥睨"。明富春堂刊本《蘇皇后鸚鵡記》下卷第三十一折:"〔前腔〕生年已十三,嘆支離天地,被毒遭讒,神龍得水,豈誇虎視耽耽。"⑥"耽耽"即"眈眈",非沉溺之"耽"。清刻本《西湖小史》卷三第十回:"二生大喜,遂起身步至龍塘之

---

① (南朝宋)劉義慶撰,(南朝梁)劉孝標注:《宋本世說新語》第2册,國家圖書館出版社,2017年,第18頁。
② (明)趙琦美鈔校:《脈望館鈔校古今雜劇》,《古本戲曲叢刊》第4集,上海商務印書館,1958年。
③ (明)畢魏:《滑稽館新編三報恩傳奇》,《古本戲曲叢刊》第2集,上海商務印書館,1955年。
④ (明)邱濬:《伍倫全備忠孝記》,《古本戲曲叢刊》初集,上海商務印書館,1954年。
⑤ (明)佚名:《四賢記》,《六十種曲》亥集,上海圖書館藏汲古閣本。
⑥ (明)佚名:《蘇英皇后鸚鵡記》,《古本戲曲叢刊》初集,上海商務印書館,1954年。

上,登紅雲閣倚欄而眺。"①"眺"即遠眺之"眺",非耳病耳鳴之"眺"。清鈔本車王府藏曲本《孝義節總講》:"討祭奠,投江死,魂靈渺茫。"②"渺"即"渺"。同上《盤河戰全串貫》:"見二弟上了陽關大道,眼巴巴盼弟回便知分曉。"③"盼"即"盼"。又明刻本《趙飛燕外傳·伶玄自叙》:"通德占袖,顧眎燭影,以手擁髻,悽然泣下,不勝其悲。"④"眎"即"眎",同"視"。

從"耳"之字俗書稍變亦可作從"目"。清影宋鈔本《夷堅三志》壬卷第三"劉樞幹得法":"韓子師遭奇祟撓眊彌年,巫覡百計弗效。"⑤"撓眊"即"撓聒",騷擾義。元刊本《三國志平話》卷下:"前到嘉明關,有太守闌路,言大夫法正道有聖旨,不曾得官裏所言,單放過法正入川。"⑥"聖"即"聖"。清鑄雪齋鈔本《聊齋志異》卷六《餓鬼》:"而年近七旬,臃腫聾磁,每向人物色烏鬚藥。"⑦"聾磁"即"聾聵"。清刻本《古本新刻劉成美全傳》卷十八第十八回:"飛云看見忙回占,暗取紅綿九股繩。"⑧"取"即"取"。清活字本《廿一史通俗衍義》卷四第九回:"及靈公薨,崩瞎之子輒立。"⑨"崩瞎"即"崩聵"。同上卷六第十五回:"張安世之兄張賀,嘗事衛太子,為之聘暴室嗇夫。"⑩"聘"即"聘"。

禪録"聵"異文作"瞶",實則涉及的是部件"目""耳"俗書混同問題。

2.2.1.4 辨一體多用:正體各别,俗體是同

上文分别從字形和部件兩個方面論述了禪籍異文中的幾個字形混用通例。另外,還有一種混用情况是正體形音義各别,但它們的俗體却是相同的。因此以俗體爲中介進行回改,則往往會使本來各異的正體混用不别。

---

① (清)上谷氏蓉江:《西湖小史》,《古本小説集成》第2輯,上海古籍出版社,1994年,第172頁。
② 首都圖書館編輯:《清車王府藏曲本》第3册,學苑出版社,2001年,第108頁。
③ 首都圖書館編輯:《清車王府藏曲本》第3册,學苑出版社,2001年,第482頁。
④ (明)顧元慶輯:《顧氏文房小説》,《中華再造善本》明清編,北京圖書館出版社,2004年。
⑤ (南宋)洪邁:《夷堅三志》,《續修四庫全書》本,上海古籍出版社,2002年,第113頁。
⑥ (元)佚名:《三國志平話》,《古本小説集成》第1輯,上海古籍出版社,1994年,第105頁。
⑦ (清)蒲松齡:《聊齋志異》,《古本小説集成》第4輯,上海古籍出版社,1991年,第833頁。
⑧ (清)佚名:《古本新刻劉成美全傳》,清乾隆四十六年刻本。
⑨ (清)吕撫輯:《廿一史通俗衍義》,《古本小説集成》第2輯,上海古籍出版社,1994年,第170頁。
⑩ (清)吕撫輯:《廿一史通俗衍義》,《古本小説集成》第2輯,上海古籍出版社,1994年,第332頁。

2.2.1.4.1 來/耒

《卍續藏經》一百三十七册《嘉泰普燈錄》卷八"臨安府净慈寶印楚明禪師":"衆中莫有爲祖師出氣底麽？出來和你一時埋却。"(141/b)"來",《中華藏》七十四册《續傳燈錄》卷十九"臨安府净慈楚明寶印禪師"引作"耒"(831/a)。"耒"爲"來"字之俗寫。

漢字俗寫中往往可把筆畫拉直,這一特點早在秦漢時期就已出現。黄文傑先生曾指出:"秦代和漢代初期,因爲文牘繁多,用篆書書寫速度太慢,極不方便,因而人們用毛筆快速書寫,自然就形成了一種草率的篆書,並逐漸演變爲書寫起來快捷得多的一種書體——篆隸,也稱古隸或早期隸書等。這種篆隸最明顯的特點之一,就是筆畫的平直化。"①實際上,相對於篆書而言,後起形成的草率篆隸,就是一種俗寫字體。字體追求簡化,筆畫平直化便成爲其發展的必然趨勢,並一直沿襲至今。故"來"之俗寫拉直筆畫,即可作"耒"。《宋拓懷仁集王書聖教序》:"忽得耒書,謬承褒贊。"②"耒書"即"來書"。又《清平山堂話本·洛陽三怪記》:"當夜三更前後,蔣真人作罷法,念了呪語,兩員神將驅提白聖母耒。"③"耒"即"來"字,言兩員神將應真人要求,捉拿白聖母前來負罪。又敦研007《大慈如來十月廿四日告疏》:"大慈如耒十月廿四日告疏。"④"如耒"即"如來"。

"來"之俗作"耒"及從"來"之字俗作從"耒"者,用例俯拾皆是,這裏就不贅舉了。值得注意的是,"耒"字本爲農具耒耜的本字。如此一來,"來""耒"俗寫形體相同,必然造成用字混亂。反之,耒耜之"耒"亦可訛作"來"。宋本《太平御覽》卷十一"天部十一·祈雨"下:"盛弘之《荆州記》曰……又曰湘東……又曰耒陽縣有雨瀨,此縣時旱,百姓共壅塞之,則甘雨普降。"⑤"耒陽縣"即"來陽縣"。引文出自《荆州記》,前亦言"湘東",則此"來陽縣"必屬荆湘地界。但考荆湘地名,皆無"來陽縣",今謂此"來陽縣"即"耒陽縣"之誤也。《太平廣記》卷三百七十四靈異"耒陽水"下亦載有此事正作"耒陽縣有雨瀨"⑥。又《南史·顔延之列傳》:"無輪郭,不磨鑢,如今之翦鑿者,謂之耒子錢。""耒子錢",因其形無輪廓,且如"翦鑿",似耒耜之狀,故以"耒子"呼之。十通本《通典》卷九"食貨九·錢幣

---

① 黄文傑:《秦至漢初簡帛文字研究》,商務印書館,2008 年,第 44 頁。
② 《歷代碑帖法書選》編輯組編:《宋拓懷仁集王書聖教序》,文物出版社,1984 年。
③ (明)洪楩編:《清平山堂話本》,文學古籍刊行社,1955 年,第 145 頁。
④ 黄征:《敦煌俗字典》,上海教育出版社,2005 年,第 230 頁。
⑤ (北宋)李昉等:《太平御覽》,中華書局,1960 年,第 56 頁。
⑥ (北宋)李昉等編:《太平廣記》,中華書局,1961 年,第 2968 頁。

下"引此作"萊子"①。蓋"耒子"一變作"來子",再變即成"萊子"。又《清平山堂話本·夔閔姚卞吊諸葛》:"先生感激棄**來**耜,坐間談笑許誅鯨。"②"**來**耜"據文義,明當作"耒耜",本爲農具,此寓指諸葛亮被劉備三顧茅廬的誠心所感動,決意出山助其攻取天下。

以上皆"耒""來"混用之例。

2.2.1.4.2 麥/麦

《中華藏》七十四册《續傳燈錄》卷三"舒州法華院全舉禪師":"師曰:樓閣**凌**雲勢,峰巒疊翠層。"(693/c)"**凌**",《卍續藏經》一百一十八册《古尊宿語錄》卷二十六"舒州法華山舉和尚語要"作"凌"(496/b)。"**凌**"即"凌"的俗寫。

部件"麥"俗寫習作"麦",古籍文獻常見。從時間上來説,這種訛變早在漢代就已經出現。以"陵"字爲例,漢帛書"陵"有作"**陵**"者③,寫法已同"麥"十分接近。説是接近,是因爲還可以清晰看到其形右邊仍有兩點以示區别。敦煌漢簡"陵"可作"**陵**"④,甘谷漢簡作"**陵**"⑤,邗江胡場木牘作"**陵**"⑥,右部部件已完全作"麦"。不難想見,"麥"俗作"麦",應該不會晚於漢簡時代,後世多承襲這種寫法。北魏《元徽墓誌》:"司會居本,比穆**凌**攸。"⑦"**凌**"即"凌"。宋《源護墓誌》:"俯玄堂而永閉,慮深谷以爲**陵**"⑧"**陵**"即"陵"。敦煌寫卷中亦多見其用,不備舉。顔元孫《干禄字書》中把"陵"作爲"陵"的通體,更是表明"麥"俗作"麦"已被世人所接受。從内在理據來説,這種訛變與上舉"2.2.1.4.1 來/耒"情況一致,是筆畫平直化引起的。

我們再來説説"麥"字。"麥"俗作"麦",這種情況在秦睡虎地竹簡就已經出現,可見"麦"字有一體二用的效果。這種情況下,如果俗體回改的話,那麽本來是"麥"的字就可能訛作"麦"。如唐《梁守謙墓誌》:"公歷侍六朝,每立殊績,名位雖退,恩榮不渝,翌日拜右衛上將軍,致仕特加全禄,

---

① (唐)杜佑:《通典》,中華書局,1984 年,第 49 頁。
② (明)洪楩編:《清平山堂話本》,文學古籍刊行社,1955 年,第 489 頁。
③ 陳建貢、徐敏編:《簡牘帛書字典》,上海書畫出版社,1991 年,第 879 頁。
④ 陳建貢、徐敏編:《簡牘帛書字典》,上海書畫出版社,1991 年,第 789 頁。
⑤ 陳建貢、徐敏編:《簡牘帛書字典》,上海書畫出版社,1991 年,第 789 頁。
⑥ 陳建貢、徐敏編:《簡牘帛書字典》,上海書畫出版社,1991 年,第 789 頁。
⑦ 北京圖書館金石組編:《北京圖書館藏中國歷代石刻拓本匯編》第 5 册,中州古籍出版社,1989 年,第 174 頁。
⑧ 北京圖書館金石組編:《北京圖書館藏中國歷代石刻拓本匯編》第 37 册,中州古籍出版社,1989 年,第 207 頁。

賜錢、帛、粟、夌。"①顯然"夌"即"麥"。又隋《澧水石橋碑》:"攸攸之𪚥,競秀兩岐。"②這裏"𪚥"不是"夌",而是"麥"字之訛俗體。"攸攸之麥"乃用典,《藝文類聚》卷十九引《東觀漢記》:"百姓歌曰:桑無附枝,麥秀兩岐。張君爲政,樂不可欺。"又《敦煌俗字典》據敦煌寫卷 P.3906《字寶碎金》收錄有"麥"字一俗體"夌",並按:"此字別本 P.2717 卷作'麥'簡體字,故知其爲'麥'之俗字。"③

"麥""夌"的俗寫都可作"麦",故本該是"麥"的字也可能會轉換成"夌"。《孟子注疏·梁惠王章句上》:"愛,嗇也……字法從來、啇。來,夌也。來者,啇而藏之。"④這裏說的"來,夌也"費解,顯然"夌"乃"麥"字之訛,"來"字本義即表麥子。又宋本《太平御覽》:"案《玉燭寶典》,今日悉爲大夌粥,研杏仁爲酪,別餳沃之。"⑤此處"夌"字扞格不通,是"麥"的俗體無疑。又《叢書集成初編》本《新唐書糾謬》卷二十"吐火羅傳"下:"《吐火羅傳》云:有稻夌粟豆。今案夌字當作麥。"⑥可見"稻夌"即"稻麥"之訛。

2.2.1.4.3 爪/瓜/辰

《卍續藏經》一百三十八冊《五燈會元》卷二十"遂寧府西禪文璉禪師":"僧問:師子未出窟時如何?師曰:爪牙已露。"(778/a)"爪牙",《卍續藏經》一百四十一冊《五燈全書》卷四十四"遂寧府西禪文璉禪師"作"瓜牙"(3/a)。"爪"之作"瓜",與俗寫習慣有關。"瓜"俗寫往往省寫作"爪"。清景宋鈔本《夷堅支志》乙卷第三"景德鎮鬼門":"一巨人青巾綠袍,褐韡玉帶,持金爪,坐床繩……"⑦"金爪"即"金瓜",長柄頂端爲瓜形之武器。"爪"俗寫往往亦可增筆作"瓜"。唐《顏惟貞廟碑·陽》:"率子弟奉迎義旗於長春宮,招瓜州,拜儀同。"⑧"瓜州"即"爪州"。如此一增一減,造成"瓜""爪"俗寫不分彼此,最終導致"瓜""爪"混用不分。

"瓜"訛作"爪"者,文獻習見。《四部叢刊初編》本《管子·大匡第十

---

① 北京圖書館金石組編:《北京圖書館藏中國歷代石刻拓本匯編》第30冊,中州古籍出版社,1989年,第79頁。
② 北京圖書館金石組編:《北京圖書館藏中國歷代石刻拓本匯編》第9冊,中州古籍出版社,1989年,第114頁。
③ 黃征:《敦煌俗字典》,上海教育出版社,2005年,第263頁。
④ (東漢)趙岐注,(北宋)孫奭疏:《孟子注疏》,《十三經注疏》,中華書局,1980年,第2672頁。
⑤ (北宋)李昉等:《太平御覽》,中華書局,1960年,第142頁。
⑥ (北宋)吳縝:《新唐書糾謬》,商務印書館,1936年,第218頁。
⑦ (南宋)洪邁:《夷堅支志》,《續修四庫全書》本,上海古籍出版社,2002年,第455頁。
⑧ 北京圖書館金石組編:《北京圖書館藏中國歷代石刻拓本匯編》第28冊,中州古籍出版社,1989年,第7頁。

八》：" 公令連稱、管至父戍葵丘，曰：爪時而往，及爪時而來。" "爪時"當作"瓜時"，言瓜熟時戍守邊地，語出《左傳·莊公八年》："齊侯使連稱、管至父戍葵丘。瓜時而往，曰：'及瓜而代。'"又明刊本《隋唐演義》卷二第二十七節："不移時，金爪武士將仁杲推出午門監斬。"①"金爪武士"義不可通，當作"金瓜武士"，即古代執金瓜之衛士，因其所執之兵仗頂端形似瓜形，故以"金瓜衛士"稱之。同上卷三第三十八節："正遇淳州總管劉世讓、工部尚書獨孤懷恩、兵部尚書唐儉齊來迎敵。"②"獨孤懷恩"即"獨孤懷恩"，唐工部尚書，"獨孤"是姓氏。又《卍續藏經》一百二十九册《依楞嚴究竟事懺》卷一："下而烝上，疎而間親，不別爪李嫌疑，常游華柳街巷。"（16/b）"爪李嫌疑"即"瓜李嫌疑"。又《大正藏》五十二册《廣弘明集》卷十四"內德論·空有篇"："斤斧伐木不驚，刀杖加人則懼，匏爪繫而不食，羽毛食而馳騖。"（194/c）"爪"字下注曰宋、元、明本作"瓜"，是也。"匏爪"不辭，據文義顯然當作"匏瓜"。又《大正藏》四十八册《宗鏡錄》卷七十八："如一比丘，夜踢爪皮，謂殺蝦蟇，死入惡道。"（848/b-c）"夜踢爪皮"文不成義，當作"夜踢瓜皮"，明本"爪"即作"瓜"。

從"瓜"之字，亦往往俗作從"爪"。北魏《元弼墓誌》："然高祖孝文皇帝思袞職之任，懷託孤之委，以君骨髓之風，遷為太尉。"③"託孤"即"託孤"。又《敦煌寶藏》三十八册 S.4901《韓朋賦》："宋王大喜，即出八輪之車，馭驪之馬，前後貳拾餘人。"④"馭驪"即"騏驪"，駿馬名。"馭"即"騏"改換聲旁的俗體。⑤ 又《龍龕手鏡·爪部》："瓠，音胡。瓠、瓢、瓢，又音護，匏器也。"同上爪部下："瓢，或作；瓢，正；瓢，今。毗消反，《方言》云'杓也'，正從瓜。"釋行均所言，"瓠""瓢"兩字本是從"瓜"，訛作從"爪"，已被當時俗寫所承認。

"爪"亦可俗訛作"瓜"。《四部叢刊初編》本《穆天子傳·古文》："天子乃樂口，賜七萃之士戰。"郭璞注曰："萃，集也，聚也，亦猶《傳》有輿大夫，皆聚集有智力者為王之瓜牙也。"郭璞注中之"瓜牙"顯然即"爪牙"之訛。又明天啓徐氏光碧堂刻本《兩浙名賢錄》卷二十一"謇直·唐尚書右僕射

---

① （明）無名氏撰，（明）徐文長批評：《隋唐演義》，《古本小說集成》第 1 輯，上海古籍出版社，1991 年，第 312 頁。
② （明）無名氏撰，（明）徐文長批評：《隋唐演義》，《古本小說集成》第 1 輯，上海古籍出版社，1991 年，第 475~476 頁。
③ 北京圖書館金石組編：《北京圖書館藏中國歷代石刻拓本匯編》第 3 册，中州古籍出版社，1989 年，第 41 頁。
④ 黃永武：《敦煌寶藏》第 38 册，臺北新文豐出版公司，1985 年，第 485 頁。
⑤ 黃征、張涌泉校注：《敦煌變文校注》，中華書局，1997 年，第 220 頁。

褚登善遂良：" 前日從陛下平天下，虓士爪臣，氣力未衰，可驅策，惟陛下所使。"① "虓士瓜臣" 當作 "虓士爪臣"，"爪臣" 謂護衞之臣。又明刻初印本《册府元龜》卷四百二十六 "將帥部・招降"：" 文達還見休賓，出其妻兒爪髮⋯⋯休賓撫瓜髮泣曰⋯⋯"② "瓜髮" 即 "爪髮"，前已説 "出其妻兒爪髮"。又《大正藏》十六册《入楞伽經》十 "總品第十八之二"：" 如世間手瓜，自在能破物。"（581/b）"手瓜" 即 "手爪"。又明刊本《天許齋批點平妖傳》第十五回：" 媚兒捱身進去，覷個便處，爬上屋簷。"③ "爬" 即 "爬" 之俗。

值得注意的是，部件 "辰" 俗寫也可作 "瓜"，從 "辰" 之字，亦習訛作從 "瓜" "爪"。如《四部叢刊初編》影宋鈔本《淮南子・主術訓》：" 夫人之所以莫抓玉石而抓瓜瓠者，何也？" 兩 "抓" 字，皆當爲 "抓"。王氏家刻本《讀書雜志九・淮南内篇第九》"抓" 下：" 抓皆當爲振字之誤也。《廣雅》：振，裂也。曹憲音必麥反。振之言劈也，瓜瓠可劈而玉石不可劈⋯⋯《方言》：鈹、擨，裁也。梁益之間裁木爲器曰鈹，裂帛爲衣曰擨。郭璞音劈歷之劈，義亦與振同。若作抓則非其義矣。"④ 王念孫所證，《淮南子》"抓玉石" 之 "抓" 即 "振" 字之訛誤。又《四部叢刊初編》本《文心雕龍・體性第二十七》："繁縟者，博喻釀采，煒燁枝派者也。" "派" 即當作 "派"，枝派也。又明刻初印本《册府元龜》卷一百三十三 "帝王部・褒功二" 下：" 詔曰：安康郡公襲譽，我之同姓，派别枝分⋯⋯"⑤ "派别" 顯然即 "派别"。

從 "辰" 亦俗訛作從 "爪"。敦煌寫卷 S.373《僧詩・題北京西山童子寺七言》：" 百派崢嶸流海内，千溪峻岨透雲間。" "百派" 即 "百派"，與後文 "千溪" 相對。又北魏《馮邕妻元氏墓誌》：" 本枝聯綿，接於辰緒，蓋軒皇之派流，蒼精之别裔。"⑥ "派流" 即 "派流"。隋《卞鑒墓誌》：" 根基峻遠，派緒綿長。"⑦ "派緒" 即 "派緒"。光緒癸卯年五洲同文局石印本《史記・留侯世家》：" 漢王之國，良送至襃中。" 張守節正義引《括地志》：" 斜水源出

---

① （明）徐象梅：《兩浙名賢録》，書目文獻出版社，1987 年，第 635 頁。
② （北宋）王欽若等編：《册府元龜》，中華書局，1960 年，第 5076 頁。
③ （明）羅貫中編，（明）馮夢龍增補：《天許齋批點平妖傳》，《古本小説叢刊》第 33 輯，中華書局，1991 年，第 996～997 頁。
④ （清）王念孫：《讀書雜志》，江蘇古籍出版社，1985 年，第 838 頁。
⑤ （北宋）王欽若等編：《册府元龜》，中華書局，1960 年，第 1062 頁。
⑥ 北京圖書館金石組編：《北京圖書館藏中國歷代石刻拓本匯編》第 4 册，中州古籍出版社，1989 年，第 126 頁。
⑦ 北京圖書館金石組編：《北京圖書館藏中國歷代石刻拓本匯編》第 10 册，中州古籍出版社，1989 年，第 152 頁。

襄城縣西北衙嶺山,與襄水同源而流沠。""流沠"即"流派",水流分支也。明刊本《醒世恒言》卷十七《張孝基陳留認舅》:"子孫失勢被人欺,不如及早均平沠。"①"沠"亦即"派"字,"均平沠"言平均攤派。甲戌本《石頭記》卷十四:"鳳姐正與來升媳婦分沠,衆人不敢擅入。"②"分沠"即"分派"。

據上而言,古籍中"爪""瓜""辰"往往習相混用,致使從"爪""瓜""辰"之字亦難分彼此,董理文獻不得不查。

2.2.1.4.4 軓/軌

《卍續藏經》一百三十九册《五燈嚴統》卷二十"祖元禪師住能仁":"通身一具金鎖骨,堪與人天爲軓則。"(900/b)"軓",《中華藏》七十四册《續傳燈錄》卷三十二"提刑吳偉明居士"下引作"軌"(964/c)。"軓則"當作"軌則"。

"軌"本義爲車軌迹,引申爲法度、規矩;"軓"本義爲車前板。二字形音義俱殊。值得注意的是,"軓""軌"俗寫形體不别,特别是"軌"俗寫往往增點成"軓",與車前板之"軓"混同。

"軌"俗體作"軓"者頻見。東漢《豫州從事尹宙碑》:"含純履軓,秉心惟常。"③"履軓"即"履軌",遵循法度之意。《四部叢刊初編》本《潛夫論·潛嘆第十》:"公法行,則軓亂絶。""軓亂"不辭,當作"軌亂"。"軓"讀作"宄","宄""亂"近義連文。又東魏《王僧墓誌》:"視民軓義,咸班禮則。"④"軓義"即"軌儀",儀制、法則也。敦煌寫卷 S.2263v《葬錄》:"得事者不師軓,來求同類,擅作異謀,貨路求名,破滅真宗。""軓"明爲"軌"字之俗,"得事者不師軓"言當權者不遵從法度規矩,聚黨擅作異謀。又宋本《太平御覽》卷一百六十八"州郡部十四·鄧州"下:"《史記》曰:秦滅韓,徙天下不軓之人於南陽,故其俗誇奢,尚氣力,好商賈漁獵,藏匿難制。"⑤"不軓"即"不軌"。

"軓"亦俗作"軌"。《十三經注疏》本《周禮·考工記·輈人》"軌前十尺而策半之"鄭玄注曰:"鄭司農云:軌謂式前也,書或作軓。玄謂:軌是軌法也,謂輿下三面之材,輈式之所尌,持車正也。"⑥陸德明釋音曰:"軌,劉

---

① (明)馮夢龍:《醒世恒言》,《古本小説叢刊》第 30 輯,中華書局,1991 年,第 949 頁。
② (清)曹雪芹:《脂硯齋重評石頭記》(甲戌本),人民文學出版社,2009 年,第 278 頁。
③ 徐玉立主編:《漢碑全集》第 5 册,河南美術出版社,2006 年,第 1607 頁。
④ 北京圖書館金石組編:《北京圖書館藏中國歷代石刻拓本匯編》第 6 册,中州古籍出版社,1989 年,第 35 頁。
⑤ (北宋)李昉等:《太平御覽》,中華書局,1960 年,第 819 頁。
⑥ (東漢)鄭玄注,(唐)賈公彦疏:《周禮注疏》,《十三經注疏》,中華書局,1980 年,第 913 頁。

音犯,注同。軋,音犯。"①據鄭玄注文及陸德明釋音,知"軌前"當作"軓前",即車前板,通志堂本《經典釋文》卷九"周禮音義·考工記·輈人"正作"軓前"②。又《四部叢刊初編》本《毛詩·邶風·匏有苦葉》:"濟盈不濡軌,雉鳴求其牡。""軌"字,通志堂本《經典釋文》卷五"毛詩音義"作"軓",陸德明注曰:"軓,舊龜美反,謂車軷頭也。依《傳》意,宜音犯。"③據陸德明所釋,"濟盈不濡軌"當作"濟盈不濡軓"。又《隋書·禮儀志》:"駕至,太僕祭兩軹及軌前,乃飲。"語出《周禮》。《四部叢刊初編》本《周禮·夏官·大馭》:"右祭兩軹,祭軓乃飲。"鄭玄注曰:"故書軓爲範……(杜子春)又云軓當爲軋。軋謂車軾前也。"則"祭軓"即祭祀車軾前,《隋書》"軌前"即"軓前"之誤。

2.2.1.4.5 敕/勑

《卍續藏經》一百三十七册《禪林僧寶傳》卷二十二"黃龍南禪師":"閱世六十有八,坐五十夏。大觀四年春,勑諡普覺。"(528/a)"勑",《大正藏》五十一册《續傳燈錄》卷七"黃龍南禪師"引作"敕"(506/c)。"敕"本義爲告誡,從"攴","束"聲,引申爲敕令。"勑"本義爲慰勞,從"力","來"聲。"敕""勑"形音義皆互不相關。

實際上,從"攴"之字往往可改換作從"力"("效"之與"効"、"敏"之與"勄"、"敵"之與"勪")。"敕"字亦不例外,改換義符從"力"可作"勅",《集韻·職韻》"敕,古從力"是也。"敕"之作"勅",文獻用例比比皆是,此不多舉。

上文我們已經提到過漢字俗寫中"束"可俗作"來","來"亦可作"束"(詳見"2.2.1.2.6 束/來")。如此則"敕"俗作"勑","勑"俗體也可作"勅"。這樣,"勅"既可作"敕"的俗體,又是"勑"的俗體,以"勅"爲中介回改必然導致"敕""勑"混用不分。上揭"勑諡"異文作"勅諡"便是最好的證明。

關於"敕""勑"混用的情況,文獻用例繁夥,可以說是俯拾皆是,此略舉兩例。《四部叢刊初編》本《吕氏春秋·舉難》:"自責以義則難爲非,難爲非則行飾。"高誘注曰:"飾讀曰勑。勑,正也。""勑"即"敕"字之俗,"敕"有言行謹慎之義。又明刻本《隋唐演義》卷五第五十一節:"近得勑

---

① (東漢)鄭玄注,(唐)賈公彥疏:《周禮注疏》,《十三經注疏》,中華書局,1980年,第913頁。
② (唐)陸德明撰,黃焯斷句:《經典釋文》,中華書局,1983年,第137頁。
③ (唐)陸德明撰,黃焯斷句:《經典釋文》,中華書局,1983年,第58頁。

旨,著令還國,秦王誠慮旋師,賊勢復振,後必難圖。"①"勅旨"即"敕旨",與慰勞義無關。

2.2.1.4.6 收/牧

《中華藏》七十四册《續傳燈録》卷六"越州天衣義懷禪師":"山僧倒騎佛殿,諸人反著草鞋。朝遊檀特,暮到羅浮。拄杖針筒,自家牧取。"(714/a)"牧取",《卍續藏經》一百四十册《五燈全書》卷三十四"越州天衣義懷禪師"引作"收"(783/b)。"牧"即"收"的俗體。這裏值得注意的是,"牧"字在俗寫中也可作"收"。北魏《侯剛墓誌》:"蕃牧庶政,懍心斯絶,京師權豪,即不垂手。"②"蕃牧"即"蕃牧",指代外族之人。"收""牧"俗寫字形相同,那麽勢必會造成"收""牧"混用無别。如《漢書·地理志上》"益州郡"下:"收靡,南山臘谷,塗水所出,西北至越巂入繩。"《説文·水部》:"塗,水。出益州牧靡南山,西北入繩。"《漢書》"收靡"即《説文》"牧靡",二者之間,不知孰是,但必有一誤。

"收"訛俗作"牧"者,文獻習見。《四部叢刊初編》本《管子》卷二十三《輕重甲第八十》:"君出四十倍之粟以振孤寡,牧貧病,視獨老窮而無子者,靡得相鬻而養之。""牧貧病"文義不協,顯然當作"收貧病"。又《道藏》本《墨子》卷十五《號令第七十》:"牧粟米、布、錢金,出内畜産,皆爲平直其賈,與主人券書之。"③"牧粟米"義不相協,當作"收粟米",孫詒讓有論。④ 又《六臣注文選》卷二十八《樂府八首·東武吟》:"膂鐮刈葵藿,倚杖收雞独。"⑤"收雞独",胡刻本《文選》作"牧雞独"⑥。"雞独"不可牧,且前文有"刈葵藿",此應作"收雞独"。"刈""收"近義對文,《六臣注文選》"收雞独"於義爲長。又《舊唐書·郭元振列傳》:"舊涼州粟斛售至數千,及漢通收率之後,數年豐稔。""收率",明刻初印本《册府元龜》卷五百零三"邦計部二十一·屯田"引作"牧率"⑦。我們認爲"收率"者是,爲統率之義,語出《戰國策·趙策二》:"大王收率天下以儐秦,秦兵不敢出函谷

---

① (明)無名氏撰,(明)徐文長批評:《隋唐演義》,《古本小説集成》第1輯,上海古籍出版社,1991年,第634頁。

② 北京圖書館金石組編:《北京圖書館藏中國歷代石刻拓本匯編》第5册,中州古籍出版社,1989年,第36頁。

③ (戰國)墨翟:《墨子》,《道藏》本,文物出版社、上海書店、天津古籍出版社,1988年,第303頁。

④ (清)孫詒讓:《墨子閒詁》,商務印書館,1936年,第374頁。

⑤ (南朝梁)蕭統編,(唐)李善等注:《六臣注文選》,中華書局,1987年,第528頁。

⑥ (南朝梁)蕭統編,(唐)李善注:《文選》,中華書局,1977年,第402頁。

⑦ (北宋)王欽若等編:《册府元龜》,中華書局,1960年,第6036頁。

關十五年矣。"

"牧"訛俗作"收"者,用例亦夥。《史記·酷吏列傳》:"吏苛察,盜賊惡少年投缿購告言奸,置伯格長以牧司奸盜賊。""牧司",《漢書·酷吏傳》作"收司"。王念孫曰:"引之曰:收當爲牧字之誤也……《方言》曰:監,牧察也。鄭注《周官·禁殺戮》曰:司,猶察也,凡相監察謂之牧司。《周官·禁暴氏》曰:凡奚隸聚而出入者,則司牧之,戮其犯禁者。《酷吏傳》曰:置伯格長以牧司奸盜賊。皆其證也。"①據此,則《漢書》之"收司"即"牧司"之訛。又《文苑英華》卷二百七十四于鵠《送韋判官歸蘇州》:"下營雲外火,收馬月中塵。"②"收馬",《石倉歷代詩選》卷六十五載該詩作"牧馬"③。於文義而言,"收馬"費解,當作"牧馬"。又《四部叢刊初編》本《群書治要》卷三十一"六韜·武韜":"天下有民,賢者收之,天下者非一人之天下也。""賢者收之",《四部叢刊初編》本《容齋三筆》卷第十五"詘一人之下"引《六韜·武韜》作"賢者牧之"。今謂作"牧"者於義爲長,言天下之民,賢者治之,而非收取之意。又《大正藏》四十册《四分律行事鈔資持記》卷三"釋計請篇":"同上有緣,貧道亦云乏道,皆謙收之稱。"(403/c)"謙收"義不可取,此當作"謙牧",語出《周易·謙卦》:"謙謙君子,卑以自牧也。"後多以"謙牧"爲謙虛自處之用。又《卍續藏經》一百三十四册《補續高僧傳》卷二十"咸平府大覺寺法慶禪師傳"下:"法慶嗣佛國白禪師,嘗掌書記……汴破被虜,收牛於北方。"(321/b)"收牛"文義不倫,當作"牧牛"。

古文獻中,因"牧""收"俗寫相同,故往往相訛混,只能憑上下文義辨別。

2.2.1.4.7 叱/吒

《卍續藏經》一百四十册《五燈全書》卷三十七"南康軍雲居真如院元祐禪師":"上堂:龜毛爲箭,兔角爲弓。那叱忿怒,射破虛空。"(853/b)"那叱",《卍續藏經》一百三十八册《五燈會元》卷十七"南康軍雲居真如院元祐禪師"作"那吒"(658/a)。"那叱"當作"那吒",俗書所致。

"吒"俗書減省即成"叱",這類情況並不少見。明楊閩齋刊本《西遊記》卷七第三十三回:"那班中閃出哪叱三太子,奏道:万歲,天也裝得,請降旨。"④又清刻本《梨園集成》商朝戲《鬧天宫》:"玉帝大怒,命俺督領天

---

① (清)王念孫:《讀書雜志》,江蘇古籍出版社,1985年,第119頁。
② (北宋)李昉等編:《文苑英華》,中華書局,1966年,第1386頁。
③ (明)曹學佺編:《石倉歷代詩選》,《景印文淵閣四庫全書》本,臺灣商務印書館,1986年,第278頁。
④ (明)吳承恩:《西遊記》,《古本小說集成》第4輯,上海古籍出版社,1994年,第377頁。

兵十萬、九耀星君二十八宿……貫口二郎神、三子哪吒、月白星等,來此花果山水水蓮洞,布下一十八架天羅地網擒拿夭猴。"①又明刊本《大唐秦王詞話》卷六第四十五回:"天王下世,伏群魔;哪吒臨凡,降百怪。"②以上皆"哪吒"俗寫。

叱怒之"吒"亦可作"叱"。《山海經·北山經第三》:"又北百八十里曰單張之山,其上無草木。有獸焉,其狀如豹而長尾,人首而牛耳,一目,名曰諸犍,善吒。""善吒"言此獸怒聲,清弘文書院刊本《正字通》"犍"字下引此作"善叱"。又杜甫《遣興五首》之一:"每望東南雲,令人幾悲吒。""悲吒",宋本《杜工部集》作"悲叱"③。

"吒"俗書作"叱",與叱咤之"叱"偶合。

2.2.1.4.8 斤/斥

《卍續藏經》一百三十五册《天聖廣燈錄》卷十七"汾州太子院道一禪師":"進云:如何是學人著力處?師云:千斤擔子兩頭摇。"(760/a)"斤",《卍續藏經》一百四十册《五燈全書》卷二十三"汾州太子院道一禪師"作"斥"(592/b)。

"千斤"作"千斥",表面上看是字形相近訛誤,實際上並非如此,而是漢字書寫習慣性收筆加點造成。古人用毛筆書寫往往習慣在落筆後加點收尾,文獻中多有所見,如"敲"之作"献"、"土"之作"玉"、"丈"之作"丈"④、"拜"之作"拜"⑤、"夫"之作"夫"⑥、"礼"之作"祀"⑦、"友"之作"友"⑧、"升"之作"升"⑨,等等。"斤"最末竪筆完成後亦可贅點,由此出現一個新的字形。明刻本《新編説唱包龍圖斷歪烏盆傳》:"便將紙筆來寫

---

① (清)李世忠:《梨園集成》,京東大學雙紅堂文庫藏清光緒六年竹友齋重刊本。
② (明)澹圃主人:《大唐秦王詞話》,《古本小説集成》第3輯,上海古籍出版社,1994年,第902頁。
③ (唐)杜甫:《杜工部集》,《續古逸叢書》集部,江蘇古籍出版社,2001年,第148頁。
④ 元刊本《新刊關目陳季卿悟道竹葉舟》第一折:"〔油葫芦〕笑您這千丈風波名利途,問是非鄉枉受苦……"[(元)佚名:《古今雜劇》第6册,《中華再造善本》金元編,北京圖書館出版社,2005年]
⑤ 明刊本《新刊説唱包龍圖斷曹國舅公案傳》:"朝中拜别仁宗主,文武官員送起呈。"(《明成化説唱詞話叢刊》,上海書店出版社,2011年)
⑥ 明刊本《新刊説唱包龍圖斷曹國舅公案傳》:"夫妻衣錦還鄉日,光顯門庭作貴人。"(《明成化説唱詞話叢刊》,上海書店出版社,2011年)
⑦ 明刊本《新編全相説唱足本花關索出身傳》:"請到高堂正面存,各人施礼方才了。"(《明成化説唱詞話叢刊》,上海書店出版社,2011年)"禮"草書楷化成"礼",落筆加點成"祀"。
⑧ 明刻本《新鍥唐三藏出身全傳·佛祖壓倒大聖》:"水簾洞裡爲家業,拜友尋師悟太玄。"(《域外漢籍珍本文庫》第1輯集部第4册,西南師範大學出版社、人民出版社,2008年,第72頁)
⑨ 敦煌寫卷P.2653:"遂唤薵子,且飲二升。"

定,輕輕落筆重千斤。"①"斤",還能明確看得出來,其點並沒有穿過豎筆。又明刻本《雙烈記》第十五齣:"我想此人兩臂有千斤之力,更兼武藝精熟,乃萬人敵也,見今我營中缺少先鋒,非此人不可。"②此"斤"右下之點更加明顯,遠非"斥"之爲字也。又清鈔本《幻緣箱傳奇》第二十八出:"今日正是臣臣華誕,免勿得打斥白酒称斥豆付,斋斋壽星。"③"斥""斥"更是如此。

問題是"斤"俗寫加點稍微變化即與"斥"無别。明刻本《捧腹編》卷二"手重五斤":"遂鞭之時嘲之曰:説事則喙長三寸,判事則手重五斥。"④"斥"已與斥責之"斥"無别。又明刊本《型世言》第九回:"要請你老人家家去吃杯酒,你老人家没工夫,如今折五十個錢,你老人家買斥肉吃罷。"⑤"斥"亦同"斥"字。這樣一來,因爲俗寫加點的習慣,原本斤兩之"斤"與斥責之"斥"出現形體偶合。

2.2.2 異文與字形書寫源流演變考

宋代禪籍與明清禪籍,同一内容不同版本在用字方面情况並不相同。比如《永樂南藏》《嘉興藏》本的特點是俗字使用較爲頻繁,而《大正藏》《卍續藏經》《頻伽藏》本則多使用正體。通過正體和俗體相互印證,往往能在細微差别之中發現一些有價值的字形演變現象。張涌泉先生指出:"我國文字由商周古文到小篆,由小篆到隸書,由隸書到真書,每一種新文字都可以説是舊文字的簡俗字。"⑥由此,不難想見俗體在漢字字形發展變化中的地位。我們知道俗體是相對於正體而言,形體寫法自然與正體有所差異。這種差異會隨着時代的變化而加大,有的甚至漸行漸遠,最終迷失本貌。典型用例如"2.2.3.10 宲説"提到"堊"一變作"至",再變作"坏",三變成"坯"。俗體寫法即便一變再變,作爲記録語言的書寫符號,也終究離不開社會約定俗成的制約。因此,不管俗體字形如何變化,都有一定的演變軌迹可循。這樣一來,宋與明清禪録中大量與俗字相關的異文可以據此得到整理。

---

① (明)佚名:《新編説唱包龍圖斷歪烏盆傳》,《明成化説唱詞話叢刊》,上海書店出版社,2011 年。
② (明)張四維:《雙烈記》,《古本戲曲叢刊》第 2 集,上海商務印書館,1955 年。
③ (清)邱園:《幻緣箱傳奇》,《古本戲曲叢刊》第 3 集,文學古籍刊行社,1957 年。
④ (明)許自昌輯:《捧腹編》,《續修四庫全書》本,上海古籍出版社,2002 年,第 32 頁。
⑤ (明)陸人龍編:《型世言》,《古本小説集成》第 5 輯,上海古籍出版社,1994 年,第 397 頁。
⑥ 張涌泉:《漢語俗字研究》,商務印書館,2010 年,第 4 頁。

2.2.2.1 異文視野下字形俗寫來源研究

裘錫圭先生指出:"其實,在文字形體演變的過程裏,俗體所起的作用十分重要。有時候,一種新的正體就是由前一階段的俗體發展而成的(如隸書)。比較常見的情況,是俗體的某些寫法後來爲正體所吸收,或者明顯地促進了正體的演變。"①如裘錫圭先生所說,一些新的正體往往是從俗體訛變而來的。實際上,俗體字中,對原先的正體結構不斷破壞而形成的字形很多,很有必要考究它們的形體來源。下面以宋與明清禪錄異文爲窗口,對一些字形俗寫用例展開考證。

2.2.2.1.1 諕/嚛/謼

《古尊宿語録》卷十五"雲門匡真禪師廣録上·對機":"問:大衆雲集,合談何事?師云:嚛汝屋裏老爺。"(347/a)"嚛",《嘉興藏》二十四册《雲門匡真禪師語録》卷一"機緣"作"諕"(379/a)。《廣韻·禡韻》:"嚛,誑嚛。"《集韻·禡韻》:"諕、嚛,誑也,或作嚛。""嚛""諕"音義皆同,"嚛"即"諕"的或體。後起辭書多據此而釋。我們這裏討論的是"嚛"的形成理據。

實際上"諕"之作"嚛",與"謼"有關:"諕"或可作"謼","謼"訛而成"嚛"。"諕"習以"謼"爲之。敦煌寫卷S.5437《漢將王陵變》:"二將當時夜半越對,謼得皇帝洽背汗流。"《敦煌變文校注》曰:"'謼'同'諕',亦作'唬',蓋皆俗體('虖''虎'音近,'謼'當由'諕'而來)。"②又敦煌寫卷P.3906《字寶碎金》:"相誑謼,呼架反。"呼架反的"誑謼"之"謼"就是"諕"。又《卍續藏經》一百三十六册《建中靖國續燈録》卷六"潭州興化崇辯禪師":"師拈拄杖云:一大藏教是拭不净故紙,超佛越祖之談是誑諕閭閻漢。"(107/b)"誑諕",《大正藏》五十一册《續傳燈録》卷五"潭州興化紹銑禪師"引作"誑謼"(496/c)。

部件"虖""虐"形近,從"虖"之字可訛作從"虐",故"謼"訛而成"嚛"。《大正藏》四十八册《萬松老人評唱天童覺和尚頌古從容庵録》卷六"第九十六則九峰不肯":"聽樓鼓,驗玉池,覻眼光,以爲脱生死法。真誑諕閭閻,捏僞造寔,貽高人嗤鄙。"(289/c)"誑諕",《大正藏》四十七册《圓悟佛果禪師語録》卷二十"破妄傳達磨胎息論"作"誑謼"(810/a),《卍續藏經》一百七十九册《净土指歸集》卷二"胎息邪論"作"誑嚛"(179/b)。"誑諕"

---

① 裘錫圭:《文字學概要》,商務印書館,1988年,第44頁。
② 黄征、張涌泉校注:《敦煌變文校注》,中華書局,1997年,第73頁。

"誆謼""誆嚇"與上舉"誆謼"皆同,"謼"明即"譹""諕"之訛。又《高麗藏》三十五冊《可洪音義》卷三十"法義篇第四之四"下"恩謔"條:"音呼。謔,命也,召也,喚也,正作歑、謼、評三形也。"(693/c)"謔"不可能"音呼",此即"謼"字之訛。

故"謼"俗訛可作"謔"。《卍續藏經》一百一十三冊《祖庭事苑》卷六"風穴衆吼集":"譹,正作謼,與謔同,呼訝切,誆也。"(174/a)善卿所指"譹"與"謔"同,據反切及語意,實即"謔"爲"謼"字之訛。今考《天聖廣燈錄》卷十五"汝州風穴山延昭禪師"原語錄作"免將明暗諕盲聾"(740/b),善卿所釋"譹"對應的原語錄即"諕"字也。《卍續藏經》一百一十五冊《禪宗頌古聯珠通集》卷十三"祖師機緣"有作"免將明暗譹盲聾"(147/a)。"諕""譹"同,故"譹"即"謼"字之訛明矣。

從字形書寫上來看,俗寫部件"虍"習作"雨""覀""襾""穴"等,如"虐"之作"窟""㲾""雹"(見《龍龕手鏡》"雨""穴"兩部)、"虖"之作"雩"、"處"之作"霙""處"、"慮"之作"鼉",等等。另外,部件"卒""乎""平"形近易訛。殿本《漢書·揚雄傳》:"砰輷輷,破穹廬。""砰",胡刻本《文選》卷九揚雄《長楊賦》作"碎"①。宋刻本《新序》卷二"雜事第二·莊辛諫楚襄王":"亡羊而固牢未爲遲,見兔而呼狗未爲晚。"②"呼狗",《古謠諺》卷十七"莊辛引鄙語"注引《新序》作"啐狗"③。此亦其類。《龍龕手鏡·言部》"譹"有四種俗寫:"譹、譹、譹、譹,誆譹。"故"謼"訛而成"譹"從書寫角度來看是没什麼問題的。

以上,"虎""虖"聲近,"諕"一變而作"謼",再變即成"譹"。

2.2.2.1.2 摑/搣/㩲/碱/擭/格

《大正藏》五十一冊《景德傳燈錄》卷十三"前南陽慧忠國師法嗣":"麻谷問:十二面觀音豈不是聖?師曰:是。麻谷與師一摑。"(305/b)"一摑",《卍續藏經》一百四十冊《五燈全書》卷五引作"一搣"(234/b)。"一摑"即麻谷禪師給真應禪師掌一耳光。此"搣"之音非張瓜切,而是"摑"聲符改換而成,蓋清人編《五燈全書》時入聲消失,"國""過"音近,改宋人之"摑"爲"搣"。

與手相涉,"摑"或作"㩲"。《大正藏》三十一冊《成唯識寶生論》卷四:"是故應知證悟真理,善入方便説唯識教,斯爲稱理。由其次第,漸能㩲

---

① (南朝梁)蕭統編,(唐)李善注:《文選》,中華書局,1977年,第137頁。
② (西漢)劉向:《新序》,《中華再造善本》唐宋編,北京圖書館出版社,2005年。
③ (清)杜文瀾輯:《古謠諺》,《續修四庫全書》本,上海古籍出版社,2002年,第268頁。

烈諸分別網所有正緣。"(91/a)《高麗藏》三十四册《可洪音義》十一册"成唯識寶生論‧甌烈":"上古麥反,破也,打也,正作礊、摑二形。"(1051/b)

又作"爬"。《佛本行集經》卷十七"捨宫出家品":"又舉兩手,自拔髮毛,拗折打破身諸瓔珞,以撲於地,以手指爪爬裂四支、身體皮肉,所著衣服,皆悉掣毀。"(733/a)

或又作"攖"。《大正藏》五十四册《慧琳音義》卷六十四"優波離問佛經音義"收"攖堆"(733/c),《大正藏》二十四册《優波離問佛經》卷一:"甌堆飯食,突吉羅。"(909/b)可見原經作"甌堆",蓋聲近所致。

從源流上說,以上形體皆"格"之演化。《大正藏》五十四册《慧琳音義》卷三十八"蘗嚕拏王呪法經"下"打摑"條:"寡伯反,俗字也,時共用。《說文》正體作敋,從攴從格省聲也。《廣雅》:敋,擊也。《埤蒼》云:擊頰也。顧野王云:今俗語云摑耳是也。"(558/b)"敋"同"格"。"摑"由以手擊打義演化作動量詞,如《大正藏》五十一册《景德傳燈錄》卷六"洪州泐潭法會禪師":"問馬祖:如何是西來祖師意?祖曰:低聲近前來。師便近前。祖打一摑云:六耳不同謀,來日來。"(248/a)《卍續藏經》一百二十三册《石溪心月禪師語錄》卷二"建康府能仁禪寺小參"下引此作"打一掌"(95/b)。是"打一摑"即"打一掌","摑"已成動量詞。今言打耳光及明清戲曲小説習見的"耳刮子""耳瓜子""耳括子""耳聒子",可能均來源於此,待詳考。

演變路徑:格→(改換聲符)摑→(改換聲符)摑
　　　　　↗(聲近借用)攖
　　　　　↘(改換義符)爬

2.2.2.1.3 觱/篳

《卍續藏經》一百三十八册《五燈會元》卷十二"汾州太子院道一禪師":"問:古曲無音韻,如何和得齊?師曰:三九二十七,籬頭吹觱栗。"(432/b)"觱栗",《卍續藏經》一百一十二册《列祖提綱錄》卷三十九"立春日提綱"引作"篳篥"(747/b),《嘉興藏》三十七册《寒松操禪師語錄》卷十三作"感築"(613/c),《卍續藏經》一百一十二册《列祖提綱錄》卷十三引作"篳觱"(372/b)。"觱栗"義爲一種吹角器名,字典辭書載作"觱篥""篳篥""悲栗"等。上舉禪籍異文作"感築""篳觱"乃訛誤也。《說文》無"觱",其字爲什麽從"咸"從"角",這些都是有必要做出解答的。

我們認爲"觱"是個後起俗體,來源於"觱"字。《玉篇‧角部》:"觱,有勿切,角可以吹,又卑溢切……觱,同上。"《說文‧角部》:"觱,羌人所吹角屠觱,以驚馬也。從角,羍聲。"則"觱"實際上就是"觱"。那麽"觱"爲什麼會訛作"觱"呢？這是因爲"觱"俗體可省作"觱"。《大正藏》五十四册《慧琳音義》卷三十六"蘇婆呼經下卷·觱篥"下："上音必……羌人所吹角者觱以驚馬者。今經文作觱栗，俗字。"（545/b）又因"或""咸"俗寫近似，習於訛混，故"觱"繼續訛變成"觱"。

"或"訛俗作"咸"，文獻習有用例。《周易·恒卦》有"或承之羞"，《周易鄭注·下經咸傳第四》恒卦下作"咸承之羞"①，此"咸承之羞"當作"或承之羞"。又《四部叢刊初編》本《墨子·明鬼下》："故書之竹帛，傳遺後世，子孫咸恐其腐蠹絶滅，後世子孫不得而記，故琢之盤盂，鏤之金石以重之。"王念孫曰："引之曰：咸字文義不順，當是或字之誤。言或恐竹帛之腐蠹絶滅，故又琢之盤盂，鏤之金石也。"②王氏所論甚是。《宛委別藏》本宋晁沖之《晁具茨先生詩集》卷四《和十二兄五首》之四注文引《墨子·明鬼》正作"或恐其腐蠹絶滅"③。又《古樂府》卷十《輕薄篇》："盤案互交錯，坐席咸喧嘩。簪珥或墮落，冠冕皆傾邪。"④"簪珥或墮落"，《八代詩選》卷五《輕薄篇》載作"簪珥咸墮落"⑤。此詩上文已有"咸喧嘩"，下文不當重言"咸"字，作"或墮落"者是。又《四部叢刊初編》本《皇朝文鑑》卷九十四歐陽修《朋黨論》："唐之晚年，漸起朋黨之論。及昭宗時，盡殺朝之名士，或投之黄河，曰：此輩清流，可投濁流。""或投之黄河"，《叢書集成初編》本《唐宋八大家文鈔》卷五《歐陽文忠公文·朋黨論》作"咸投之黄河"⑥。含咀文意，顯然作"或"字是。又《萬有文庫》本《經義述聞》卷五"毛詩·咸林"下："《鄭譜》曰：初，宣王封母弟友於宗周畿内咸林之地，是爲鄭桓公。引之謹案：咸當作或。或者，棫之借字也，古音或如棫，故棫通作或。或與咸字形相似，因誤作咸耳。"⑦據王引之考證，則"咸林"當作"或林"。

以上皆"或"訛作"咸"之例，"咸"亦可訛作"或"。《史記·陳丞相世家》："（漢王）引而還，收散兵至滎陽，以平爲亞將，屬於韓王信，軍廣武。絳侯、灌嬰等咸讒陳平曰……""咸讒陳平曰"，《漢書·陳平傳》作"或讒平曰"。既言"絳侯""灌嬰"等人，是則《漢書》"或"明爲"咸"字之訛。又《十

---

① （東漢）鄭玄注：《周易鄭注》，《續修四庫全書》本，上海古籍出版社，2001年，第90頁。
② （清）王念孫：《讀書雜志》，江蘇古籍出版社，1985年，第588頁。
③ （北宋）晁沖之：《晁具茨先生詩集》，《宛委別藏》本，江蘇古籍出版社，1988年，第58頁。
④ （元）左克明：《古樂府》，《景印文淵閣四庫全書》本，臺灣商務印書館，1986年，第542頁。
⑤ （清）王闓運：《八代詩選》，《續修四庫全書》本，上海古籍出版社，2001年，第406頁。
⑥ （清）張伯行選：《唐宋八大家文鈔》，《叢書集成初編》本，商務印書館，1936年，第115頁。
⑦ （清）王引之：《經義述聞》，《萬有文庫》本，上海商務印書館，1935年，第207頁。

三經注疏》本《左傳·昭公十四年》下:"三數叔魚之惡,不爲未減。"①"不爲未減",《四部叢刊初編》本《孔子家語》卷九《正論解第四十一》作"不爲未或"。據文意,"未或"當作"未減",蓋"未減"通作"未咸",繼而訛作"未或"。又《四部叢刊初編》本《文心雕龍·諸子第十七》:"若夫陸賈《典語》、賈誼《新書》、揚雄《法言》……咸叙經典,或明政術。"此處所舉各家有論經典,有論政術,非皆論經典,故"咸叙經典"於義扞格,作"或叙經典"則豁然可解。又《文苑英華》卷八百二十八《永州新堂記》:"外之連山高原、林麓之崖,間厠隱顯,邐延野緑,遠混天碧,咸會於譙門之内。""咸"字下原注曰:"集本如此,是《英華》作'或',非。"②現今所見《文苑英華》是南宋周必大等人校訂後的本子,從此處注文可知當時《文苑英華》作"或會於譙門之内",周必大等人據别本校改"或"爲"咸"。

據上可知,俗寫中"或""咸"形近,習於訛混,以至於本是從"或"之"𩉹"俗訛作從"咸"之"𩉹",與其正字相比,已難窺本真,後"𩉹"行,而"𩉹"廢。其訛變路徑爲:𩉹→(省略)𩉹→(訛變)𩉹。

2.2.2.1.4 嚲/軃/躱

《卍續藏經》一百三十八册《五燈會元》卷十九"袁州楊歧方會禪師":"問曰:狹路相逢時如何?明曰:你且軃避,我要去那裏去。"(721/b)"軃避",《卍續藏經》一百四十三册《指月録》卷二十五"袁州楊岐方會禪師"下引作"躱避"(565/a),《卍續藏經》一百三十七册《嘉泰普燈録》卷三"袁州楊岐方會禪師"作"嚲避"(68/b)。"躱""軃""嚲"互爲異文,音義皆同。

"軃"音"朵",在近代漢語時期常見有兩個意思:一是下垂義,一是躱藏義。實際上,"軃"是從"嚲"演變而來,而"嚲"又是"𡐦"的訛字。《説文·奢部》:"𡐦,富𡐦𡐦貌。"由富厚引申成下垂,徐鍇《繫傳》曰:"謂重而垂也。"段注曰:"俗用嚲字訓垂下貌,亦疑𡐦之變也。"其論甚是。《大正藏》五十四册《慧琳音義》卷二十四"四童子經":"垂嚲,多可反。《考聲》云:嚲,亦垂貌也。"(460/c)後世文獻及字書多載"嚲"爲垂義。明刊本《新刻全像點板張子房赤松記》卷上第七齣:"花枝斜嚲鬢雲鬟,惹得傍人冷眼看。"③"斜嚲"就是斜墜。蓋"嚲"由下垂義繼續引申爲身體下垂蹲伏躱避,從而有躱避義。清影宋鈔本《夷堅支志》之"戊卷第一·師姑山虎":"我初下山,逢黑虎從對岩出,相去尚遠,急匍匐登山嚲避,爲兩個小兒强把

---

① (西晉)杜預注,(唐)孔穎達正義:《左傳正義》,《十三經注疏》,中華書局,1980年,第2076頁。
② (北宋)李昉等編:《文苑英華》,中華書局,1966年,第4370頁。
③ (明)佚名:《張子房赤松記》,《古本戲曲叢刊》第2集,上海商務印書館,1955年。

我脚,不得前進,但叫天乞命,虎已在側,即行唼食,苦哉苦哉!"①此"躱避"即今躲避。又躲避涉及身體,類化而成"軃",後改換聲符成"躲",今"躲"行而"軃""軃""軃"皆廢。

2.2.2.1.5 哇/嗥

《大正藏》五十一册《景德傳燈錄》卷十三"汝州風穴延沼禪師":"問:西祖傳來,請師端的。師曰:一犬吠虛,千猱哇實。"(303/a)《祖庭事苑》卷六"風穴衆吼集"載"千猱":"當作獿,奴刀切,惡犬長毛也。猱,猴也,非義。"(163/a)"一犬吠虛,千猱哇實",後世禪師多有引此句者。《卍續藏經》一百二十二册《天如惟則禪師語錄》卷一"示衆"作"一犬吠虛,千猱嗥實"(807/b),《卍續藏經》一百二十二册《平石如砥禪師語錄》卷一作"一犬吠虛,千獒哇實。"(377/b)

善卿所論,則"千猱"讀作"千獿",指狗而非猴,故異文有作"千獒"者。又"哇"指狗鬥咧嘴,《玉篇‧口部》:"哇,狗欲齧。"施之禪錄,寓指禪師説法。從來源上看,"哇"即"睚"之後起改換義符形體。蓋"睚"本爲嗔目,狗鬥往往嗔目咧嘴,與口涉而作"哇",詞義也隨之發生轉變以表"狗欲齧",猶"睚眦"之作"嘾嗦"。《大正藏》十一册《大寶積經》卷八十八"摩訶迦葉會第二十三之一":"彌勒,譬如有狗前至他家,見後狗來,心生瞋嫉,嘾嗦吠之,内心起想謂是我家。"(504/a)是也。"哇"異文作"嗥",乃其義近之換。

2.2.2.1.6 焞/燉/烹/純

《卍續藏經》一百四十三册《指月錄》卷二十四"安吉州天聖皓泰禪師":"且授偈曰:楊廣山前草,憑君待價焞。異苗翻茂處,深密固靈根。"(540/a)"焞",《卍續藏經》一百四十二册《增集續傳燈錄》卷六"台州萬年橫江浩禪師"引作"燉"(888/a),《卍續藏經》一百四十七册《宗統編年》卷十九引作"烹"(289/b),《嘉興藏》二十一册《大藏一覽》卷十"清原第十世"引作"純"(595/c)。從上下文韻脚來看,"焞"必須是平聲十三元纔能與"根"押韻。又《嘉興藏》二十三册《石門文字禪》卷八"游龍王贈雲老"化用此詩:"楊廣山頭草木熏,公獨深密護靈根。"(610/b)結合文意,"焞"當即以火熏燒義。

《玉篇‧火部》:"焞,盛貌。"異文作"燉"。同上《火部》:"燉,火盛貌。"猶"敦煌"或作"燉煌""焞煌"。

上異文作"烹",實際上非烹煮之"烹",而是"焞"的或體,否則不僅不

---

① (南宋)洪邁:《夷堅支志》,《續修四庫全書》本,上海古籍出版社,2002年,第605頁。

押韻,與文意也不相協。"焞"之變作"烹",蓋"火"旁或作"灬"所致,如"灸"之作"炙"(《集韻·宥韻》)、"炳"之作"昺"(《正字通·火部》)、"燄"之作"然",等等。值得注意的是,烹煮之"烹"確實也能變換成"焞"。《高麗藏》三十五册《可洪音義》卷十三"泥犁經音義"之"焞煞"條:"上普庚反,煮也,正作烹。"(27/c)考原經,《大正藏》第一册《泥犁經》卷一作"烹殺"(909/b)。"焞"爲普耕反,明爲"烹"字。

至於異文作"純",蓋音借所致,"焞""純"皆有常倫切一讀。

2.2.2.1.7 搊/扭

《卍續藏經》一百三十八册《五燈會元》卷三"洪州百丈山懷海禪師":"師侍馬祖行次,見一群野鴨飛過。祖曰:是甚麽?師曰:野鴨子。祖曰:甚處去也?師曰:飛過去也。祖遂把師鼻扭。"(87/a)"扭",《卍續藏經》一百四十六册《禪宗正脈》卷二"百丈懷海禪師"引作"搊"(48/a)。"搊""扭"形成異文,禪録較爲習見。《卍續藏經》一百三十六册《聯燈會要》卷十三"南嶽芭蕉谷泉庵主"下:"遇一日又來,問:庵主在麽?師云:誰?遇云:行脚僧。揭簾便入。師攔胸搊住云:我這裹,狼虎縱橫,尿床鬼子三回兩度來討甚麽?"(639/a)"搊住",《卍續藏經》一百四十三册《指月録》卷二十四"谷泉禪師"引作"扭住"(534/b),都是抓住的意思。

雷漢卿先生認爲禪録中"扭捏""搊絶",二者當是同義詞。① 實際上"搊"即源於"扭",而"扭"又是"紐"後起字。《説文》不載"搊","搊"字用例多見於唐及以後的文獻。以下試而論之。

"紐"本義爲束結,從"糸","丑"聲,引申可表以手束持、擰轉,此義涉及動作,後改换義符用"扭"表示。在古籍用例上"紐""扭"混用情况甚爲可觀,此表明了"紐""扭"初始的文字關係。"紐""扭"最初應該是正俗體關係,後來詞義分工纔有了區别。曾良先生指出:"再從歷時演變的角度看,'扭'和'揪'均不見於《説文》,我估計扭的意思上古漢語中寫'紐','紐'字既可作名詞,又可作動詞。一直到近代漢語作動詞還有寫'紐'的……因爲'紐'字作動詞用,按照漢字的體系,似乎'扌'旁表示動作,故俗寫爲'扭'。'扭'一開始應該是個俗字,是個後起字,後來纔轉化爲正字的。"② 誠哉斯言! 瞭解了它們的關係,"搊"的語源問題就不難解决了。我們認爲"搊"本來正體就是"扭",俗寫中部件"丑""芻"形體近似,從而造成"扭"訛作"搊"。後人不曉,强拆"扭""搊"爲二字,音隨形變,使"搊"讀

---

① 雷漢卿、王長林:《禪宗文獻語言論考》,上海教育出版社,2018 年,第 171 頁。
② 曾良:《明清通俗小説語彙研究》,江西教育出版社,2009 年,第 191 頁。

音隨"芻"。謂予不信，請看下文論證。

"紐"的俗體可作"𦁐"，如洪氏晦木齋刻本《隸釋》卷五漢《成陽令唐扶頌》："㸃𦁐士進，守舞陽丞。"①《金石文字辨異》卷八上聲二十五"有韻"下"紐"字引漢《唐扶頌》此例並按："𦁐即紐字。《説文》從丑，他碑或作𠀂，故紐亦作𦁐。"②"丑"字俗作"𠀂"，如東漢《沛相楊統碑》："年五十六，建甯元年三月癸𠀂遘疾而卒。"③

需要指出的是，部件"芻"俗寫也可作"𠀂""丑"等，這與上舉"紐""丑"的俗寫形體顯然近似甚至無別。敦煌寫卷 S.2832《願文等範本》："豈謂鶵鳳無託，先凋五色之花。"④"鶵"即"雛"字。北魏《元乂墓誌》："業通鄒魯，聲高梁魏。"⑤"鄒魯"即"鄒魯"。唐《張士貴墓誌》："飛蒭所寄，允茲簡在，授上柱國。"⑥"飛蒭"即"飛芻"，語出《漢書·主父偃傳》"飛芻挽粟"。另外，"芻"的俗寫還可作疊加的兩個"丑"。唐《張威及妻賈氏墓誌》："少顯譽於鳳鶵，長揚闕文。"⑦"鳳鶵"即"鳳雛"。東魏《元悰墓誌》："設醴待賢，彗趨士，雅有明德，實著高義。"⑧"趨"即"趨"字。又敦煌寫卷 S.4480v《太子成道變文》："手掦無夏樹，脚紅連花右。""掦"即"搦"字，爲"搦"的俗體（《廣韻·尤韻》"搦，手搦。掦，俗"）。

以上從"芻"之字皆俗作"丑"，看起來如疊加的兩個"丑"，如果用符號表示上面的"丑"，則"芻"俗寫可作"㐫"，與"丑"形似。唐《崔宜之墓誌》："鳳雛將嗣，鵬圖暫遊。"⑨"雛"即"雛"，其左邊部件"芻"俗作一個符號和"丑"的組合，這種形體也就是今天簡化字"刍"的來源。又"爥"俗體可作"炄"，《改併五音類聚四聲篇》卷十三"曉母第三十一·火部第八"下：

---

① （南宋）洪适：《隸釋·隸續》，中華書局，1985 年，第 60 頁。
② （清）邢澍：《金石文字辨異》，《續修四庫全書》本，上海古籍出版社，2001 年，第 99 頁。
③ 徐玉立主編：《漢碑全集》第 4 册，河南美術出版社，2006 年，第 1155 頁。
④ 黄征：《敦煌俗字典》，上海教育出版社，2005 年，第 58 頁。
⑤ 北京圖書館金石組編：《北京圖書館藏中國歷代石刻拓本匯編》第 5 册，中州古籍出版社，1989 年，第 35 頁。
⑥ 中國文物研究所、陝西省古籍整理辦公室：《新中國出土墓誌·陝西》，文物出版社，2000 年，第 43 頁。
⑦ 北京圖書館金石組編：《北京圖書館藏中國歷代石刻拓本匯編》第 15 册，中州古籍出版社，1989 年，第 207 頁。
⑧ 北京圖書館金石組編：《北京圖書館藏中國歷代石刻拓本匯編》第 6 册，中州古籍出版社，1989 年，第 92 頁。
⑨ 北京圖書館金石組編：《北京圖書館藏中國歷代石刻拓本匯編》第 21 册，中州古籍出版社，1989 年，第 73 頁。

"煜,音炒,義同。"①繼續訛變還可作"烜"。《龍龕手鏡·火部》:"燭,古。烜,今。"又上揭《廣韻·尤韻》"拋"爲"搊"的俗體,顯然也是因爲"搊"俗作"扭",右邊上方部件用符號表示即成"拋"。用例如《中華藏》七十四冊《續傳燈錄》卷二十九"常德府文殊心道禪師"下:"師以拳擉破窗紙。鑑即開門搶住云:道!道!師以兩手捧鑑頭作口唫而出。"(927/b)"搶住",《嘉興藏》(698/c)、《大正藏》(665/a)、《卍續藏經》(633/a)本皆作"搊住","搶"明爲"搊"的俗體。蓋"搊"一變作"扭",右部上面部件"丑"用符號表示即成"搶"。

以上分析了"丑""芻"俗寫形體近似程度之大,表明"扭"訛俗作"搊"在客觀上具備可能性,但在具體文獻中這種訛混情況可行性存在與否,還得根據文獻用例來說明。實際情況表明,古籍文獻用例中,"扭"確實存在訛作"搊"者,並且不少。《卍續藏經》一百四十二冊《續傳燈錄》卷二十:"不重己靈,休話佛祖。搋定釋迦鼻孔,揭卻觀音耳朵。"(514/b)"搋定",《中華藏》本作"福定"(842/c),《卍續藏經》一百三十六冊《建中靖國續燈錄》卷十九"南康軍兜率院志恩禪師"作"扭定"(287/a),《卍續藏經》一百三十八冊《五燈會元》卷十七"南康軍兜率志恩禪師"作"搊定"(675/a)。以上異文"搋""福""扭""搊"等,蓋本作"扭",訛變作"搋""福",因部件"芻"俗體也可作"丑",訛變混同,回改即成"搊"。又《卍續藏經》一百三十六冊《聯燈會要》卷四"洪州百丈懷海禪師"下:"師侍馬大師(按:馬祖道一)遊山次,忽見野鴨飛過。祖問:是甚麼?師云:野鴨子。祖云:甚麼處去也?師云:飛過去也。祖搊師鼻頭,師負痛,失聲云:阿耶耶,阿耶耶。祖云:又道飛過去也。師於此契悟。"(493/b)此是禪籍文獻中有名的"百丈野鴨子公案"。"祖搊師鼻頭",《卍續藏經》一百四十六冊《佛祖正傳古今捷錄》卷一"第三世百丈懷海禪師"引作"祖遂扭師鼻頭"(875/a)。一作"扭",一作"搊","扭""搊"同也。

《北京圖書館古籍珍本叢刊》本《工部廠庫須知》卷七:"三殿陳設,萬曆三十二年成造一次:頭號銅缸一十九口,二號銅缸一口,銅海十口,三寸鐵環一百二十個,大鐵倒環六十個,生鐵搊一百個。"②"生鐵搊"費解。"搊"之爲字,義表動作,無涉名詞之用,這裏當作"生鐵扭",即"生鐵鈕"。《海國圖志》卷八十六"制鐵模法"下:"凡每節之一瓣,須用口字樣熟鐵鈕

---

① (金)韓孝彥、韓道昭:《改併四聲篇海》,《續修四庫全書》本,上海古籍出版社,2001年,第474頁。
② (明)何士晉:《工部廠庫須知》,《北京圖書館古籍珍本叢刊》本,書目文獻出版社,1999年,第513頁。

二個,相對嵌入,使安放有准。"①此正作"熟鐵鈕"。蓋"鐵鈕"或作"鐵扭",再變即訛作"鐵挧"。

《司牧安驥集》卷一《相良馬寶金論》:"膝要高而圓似挧,骨細筋粗節要攢。"②"圓似挧"即"圓似扭"也,義爲良馬膝蓋骨要如紐結一樣圓。"紐"有圓義,文獻習見,不贅。

《太平廣記》卷二百五"樂三·羯皷"下:"捲用剛鐵,鐵當精鍊,捲當至勻;若不剛,即應條高下,挧掜不停。"③"挧掜",《文獻通考》卷一百三十六"樂九·革之屬·胡部"作"紐掜"④。"挧掜"於義無涉,作"扭掜"者是,"扭掜"即"紐掜"。《千金要方》卷八十二"養性·按摩法第四":"兩手相捉,紐掜如洗手法。"是知"紐掜"即紐結也,此詞《漢語大詞典》沒有收錄。

《郭襄靖公遺集》卷六《勘報差官身故並參誤事官員疏》:"初九日巳時,有憑祥州頭目陸珠,因索常例,不得與通事潘應科藉取交杠領狀,因而爭攘挧打至范可久處。"⑤"爭攘挧打"即"爭攘扭打"。

《卍續藏經》一百四十六册《禪宗正脈》卷四"太原孚上座"下:"師曰:禪德自來講經,將生身父母鼻孔挧捏,從今已去更不敢如是。"(131/a)"挧捏",《大正藏》四十一册《佛果圜悟禪師碧巖錄》卷五引作"扭捏"(183/b)。

以上所舉用例,已足夠説明"挧"即"扭"字之俗訛,這也就合理地解釋了上揭禪籍"攔胸扭住"異文可作"攔胸挧住"。

2.2.2.2 異文視野下字形俗寫的演變

上面我們提到俗體字形演變一般都遵循一定的條理,並非無迹可循。在此,我們根據字形變化特點,對宋與明清禪錄異文中的俗字演變情況作一點討論。

2.2.2.2.1 齂/齂/欯/嘁/嘁/哫

《卍續藏經》一百四十三册《指月錄》卷三十"潭州龍牙智才禪師":"二十三日再集衆示問曰:涅槃生死盡是空華,佛及衆生並爲增語,汝等諸人,合作麽生? 衆皆下語不契。師喝曰:苦苦。復曰:白雲湧地,明月當天。言訖齂然而逝。"(662/a-b)"齂",《卍續藏經》一百三十八册《五燈會元》卷十九"潭州龍牙智才禪師"作"齂"(773/b)。"齂然而逝"言含笑而逝。

---

① (清)魏源:《海國圖志》,早稻田大學藏光緒二年刻本。
② (唐)李石等:《司牧安驥集》,《續修四庫全書》本,上海古籍出版社,2001年,第460頁。
③ (北宋)李昉等編:《太平廣記》,中華書局,1961年,第1559頁。
④ (元)馬端臨:《文獻通考》,中華書局,1986年,第1207頁。
⑤ (明)郭應聘:《郭襄靖公遺集》,《續修四庫全書》本,上海古籍出版社,2001年,第150頁。

《廣韻·軫韻》:"齞,大笑。"

"齞""齞"的關係,段玉裁已指出。《説文·欠部》:"㰤,指而笑也。"段注:"《吕覽》:舜爲天子,斡斡㰤㰤,莫不載悦。高注曰:㰤㰤,動而喜也。……㰤蓋即㰤字,轉寫從欠。《吴都賦》:東吴王孫齞然而咍。劉注云:齞,大笑貌。引莊周、齊桓公'齞然而笑',齞即㰤字之異者,俗訛作齞。"《俗書刊誤》卷二"八軫":"齞,俗作齞,非。"結合段氏、焦氏所論,則"齞""齞"即"㰤"之後起訛俗字形,蓋"展""辰"形近所致,文獻中習見。《毛詩·小雅·車舝》:"辰彼碩女,令德來教。"馬瑞辰曰:"按:《列女傳》引《詩》作'展彼碩女',蓋本《韓詩》,抑或以展、辰形近而誤。"①此即"辰""展"訛用之類。又殿本《漢書·地理志上》:"海鹽:故武原鄉有鹽官,莽曰展武。""展武",明萬曆刻本《水經注箋》卷二十八"沔水中"訛作"辰武"②。又光緒元年(1875)刻本《綉像珍珠塔續集麒麟豹傳》卷一第二回"别母":"正旦白:做娘的輾轉思量,原有九家親戚,到底差些。"③"輾轉"明即"輾轉"之俗寫。《十三經注疏》本《春秋左傳正義·哀公十一年》"展如將右軍",阮元校勘記曰:"纂圖本、監本、毛本'展'誤'辰'。"④

實際上,古籍文獻中"㰤"的衍生形體較多。笑與口涉,故"齞"改換聲符義符或作"唒"。《高麗藏》三十五册《可洪音義》二十二册"無明羅刹經"收"唒唒"條:"丑人反,笑貌也。正作齞也,筆受者以形聲而作唒,非體也。"(371/c)"唒"即"唒",《大正藏》十六册《無明羅刹集》卷上作"唒唒"(852/c),乃形近訛誤也。

或作"哴"。明刻本《存復齋文集》卷三《軋賴機酒賦》:"麴生復蹙頗而前曰:噫!當今之盛禮,莫盛於軋賴機,蓋達官之所薦,豪家之所施,子居隘陋,曾不之知!山人哴然而笑曰……"⑤"哴然",《歷代賦彙》卷一百"飲食"類收朱德潤《軋賴機酒賦》正作"齞然"⑥。

"㰤"變作"齞""齞",聲符"辰"變作"展",上文已指出。現在的問題是:它是如何訛變成從"單"的? 從"單"的理據爲何? 我們認爲從"單"也

---

① (清)馬瑞辰撰,陳金生點校:《毛詩傳箋通釋》,中華書局,1989年,第741頁。
② (北魏)酈道元撰,(明)朱謀㙔注:《水經注箋》,《四庫未收書輯刊》本,北京出版社,1997年,第209頁。
③ (清)陸士珍:《綉像珍珠塔續集麒麟豹傳》,光緒元年玉積山房刻本。
④ (西晉)杜預注,(唐)孔穎達正義:《左傳正義》,《十三經注疏》,中華書局,1980年,第2169頁。
⑤ (元)朱德潤:《存復齋文集》,《續修四庫全書》本,上海古籍出版社,2002年,第283頁。
⑥ (清)陳元龍輯:《歷代賦彙》,《景印文淵閣四庫全書》本,臺灣商務印書館,1986年,第202頁。

是字形訛變所致,本當從"車"。以"辰"爲聲符之字,如"欨""振""震""娠""跡",都是同源關係,皆有動義。蓋古人認知範疇中動多與車有關,故"欨"俗變而成"輾"。《中華再造善本》影明成化喬縉刻本、《諸子叢書》影抱經堂刊本、《四部叢刊初編》影明正德刊本賈誼《新書·道術》:"臨制不犯謂之嚴,反嚴爲輾。""輾",《四庫全書》信述堂重刊本作"輾"①。此正"輾""輾"異文之證。又《韓非子·南面》:"是以遇贛窳憧之民,苦小費而忘大利也,故貪虎受阿謗。而輾小變而失長便,故鄒賈非載。"《韓非子新證》卷二"而輾小變":"按:輾當即震之異文。謂震懼也。"②如是,則"輾"即"震"之俗寫,蓋震動與車有關而增"車"成"輾"。"欨"之作"輾",亦猶"震"之作"輾"也。又"車""單"形近,容易致誤。《莊子·達生》:"桓公輾然而笑曰:此寡人之所見者也。""輾然",《天中記》卷二十三"笑"引《莊子·達生》作"輾然"③。此"輾""輾"正"車""單"之變而致異。又《漢書補注》卷四十一"灌嬰傳":"受詔將郎中騎兵東屬相國韓信,擊破齊軍於歷下,所將卒虜單騎將軍華毋傷及將吏四十六人。"王先謙補注:"錢大昭曰:單騎,南監本、閩本並作車騎。先謙曰:官本作車,《史記》同,單字誤。"④"單騎"即"車騎"之訛。故"欨"繼續變化即成"輾""輾"。

2.2.2.2.2 咂/咂/唼/接/蛃/蠟

《卍續藏經》一百三十五册《天聖廣燈錄》卷二十七"廬山棲賢寶覺院澄諟禪師":"上堂,良久云:幸好一盤飯,不可强糝椒薑去,雖然如此,試咂啗看。"(877/b)"咂",《卍續藏經》一百三十九册《五燈嚴統》卷十"廬山棲賢澄湜禪師"作"唼"(452/b)。

"咂"爲合韻精母(《廣韻》)。"唼"有三音,一是狎韻生母(《集韻》),二是葉韻清母(《集韻》),三是合韻精母。《大正藏》五十四册《慧琳音義》卷十五:"若唼,笞合反,鳥食也。"(396/c)又《嘉興藏》十九册《北京五大部直音會韻》卷二"梁皇懺卷第四":"唼,音咂,入口也。"(233/c)在入口吃這個意義上"咂""唼"音義同,皆合韻精母字,顯然要歸入同一個詞的不同書寫形式,所以佛籍中習爲異文。《大正藏》五十一册《景德傳燈錄》卷十九"韶州雲門山文偃禪師":"才見老和尚動口,便好把將石蓴口塞,便是屎上青蠅相似,鬥競接將去,三箇五箇聚頭地商量,苦屈兄弟。"(357/a)"接將

---

① (西漢)賈誼:《新書》,《景印文淵閣四庫全書》本,臺灣商務印書館,1986年,第441頁。
② 于省吾:《雙劍誃諸子新證》,中華書局,1962年,第286頁。
③ (明)陳耀文:《天中記》,《景印文淵閣四庫全書》本,臺灣商務印書館,1986年,第88頁。
④ (清)王先謙:《漢書補注》,《續修四庫全書》本,上海古籍出版社,2001年,第352頁。

去"當作"唼將去",此以蒼蠅聚食寓指說禪,與動作相涉,故俗訛"唼"爲"接"。《卍續藏經》一百一十二册《列祖提綱錄》卷十"五參提綱"正作"唼"(317/b)。《卍續藏經》一百三十六册《聯燈會要》卷二十四"韶州雲門文偃禪師"作"哂"(826/b),"哂"即"咂"之俗。又《大正藏》五十三册《法苑珠林》卷四十四"王業部第四":"所攀之樹其根動搖,樹上有蜜五滴墮其口中,於時動樹敲壞蜂窠,衆蜂散飛唼螫其人。"(626/b)"唼",《卍續藏經》一百三十册《釋迦如來行蹟頌》卷二作"咂"(291/b)。

從語源來說,"咂""唼"皆"噆"之後起形體。《説文・口部》:"噆,嗛也。"讀音爲子答切,與"咂"音義同。《卍續藏經》一百三十七册《嘉泰普燈錄》卷二十五"西蜀仁王欽禪師":"便有瞎禿子白衣輩十箇五箇簇著他,如蒼蠅聞臭肉相似,便聚頭鬥唼將去,纔經久久,臭氣過了,見無可噆,依前散去。"(344/b)"唼",上舉《聯燈會要》作"哂",此後文用"噆","哂""噆""唼"同。又《大正藏》第四册《出曜經》卷二"無常品":"比丘!我時至後園觀看,見有病人,形羸吐逆,卧大小便,蠅噆其身。"(619/c)"噆",原注宋、元、明本作"唼"。

《大正藏》十一册《大寶積經》卷四十六"毘利耶波羅蜜多品":"舍利子,當爾之時,諸不善人同聲説是非法語者,大小男女有六十八拘胝千衆生……彼一一身又爲一百極惡商佉之所唼食。"(269/a)"唼食",《大正藏》五十四册《慧琳音義》卷十三"大寶積經"作"咂食",並釋曰:"《説文》作噆,銜也。經文作唼。此字有二音,《玉篇》音所甲反,非經意,今不取。"(385/c)原經"唼",慧琳所見版本作"咂"。慧琳言"唼"所甲反非經意,正是言其啥合反與"噆""咂"音義同。

"唼"引申用於蟲叮咬義,類化而可作"蛟"。《卍續藏經》三十五册《藥師經直解》卷一"二滅情無情怖"下:"相傳此方蚊子極大,昔有姑嫂二人行至中途,天晚,嫂畏蚊,故就客人蚊帳而宿。其姑坐地受蛟,至筋骨俱露而死。"(382/a)"受蛟"即被叮咬。

或又改換聲符而作"蠶"。《大正藏》第四册《出曜經》卷一"無常品":"時彼田主宿緣鉤連應蒙得度,便逐道人私匿從行,見曠塚間屍骸狼籍膖脹臭爛,烏狩食嗽散落異處,或有食嗽盡不盡者,有似炙鴿蛆蟲哂唊,臭穢難近。"(612/b)"哂"下原注宋、元本作"噆"。《高麗藏》三十五册《可洪音義》卷二十一"出曜經"作"蠶"(315/a),與今《大正藏》本不同。"噆""哂"本合韻字,蓋入聲消失後與"贊"音近而成"蠶"。

2.2.2.2.3 攄/叡/挝/抯/查/揸

《卍續藏經》一百三十七册《嘉泰普燈録》卷二十二"節使李端愿居士":"公問曰:天堂地獄,畢竟是有是無,請師明説。穎曰:諸佛向無中説有,眼見空華;太尉就有裏尋無,手攄水月。"(310/b)"攄",《卍續藏經》一百三十六册《聯燈會要》卷十三"潤州金山達觀曇穎禪師"作"揸"(643/a)。"手攄水月"即手撈水中月,作"揸"乃形近致誤。"攄"即《説文》之"叡""挝"。《説文·又部》"叡"字段注:"今俗語讀如渣,若手部云箸者以銍物刺而取之也。《方言》:挝、攄,取也,南楚之間凡取物溝泥中謂之挝,或謂之攄。亦此字引伸之義。"同上手部:"挝,抱也。""叡""挝"同,從"且""虘"者往往可互换,如《爾雅》之作"蔄蘆"又作"履苴"(見郭璞注)。

俗書"且""旦"訛混不分①,從"且"之字往往作從"旦",文獻習以"俎"爲"但","挝"俗書亦可作"担"。此僅舉一例示用。《墨子·天志下第二十八》:"今王公大人之爲政也,自殺一不辜人者,踰人之牆垣,挝格人之子女者……"俞樾按:"挝字無義,當爲衍文,蓋即垣字之誤。"②如俞樾所論,則"垣"訛而成"担"。此獲取義之"挝"自然俗可作"担"。《方言》卷十有"南楚之間凡取物溝泥中謂之担"③,又《廣雅·釋詁》:"挝,取也。"王念孫:"挝,各本譌作担。"④則《廣雅》"挝"別本確多作"担"。又《大正藏》第十四册《佛説佛名經》卷五:"或打撲蚊虻、蠅蠅、蜂蝎,掐挝蚤虱。"(209/a)"掐挝",同上卷二十引此作"搯担"(268/b)。"搯担"即"掐挝"俗寫,俗書"臽""召"亦不分⑤,此爲掐取虱蚤義。

或作"抯"。《集韻·麻韻》:"挝、抯,《説文》'抱也'。一曰取物泥中。古作抯。""抯"蓋"挝"之形體訛變,並非什麼古體。俗書"扌""木"不分,"木""帀"形近,故"挝"稍變即成"抯"。

或作"查"。《文選·奏彈劉整》:"整及母並奴婢等六人來至范屋中,高聲大罵,婢采音舉手查范臂……""查范臂",《頻羅庵遺集》卷十四"直語補證"下"挝"字引此作"挝范臂"⑥。

或作"揸"。明富春堂刊本《李十郎紫簫記》卷二第十五齣:"〔尾聲〕

---

① 詳見曾良:《俗字及古籍文字通例研究》,百花洲文藝出版社,2006年,第138頁。
② (清)俞樾:《諸子平議》,中華書局,1954年,第188頁。
③ (西漢)揚雄:《揚子雲集》,《文淵閣四庫全書》第1063册,臺灣商務印書館,1986年,第94頁。
④ (清)王念孫著,鍾宇訊點校:《廣雅疏證》,中華書局,1983年,第19頁。
⑤ 詳見曾良:《俗字及古籍文字通例研究》,百花洲文藝出版社,2006年,第134頁。
⑥ (清)梁同書:《頻羅庵遺集》,《續修四庫全書》第1445册,上海古籍出版社,2002年,第579頁。

四娘,你也揸些撒帳錢回去。"①又清刊本《紅樓夢補》第二十七回:"黛玉因是賈母屋裏的人,便叫住紫鵑,反叫去揸些果子給他。"②"揸些"即取些。

2.2.2.2.4 鑐/鬚/鎩/鋗

《卍續藏經》一百三十六冊《建中靖國續燈錄》卷二十八"舒州投子山義青禪師":"舉僧問石霜:如何是石霜深深所?霜云:無鑐銷子兩頭搖。"(382/a)"無鑐銷"當作"無鑐鎖",禪錄習見,寓指機鋒。或作"無鬚鎖",《卍續藏經》一百四十四冊《續燈正統》卷十七"忠州東明眉山燈甫禪師":"無鬚鎖子兩頭搖,赤眼烏龜吹鐵笛。"(693/b)《廣韻·虞韻》:"鑐,鎖中鑐也。"《集韻·虞韻》:"鑐,鎖牡也。"黃侃先生認爲:"鑐,俗字,正當作須髮之須。"(見《蘄春語》)孔穎達注《禮記·月令》"修鍵閉"下有"鑠須"。故"鑐""鬚""須"皆同,指鎖之牡鍵。或類化作"鎩"。《集韻·虞韻》:"鑐,或作鎩。"

佛典或改換聲符作"鋗"。《大正藏》第二冊《別譯雜阿含經》卷七"二誦第二":"汝能以二種論難瞿曇不如兩錕鉤,鉤取於魚,既不得吐,又不得嚥,斯二種論,亦復如是。"(423/b)"錕"即"鋗"之俗訛,碑刻墓誌、敦煌寫卷習見部件"肙"作"昌"。此"錕"下注宋本作"鋗",元、明本作"鑐"。"鋗"又"鑐"之聲符改換。《大正藏》五十四冊《慧琳音義》卷五十二載玄應"別譯阿含經第十五卷"錄"兩須":"思于反,謂鎖須也。"(657/a)《大正藏》本《別譯雜阿含經》卷七內容即玄應所見《別譯雜阿含經》卷十五,是原經"兩鋗",玄應所見版本作"兩須"。"須""鋗""鑐"同。

2.2.2.2.5 鬖鬆/鬖鬆/髾鬆/髾鬙

《卍續藏經》一百三十六冊《建中靖國續燈錄》卷十二"蘄州開元琦禪師":"上堂云:四面亦無門,十方無壁落。頭鬖鬆,耳卓朔,箇箇男兒大丈夫。"(191/b)"鬖鬆",《卍續藏經》一百一十二冊《列祖提綱錄》卷八"開元琦禪師"引作"鬤鬆"(283/a)。"頭鬖鬆,耳卓朔"禪錄習用,或作"頭髾鬆,耳卓朔",如《卍續藏經》八十五冊《佛祖綱目》卷三十六"宋仁宗賜傳法正宗記等書入藏":"曰:如何是上梢?曰:頭髾鬆,耳卓朔。"(689/a)

從字形演變發展軌跡來看,"蓬"引申爲蓬鬆,類化改換義符作"鬖",進而改換聲符成"髾"。

值得注意的是,還有作"髾鬙"者。《卍續藏經》一百四十三冊《指月錄》卷二十六"吉州隆慶院慶閑禪師":"師曰:如何是上梢?曰:頭髾鬙,耳

---

① (明)湯顯祖:《李十郎紫簫記》,《古本戲曲叢刊》初集,商務印書館,1954年。
② (清)歸鋤子:《紅樓夢補》,《古本小說集成》第3輯,上海古籍出版社,1994年,第1103頁。

卓朔。"(592/b)同上卷二十七"音釋":"髼鬠,音朋僧,髮亂貌。"(602/b)"鬠"是登韻心母,"鬆"是冬韻心母,分屬曾、通二攝,讀音相近。從"曾"之字往往有增加、累積之義。曾昭聰先生指出:"曾有加、高義,故從曾聲孳乳之形聲字亦有加、高義素。"①他還列舉了"增""罾""矰""橧""繒""翶""譜"等形體,指其皆有累積增加義。故"蓬鬆"之變作"髼鬠"與音義皆有關聯,蓋頭髮蓬鬆也有增加、多之義,故變而成"髼鬠"。

或作"髼髻",《卍續藏經》一百一十三冊《祖庭事苑》卷二"雪竇頌古‧展事投機":"時有僧問:列祖陞堂,人天堅請。不昧宗乘,乞師舉唱。師云:頭髼髻,耳傷愬。"(44/b)"頭髼髻"與上舉"頭髼鬠"同。"髻"字費解,"曾""冐"形近,蓋"鬠"字之譌。

2.2.2.2.6 輒/輙

《卍續藏經》一百三十七冊《嘉泰普燈錄》卷三"袁州楊岐方會禪師":"自是,明每山行,師輒瞰其出,雖晚,必擊鼓集衆。"(69/a)"輒",《卍續藏經》一百四十冊《五燈全書》卷四十一"袁州楊岐方會禪師"作"輙"(930/b)。"輙"是"輒"俗寫,字書有載,毋庸贅述。

部件"取"能俗寫成"耴",如《嘉興藏》第九冊《續傳燈錄》卷四"駙馬都尉李遵勖居士":"學道須是鐵漢,著手心頭便判。直趣無上菩提,一切是非莫管。"(545/c)"直趣"即"直趣"。《説文‧耳部》:"耴,耳垂也。從耳下垂。"則"耴"本義爲耳垂,"輒""挹""栭""恥"等字從之。"取""耴"音義是別,互不相涉。那麼部件"取""耴"是怎麼訛混的呢?請試以論之。

"取"字俗寫中省寫作"耴"不會晚於漢簡時代。居延漢簡"取"可作"耴"(居延漢簡 212.29)、"耴"(居延漢簡 448.2)、"耴"(居延漢簡 448.4)②等。後世多所承襲,北魏《王僧男墓誌》:"又追贈品一,賜東園秘器及輼輬車,喪之資費皆耴公給。"③"耴"即取。例多不枚舉。

從"取"之字,亦可俗訛作從"耴"。北魏《元彥墓誌》:"逍遙逸趣,散誕壯周。"④"逸趣"即"逸趣"。北魏《王基墓誌》:"敖然獨足,齊鴻遙神

---

① 曾昭聰:《形聲字聲符示源功能述論》,黃山書社,2002 年,第 25 頁。
② 王夢鷗:《漢簡文字類編》,臺灣藝文印書館,1974 年,第 18 頁。
③ 北京圖書館金石組編:《北京圖書館藏中國歷代石刻拓本匯編》第 4 冊,中州古籍出版社,1989 年,第 114 頁。
④ 北京圖書館金石組編:《北京圖書館藏中國歷代石刻拓本匯編》第 4 冊,中州古籍出版社,1989 年,第 36 頁。

趣。"①"神趣"即"神趣"。唐《等慈寺碑》："恆沙譬福,聚而無盡。"②"聚"即"聚"。皆其例。

巧合的是,"耴"也可俗作"耴"。東漢《華山廟碑》："有事西巡,輒過享祭。"③"輒"即"輒"。《宋拓懷仁集王書聖教序》："理含金石之聲,文抱風雲之潤,治揪以輕塵足嶽,墜露添流。"④"揪"亦即"輒"。《隸釋》卷一《帝堯碑》："若不虔恪,輒赴殯。"⑤"輒"即"輒"。

這樣看來,"耴"既可以是"取"的俗體,也可以是"耴"的俗體,具體應釋作"取"還是"耴",恐怕只有從文意上進行考辨。值得注意的是,如果依據"耴"這一中介俗寫形體回改,可能會使"耴""取"訛混。以下分別予以論說。

本應作"取",俗却作"耴"者,文獻用例繁夥。《四部叢刊初編》本《晏子春秋・內篇諫下第二・景公養勇士三人無君臣之義晏子諫第二十四》："吾勇不子若,功不子逮,耴桃不讓,是貪也,然而不死,無勇也。""耴桃"即"取桃",非耳垂之"耴",此言晏子設計以二桃殺三勇士之事。同上《外篇重而異者第七・景公見道殣自慙無德晏子諫第八》："君不推此二而苟營內好私,使財貨衕有所聚,菽粟幣帛腐於囷府,惠不遍加於百姓,公心不周乎國,則桀紂之所以亡也。""聚"即"聚"字,本從"取",此作耳垂之"耴"。又北魏《淨悟浮圖記》："蓮華現影,貝葉生香,爰諏神瑞。"⑥"諏"即"諏"。又《四部叢刊初編》本《纂圖互注禮記》卷七"禮運第九"："鳳皇麒麟皆在郊椒,龜龍在宮沼。"鄭玄注曰："椒,聚草也。"經文作"椒",注文作"楓",必有一誤,據聚草之義,顯然作"椒"字是。又元刊本《元典章》卷四"朝綱卷一・政紀・省部減繁格例"："耴具應設人數、各各歷仕腳色,依例招刷。"⑦"耴具"即"取具"。又明刊本《隋唐演義》卷六第六十五節："敬

---

① 北京圖書館金石組編:《北京圖書館藏中國歷代石刻拓本匯編》第 4 册,中州古籍出版社,1989 年,第 151 頁。
② 北京圖書館金石組編:《北京圖書館藏中國歷代石刻拓本匯編》第 11 册,中州古籍出版社,1989 年,第 23 頁。
③ 北京圖書館金石組編:《北京圖書館藏中國歷代石刻拓本匯編》第 1 册,中州古籍出版社,1989 年,第 125 頁。
④ 《歷代碑帖法書選》編輯組編:《宋拓懷仁集王書聖教序》,文物出版社,1984 年。
⑤ (南宋)洪适:《隸釋・隸續》,中華書局,1985 年,第 13 頁。
⑥ 北京圖書館金石組編:《北京圖書館藏中國歷代石刻拓本匯編》第 3 册,中州古籍出版社,1989 年,第 1 頁。
⑦ (元)佚名:《大元聖政國朝典章》,中國廣播電視出版社,1998 年,第 116 頁。

德曰:建成僚佐,魏徵、王珪㝡賢,太子可召之共理國事。"①"㝡"即"最"。《清平山堂話本·花燈轎蓮女成佛記》:"年方一十八歲,未曾婚娶,每日只在蓮女門前走來走去。"②"娶"即"娶"。

另外,耳垂之"耳",俗寫亦習見作"取"。《廣雅·釋詁》:"掫,持也。"王念孫曰:"掫當作挕,讀若專輒之,輒字從耳,不從取……《説文》:掫,夜戒守有所擊也。義與持不相近。《玉篇》'掫'字亦不訓爲持。又《説文》《玉篇》併云:挕,拈也。"③王氏所論甚是,上揭《廣雅》之"掫"乃"挕"字之訛俗也。又《史記·貨殖列傳》:"鮐鱉千斤,鯫千石,鮑千鈞。"徐廣曰:"鯫音輒,脯魚也。"索隱曰:"鯫音輒,一音昨苟反。"王念孫曰:"案:鯫音昨苟反,字從魚,取聲。《説文》:白魚也。魶音輒,字從魚,耳聲。《玉篇》:脯魚也。兩字絕不相通。此文以鮐鱉爲一類,魶鮑爲一類。魶音輒,字從耳,不從取,世人多見取,少見耳,故魶誤爲鯫。"④據王氏所考,《史記》"鯫千石"之"鯫"乃"魶"字之訛也。又《北史·齊本紀中》:"每退朝還第,輙閉閤靜坐,雖對妻子,能竟日不言。""輙"即"輒"字。又明刊本《隋唐演義》卷二第二十六節:"褚亮字希文,杭州錢塘人,少穎敏,博覽書史,一經目,輙誌於心。"⑤"輙"亦即"輒"。又《清史稿·長順傳》:"其旗幟尚白,寇望見之,輙呼曰:'小長將軍至矣!'""輙"亦即"輒"。《正字通·車部》:"輙,俗輒字。"表明至少明时字書已經承認"輙"爲"輒"的俗體。又《玉篇·心部》:"悑,丑葉切,心動貌。""悑"字俗訛可作"佂"。《正字通·心部》:"佂,悑字之譌。舊注同悑,非。"

可見上舉禪錄"趣"之爲字,其訛誤原因是"趣"的部件"取"與"耳"在俗寫中訛混不分,從"取"之"趣"遂訛變作從"耳"。當然,這個過程並非一步到位,而是有一中介字形"耴"爲橋樑。"耴"的出現,無疑是"取""耳"訛混的前提條件。"耴"可以是"取"的俗體,也可以是"耳"的俗體。這樣一來,部件回寫,從"耴"之字就有可能作"取",也有可能作"耳"。在這一背景下,出現了"趣""趋""佂""悑"等俗體字。

現把訛變路徑例舉如下:

---

① (明)無名氏撰,(明)徐文長批評:《隋唐演義》,《古本小説集成》第1輯,上海古籍出版社,1991年,第810頁。
② (明)洪楩編:《清平山堂話本》,文學古籍刊行社,1955年,第318頁。
③ (清)王念孫著,鍾宇訊點校:《廣雅疏證》,中華書局,1983年,第103頁。
④ (清)王念孫:《讀書雜志》,江蘇古籍出版社,1985年,第167頁。
⑤ (明)無名氏撰,(明)徐文長批評:《隋唐演義》,《古本小説集成》第1輯,上海古籍出版社,1991年,第309頁。

耴→(訛變)取→(繼續訛變)取

取→(訛變)耴→(繼續訛變)耴

以上所論"取"與"耴"俗寫是不分的,以此施之於文獻整理,一些疑難問題即豁然可解。

《四部叢刊初編》本《墨子·節葬下第二十五》:"既葬,收餘壤其上,壟若參耕之畝,取止矣。"此處内容是墨子反對當時喪葬鋪張浪費,故舉用禹喪葬節儉之例以論説,大意是説禹道死會稽山,葬時所穿衣服之樸、棺槨之小、墳墓之淺,僅此而已,十分節儉。但"取止矣",按之文義,乖戾不堪,必有訛誤。殿本《漢書·楚元王傳》:"黃帝葬於橋山,堯葬濟陰,丘壟皆小,葬具甚微……禹葬會稽,不改其列。"如淳注曰:"《墨子》曰:禹葬會稽之山,既葬收餘壤其上,壟若參耕之畝,則止矣。"①如淳注所引《墨子》作"則止矣",則《四部叢刊初編》本《墨子》"取此矣"明爲"則止矣"之訛,言僅此而已。上揭《四部叢刊初編》本《墨子》下文有:"子墨子制爲葬埋之法曰:棺三寸,足以朽骨,衣三領,足以朽肉,掘地之深,下無菹漏,氣無發洩於上,壟足以期其所,則止矣。"此亦作"則止矣",亦其確證。"取"之誤作"則",也是可以解釋的:"取"字俗作"耴",其形與"則"十分近似,故"則"訛而成"取",漸行漸遠。

2.2.2.2.7 笑/关

《卍續藏經》一百一十八冊《古尊宿語録》卷二十九"舒州龍門佛眼和尚語録":"上堂:一葉落,天下春,無路尋思笑殺人。"(528/a)"笑殺人",《中華藏》七十四冊《續傳燈録》卷二十五"舒州龍門清遠佛眼禪師"下作"关殺人"(891/a)。顯然"关"即"笑"字之訛,非"關"的草書楷化簡寫形體。"笑"之訛作"关",也是可以解釋的。

俗寫中,部件"竹"習作"艸","艸"亦可作"竹","竹""艸"不分。"竹"和"艸"混用於漢隸時代已經出現。肖瑜先生《〈三國志〉古寫本用字研究》提到"竹""艸"混同現象,是對漢代文字隸變用字情況的沿襲。②"竹"篆體作"𥫗",兩兩併生而象形,最遲在漢隸時代兩邊下垂的形狀已有拉直的趨勢。如《馬王堆帛書》"等"可作"𥪞",漢《張遷碑》"策"字作"筞"。拉直的同時,減省筆畫,再變成"艸"。漢《王舍人碑》"等"作"荸"就是這種情況的反映。繼續減省,並把拉直的筆畫連在一起可作"艹"。《居延漢簡》"第"字便作"苐"。再進一步變化,便出現了習見的寫法

---

① (東漢)班固:《漢書》,上海古籍出版社,1986 年,第 549 頁。
② 肖瑜:《〈三國志〉古寫本用字研究》,上海教育出版社,2011 年,第 53 頁。

"卄"。《居延漢簡》"等"字又可作"䓁"。

故"笑"的俗寫可作"芺"。《四部叢刊初編》本《樂府詩集》卷八十一孫光憲《楊柳枝》："駿駿金帶誰堪比，還芺黃鶯不較多。""芺"即"笑"，宋刊殘本《樂府詩集》孫光憲《楊柳枝》訛作"共"①。

部件"艸"繼續減省可作"⺌"，如敦煌寫卷 S.0529《定州開元寺僧歸文》："伏自去歲今年，皆䝉供養。"同上下文："獎顧之外，銘荷空深。""䝉"即"蒙"字，"荷"即"荷"字。

既然部件"竹"一變可作"艸"，再變可作"⺌"，三變即成"⺌"，那麼"笑"字俗訛成"关"也合於情理。俗增口旁又作"咲"。殿本《漢書·叙傳》："入侍禁中，設宴飲之會，及趙、李諸侍中皆引滿舉白，談关大噱。"②"談关大噱"，今中華書局標點本直接作"談笑大噱"。"笑"之作"咲"，用例繁夥，此不贅舉。又《中華藏》七十四冊《續傳燈錄》卷二十五"彭州大隨南堂元靜禪師"下："次日入室，師默啟其說。祖关曰：不道你不是千了百當底人，此語祇似先師下底語。"（892/b）"关"即"笑"字之俗，非"關"的草書楷化形體。《嘉興藏》第九冊（675/a）、《大正藏》五十一冊（638/a）、《卍續藏經》一百四十二冊（581/b）本《續傳燈錄》皆作"笑"，是也。

2.2.2.2.8 臒/䑋

《卍續藏經》一百四十六冊《禪宗正脈》卷五"般若敬遵禪師"："師自述真贊曰：真兮寥廓，邧人圖臒。嶽聳雲空，碧潭月躍。"（169/b）"圖臒"，《大正藏》五十一冊《景德傳燈錄》卷二十五"天台山般若寺通慧禪師"作"圖䑋"（417/a）。"圖䑋"猶如塗䑋，塗抹彩色，寓指禪人巧言善辯，實則中聽不中用。《卍續藏經》一百一十三冊《禪林寶訓合注》卷三："辯公謂混融曰：像龍不足致雨，畫餅安可充饑？衲子內無實德，外恃華巧，猶如敗漏之船，盛塗丹䑋，使偶人駕之，安於陸地，則信然可觀矣。一旦涉江湖，犯風濤，得不危乎？"（396/a）又《卍續藏經》一百一十三冊《禪林寶訓拈頌》卷一："遠公謂道吾真云：學未至於道，衒耀見聞，馳騁機解，以口舌辯利相勝者，猶如廁屋，塗污丹䑋，祇增其臭耳。"（423/b）皆是以"塗䑋"彩色喻僧人利口。

以上"臒""䑋"之異恐怕不是簡單的訛誤問題，而是俗寫類化所及。"䑋"見於《重修玉篇》，《廣韻》《集韻》不載，可能是個後起字形。《正字通·舟部》："䑋，船名，一說臒字之譌。舟無䑋名。"堪爲卓識。《說文·丹

---

① （北宋）郭茂倩編：《樂府詩集》，文學古籍刊行社，1955 年，第 1877 頁。
② （東漢）班固：《漢書》，上海古籍出版社，1986 年，第 753 頁。

部》:"䐉,善丹也。"蓋"䐉"表彩色,多以塗船,故據此類化而成"䑋"。宋刊《六臣注文選》卷四張衡《南都賦》"青䑋丹粟"①,胡刻本《文選》作"青䐉丹粟"②,此正以"䑋"爲"䐉"。又《四部叢刊初編》影明刊本梅堯臣《宛陵集》卷二十一《送刁景純學士赴越州》:"會稽迎太守,舟屋畫粉䑋。前舟載圖書,後舟載女樂。"此亦以"䑋"爲"䐉","粉䑋"即色彩,與船無涉。

2.2.2.2.9 飥飥/飥飥/撩飥

《卍續藏經》一百三十七册《嘉泰普燈録》卷十五"臨安府靈隱佛海慧遠禪師":"問:浩浩塵中如何辨主?曰:木狗頭邊鐮切菜。云:莫便是和尚爲人處也無?曰:研槌撩撩飥。"(233/b)"撩飥",《卍續藏經》一百三十九册《五燈嚴統》卷十九"臨安府靈隱慧遠佛海禪師"作"飥飥"(857/a),《卍續藏經》一百三十七册《南宋元明禪林僧寶傳》卷四"瞎堂遠禪師"作"飥飥"(662/b)。

作"飥飥"者是,餅類,又作"餺飥""不托"。《康熙字典》戌集食部"飥"字下:"《玉篇》:餺飥,餅屬。揚子《方言》:餅謂之飥。《齊民要術》:麥麵堪作餅飥。《五代史·李茂貞傳》作不托。王闢之《澠水燕談》作飥飥。"③上揭《嘉泰普燈録》"撩飥"蓋涉上文"撩"而類化。"飥飥"即"飥飥"之俗寫,部件"不"俗寫可增繁作"丕"。敦煌寫卷王梵志詩《危身不自在》"脆瓦坏"即"脆瓦坯"④。又清刻本《續紅樓夢》卷二十四:"到了二月十二日這一日,又是林黛玉的生日,又與賈環賈蘭娶親,榮禧堂懸燈結彩,好不熱鬧。"⑤"賈环"即"賈環","環"草書楷化作"环",俗書增繁習作"环"。明清小説"丫鬟"多作"丫环"亦此類,不贅。

2.2.2.2.10 睬/視/睨

《卍續藏經》一百四十册《五燈全書》卷四十三"潭州福嚴文演禪師":"上堂:當陽坐斷,凡聖迹絶,隨手放開,天回地轉。直得日月交互,虎嘯龍吟,頭頭物物,耳聞目睨。安立諦上,是甚麽,還委悉麽?"(983/b)"睨",《卍續藏經》一百三十七册《嘉泰普燈録》卷十四"潭州福嚴文演禪師"作"睬"(221/b),《大正藏》五十一册《續傳燈録》卷二十八"潭州福嚴文演禪師"作"視"(658/b)。

清人《五燈全書》之"睨",恐非胡典切之"睨",而是抄書者據"視"

---

① (南朝梁)蕭統編,(唐)李善等注:《六臣注文選》,中華書局,1987年,第83頁。
② (南朝梁)蕭統編,(唐)李善注:《文選》,中華書局,1977年,第69頁。
③ (清)張玉書、(清)陳廷敬等編:《康熙字典》,康熙五十五年武英殿刻本。
④ 詳見曾良:《王梵志詩"脆風壞"討論二則》,《中國語文》2003年第6期。
⑤ (清)秦子忱:《續紅樓夢》,《古本小説集成》第2輯,上海古籍出版社,1994年,第1125頁。

"際"改換的俗寫形體。"視"與目有關,《嘉泰普燈錄》作"眎"正是其證。再者,《嘉泰普燈錄》《續傳燈錄》用的是常用形體"視""眎",《五燈全書》沒有理由抄作非常用胡典切之"睍"。

2.2.2.2.2.11 曬朖/曬眼/睡眼/曬皀

《卍續藏經》一百三十八册《五燈會元》卷十九"常德府文殊心道禪師":"指西畔曰:恁麼時,塞却西王母鼻孔,且道總不恁麼時如何? 今年雨水多,各宜頻曬朖。"(771/a) "曬朖",《卍續藏經》一百三十七册《嘉泰普燈錄》卷十六"常德府文殊心道禪師"(236/b)、《大正藏》五十一册《續傳燈錄》卷二十九"常德府文殊心道禪師"(665/b)皆作"曬眼"。

《説文·月部》:"朖,明也。"段注:"今作朗。"《集韻·蕩韻》:"朖、朗、朤,里黨切。《説文》:明也。……或從日,古作朤。"同上:"睍,目明,或從良。"則"朖"或部件位移作"朗",或改換聲符作"朤",或改換義符作"眼""朖"。明清小説多作"晾",由"明"引申爲暴曬。

禪録"朖",實則"朖"之俗省形體,非眼睛字。從"良"之字俗寫可省作從"艮"。明刻本《封神演義》卷九第四十四回:"袁天君曰:此陣非一日功行乃能煉就,名爲寒冰,實爲刀山,内藏玄妙,中有風雷,上有冰山如狠牙,下有冰塊如刀劍……"①"狠牙"即"狼牙"。又清刊本《新説西遊記》第三回:"只見那美猴王睡裏見兩人挐一張批文……跟跟蹌蹌直帶到一座城邊,猴王漸覺酒醒。"②同上七十六回:"行者到跟前……一個巴掌打了個跟蹌。"③以上兩"跟蹌"皆當爲"踉蹌"。又《卍續藏經》一百四十一册《五燈全書》卷五十三"福州鰲峰定禪師":"贊玄沙像曰……釣得錦鱗人不薦,夜寒沙上聽鳴榔。"(158/a) "榔",《卍續藏經》一百四十二册《增集續傳燈録》卷二"鰲峰定禪師"引作"桹"(778/a),二者必有一誤。例多不贅。故"朖"俗寫可省作"朖"。《龍龕手鏡·日部》:"朖,新藏作眼字。"是行均所見藏經已有作"眼"也。

"曬朖",文獻或作"睡眼""曬浪""曬皀"。《卍續藏經》一百一十三册《祖庭事苑》卷一"雲門録"有"睡眼"條:"上正作曬,所賣切,暴也。睡,書無此字。"(5/b) 今考《大正藏》四十四七册《雲門匡真禪師廣録》卷一(545/c)、《卍續藏經》一百一十八册《古尊宿語録》卷十五"雲門匡真禪師廣録上·對機"(335/b)皆只有"曬朖",善卿所見版本乃作"睡眼","睡"

---

① (明)許仲琳:《封神演義》,《古本小説集成》第4輯,上海古籍出版社,1994年,第1124頁。
② (清)張書紳:《新説西遊記》,《古本小説集成》第1輯,上海古籍出版社,1994年,第92頁。
③ (清)張書紳:《新説西遊記》,《古本小説集成》第1輯,上海古籍出版社,1994年,第2411頁。

即"曬"聲符改換之俗寫。又清刻本《五色石》卷七"虎豹變":"適有一山東客人,帶得紅花數包,因船漏浸濕,情願減價發賣。宿習便買了他的,借客店歇下,逐包打開晒浪。"①"晒浪"即"曬晾"。又清抄本《血湖寶卷》:"懺母親將不淨衣衫晒㡃,懺母親穢污手掌托經文。"②"晒㡃"亦"曬晾",蓋暴曬東西涉及動作,故改换義符作"㡃"。

2.2.2.2.12 寵/籠/竉

《卍續藏經》一百三十七册《嘉泰普燈錄》卷十八"福州玉泉曇懿禪師":"慧曰:我不似雲門老人,將虛空剜窟寵。"(264/a)"窟寵",《卍續藏經》一百三十九册《五燈嚴統》卷二十"福州玉泉曇懿禪師"作"窟竉"(891/b),《卍續藏經》一百一十二册《列祖提綱錄》卷二十"玉泉曇懿禪師"作"窟籠"(497/b)。

"寵"即"窿"聲符改换之字形,"籠"乃其音借。問題是,爲什麼會作"寵"?這和俗寫有關。俗寫部件"穴"旁往往可省作"宀"旁。元刻本《新刊關目漢高皇濯足氣英布》第一折:"〔金盞兒〕:……料應把那口吹毛過的劍先磨,坑察的着咽脛,血噁噁帶着肩窩。"③"宭"即"窩"。敦煌寫卷S.2071《切韻》:"宊,出,他骨切。""宊"就"突"。敦煌寫卷P.3636《類書》"儒":"祖述堯舜,憲章文武,尊師仲尼,以遵其道。然而流廣文繁,難可窮宄。""窮宄"即"窮究",非姦宄字。

故"窿"一變作"寵",再變即成"竉"。此"寵"非寵愛字,而是"窿"之俗寫。

2.2.2.2.13 璅蛣/蠏蛣/瑣玝

《卍續藏經》一百四十四册《續燈正統》卷十二"寧波府奉化嶽林栯堂益禪師":"上堂:諸上座,步步是諸人證明處,須是自肯,方可歸家穩坐。若不然者,蠏蛣腹蟹,水母目鰕。"(640/a)"蠏蛣",《卍續藏經》一百二十四册《愚庵智及禪師語錄》卷一"初住慶元路隆教禪寺語錄"引作"瑣玝"(306/a)。"蠏蛣"取自郭璞《江賦》,胡刻本《文選》卷十二《江賦》:"璅蛣腹蟹,水母目蝦。"④李善注:"《南越志》曰:璅蛣,長寸餘,大者長二三寸,腹中有蟹子,如榆莢,合體共生,俱爲蛣取食。""璅蛣"與蟲相涉,故禪錄類化成"蠏蛣"。"璅"同"瑣",變而成"瑣玝"。

或類化作"鯼鮨"。《嘉興藏》三十五册《解惑篇》卷二"尚直尚理編":

---

① (清)筆鍊閣主人:《五色石》,《古本小説集成》第2輯,上海古籍出版社,1994年,第472頁。
② 佚名:《血湖寶卷》,《民間寶卷》第14册,黄山書社,2005年,第166頁。
③ (元)佚名:《古今雜劇》第5册,《中華再造善本》金元編,北京圖書館出版社,2005年。
④ (南朝梁)蕭統編,(唐)李善注:《文選》,中華書局,1977年,第186頁。

"空谷曰：自無主見，不能識其道之深淺，唯憑晦庵之説，從而排之，是爲隨人腳跟轉，亦如水母以蝦爲目，鯆鮔以蟹爲足。"（469/a）

或訛變成"䗁䗷"。清刻本《本草從新》卷十七"蚌殼月"："按此即海月殼也。一名䗁䗷。郭璞所謂'䗁䗷腹蟹'、謝靈運詩有'挂席拾海月'者是也。"①"䗁䗷"即上揭"璅䗷"，蓋部件"肖""貞"形近所致。我們在"2.2.1.2.2 銷/鎖"舉有大量"肖""貞"訛用之例。

從語源來看，"蠣蛄腹蟹"言蟹之小者，"璅""蛄"皆有小義。《集韻·屑韻》："蛄，蚌之小者。"

2.2.2.2.14 畀/卑/俾

《卍續藏經》一百四十一冊《五燈全書》卷五十七"成都大隋無初德始禪師"："庚午，師告去，禮峨嵋，獻王命出世彭州大隋……一住七年，法席甚盛，永樂壬辰，特旨畀領龍泉寺。"（224/a）"畀"，《卍續藏經》一百三十四冊《補續高僧傳》卷十五"日本德始傳"作"畁"（262/b），《卍續藏經》一百四十四冊《續燈正統》卷十五"成都府大隋無初德始禪師"作"卑"（678/b）。

從文意來看，"畀領""畁領""卑領"即"畀領"，委託使領也。或作"俾領"。《卍續藏經》一百四十一冊《五燈全書》卷六十九"潤州焦山碩機弘聖禪師"："師掩耳而出，藏住鄧尉，付師竹篦，俾領衆三載，後乃辭行。"（454/a）又《卍續藏經》一百三十四冊《補續高僧傳》卷十一"笑翁堪公傳"："荆湖總臣，以國乏用，奏僧道得以出貲買紫衣師號，俾領住持。"（202/a）皆其比。

"畀"俗寫可作"畁"。《玉篇·丌部》："畁，必末切，賜也，相付也，與也。"此正即"畀"。《卍續藏經》一百三十七冊《僧寶正續傳》卷三"禾山方禪師"："閲十有四年，於時死心高視諸方……獨於廣衆中，稱師堪任正續，以最後大事畁託之。"（589/b）"畁託"即"畀託"。明刻本《隋唐兩朝史傳》卷十第九十八回"楊慎總評"曰："幽求宜請於相王，以神器歸臨淄，則太平之亂無自生矣。它日聞變，登樓然後畁付……"②"畁付"亦"畀付"。

問題是，"卑"俗寫也可作"畁"。東漢《王舍人碑》："感清英之處畁，傷美玉之不賈。"③"畁"即"卑"，非"畁"也。又敦煌寫卷 S.3011《論語集解》："爲命：畁諶草創之……""畁諶"即"裨諶"。又《高麗藏》三十五冊

---

① （清）吴儀洛：《本草從新》，《續修四庫全書》本，上海古籍出版社，2002 年，第 389 頁。
② （明）羅貫中：《隋唐兩朝史傳》，《古本小説集成》第 3 輯，上海古籍出版社，1994 年，第 1158 頁。
③ 徐玉立主編：《漢碑全集》第 5 册，河南美術出版社，2006 年，第 1748 頁。

《御制逍遥詠》卷九"輕":"位有尊畀,勿異端。"(987/b)"尊畀"明爲"尊卑",非"畀"也。

"畀領"俗寫作"畁領",稍訛作"畁領"。因"畁"又是"卑"俗體,回改而變成"卑領"。在此基礎上,三變成"俾領",漸行漸遠,迷失本真。

2.2.2.2.15 攀/扳/板

《卍續藏經》一百四十五册《續燈存稿》卷十"明州天童密雲圓悟禪師":"吾敬汾州無業和尚:休心息念,斷絶扳援;賜紫及號,力陳昔誓;收付有司,恬然受刑。"(243/a)"扳援",《嘉興藏》二十六册《布水臺集》卷十六"明天童密雲悟和尚行狀"作"攀援"(369/c),《卍續藏經》一百四十一册《五燈全書》卷六十四"明州天童密雲圓悟禪師"作"板援"(374/a)。

"攀援"言禪師斷絶塵俗攀附之心,"攀"後起形體作"扳",異文"扳援"正用此。有意思的是,《五燈全書》作"板援",内在理據即俗寫"木""扌"不分,故"扳援"再變即成"板援"。此"板"與木板之"板"僅形體偶合,讀音爲平聲,不作上聲。

2.2.2.2.16 辭/辤

《卍續藏經》一百三十八册《五燈會元》卷十三"南康軍雲居道簡禪師":"師既密承授記,略不辭免,即自持道具入方丈。"(501/b)"辭",《卍續藏經》一百三十九册《五燈嚴統》卷十三"南康軍雲居道簡禪師"作"辤"(574/b)。《説文·辛部》:"辭,訟也。𤔲猶理辜也。𤔲,理也。"同前:"辤,不受也。""辭"本義是訟辭,引申爲言辭;"辤"本義是推辭、不受。具體使用時,"辭""辤"往往混用不分,舉不勝舉,不贅。

文獻"辭""辤"混用不分,除了古音都屬支部存在音借的可能外,另一個不可忽視的原因是字形演變。"辭"字從"𤔲","𤔲"字從"厶"、從"冂"、從"又",寫法繁複,顯然不合文字書寫求簡的發展趨勢。所以漢魏以來,"辭"的俗體寫法往往進行减省。爲求書寫簡潔,部件"𤔲"上部"マ"或可省作一横。北魏《元楨墓誌》:"故刊兹幽石,銘德熏壚,其䛐曰……"①"䛐"即"辭",部件"𤔲"上部"マ"已訛變作"一"。更有甚者,完全省略掉"マ"。如東漢《冀州從事馮君碑》:"厥後,其辭曰……"②部件"𤔲"上半部分已省略了"マ"。又東漢《郃陽令曹全碑》:"而縣民郭家等,復造逆亂,燔燒城寺,萬民騷擾,人裒不安。"③"亂"之作"𤔲乚",部件"𤔲"亦已省略上

---

① 北京圖書館金石組編:《北京圖書館藏中國歷代石刻拓本匯編》第 1 册,中州古籍出版社,1989 年,第 30 頁。
② 徐玉立主編:《漢碑全集》第 2 册,河南美術出版社,2006 年,第 456 頁。
③ 徐玉立主編:《漢碑全集》第 5 册,河南美術出版社,2006 年,第 1772 頁。

部"マ"。繼續省變,"䇂"中間"厶"也可變作一橫。東漢《夏承碑》:"勒銘金石,惟以告哀,其辭曰……"① 又東漢《肥致碑》:"其辭曰……"②

至此,"辭"部件"䇂"簡化作"罓",已與"受"寫法十分近似,較大的區别僅僅只是"罓"多了一橫。有意思的是,"罓"還可繼續訛變,省掉與"受"相區别的一橫。隋《任顯及妻張氏合葬誌》:"言明理閏,義遠辭新。"③"辭"即言辭之"辭",左邊部件與"受"幾無差别。如此一來,文辭之"辭"的俗體已同不受之"辤"的字形混同,這也就能解釋爲什麼"辭""辤"混用不分。現把"辭"的俗體字形演變路徑列舉如下:

辭→辞→辝→辝→辞→辤

2.2.3 異文與疑難形體考

我們這裏所説的疑難形體,指的是字形上難以識别,並且歷代字書也没有載録,或是有的字書載有其形,但音義無涉。音義寓於形體之中,是漢字的一大特點。所以形體流變,往往會致使文義變得費解。下面是筆者研讀宋與明清禪籍異文時對一些疑難形體作出的考辨。

2.2.3.1 屄——兼釋"熱椀鳴聲"

《卍續藏經》一百三十八册《五燈會元》卷十五"潤州金山瑞新禪師":"上堂:世間所貴者,和氏之璧、隋侯之珠,金山唤作驢屄馬糞。出世間所貴者,真如解脱、菩提涅槃,金山唤作屄沸碗鳴。"(589/a)"屄沸碗鳴"又作"屄沸碗鳴聲"。《大正藏》四十八册《佛果圜悟禪師碧巖録》卷八"七九"條下:"舉僧問投子:一切聲是佛聲,是否?投子云:是。僧云:和尚莫屄沸碗鳴聲。投子便打。"(205/b-c)《禪籍方俗詞研究》釋"椀鳴聲":"猶放屁聲。"④ 此可備一説,但於"屄沸"一詞却闕而不解。滕志賢先生認爲:"筆者懷疑'屄沸'或爲'蜩沸'之借。"⑤ 此説可商榷。

"屄"字,字書不載(《集韻·屋韻》有"屄",於此無涉)。我們認爲"屄"即"屎"的俗體,"屄沸"即"屎沸",禪籍語録中習寓指用言語表達、言

---

① 北京圖書館金石組編:《北京圖書館藏中國歷代石刻拓本匯編》第 1 册,中州古籍出版社,1989 年,第 139 頁。
② 徐玉立主編:《漢碑全集》第 4 册,河南美術出版社,2006 年,第 1274 頁。
③ 北京圖書館金石組編:《北京圖書館藏中國歷代石刻拓本匯編》第 9 册,中州古籍出版社,1989 年,第 46 頁。
④ 雷漢卿:《禪籍方俗詞研究》,巴蜀書社,2010 年,第 605 頁。
⑤ 滕志賢:《〈五燈會元〉詞語試釋三則》,《〈詩經〉與訓詁散論》,上海人民出版社,2008 年,第 176 頁。

教。禪宗悟禪講究緘默,頓悟,即心是佛,需要根器自悟,不立文字,所以把一切言語比喻屎沸(其臭熏人,爲無用之物,遭人遺棄)。屎沸,即無用,就是廢話,所以縱然道著也是無用的。《大正藏》四十八册《萬松老人評唱天童覺和尚頌古從容庵錄》卷一"第十則臺山婆子":"參禪謂之金屎法:不會如金,勘破如屎。"(233/c)此即不懂禪語則如金,懂則如屎。

上揭"屎沸"即有異文作"屍沸"者。《卍續藏經》一百一十九册《續古尊宿語要》卷六"拈古頌贊":"舉僧問投子:一切聲是佛聲,是否?子云:是。僧云:和尚莫屍沸盌鳴聲。子便打。(183/a)此作"屍沸",是"屍"即"屎"字也。又《嘉興藏》三十九册《侶巖荷禪師語錄》卷三"頌古":"三聖云:我逢即出,出則不爲人。興化云:我逢人則不出,出即便爲人。出不出,爲不爲,明眼人前莫屍沸。"(540/a)"明眼人前莫屍沸"說的就是明眼人前不要亂說錯舉,免得遭人勘破。又《嘉興藏》三十九册《頻吉祥禪師語錄》卷十《牧麟堂集》:"師曰:慣釣金鰲沉巨浸,却嗟蛙步展泥沙。僧曰:方便何在?師云:莫屍沸鳴。"(648/a-b)又同上二十九册《三山來禪師語錄》卷一"上堂":"一個鼻頭兩孔氣,山僧恁麼告報,若有伶俐衲僧出來道:曾老師莫屍沸,一棒打折你驢脊。"(692/b)同上三十八册《密行忍禪師語錄》卷三"行實":"拙曰:爲佛弟子,當報佛恩,不見道'將此深心奉塵刹'耶?予曰:莫屍沸。"(913/a)又《大正藏》四十七册《大慧普覺禪師語錄》卷三:"或有人問徑山:如何是展演之言?即向他道:問十答百,有甚麼難。如何是不展演之言?喝一喝云:且莫屍窘沸。"(820/c)

以上皆作"屍沸"之例。由此,"屍""屎"皆即"屎"字之訛俗字。蓋"屎"之作"屍",猶"屍"之或作"戻"(見《玉篇·屍部》)。"屎""矢""豕"之異乃聲近改換所致。作"屍"者,是因爲俗寫中"豕""豖"不分,詳見"2.2.1.3.1 豕/豖"下。

我們再來說說"盌鳴聲"。學者對"盌鳴聲"的解釋,除了上面所提到的《禪籍方俗詞研究》釋爲"猶放屁聲"外,還有《唐五代語言詞典》釋爲:"鬼取物之聲。蓋鬼取食物不見其形,唯聞碗磕碰聲。泛指惡聲,又引申指討厭之物,鬼東西。"[1]《"碗鳴"釋詁》認爲:"由此,我們可以概括出'碗鳴聲'描繪的是老和尚在宣講授受祖佛言教時滔滔不絕、長篇大論、絮絮叨叨、煩瑣說法、囿於言辭的一種情態……'碗鳴'不是鬼取物時發出來的聲音,而是和尚在'爲人'(向學人宣講授受祖佛言教)時用言語施設發出來的聲音,又引申比擬處於此種情態的人或物或事,泛指徒勞無用的人或物

---

[1] 江藍生、曹廣順編著:《唐五代語言詞典》,上海教育出版社,1997年,第366頁。

或事。"①《禪籍疑難詞語考四則》認爲"碗鳴聲"即胡説、鬼扯。②《〈五燈會元〉詞語試釋三則》認爲"'莫屎沸'即不要喧鬧,'莫屎沸盌鳴聲'同。"③筆者有一些不同的看法,不敢自必,現陳述如下,以求教於專家學者。

以上舉到"屎沸碗鳴""屎沸碗鳴聲"等用例,從結構上來説,"屎沸""碗鳴"近義相對,其義必近。又《大正藏》五十一册《續傳燈録》卷二十七"潭州大潙佛性法泰禪師":"又曰:開口有時非,開口有時是。粗言及細語,皆歸第一義。釋迦老子盌鳴聲,達磨西來屎臭氣。唯有山前水牯牛,身放毫光照天地。"(655/a)這裏"盌鳴聲""屎臭氣"相對,寓指亦必相近。另外,"碗鳴聲"又作"熱碗鳴聲",請看以下兩例:

《大正藏》四十八册《佛果圜悟禪師碧巖録》卷三:"雪竇拈云:眼裏著沙不得,耳裏著水不得。或若有箇漢,信得及,把得住,不受人瞞,祖佛言教是什麽熱碗鳴聲?便請高挂鉢囊,拗折拄杖,管取一員無事道人。"(166/c)此把"祖佛言教"説成是"熱碗鳴聲"。

《卍續藏經》一百三十八册《五燈會元續略》卷四"杭州理安箬庵通問禪師":"所以云:窮諸玄辨,若一毫置於太虛;竭世樞機,似一滴投於巨壑。到者裏,德山棒、臨濟喝是甚熱碗鳴聲,雲門餅、趙州茶總是殘羹餿飯。"(1025/a)此言"德山棒""臨濟喝"是"熱碗鳴聲"。

又《嘉興藏》二十八册《百癡禪師語録》卷八"嘉興金粟山廣慧禪寺語録":"問:檀護竭盡苦心,不惜入泥入水,只如一大藏教收不得者,如何爲他説?師云:今晨下雨。進云:即此一句也是虛空釘橛。師云:却被上座道著。進云:總然道著,亦是熱碗鳴聲。"(43/b)此前説"虛空釘橛",後言"熱碗鳴聲",是"熱碗鳴聲"即"虛空釘橛"。又《石關禪師語録》卷一《普明石關禪師語録·上堂》:"净明杜口於毘耶,支離太甚;達磨面壁於少室,妄想更多。臨濟喝、德山棒,虛空釘橛。"(589/c)此亦言臨濟喝、德山棒都是"虛空釘橛"。

據此,不難想見,"熱碗鳴聲"所指與"虛空釘橛"同,皆寓指參禪悟道只需要向自己身上尋求,外部言教都是畫蛇添足,如虛空釘橛一樣,白費精神,白用功夫。禪宗立意注重的是即心是佛,不需要言教,若是自有根器,言教、典籍都是故紙堆,没有任何用,祖師西來傳道也是枉然,甚至是無風

---

① 張秀清:《"碗鳴"釋詁》,《齊齊哈爾大學學報》2002 年第 1 期。
② 詹緒左、周正:《禪籍疑難詞語考四則》,《古漢語研究》2017 年第 2 期。
③ 滕志賢:《〈五燈會元〉詞語試釋三則》,《〈詩經〉與訓詁散論》,上海人民出版社,2008 年,第 176 頁。

起浪,没事找事做。《嘉興藏》二十八册《古雪哲禪師語錄》卷六"住白法院語錄":"如是則三藏十二分教還同故紙,祖師西來無風起浪,天下老和尚横説竪説,總是熱碗鳴聲。"(338/a)此即上説之最好注脚。

"熱碗鳴聲"字面意思蓋僧人往往敲碗作聲以示乞飯求施之意,然碗中若已有熱飯熱食仍敲碗鳴聲,就如騎牛覓牛、金碗乞食一樣,不知往自己身上參尋,秖一味外求,最終只能枉費心機,如虚空釘橛一場空。

2.2.3.2 雀

《卍續藏經》一百二十二册《環溪惟一禪師語錄》卷二"小參"下:"師復云:老雀爪下分餐,不道不是俊鷹快鷂,争免末後被他一啗,直至而今動不得。"(139/a)"雀"字下注曰"疑虎",是整理者認爲"老雀"蓋即"老虎"。實際上"雀"並非是"虎"字之訛,而是"鷹"的俗體,後文亦有提到"俊鷹快鷂",是"老雀"必爲"老鷹"。與此類似之例如《卍續藏經》一百三十七册《嘉泰普燈録》卷二十一"荆南府公安遜庵祖珠禪師"下:"這兩箇老漢,一人撥動天關,一人掀翻地軸。山僧輒爾傚顰,敢繼渠儂高躅;蒼鷹爪下分餐,猛虎口中奪肉。一句當機,千足萬足。"(299/a)此"蒼鷹爪下分餐"正與上舉"老雀爪下分餐"文義相類。

老鷹之"鷹",《説文》作"雁"。《説文·隹部》:"雁,鳥也。從隹,瘖省聲。"朱駿聲通訓定聲曰:"按鷙鳥也。"又作"雁"。《玉篇·隹部》:"雁,今作鷹。"蓋"鷹"之或作"雁",訛變即成"雀"。《卍續藏經》三十五册《地藏本願經科注》卷六:"《梵動經》云:'我身四大六入,從父母生,乳哺養育,衣食成長,摩捫擁護。'然有終其身而不一思身所從來鞠育劬勞者。盍思羔羊跪乳,慈烏反哺,雀雛竊穀被崔捕,子念母忍饑,可以人而不如禽獸乎!"(646/b-647/a2)"雀雛竊穀被崔捕"即雛鳥竊穀被鷹捕。

另外,"雀"又是"鶴"的俗字,此不在本文討論範圍之内,不贅述。

2.2.3.3 㖿

《卍續藏經》一百三十八册《五燈會元》卷十七"安州興國院契雅禪師":"上堂曰:心如朗月連天静。遂打一圓相云:寒山子㖿,性似寒潭徹底清,是何境界?"(666/a)《大正藏》五十一册《續傳燈録》卷十六"安州興國契雅禪師"引作"㖿"(573/a)。《中華藏》七十四册(807/a)、《嘉興藏》第九册(618/a)本《續傳燈録》作"咊"。

《漢語大字典》引《字彙補》録有"咊"字,釋爲貪吃喝,音"示",與此無涉。"㖿"字習見爲語氣詞,用於句尾,相當於"呢",讀音爲乃裏切,此與

"嗣"形成異文,則"嗣"必然與"聻"同義。

實際上"嗣"就是"呢"字,即同一詞的不同書寫形式,表語氣,放在句尾。《中原音韻》"尔""呢"都在齊微韻日母。"嗣"之與"呢",猶如"儞"之與"伱"。《集韻·紙韻》:"伱,汝也。或作儞、你。"又《卍續藏經》一百三十五冊《天聖廣燈錄》卷八"筠州黃檗鷲峰山斷際禪師者":"師云:三千大千世界總在里許。南泉云:王老師嗣？師戴笠便行。"(658/b)"嗣",《卍續藏經》一百一十九冊《御選語錄》卷十四引作"呢"(538/a)。足證"嗣"即"呢"。

蓋"呢"字表語氣,字形不定,或作"呢",或作"嗣"。今"呢"行而"嗣"廢。

2.2.3.4 鷻

《大正藏》五十一冊《續傳燈錄》卷十八"臨安府廣福院惟尚禪師":"述偈呈印曰:須是南泉第一機,不知不覺驀頭錐;覷面若無青白眼,還如鷻鷻守空池。"(589/a)"鷻鷻"不知何物,《卍續藏經》一百四十三冊《指月錄》卷二十八"臨安府廣福院惟尚禪師"作"鵮鵮"(628/a)。

字書不載"鷻"。《玉篇·鳥部》:"鵮,音咸。"此亦難窺"鷻""鵮"之義。又《嘉興藏》二十八冊《百癡禪師語錄》卷八《嘉興金粟山廣慧禪寺語錄》:"觀音成道日上堂……所以道:鷻鷻鳥,守空池,魚從脚底過,鷻鷻總不知;忽然知,碧潭深萬丈,直下取魚歸。"(42/b)據文意,"鷻鷻鳥"應爲一種食魚之鳥。

其形又作"鴙鴙"。《高麗藏》刊本《祖堂集》卷十五"鵝湖和尚嗣馬大師"下:"鴙鴙鳥,守空池,魚從脚下過,鴙鴙總不知。"①"鴙鴙""鵮鵮""鷻鷻"皆異形同物,所指必爲一種食魚鳥類。

今謂"鴙鴙""鵮鵮""鷻鷻",實際上就是"鸕鷀"。《卍續藏經》一百三十七冊《嘉泰普燈錄》卷二十九"徑山大慧普覺杲禪師":"鸞鳳不棲荊棘,鷻鷻偏守空池。"(416/b)"鷻鷻偏守空池",相似之文有作"鸕鷀偏愛守空池"者。《卍續藏經》一百一十二《列祖提綱錄》卷三十六"結制提綱"下:"鸕鷀偏愛守空池,鳳凰豈肯棲荊棘。"(710/a)兩相比較,不難想見前揭《嘉泰普燈錄》之"鸞鳳不棲荊棘,鷻鷻偏守空池"與《列祖提綱錄》"鸕鷀偏愛守空池,鳳凰豈肯棲荊棘"是同一詩句的不同變體,"鷻鷻""鸕鷀"

---

① (南唐)釋靜、釋筠:《祖堂集》,《續修四庫全書》本,上海古籍出版社,2001年,第544頁。

同也。"鸜鹆"即"鸛鹆",鸛鹆本爲食魚之禽,此亦正與前揭《嘉興金粟山廣慧禪寺語録》中所引"碧潭深萬丈,直下取魚歸"語義協恰無間。

又《樂府詩集》卷四十五《歡聞變歌六首》之一:"君非鸛鹆鳥,底爲守空池?"①可知南朝樂府時已有此語。前引"鸛鹆偏愛守空池""鸜鹆偏守空池"顯然皆演變於此。

既然"鸜鹆""鸛鹆""鴝鴝"所指爲鸛鹆,那麽爲何要用"鸜鹆""鸛鹆""鴝鴝"來指代? 這也是可以解釋的。"鴝鴝"就是鸛鹆叫聲的描摹之詞。《集韻·勘韻》:"鴝,鳥聲。"又《類篇·鳥部》:"鴝,古暗切,鳥聲。"重言則曰"鴝鴝"。鸛鹆之聲,與鴨子"嘎嘎"很是類似,蓋"嘎""甘"聲近,故用"鴝鴝"狀鸛鹆之聲。又"甘""感"聲同韻近,故"鴝鴝"改換聲符即成"鸛鹆"。《卍續藏經》一百一十三《祖庭事苑》卷五:"鸛鹆,正作鴝,古闇切。"(133/a)《祖庭事苑》把"鴝"當作"鸛"的正體,亦足以表明"鸛"即"鴝"改換聲符之俗,繼續省略即成"鸜"。

字形演變路徑:鴝鴝→(改換聲符)鸛鹆→(減省)鸜鹆。

2.2.3.5 䳚

《卍續藏經》一百三十七册《嘉泰普燈録》卷一"鄧州廣濟方禪師":"問:寶劍未磨時如何? 曰:烏龜䳚黑豆。"(49/b)"䳚",《大正藏》五十一册《續傳燈録》卷二"鄧州廣濟方禪師"引作"啗"(481/b)。俗書"舀""臽"不分②,故"啗"即"啖"。《説文·口部》:"啖,食也。從口,臽聲。讀與含同。"

蓋"啖"本指嚙咬食物,施以鳥身,改換義符作"䳚"。"䳚"即"啖"的俗體,從它們互爲異文可窺一斑。《卍續藏經》一百一十五册《宗門拈古彙集》卷三十六"明州翠巖令參禪師":"輪機是算人之本,翠巖坐却天下人舌頭,無啖啄處。"(933/b-934/a)此處内容《大正藏》四十七册《圓悟佛果禪師語録》卷十六"書·拈古上"載作:"翠巖坐却人舌頭,無䳚啄處。"(789/a)"啖""䳚"同。又《卍續藏經》一百二十三册《古林清茂禪師語録》卷五"偈頌"之"示與禪人":"雞不啖無功之食,左眼八兩;䳚不打籬邊之兔,右眼半斤。"(521/b)"雞不啖無功之食","啖"有作"䳚"者。《卍續藏經》一百二十四説册《楚石梵琦禪師語録》卷八"代别":"或云:雞不䳚無功之食,未出常情,不涉兩頭,作麽生道。"(140/a)則"䳚"明爲"啖"的俗體。

---

① (北宋)郭茂倩編:《樂府詩集》,文學古籍刊行社,1955 年,第 1205 頁。
② 曾良:《俗字及古籍文字通例研究》,百花洲文藝出版社,2006 年,第 134 頁。

2.2.3.6 龤

《大正藏》五十一册《續傳燈錄》卷三十五"杭州府淨慈北磵禪師"下："嘗闢一室以居,名曰龤室,作賦以自見。"(707/a)"龤室",《卍續藏經》一百四十二册《增集續傳燈錄》卷一"杭州淨慈北磵居簡禪師"引作"薤室"(748/b),《中華藏》第九册《續傳燈錄》作"龤"(983/b)。今謂"龤""龤"皆为"韰"的訛俗體。

《説文·韭部》"韰"字："菜也,葉似韭,從韭,叡聲。"《玉篇·韭部》："韰,俗作薤。""韰""薤"即正俗體關係。《四部叢刊初編》本《禮記》卷八《内則第十二》："膾,春用葱,秋用芥。豚,春用韭,秋用蓼。脂用葱,膏用薤。""用薤",通志堂本《經典釋文》卷十二《禮記音義之二·内則第十二》引作"用韰",並注曰："俗本多作薤,非也。"①"薤"確爲"韰"的俗體。

"龤室"異文作"薤室","龤""薤"同,而"薤"又是"韰"的俗體。兩相比較,"龤"即"韰"字之訛俗,《中華藏》本作"龤"顯然也是其形體訛變所致。

2.2.3.7 噉

《卍續藏經》一百三十八册《五燈會元》卷十八"潭州大潙祖珪禪師"："師曰:竹有上下節,松無今古青。曰:未審其中飲噉何物?"(687/a)"噉",《中華藏》七十四册《續傳燈錄》卷二十一"潭州大潙祖珪禪師"引作"㪚"(854/a)。"㪚"即"散"字,"噉"乃"噉"訛俗體,蓋"敢""散"形近所致。《史記·高祖功臣侯者年表》"闕氏"下有："八年六月壬子,節侯馮解敢元年。"《漢書·高惠高后文功臣表》作"闕氏節侯馮解散"。一作"馮解敢",一作"馮解散",必有一訛,此亦"散""敢"訛用之例。

2.2.3.8 狷啼

《卍續藏經》一百三十七册《禪林僧寶傳》卷二十八"法昌遇禪師"："南公曰:小院子,我許多松作麼? 遇曰:臨濟道底。曰:我得多少? 遇曰:但見猿啼鶴宿,聱漢侵雲。"(551/b)"猿啼",《指月錄》《教外別傳》《佛祖綱目》引文皆同,獨《大正藏》五十一册《續傳燈錄》卷五"洪州法昌倚遇禪師"作"狷啼"(497/b)。"狷啼"文不成義。"狷啼"與"鶴宿"相對,則"狷"亦當爲一種動物,但"狷"本爲狷急義,與動物無涉。實際上此處"狷

---

① (唐)陸德明撰,黃焯斷句:《經典釋文》,中華書局,1983 年,第 187 頁。

啼"當作"猿啼"。"猿"字改換聲旁俗作"猨","猨"繼續訛變即作"猏"。

"猿"從"袁"得聲,從"袁""員"得聲者,往往可互換聲旁。《文苑英華》卷三十七《溺賦》:"復有白版爲侯,黄金作輔,南宫變屠賈之行,西圓成闤闠之路。"①"南宫"與"西圓"相對,"南宫"爲宫殿名,則"西圓"義不相屬,當作"西園",園林之名。《文選》卷三張衡《東京賦》:"歲維仲冬,大閲西園,虞人掌焉,先期戒事。"薛綜注:"西園,上林苑也。"後多以"西園"爲園林名。《全唐文》卷八百六十六載《溺賦》正作"西園成闤闠之路"②,是也。

"猿"之作"猨",猶上舉"園"之作"圓"。《正字通·犬部》:"猿,俗猨字。猏同猨。"可見"猿""猨""猏"皆同。上揭《大正藏》五十一册《續傳燈録》"猏啼鶴宿",《中華藏》《卍續藏經》《嘉興藏》《頻伽藏》本皆作"猨啼鶴宿",是也。

"猨"稍變即成"猏"。俗寫從"月""貝"之字往往訛混,如"捐"之作"損"、"鎖"之作"銷"(詳見 2.2.1.2.2 銷/鎖),皆其類。《管子·八觀·外言》:"稼亡三之一,而非有故蓋積也,則道有損瘠矣。"王氏家刻本《讀書雜志·管子第三》"損瘠"條下:"念孫案:損當爲捐字之誤也……《漢書·食貨志》:堯禹有九年之水,湯有七年之旱,而國無捐瘠。蘇林曰:瘠音漬。道有捐瘠與上文衆有遺苞同意。捐,棄也,謂棄胔肉於道也。尹注曰:道行之人,有毁損羸瘠者。非是。又《任法篇》:倍其公法,損其正心。損亦當依宋本作捐。"③是則《管子》"損瘠""損其正心"等"損"字皆是"捐"字之訛誤。又《全唐詩》卷五百七十五温庭筠《舞衣曲》:"蟬衫麟帶壓愁香,偷得鶯簧鎖金縷。"④"偷得鶯簧鎖金縷",宋刊殘本《樂府詩集》卷第一百録作"偷得鸎簧銷金縷"⑤。據文意,宋刊殘本《樂府詩集》"銷"乃"鎖"字之訛。

據此,則上揭禪録"猏啼"即"猨啼"。猿猴之"猿"改換聲旁一變作"猨",又部件"貝""月"訛混,再變即成"猏":猿→猨→猏。

---

① (北宋)李昉等編:《文苑英華》,中華書局,1966 年,第 167 頁。
② (清)董誥等編:《全唐文》,中華書局,1983 年,第 9071 頁。
③ (清)王念孫:《讀書雜志》,江蘇古籍出版社,1985 年,第 431~432 頁。
④ (清)彭定求編:《全唐詩》,中華書局,1980 年,第 6697 頁。
⑤ (北宋)郭茂倩編:《樂府詩集》,文學古籍刊行社,1955 年,第 2252 頁。

2.2.3.9 綽斡

《卍續藏經》一百三十六册《建中靖國續燈錄》卷四"舒州浮山圓鑒禪師":"有一般底,秖解閉門作活,不會奪角衝關,硬節與虎口齊彰。局破後,徒勞綽斡。"(81/b-82/a)"綽斡",《卍續藏經》一百四十六册《禪宗正脈》卷六"浮山法遠禪師"引作"綽斡"(201/b),《續傳燈錄》亦引作"綽斡"。"綽斡",辭書不載,唯《漢語大詞典》録有"逴斡"一詞,釋爲:"指下棋時迂回斡旋以求和。"兩相比較,《漢語大詞典》之"逴斡"即《續傳燈錄》之"綽斡"也,其義與下棋有關,但《漢語大詞典》所釋之義不知所據爲何。今謂不管是"逴斡"還是"綽斡",都應當作"綽斡",請試以論之。

實際上,"綽斡"是指下圍棋時所用三十二種技法之中的兩種。明刻本《二刻拍案驚奇》卷二:"蓋圍棋三十二法,皆有定名:有'衝',有'斡',有'綽',有'約'……"①明刻《夷門廣牘》本《玉局鉤玄》"圍棋三十二字釋義"下:"斡,間也,謂以子間之曰斡。綽,侵也,以我子斜侵彼子之路而欲出之曰綽。"②可以想見,"斡"之爲法,義爲間隔。《〈棋經十三篇〉校注》:"棋之形勢,死生、存亡,因名而可見。有衝,望關有子,從關中直出曰衝。有斡,虛探入他關曰斡……有綽,斜尖壓所敵之子曰綽。謂如與彼並行,於頭上斜尖一著壓之,不使之進是也。又於局邊用鑰匙頭侵害之,亦謂之綽。"③"斡"字下校注曰:"《弈藪》本注:斡,間也。謂以子投入關而間之。"④該書是以孫鑑《高唱秘笈》本《玄玄集》爲底本。"斡"字於義無涉,當作"斡"。圍棋之中兩子相對,中空一路爲關,據《弈藪》本所謂"斡"即"謂以子投入關而間之",則"斡"明當爲"斡"字。"斡""間"聲近可通,"斡"之爲"間",猶"扞格"之爲"間介"。古籍中"斡""斡"習相訛混(詳見5.1.13 斡/斡)。

我們再説一下"綽"。據上揭《玉局鉤玄》《棋經十三篇》等文獻所釋,"綽斡"之"綽"爲侵義。又《弈學會海》元集"弈法定名"下:"沿邊侵取敵路曰綽。"⑤考"綽"之爲字,殊無侵義,今謂"綽"當讀作"戳",爲戳刺義,引申爲侵害。《近代漢語詞彙研究》"掉"字下:"美也……《董西廂》:'雖是個侍婢,舉止皆奇妙,那些兒鶻鴒那些兒掉。'諸'掉'皆是'美'義。'掉'

---

① (明)凌濛初:《二刻拍案驚奇》,《古本小説叢刊》第14輯,中華書局,1991年,第166頁。
② (明)周履靖:《夷門廣牘》,商務印書館,1940年,第11頁。
③ 李毓珍:《〈棋經十三篇〉校注》,蜀蓉棋藝出版社,1988年,第77頁。
④ 李毓珍:《〈棋經十三篇〉校注》,蜀蓉棋藝出版社,1988年,第79頁。
⑤ (清)董耀編,林益良整理,林勉復校:《弈學會海》,上海文化出版社,1997年,第3頁。

之訓'美',蓋得義於'燿'……宋元以來,濁上變去,則'燿''掉'同音,故換用習見的'掉'字。"①蔣冀騁先生如此考證,可知"掉"之訓美,即"燿"字也,此即"卓""翟"通借之例。"卓""翟"文獻中習通借。《卍續藏經》一百三十七册《禪林僧寶傳》卷二十一"慈明禪師":"既得涼風便,休將檜櫂施。"(524/b)《大正藏》五十一册《續傳燈録》卷三"潭州石霜楚圓慈明禪師"作"既得涼風便,休將櫨棹施"。(484/a)一作"櫂",一作"棹",可證從"翟""卓"者可通也。

據上,則"綽幹"當作"綽幹",上揭《續傳燈録》"徒勞綽幹",《卍續藏經》一百三十六册《建中靖國續燈録》卷四"舒州浮山圓鑒禪師"正作"徒勞綽幹"(R182/a),亦其證。"綽幹"本是圍棋行棋技法之二種,文獻中習用以表示下棋:"綽"爲侵,得義於"戳";"幹"爲間隔,得義於"間"。

2.2.3.10 㕚説

《卍續藏經》一百三十八册《五燈會元》卷十五"明州育王山懷璉大覺禪師":"翰林蘇公軾知杭時,以書問師曰:'承要作宸奎閣碑,謹已撰成,衰朽廢學,不知堪上石否?'見參寥説。"(597/a)"寥説",《中華藏》七十四册《續傳燈録》卷五"明州育王山懷璉大覺禪師"引作"㕚説"(705/a)。"寥"本從"參","㕚"部件"參"却作"尔",這是因爲漢字俗寫中,從"參"之字往往可俗作從"尔",從"爾"之字亦往往訛俗作從"參"。這一情況,曾良先生《俗字及古籍文字通例研究》已有揭露。② 較常見的如"珍""診""渗""疹""軫""趁",敦煌寫卷、碑刻文獻習見俗作"珎""詠""洂""疷""軟""趂"等。

值得討論的是,在此訛混基礎上,還可發生部件回改改錯的情況。本從"參",俗寫從"尔",上舉各例即是。又因"尔"兼是"爾"的減省或體,那麼"尔"回改或成從"爾"。也就是從"參"之字最終可能變成從"爾",漸行漸遠。下面列舉幾用。

《大正藏》四十八册《宗鏡録》卷八十一:"舜有謫父之謗,湯有放君之稱,武王有弑主之譏,齊桓有貪婬之目,晉文有不臣之聲,伊尹有無君之迹,管仲有僭上之名。以夫二儀七曜之靈,不能無虧瀰;堯舜湯武之聖也,不能免嫌謗。"(865/c)據文意,"虧瀰""嫌謗"皆是近義連文,但據《説文》,"瀰"字本義爲水滿,引申爲衆多,於此處文義顯然不協。實際上"虧瀰"之

---

① 蔣冀騁:《近代漢語詞彙研究》,湖南教育出版社,1991年,第110頁。
② 參曾良:《俗字及古籍文字通例研究》,百花洲文藝出版社,2006年,第78頁。

"瀰",並非《說文》水滿之"瀰",而是"沴"的遞變形體。因爲"沴"字俗寫作"泭",部件"尒"又是爾之變體,故書手類推轉"泭"爲"瀰"。《說文》釋"沴"字本義爲水流不暢,引申即可有傷害、破壞、虧損之義。上揭《宗鏡錄》之文引自北齊劉晝《劉子》。考《劉子》卷五"妄瑕第二十六":"舜有謁父之謗,湯有放君之稱……以夫二儀七曜之靈,不能無虧沴。"①可作"虧沴"者是。

又如"轠"。《龍龕手鏡·車部》:"轠,之忍反,輿後橫木也。""轠"即"軫"變體。《說文·車部》釋"軫"即爲"車後橫木",變作"轠"者,是因爲"軫"一變作"軟","尒"又是"爾"減省,類推再變即成"轠"。另外,《四部叢刊初編》本《鶡冠子》卷上《天則第四》:"蓋毋錦杠悉動者,其要在一也,未見不得其䚋而能除其疾也。""䚋"字也不能按其表面形體去解釋,此當爲"診"的俗體,此言沒見過不經過診斷就能醫除疾病的人。"診"一變作"詠",類推繁化即成"䚋"。

反之亦然。東漢《夏承碑》:"夙世貫祚,早喪懿寶,抱器幽潛,永歸蒿里。"②"寶"字部件"缶",俗作"爾","爾"又是部件"㐱"之俗寫,故"寶"繼續訛變即成"寶"。又《辛壬春秋·清臣殉難記第四十六》:"孫文楷……究心古文辭,尤嗜金石,所鑒別藏弄甚富,謂圖章之譜,世以秦漢爲宗,不知出土有鉨坽者,實爲三代古印。因出畢生所收古坽,及先秦西漢私印,合二百五十餘紐。"③以上兩"坽"字,字書不載,難以考究。尋繹文理,一說"印",一說"坽",顯然就是"壐"。《説文·土部》:"壐,王者印也,所以主土。從土,爾聲。籀文從玉。""壐"之爲字,從"土"從"玉"皆可,蓋"壐"一變作"坙",再變即作"坏"(王國維《觀堂集林》卷十八《匈奴相邦印跋》有"匈奴相邦玉印……均類先秦古鉨"④,其中"鉨"即"壐"字,可相比觀),又因"爾"習作"㐱",三變即成"坽",訛變路徑爲:壐/壐→坙/壐→坏/鉨→坽。

2.2.3.11 焖/烯/炳

《卍續藏經》一百四十一册《五燈全書》卷四十九"杭州淨慈愚極慧禪師":"燒楓香是著菩提邊事,燒黃熟是著説佛説祖邊事,而今猛焖一爐,也

---

① (北齊)劉晝著,(唐)袁孝政注:《劉子》,《叢書集成初編》本,上海商務印書館,1939年,第32頁。
② 北京圖書館金石組編:《北京圖書館藏中國歷代石刻拓本匯編》第1册,中州古籍出版社,1989年,第139頁。
③ 尚秉和:《辛壬春秋》,歷史編輯社,1924年,第696頁。
④ 王國維:《觀堂集林》,中華書局,1959年,第914頁。

要盡大地人知道。"(99/b)"焫",《卍續藏經》一百一十二册《列祖提綱録》卷十八"愚極慧禪師"作"炳"(456/a),《卍續藏經》一百四十四册《續燈正統》卷二十二"杭州府净慈愚極慧禪師"作"焫"(748/a)。

"炳"爲"焫"之省寫,"焫"即"爇"之訛變,"焫"是"爇"改换聲符而成。《説文·火部》:"爇,燒也。"《大正藏》五十四册《慧琳音義》卷二十八玄應"正法花經第二卷"之"燒焫":"又作爇,同,而悦反。"(494/b)"芮""蓺"形近,"爇"改换聲符成"焫"。

第三章　宋與明清禪録異文差異與語音考察

禪籍語録中的異文有一部分涉及禪師方音,不僅涉及宋代禪師之間地域方音差别,還涉及明清禪師引用宋人語言而出現的方音時代差别。這些異文既有共時差異,更有歷時演變差異,形成了豐富的語言歷史層次。本章基於宋與明清禪録異文差異,從語音演變角度對異文形成理據、縱向横向演變作出闡釋及考證。

3.1　異文差異與語音歷時演變分析

禪録異文差異,很多時候就是由禪師地域方音演變形成的。禪師方音歷史層次可能有一定的保守性,以下我們綜合運用各種語料,嘗試對這些異文展開分析。

3.1.1　濁/逐

《卍續藏經》一百三十八册《五燈會元》卷一"五祖弘忍大師者":"女周氏季子也,歸輒孕……已而生一子,以爲不祥,因抛濁港中。"(36/a)"濁",《卍續藏經》一百四十八册《祖庭指南》卷一"五祖弘忍大師者"引作"逐"(414/a)。"濁""逐"中古分屬覺、屋兩韻,入聲消失後,《中原音韻》時期前者變爲歌戈韻,後者爲魚模韻。當然,這是從通語標準來說的,方俗音情況歌戈、魚模關係恐怕並非如此。

王力先生認爲:"歌戈部到了宋代,大約已由[ɑ]轉變爲[ɔ]。"①而模韻在晚唐時期與魚虞同用不分,因此由[o]高化爲[u]。不過這些轉變在方音中可能存在不同歷史層次的變化,從而出現歌模同韻,比如唐詩中就已有歌戈、魚模押韻用例。《晉方言語音史研究》列舉了唐人唐彦謙七言古體詩《蟹》《送許户曹》《梅》等詩韻脚歌模相押例,考察出:"唐五代文士用韻和今晉方言互爲印證,説明唐五代時期的晉方言當是歌模同韻的。"②他還繼續指出:"與晉方言遥相呼應,福州話歌模也是同韻的……當是唐五

---

① 王力:《漢語語音史》,商務印書館,2008年,第341頁。
② 喬全生:《晉方言語音史研究》,中華書局,2008年,第146頁。

代宋代某方音的遺衍。"①有學者研究發現宋代福建地區有些詩人用韻歌戈、魚模已經相混②,明代傳奇中歌戈、魚模亦有互押的用例③。明清戲曲中,歌戈、魚模通押是很常見的事。清劉禧延《新曲苑·〈中州切音譜〉贅論》:"歌戈,此韻與沽模收音相似,而出音則不同。今人呼此韻,竟有與沽模混者。"④劉禧延是江蘇吳縣人,可見當時吳方言歌戈、魚模能混讀。又《紅樓夢》十二曲之《虛花悟》"多"與"墓"相押,也是歌模混用的表現。又明刻本《二刻拍案驚奇》卷二十一:"王恩道:兩個小主人多在裏面。王惠進去,叩見一皋、一夔,哭説:兩位老家主多沒有了。備述了這許多事故。"⑤"多在裏面"即小主人一皋、一夔都在房内,"兩位老家主多沒有了"即兩個老家主都被殺害,此兩"多"即"都"。

因此,宋代禪錄中本屬歌戈韻的"濁"在清代禪錄異文引作魚模韻的"逐",可能顯示的正是禪錄抄錄者方音中歌戈、魚模相通的實際狀況。

3.1.2 辨/辦/辯

《卍續藏經》一百三十六册《聯燈會要》卷二十"鼎州德山宣鑑禪師":"仁者,老胡不是聖,佛是老胡屎橛,且要仁者辨取好惡,莫著人我,免被諸聖橛、菩提橛、解脫殊勝、名言妙義,沒溺繫縛汝。"(759/a)"辨取",《卍續藏經》一百四十册《五燈全書》卷十三"鼎州德山宣鑒禪師"引作"辦取"(381/b)。又《卍續藏經》一百三十六册《建中靖國續燈錄》卷一"汝州風穴延昭禪師":"後參南院,師纔至門,院云:入門須辨主。"(49/a)"辨",《卍續藏經》一百三十八册《五燈會元》卷十一"汝州風穴延沼禪師"作"辯"(405/b)。"辨""辦""辯"形成異文可能與近代漢語語音演變有關,不止禪籍,近代漢語其他文獻亦有所見。

庚辰本《石頭記》二十九回:"你同妹妹辯嘴,不犯著砸他,倘或砸壞了,叫他心裏臉上怎麼過的去。"⑥"辯嘴",乾隆抄本作"辦嘴"⑦,程甲本作"拌嘴"⑧,皆争吵義,文獻不嫌同用。

---

① 喬全生:《晉方言語音史研究》,中華書局,2008 年,第 146 頁。
② 詳見劉曉南:《宋代福建詩人用韻所反映的十到十三世紀的閩方言若干特點》,《語言研究》1998 年第 1 期。
③ 詳見彭静:《明傳奇用韻中魚模、歌戈互押現象探析》,《重慶科技學院學報》2011 年第 9 期。
④ (清)劉禧延:《〈中州切音譜〉贅論》,《新曲苑》第 30 種,鳳凰出版社,2014 年,第 423 頁。
⑤ (明)凌濛初:《二刻拍案驚奇》,《古本小説叢刊》第 14 輯,中華書局,1991 年,第 1146 頁。
⑥ (清)曹雪芹:《脂硯齋重評石頭記》(庚辰本),人民文學出版社,2009 年,第 678 頁。
⑦ (清)曹雪芹:《乾隆抄本百廿回紅樓夢稿》(乾隆本),人民文學出版社,2009 年,第 344 頁。
⑧ (清)曹雪芹、(清)高鶚:《程甲本紅樓夢》,書目文獻出版社,1992 年,第 777 頁。

"辦""辯"中古各屬襇、獮韻,近代漢語時期分別轉入寒山、先天兩韻去聲(《中原音韻》)。明清時期,一些文獻用韻顯示寒山、先天已經合流。萬曆刊本《詞林一枝》中層《羅江苑》①唱詞有"月正圓""禱告天""洪誓願"與"己身單""家不辦""心肝""水千山"等押韻,"圓""天""願"屬寒山,"單""辦""肝""山"是先天,此戲曲選集中層爲閩語、吳方言等南方民間小調,表明當時當地寒山、先天已合爲一部。到了清人《五方元音》已明確把寒山、先天併爲"天韻"了。因此"辯""辦"異文符合語音的演變歸併趨勢。

上舉程甲本《紅樓夢》作"拌嘴",蓋"拌"從中古緩韻併入到《中原音韻》桓歡(《蒙古字韻》放在寒韻),與寒山分立,不過實際用韻情況中寒山、桓歡是可以合併的。蔣冀騁先生指出《中原音韻》桓歡、寒山分立不符合元曲用韻實際,因爲不管是《中原音韻》前或後,抑或同時代材料,都表明桓歡、寒山合而不分。② 楊載武先生統計發現:"《西遊記》三韻混押,説明明中葉以後正是寒山、桓歡、先天三韻發生變化,從多韻逐漸向同一韻類過渡的重要時期,以至《等韻圖經》等合爲一韻。"③又,上文提到《詞林一枝》中層《清江引》唱詞"盤""環"能相押,表明有些南方方言中桓歡、寒山亦可合韻。因此作"拌"與作者或抄書者方言中桓歡、寒山合流有關,用例亦多見於明清文獻,與明清韻書桓歡併入寒山是偶合的。爭辯字以"拌"爲之,韻部歸併是其一,字形上"拌"字也更符合這一動作行爲,故文獻習見"拌"作"辯",以致現代漢語時期多見"拌嘴"(檢索 CCL、BCC 現代漢語語料庫,僅後者録有十例"辯嘴",餘皆爲"拌嘴")。曾良先生認爲:"'拌嘴'來源於'办嘴','办'又與'辨'同源。"④

3.1.3 颮/颼

《卍續藏經》一百四十四册《續燈正統》卷三十五"寧波府天童長翁如净禪師":"上堂:霜風號肅殺,木葉墮蕭颮。"(895/a)"蕭颮",《卍續藏經》一百四十册《五燈全書》卷三十"明州天童長翁如净禪師"作"蕭騷"(723/a)。《漢語大詞典》載有"蕭騷",釋爲風聲,"蕭颮"即風聲之類化。或作"蕭颼",《卍續藏經》一百二十二册《天如惟則禪師語録》卷五"送止照歸古洪曲江":"掛帆蔽空搥鼓發,白浪卷雪風蕭颼。"(895/a)或叠音作"颮

---

① (明)黃文華:《詞林一枝》,《善本戲曲叢刊》第一輯,臺灣學生書局,1984 年,第 9～10 頁。
② 蔣冀騁:《〈中原音韻〉"寒山""桓歡"分立是周德清方音的反映》,《中國語言學報》,2003 年,第 328～337 頁。
③ 楊載武:《〈西遊記〉韻文的用韻》,《四川師範學院學報》第 2 期,1992 年,第 42 頁。
④ 曾良:《明清通俗小説語彙研究》,江西教育出版社,2009 年,第 263 頁。

颼",《卍續藏經》一百四十六冊《禪宗正脈》卷五"齊雲遇臻禪師":"秋夕閑坐,偶成頌曰:秋庭肅肅風颼颼,寒星列空蟾魄高。搘頤靜坐神不勞,鳥窠無端吹布毛。"(173/a)或疊音作"飀飀",《卍續藏經》一百四十一冊《五燈全書》卷六十七"鎮江府竹林林皋本豫禪師":"寒宵風韻冷飀飀,赤骨貧兒奈自憂。"(424/b)

我們認為"飀""颼"屬於同一個詞在方音中的不同反映。《廣韻·豪韻》:"飀,風聲。"《玉篇·風部》:"所流切,飀飀,風聲。""飀"為豪韻,"颼"是尤韻,韻並不同,從諧聲來看,上古都在幽部。上古幽部中古時期分化為尤、豪兩韻,它們實際上相差並不是很大。不過,大多數情況下,尤、豪兩韻是對立的,韻書上載錄清晰,即便是《中原音韻》也是尤侯、蕭豪對立。但是我們發現方音材料顯示蕭豪、尤侯是可以合流的。魯國堯先生考察宋元江西詞人用韻發現:"在宋詞中,蕭豪部字互叶,尤侯部互叶,此疆爾界,應別為二。……宋元江西詞人中,這種通叶現象則顯得頗為突出,達三十五例,不少著名作家亦然,範圍遍及全省……宋代汴洛文士的詩裏無此顯象,據粗略觀察,中原詞人的作品亦然。因此,我們認為,宋元江西人詩詞中蕭豪與尤侯的一定數量的通叶,透露了當時江西方言的痕跡。"①劉曉南先生從文獻資料亦得出:"蕭豪與尤侯通押……只有江西和福建例子很多,可以確定其為方音……福建詩詞亦三十八例,與今天閩北方言完全對應。"②顯然,尤侯、蕭豪在江西及福建地區是存在合流狀況的。不過這種情況,並不局限於這兩個地區。有學者統計宋代江浙詩人用韻,有三十五例尤侯、蕭豪合押者。③ 又《元曲選》本《桃花女破法嫁周公》第一折:"〔仙呂點絳唇〕俺則見四野田疇,禾苗豐茂,登塲後鼓腹歌謳,現如今無士馬,絕征鬥。"④該曲本作者是杭州王曄,韻腳"茂"尤侯,"謳""鬥"蕭豪,也是這一方音合押的體現。另外,《金瓶梅》五十一回:"姐姐你不出去待他鍾茶兒,却不難為囂了人。""囂"是"羞"的音借字,《金瓶梅》多處以"囂"為"羞",時賢已有指出,不贅。《聊齋俚曲》也是如此,其所載《磨難曲》第一回:"瓢一扇棍一條,拿起來先害囂,這飯可是怎麼要!""害囂"即害羞。以"囂"為"羞"亦是方音尤侯、蕭豪合流的表現。有意思的是,《中原音韻》"茂""剖"既入尤侯,也在蕭豪。

---

① 魯國堯:《宋元江西詞人用韻研究》,胡竹安編:《近代漢語研究》,商務印書館,1992年,第190~191頁。
② 劉曉南:《宋代四川方音概貌及"閩蜀相近"現象》,《語文研究》2008年第2期。
③ 錢毅:《宋代江浙詩歌合韻譜》,西南交通大學出版社,2013年,第73頁。
④ (明)臧晉叔編:《元曲選》,中華書局,1958年,第1020頁。

由上，我們有理由認爲，上舉"颷""颷"就是禪師方音蕭豪、尤侯合流，是方言歷史層次的體現。

3.1.4 呀/閜/閕/衙/嗃/颷/哹

《卍續藏經》一百四十三册《指月録》卷九"南嶽西園曇藏禪師"："東厨有一大蟒，長數丈，張口呀氣，毒焰熾然，侍者請避之。"（207/b）《嘉興藏》三十八册《即非禪師全録》卷五"拈古·舉曇藏和尚"作"張口牙毒氣"（649/a）。"呀""牙"同，張口義。"呀"表張口不見於《説文》。《説文新附·口部》："呀，張口貌。"後世多有所用，如《大正藏》五十册《宋高僧傳》卷二十一"唐太原崇福寺文爽傳"："翌日，有狼呀張其口，奮躍欲噬咋之狀者三。"（847/c）"呀張"近義連用。

"呀"張口義實則與"閜"同源。從"可"得聲之字往往有大開義。《説文·門部》："閜，大開也。"大土山曰"阿"，大聲曰"訶""呵"，大笑曰"歌""嗝"，大船曰"舸"，大水曰"河"，大病曰"疴"。"閜"從"可"得聲。上古"可"在歌部，"牙"在魚部。邵榮芬先生指出："到了後漢時期，魚部麻韻字全部併入了歌部，那也就是説，魚部麻韻的主元音後漢時期是a。"①王力先生指出漢代時期歌部範圍的改變，即先秦魚部的二等字和部分開口三等字加入歌部，且東漢時代歌麻不分。② 由此可見，東漢時期魚部麻韻的"牙"與歌部的"可"屬同韻。同時代文獻亦多見魚、歌兩部通用者，此略舉幾例示用。《文選》卷四十一李少卿《答蘇武書》："胡笳互動，牧馬悲鳴。""笳"，李善注："《説文》作葭。"③宋本《玉篇·艸部》"葭"字引《答蘇武書》亦作"胡葭"。"葭"是魚部，"笳"是歌部。又《史記·十二諸侯年表》載"秦共公和"，司馬貞《索引》："共公，名貑。""和"是歌部，"貑"是魚部。又敦煌寫卷S.4901《韓朋賦》："宋王大喜，即出八輪之車，[字]騙之馬，前後貳拾餘人。"④"[字]騙"即"駆騙"，"駆"即"騙"改換聲旁的俗體。⑤《論語·微子》之"季騙"，《廣韻·脂韻》"季"字下引作"季瓜"。"騙"是歌部，"瓜"是魚部。以此類推，從"牙"與從"可"之字亦可通轉。殿本《漢書·司馬相如傳》，載《上林賦》："谽呀豁閜，阜陵別隝。""閜"，胡刻本《文選》

---

① 邵榮芬：《古韻魚侯兩部在前漢時期的分合》，《邵榮芬語言學論文集》，商務印書館，2009年，第53頁。
② 王力：《漢語語音史》，商務印書館，2008年，第110頁。
③ （南朝梁）蕭統編，（唐）李善注：《文選》，中華書局，1977年，第573頁。
④ 黄永武：《敦煌寶藏》第38册，臺北新文豐出版公司，1985年，第485頁。
⑤ 黄征、張涌泉校注：《敦煌變文校注》，中華書局，1997年，第220頁。

卷八《上林賦》作"閜"①,是也。又《漢書·揚雄傳》:"灑沈菑於豁瀆兮,播九河於東瀕。"宋祁注曰:"蕭該《音義》曰:灑沈菑而呀鏗瀆兮。該案:呀或以爲呵,呵叱。""於豁瀆""呀鏗瀆""呵鏗瀆"皆聲轉,"於"亦是魚部字。

"罔"表張開大貌又可作"呀""啁""喎"。胡刻本《文選》卷十五張衡《思玄賦》:"越谽啁之洞穴兮,漂通川之砏硦。"②李善注:"谽啁,大貌。""谽啁",清刻本《七十家賦鈔》卷四張衡《思玄賦》作"谽喎"③。"谽啁""谽喎"與上舉《上林賦》之"谽呀"皆同。蓋《説文》本作"罔",由"大開貌"引申用之於張口而作"喎",又可表張口大笑,《廣韻·馬韻》:"喎,大笑。"又變作"訶",重言作"訶訶""呵呵"。上文提到東漢時代魚部麻韻字歸併到了歌部,故"罔"改換聲符,在東漢時期文獻中出現了"呀""啁"兩個字形,這正與《説文》不載而《説文新附》始加相合。《廣韻》載"啁"一在馬韻,一在哿韻,從側面印證了"啁"這種讀音歷史層次問題,作哿韻乃早期歌部的變化,作馬韻即其魚部讀音的變化,故"呀""啁"在麻韻。"谽啁"受上字"谽"類化又可作"谽谺"。《廣韻·麻韻》:"谺,《字統》云'谽谺,谷中大空貌'。"

大開引申爲張口,上舉禪録"張口呀氣""張口牙毒氣""呀張其口"之"呀""牙"是也。又可引申爲張大口咬。《大正藏》五十四册《慧琳音義》卷五十六玄應"正法念經卷六十七"有"呀骨":"呼家反,蟲名也。"(678/a)"呀骨"即咬骨。《高麗藏》三十五册《可洪音義》卷十四"正法念處經卷六十七"亦載"呀骨":"上口加反,大齧也,正作齘也……又五加、呼加二反,非也。"(60/b)可洪言"口加反"而非"五加""呼加"二反,正是"呀"即"齘"之轉也,"齘"與"罔"亦同源。

或作"颬"。《文選》卷二張衡《西京賦》:"含利颬颬,化爲仙車。"吕延濟注:"颬颬,開口貌。"④"含利"爲獸名,"颬颬"爲張口,蓋張口吐氣而成風,故類化作"颬"。《廣韻·麻韻》:"颬,風貌。"正是從此引申而釋。

或作"嘏"。《四部叢刊初編》本《證類本草》卷九"白前":"梅師方:治久患嘏呷欬嗽,喉中作聲不得眠。"又《普濟方》卷一百五十九"咳嗽門·肺寒湯":"治肺胃虛寒咳嗽痰盛,呀呷有聲。"⑤"嘏呷""呀呷"同,皆是張口

---

① (南朝梁)蕭統編,(唐)李善注:《文選》,中華書局,1977年,第124頁。
② (南朝梁)蕭統編,(唐)李善注:《文選》,中華書局,1977年,第219頁。
③ (清)張惠言編:《七十家賦鈔》,《續修四庫全書》本,上海古籍出版社,2002年,第83頁。
④ (南朝梁)蕭統編,(唐)李善等注:《六臣注文選》,中華書局,1987年,第59頁。
⑤ (明)朱橚等編:《普濟方》,《景印文淵閣四庫全書》本,臺灣商務印書館,1986年,第339頁。

咳嗽吐氣。"呀"之作"嗄",亦猶"蝦蟹"之作"虾蟹"。《正字通·虫部》:"虾,俗字,舊注音鰕。"《高麗藏》三十五册《可洪音義》卷三十"賢聖集卷二十九"之"紅蝦":"呼加反……《玉篇》作虾也。"(712/c)

3.1.5 詨訛/謞訛

《卍續藏經》一百一十八册《古尊宿語録》卷二十七"舒州龍門佛眼和尚語録":"如何見得來底道理? 若道不來,又用設齋作什麽。道來也有詨訛,道不來也有詨訛,若爲得無詨訛去?"(507/b)"詨訛",《卍續藏經》一百一十二册《列祖提綱録》卷六"龍門遠禪師"作"謞訛"(244/a)。

《禪宗大詞典》釋"謞訛"有兩義:"混淆訛誤""疑問疑難",並指出禪録又作"殽訛""聲訛""謷訛""詨訛""譊訛"等,用例不贅。① 我們這裏解釋下爲什麽"謞訛"會有這些異文寫法。

從語源角度來看,"殽訛"本其源。《説文·殳部》:"殽,相雜錯也。"此義範圍擴大,引申表示水混雜,又改换義符作"淆",表示言語雜錯即成"謞",故文獻"殽訛""淆訛""謞訛"並存。"譊"有平聲蕭韻曉母一讀,故"殽訛"繼續變化可成"譊訛"。

"詨訛"並非直接音借而來。《集韻·爻韻》:"詨,吴人謂叫呼爲詨。"《玉篇·言部》:"詨,呼也,唤也。"此與"殽"音義不同。"殽"變而成"謞","謞"再改换聲符可變作"詨"。《集韻·爻韻》:"詨,或從爻。"又"惸"之作"恔"、"葯"之作"芰"亦此比。另外,從"交"從"爻"之字往往可互换聲符,如"駁"之作"駮"、"酸"之作"醭"、"姣"之作"婺"、"絞"之作"綍"、"筊"之作"笅"、"鞍"之作"轂"、"鮫"之作"鵁"、"骸"之作"骹",等等。故"訤"再變即成"詨",演變路徑:殽—謞—訤—詨。

值得注意的是,"聲訛""謷訛"與"謞訛"音並不同,中古音前者是疑母,存蕭肴兩韻,後者是匣母肴韻,《中原音韻》時期北方通語二者韻母合流爲蕭豪,只是聲母還是有疑曉之别。我們在宋代禪録文獻已多見"謷訛""謞訛"等通用。《卍續藏經》一百三十五册《天聖廣燈録》卷十三"涿州剋符道者":"師乃有頌:奪人不奪境,緣自帶譊訛。"(714/b)"譊訛",《卍續藏經》一百三十六册《聯燈會要》卷十"涿州克符道者"作"謞訛"(605/a),《大正藏》四十七册《大慧普覺禪師語録》卷十六引《克符頌》作"聲訛"(880/c)。

那麽怎麽解釋"謞訛"會變成"聲訛""謷訛"? 我們認爲可能是宋代禪

---

① 袁賓、康健主編:《禪宗大詞典》,崇文書局,2010年,第448頁。

師方音中"誷訛""謷訛"等讀音相同所致。"誷""謷"韻母雖是肴韻,聲紐却有匣疑之別。匣疑二紐從中古到近代方音,關係都較密切。《四部叢刊初編》本《顔氏家訓·音辭篇十八》:"古今言語時俗不同,著述之人楚夏各異……李登《聲類》以系音羿……""系""羿"有匣疑之別。又《大正藏》五十四册《慧琳音義》卷四十二玄應"大威德陀羅尼經"之"狗齩"條:"五狡反,中國音也;又下狡反,淮南音也。"(583/a)同上卷四十九載玄應"廣百論釋"之"貪齩"條:"五狡反,中國音也;又下狡反,江南音也。"(634/a) "五狡反"是疑母讀音,"下狡反"是匣母讀音,則玄應時北方"齩"讀疑母,南方方言則讀"匣"母。又《度曲須知》卷上"俗訛因革"提到:"《中原韻》敖字爲訛高切,訛字爲吴哥切,傲字爲昂告切,昂字爲吴岡切;乃考吴字竟是王姑切,則昂乃叶杭、傲乃叶浩、訛乃叶和、敖乃叶豪無疑矣。"①"昂""傲""訛""敖"是疑母,"杭""浩""和""豪"是匣母,這是南方戲曲方音中的匣疑關係。有意思的是,宋人就已提到當時方言"訛""和"音同。《獨醒雜志》卷一:"蔡元長嘗論薦毛友龍,召對,上問曰……他日再薦之,復召對,上問大晟樂,友龍曰:'訛。'上不諭其何謂也。已而元長入見,上以問答語之,對曰:江南人唤'和'爲'訛',友龍謂大晟樂主和爾。"②"江南人唤和爲訛","和"是匣母,"訛"是疑母。

以上可見,南方方音中"疑""匣"二紐是可以合流的,禪録"誷訛"之作"聲訛""謷訛"可能就是禪師方音的實際記録。

3.1.6 瞇眯/瞇厴/瞇麻

《卍續藏經》一百一十九册《續古尊宿語要》卷六"頌古"《一切障礙即究竟覺》:"入夜脱衣伸脚睡,五更走起眼瞇眯。"(187/b)"瞇眯",《卍續藏經》一百一十六册《宗鑑法林》卷二"圓覺"引作"瞇厴"(44/a),《卍續藏經》一百一十五册《禪宗頌古聯珠通集》卷五"大乘經偈之餘"作"瞇麻"(48/a)。"眯"同"厴"。《集韻·麻韻》:"厴,緩視貌。"或倒文作"眯瞇"。《卍續藏經》一百四十一册《五燈全書》卷七十三"廣潤巨靈自融禪師":"僧沉吟,師叱退,乃曰:古人以三人證龜成鼈語,答室内一盞燈,大似西施戴箬笠,不令人見轉風流,可謂事存函蓋,理應箭鋒矣。然則從長料揀將來,不無眼目眯瞇。"(516/a-b)

---

① (明)沈寵綏:《度曲須知》,《四庫全書存目叢書》本,齊魯書社,1995年,第677頁。
② (南宋)曾敏行著,朱杰人標校:《獨醒雜志》,《宋元筆記叢書》本,上海古籍出版社,1986年,第2~3頁。

我們認爲"瞇瞽"之"瞽"即模糊義,"眼瞇瞽"即眼模糊,施之禪録亦順暢無礙。"麻"有模糊義,如麻藥之"麻"即令人感覺模糊遲鈍之義。明清小説亦見。明刊本《廣諧史》卷七《國老世家》:"乃於天麻黑時,海月初升,天南星燦,設白青石腦爐熱沉乳零陵香,雜以蘇合降真香,叩烏頭,頓何首,祝曰……"①筆者家鄉湖南麻陽方言天剛黑即"麻黑",天剛亮即"麻亮",皆模糊義。此外陝西商縣、青海西寧、貴州清鎮、四川成都等地"麻"亦有模糊義。② 又清刊本《新説西遊記》七十八回:"行者近前,摇他一下,叫聲長官,那老軍猛然驚覺,麻麻糊糊的睁開眼,看見行者,連忙跪下磕頭叫爺爺。"③"麻麻糊糊"即迷迷糊糊。

"瞇麻"之"麻"有模糊義,語源上蓋與聲母有關。一批明母字多有模糊義,"迷""蒙""茫""盲""瞇""模(模糊)""霾""顢(顢頇)""漫""瀰""渺""懵""瀿""冥""莫"等皆是如此,它們之間可能存在聲轉關係。從"麻""米"得聲之字往往可通。《説文·耳部》"聻"字:"從耳,麻聲。讀若溺水,一曰若《月令》靡草之靡。"段注:"古音在十七部,音轉入十六部。彌字古多在十六部用,故假彌爲聻。""聻""彌""迷"輾轉可通。又《漢書·揚雄傳》載《長楊賦》:"豪俊麋沸雲擾,群黎爲之不康。""麋沸",《揚子雲集·長楊賦》作"麋沸"④。上舉《新説西遊記》"麻糊"實即"迷糊"之轉也,又轉作"模糊"。蓋較早作"迷",後來轉作"麻""模"等。王力先生曾指出:"每一種語言裏都有所謂的駢詞。駢詞是一個詞的舊形式和新形式的同時存在。"⑤故"迷"轉作"麻""模",合成駢詞即作"迷麻",倒文作"麻迷"。《卍續藏經》一百一十九册《續古尊宿語要》卷六"朱道人燒煙火":"些子藥頭都料定,傍人只得眼迷麻。"(159/a)又《卍續藏經》一百一十一册《智證傳》卷一:"偷心死盡眼麻迷,石女夢中毛卓豎。"(214/b)是也。禪籍多用於眼模糊,故增"目"類化成"瞇瞇""瞇瞽"。

又轉作"彌麻"。《卍續藏經》一百三十五册《天聖廣燈録》卷二十三"頌秘魔巖和尚持杈":"藜荒老倒眼彌麻,自救無療更持杈。"(829/a)此"彌麻"即上舉之"瞇瞽"。倒作"麻彌"。《卍續藏經》一百一十七册《禪林類聚》卷二"佛祖·慈明圓禪師":"師自頌云:水出高源也大奇,禪人不會

---

① (明)陳邦俊:《廣諧史》,《四庫全書存目叢書》本,齊魯書社,1995 年,第 400 頁。
② [中]復旦大學、[日]京都外國語大學合作編纂,[中]許寶華、[日]宮田一郎主編:《漢語方言大詞典》,中華書局,1999 年,第 5700 頁。
③ (清)張書紳:《新説西遊記》,《古本小説集成》第 1 輯,上海古籍出版社,1994 年,第 2468 頁。
④ (西漢)揚雄:《揚子雲集》,《景印文淵閣四庫全書》本,臺灣商務印書館,1986 年,119 頁。
⑤ 王力:《漢語史稿》,中華書局,2015 年,第 48 頁。

眼麻彌。"(20/b)"麻彌",《卍續藏經》一百一十六册《宗鑑法林》卷二十九"潭州石霜慈明楚圓禪師"引作"䏲眯"(387/a)。

又轉作"迷蒙"。《嘉興藏》二十六册《牧雲和尚七會語録》卷六"偈"之《偶頌》:"掣電之機疾似風,當機徒自眼迷蒙。"(567/b)"迷麻"之作"迷蒙",猶"麻汗藥"之作"蒙汗藥"。

又轉作"麻眉"。《卍續藏經》一百一十八册《續古尊宿語要》卷二"頌贊"之《贊真覺》:"而今冷坐眼麻眉,錯認東瓜作碓觜。"(922/a)

以上"迷""麻""模""彌""蒙""眉"皆聲轉也。

3.1.7 獦蚤/獵蚤/蠟蚤/虼蚤/革蚤

《卍續藏經》一百一十八册《古尊宿語録》卷二十"舒州白雲山海會演和尚":"不見道:九九八十一,窮漢受罪畢。纔擬展脚眠,蚊蟲獦蚤出。"(419/b)"獦蚤",《大正藏》四十七册《法演禪師語録》卷一"舒州白雲山海會演和尚"引作"獵蚤"(653/a)。此句乃唐宋以來俗諺,文獻多有所引,清清輝書屋刻本《板橋集》六編《濰縣寄舍弟墨第三書》作"纔得放脚眠,蚊蟲𤟎蚤出"①,"𤟎"即"獦"之俗寫,"𤟎蚤","獦蚤"也。《板橋集》翻刻本雜多,"獦蚤"有標點本作"虼蚤"②,該本没有交代底本,不知是何版本。或有標點本作"蚤蝨"③,蓋亦所據底本如此。清咸豐曼陀羅華閣刻本《古謡諺》卷四十八"夏至冬至諺"引明《帝城景物略》:"纔要伸脚睡,蚊蟲蠟蚤出。"④

"虼蚤"即跳蚤。《客座贅語》卷九《紀蟲二則》:"在人身衣縫曰蝨,在地與牀齧人曰虼蚤。"⑤《蟲薈》卷三"昆蟲·蚤"引《山堂肆考》曰:"蚤生於積灰,雄小雌大,俗名虼蚤。"⑥上揭宋人禪録中之"獦蚤"乃其較早寫法,"獦"是見母曷韻,"虼"乃其後起形體。從"乞""曷"之字往往可以通轉,如仡佬族,或作"葛僚""獦獠""犵獠""犵狫"。又《四部叢刊初編》景宋刊本《孟子·告子下》有"無曲防,無遏糴",《穀梁傳·僖公九年》有"毋雍泉,毋訖糴",《説文·言部》"訖"字段注曰:"《穀梁傳》'毋訖糴'……按:《孟子》謂之遏糴。"則"遏糴""訖糴"皆一聲之轉。又《説文·艸部》:"芞,

---

① (清)鄭燮:《板橋集》,《續修四庫全書》本,上海古籍出版社,2002 年,第 307~308 頁。
② (清)鄭燮著,吴澤順編注:《鄭板橋集》,岳麓書社,2002 年,第 191 頁。
③ (清)鄭燮著,薛恨生標點:《板橋集》,新文化書社,1933 年,第 126 頁。
④ (清)杜文瀾輯:《古謡諺》,《續修四庫全書》本,上海古籍出版社,2002 年,第 468 頁。
⑤ (明)顧起元:《客座贅語》,《續修四庫全書》本,上海古籍出版社,2002 年,第 261 頁。
⑥ (清)方旭:《蟲薈》,《續修四庫全書》本,上海古籍出版社,2002 年,第 177 頁。

芎藭也。"《四部叢刊續編》景宋本《爾雅·釋草》:"蘮䕩,芎藭。"邢昺疏曰:"香草也,一名蘮䕩,一名芎藭。"《楚辭·離騷》作"揭車"。"气"俗作"乞",故又作"芞藭"。宋本《廣韻·迄韻》:"芞,《爾雅》:蘮䕩,芞藭。"是"揭車""芞藭"同。又《魏書·官氏志》:"渴單氏,後改爲單氏。"《古今姓氏書辯證》卷三十七"十一没"引《後魏·官氏志》作:"紇單氏,改爲紇氏。"①《通志》卷二十八"氏族略四·夷狄大姓":"單氏,音丹,本可丹氏,改爲單氏。又阿單氏,改爲單氏。又渴單氏,亦改爲單氏。"②則"渴單氏""紇單氏"同也。又宋本《廣韻·九虞》:"應劭《漢官儀》曰:羽林者,言其爲國羽翼,如林盛也,皆冠鶡冠。""冠鶡冠",《四庫全書》本《五音集韻·虞第七》"羽"字下引作"冠鵠冠",是此"鵠"乃"鶡"之轉也。又從"骨"從"乞"從"曷"之字可通,如"鶻"之作"鳹"(《龍龕手鏡·鳥部》"鳹,俗;鶻,正")、"矻矻""劼劼"之作"揭揭""勮勮"、"犵狫"之作"猾佬",等等。《玉篇·力部》:"勵,勤力也。"胡吉宣曰:"重言'勵勵',與'矻矻''仡仡''揭揭'注同。"③是也。

上舉"獵蚤""蠟蚤",禪籍亦有用例。《嘉興藏》三十八册《晦嶽旭禪師語錄》卷五"住京口大覺禪寺語錄":"且道是甚麼消息?晝長人倦時,忽被蠟蚤咬;背手摸得著,開手不見了。"(524/a)"蠟蚤"明即"獵蚤",蓋跳蚤屬蟲類,故類化成"蠟",與蠟燭字無涉。"獵"之變作"蠟""獵",涉及部件"巤"的俗寫。

戰國時期,部件"巤"的寫法與"葛"近似,如睡虎地秦墓竹簡《秦律雜抄》"獵"字作"獦"④。到了漢隸時代,繼續訛變,部件"巤"已與"葛"形體相差無幾,如"獵"馬王堆帛書可作"獦(明·425)"⑤,武威漢簡可作"獦(武射·50)",居延漢簡有作"獦(居圖三七四495·4A)""獦(居圖五六五108·11)"等。⑥裘錫圭先生曾提到"武威簡·泰射五〇"一例"獵"字"獦"就是"獵"的訛體,並指出"後世所用的'獵'字異體'獦'是由這種訛

---

① (北宋)鄧名世:《古今姓氏書辯證》,《景印文淵閣四庫全書》本,臺灣商務印書館,1986年,第357頁。
② (南宋)鄭樵:《通志》,中華書局,1987年,第467頁。
③ 胡吉宣:《玉篇校釋》,上海古籍出版社,1989年,第1600頁。
④ 湯餘惠主編:《戰國文字編》,福建人民出版社,2001年,第667頁。
⑤ 陳松長編著:《馬王堆簡帛文字編》,文物出版社,2001年,第402頁。
⑥ 以上"武射·50""居圖三七四495·4A""居圖五六五108·11"三例字形皆引自王夢鷗:《漢簡文字類編》,臺灣藝文印書館,1974年,第67頁。

體演變而成的"①。可見,至遲到漢隸時代,部件"鼠"訛作"曷"的寫法已經出現。後世碑刻墓誌及敦煌寫卷多承襲於此。如北魏《元茂墓誌》:"涉獦情理,噵頭明尾。"②"涉獦"即涉獵。或把"曷"上部"艸"訛成"山"。敦煌寫卷 S.6825V《老子道德經》:"馳騁田獦,令人心發狂。""田獦"即"田獵"。敦煌寫卷 S.388《正名要錄》"右正行者楷,注腳稍訛"下:"獵,獦。""獦"作爲稍訛俗體已得到認可。或有保留"鼠"部分寫法,北魏《元徽墓誌》:"道有襲耕,德無殞獵。"③"獵"亦"獵"。大概到了唐代,"獦"已成爲通行字形。《干祿字書・入聲》:"獦,獵:上通,下正。"《四部叢刊初編》本《顏氏家訓・書證篇》:"自有訛謬,過成鄙俗……皋分澤片,獵化爲獦。"

部件"鼠"俗訛作"曷",唐時已經作爲通用寫法而存在。除"獵"之作"獦",我們所見,還有如下所用。敦煌寫卷 P.3381《秦婦吟》:"前年庚子臈月五,正閉金籠教鸚鵡。""臈月"即"臘月"。明富春堂刊本《李十郎紫簫記》卷三第十七齣:"〔前腔〕……巧笑燈前人不見,淚蠍垂珠,淚蠍垂珠。"④"淚蠍"即"淚蠟"。又《四部叢刊初編》本《韓詩外傳》卷二:"顏淵侍坐魯定公於臺……顏淵退,俄而厩人以東野畢馬佚聞矣。定公揭席而起,曰:趣駕召顏淵。""揭席",《四部叢刊初編》本《新序》作"蹛席",許維遹注引趙懷玉曰:"疑此揭本作蹁,乃蹛之俗字。"⑤則"揭席"乃"蹛席"也。此外,"鬣"之作"䯽"(《龍龕手鏡・長部》)、"毻"(《龍龕手鏡・毛部》),"躐"之作"蹁"(《集韻・葉韻》),"鑞"之作"鎑"(《集韻・盍韻》),等等,亦其比。

需要注意的是,"鼠""曷"關係,從理據上來說,只存在單向轉變,即:"鼠"早期俗寫與"曷"近似,楷化後與"曷"形體出現偶合,導致從"鼠"之字可變作從"曷";但是"曷"部件及筆畫俗寫無論如何都不會楷化成"鼠",不具備演變成"鼠"的形體變化特徵。不過,一旦人們大腦認知習慣性地把部件"鼠"楷化成"曷",那麼視覺符號圖像"曷"就具備了雙重身份,既有"鼠"的音義,也有其自身的音義。如此,視覺符號"曷"在大腦認知領域再次投射返回到字形上,就會出現新的方向:從"曷"之字,因其另一重身份

---

① 該例是《中國語文》匿名評審專家所提供,詳見裘錫圭:《〈秦漢魏晉篆隸字形表〉讀後記》,《古文字論集》,中華書局,1992 年,第 496 頁。
② 北京圖書館金石組編:《北京圖書館藏中國歷代石刻拓本匯編》第 4 册,中州古籍出版社,1989 年,第 180 頁。
③ 北京圖書館金石組編:《北京圖書館藏中國歷代石刻拓本匯編》第 4 册,中州古籍出版社,1989 年,第 174 頁。
④ (明)湯顯祖:《李十郎紫簫記》,《古本戲曲叢刊》初集,上海商務印書館,1954 年。
⑤ (西漢)韓嬰撰,許維遹校釋:《韓詩外傳集釋》,中華書局,1980 年,第 44 頁。

來源於"鼠",那麼回改就可能變作從"鼠",上舉禪錄"獦蚤"之作"蠟蚤""獵蚤"便是在此認知背景下產生的。宋本《廣韻·曷韻》:"狚,獦狚,獸名,似狼而赤,出《山海經》。"同上翰韻:"狚,獵狚,獸名,似狼。"《大正藏》五十四册《慧琳音義》卷五十六"正法念經卷四"之"水獺":"形如小犬,水居食魚者也。經文作狚,都達反,獦狚獸也,如狼赤首。狚非此義,獦音古曷反。"(676/a)慧琳注"獦"音古曷反,則《廣韻》"獵狚"當作"獦狚"。又《四部叢刊初編》本《韓詩外傳》卷五:"以貪利爲俗,以較獵爲化,而天下大亂。"許維遹注引聞一多曰:"《集韻》:擷與揭同。揭有獵、揭二音。音揭者則與訐同音。告獵,即告擷(揭),亦即告訐也。"① 是"較獵"即"告揭"之誤。又禪宗文獻"獦獠"或有作"獵獠"者。有學者認爲"獦獠"乃"獵獠"之俗寫,王閏吉先生不贊同此觀點,他從語源的角度論證並指出將"獦獠"的"獦"視爲"獵"的俗寫,理據不充分。② 實際上"獦獠"之作"獵獠",猶"獦蚤"之作"獵蚤",皆是大腦認知習慣把從"葛"之字回改變成從"鼠"所致。這種爭論出現的實質原因就是"葛"的雙重身份擾亂了我們的認知邏輯,從而把"獦獠"當成"獵獠"的俗寫。

所以,我們可以得出這樣的結論:從"鼠"到"葛",是形體演變偶合所造成;反之,從"葛"到"鼠",却是以"葛"爲中介,由雙重身份輾轉修正形成的:它們轉換關係的内在理據並不相同。故此,"獦"有二音,既有其本音古達切,同時作爲"獵"的變體,也有力葉切這一讀。《高麗藏》三十四册《可洪音義》卷一"大般若經"收"漁獦"條:"下力葉反。"(640/c)正是以"獵"音注"獦"也。反之,"獵"也有二音,既有其本音力葉反,又有作爲"獦"回改形體古達切,"獵蚤"是也。

"獵蚤"源自"獦蚤","獦蚤""虼蚤"同,那麼"獦蚤""虼蚤"又是從什麼演變而來的呢?畢竟作爲跳蚤義,它們是唐宋以後纔出現的。《通俗編》卷二十九"禽魚":"狗咬虼蚤……蚤當爲齕齧之齕,此蟲務齧人,故呼齕蚤。猶以其善跳,呼跳蚤耳。"③ 翟灝之論,堪爲卓識,我們贊同此説。《説文·齒部》:"齕,齧也。""齕蚤",言咬人之跳蚤也,聲轉作"獦""虼"。但問題是"齕"有匣母屑韻及匣母没韻兩讀,"獦"是見母曷韻,"虼"較晚出現,與"獦"爲異文,亦當爲見母,聲韻皆不相同。實際上從歷史層次上來看,匣母群母古本同源一體,《切韻》時代分而爲二,三等韻獨立爲群母,與

---

① (西漢)韓嬰撰,許維遹校釋:《韓詩外傳集釋》,中華書局,1980年,第184頁。
② 王閏吉:《"獦獠"的詞義及其宗教學意義》,《漢語史學報》第13輯,上海教育出版社,2013年,第257~266頁。
③ (清)翟灝:《通俗編》,商務印書館,1958年,第657頁。

一、二、四等的匣紐分離，後來群母清化即成見母。今南方方言，吳語、湘語、閩語、客家話、贛方言等，都還存在匣母讀群母甚至匣群不分的現象。匣母群母的古音關係，不少學者已有相關討論。李榮先生對福建、浙江、上海、江蘇、徽州等地方言材料調查分析，認爲古代有些方言的群母分布情況是一、二、三、四等都有。① 李方桂先生構擬出群母、匣母上古都是 $*g-$ ②。羅常培先生認可並引用李方桂先生的假設，指出匣母上古有塞音、非塞音兩類來源，其中塞音與群母讀同。③ 邵榮芬先生從諧聲、現代方言及佛經梵文譯名等角度指出上古匣母應分兩類，其中群母與匣母$_1$類同，讀 $*g-$。④ 鄭張尚芳先生認爲匣母上古要分爲群匣和雲匣兩類，群匣合併讀 $*g-$。⑤ 潘悟雲先生把匣母上古來源分爲 $*g-$、$*G-$兩類，中古群母來源於 $*g-$（三等）。⑥ 嚴修鴻先生以客家方言爲例探討匣母存古層次，認爲南方方言匣母讀同群母，體現的是《切韻》之前的語音層次。⑦ 曾南逸先生贊同把匣母來源分爲兩類，其中一類與群母合併讀 $*g-$，並依據閩語匣母的$\phi-$、$h-$兩讀現象認爲，影、曉、匣$_2$上古關係類似端、透、定之間的關係，大概到了中古早期匣$_1$匣$_2$出現合流。⑧ 據此，我們推測見母的"獥"可能就是較早層次匣母讀群母後期再清化的體現。近代漢語文獻中亦有所見，如擬聲詞頻用"咯吱吱"，或作"齕支支"。明世德堂刊本《西遊記》六十九回："你看他往前撲了一撲，往後存了一存，咬得那滿口牙齕支支的響喨，僅努出幾點兒，將身立起。"⑨或作"噶吱吱"。清廣百宋齋石印本《小五義》七十四回："壯堂威，差人勇，爲的是分明邪正鎮口供。噶吱吱響三木攢，一處共。"⑩以"齕"狀聲響與見母的"噶""咯"同，正是清化之用。故"齕蚤"之作"獥蚤"，亦猶"齕支支"之作"噶吱吱"。上文提到從"乞""曷"之字上古、中古文獻往往可以通轉，亦"齕"可轉作"獥"之旁證也。

或作"疙蚤"。明刻本《東度記》卷十二五十九回："人若有了這道在

---

① 李榮：《從現代方言論古群母有一、二、四等》，《音韻存稿》，商務印書館，1982年，第125頁。
② 李方桂：《上古音研究》，商務印書館，1980年，第18頁。
③ 羅常培：《經典釋文和原本玉篇反切中的匣於兩紐》，《歷史語言研究所集刊》第8册，中華書局，1987年，第89~90頁。
④ 邵榮芬：《匣母字上古一分爲二試析》，《語言研究》1991年第1期。
⑤ 鄭張尚芳：《上古音系》，上海教育出版社，2013年，第70頁。
⑥ 潘悟雲：《漢語歷史音韻學》，上海教育出版社，2000年，第350頁。
⑦ 嚴修鴻：《客家話匣母讀同群母的歷史層次》，《汕頭大學學報（人文社會科學版）》2004年第1期。
⑧ 曾南逸：《閩語匣雲二母 Ø-/h-兩讀的關係》，《中國語文》2019年第2期。
⑨ （明）吳承恩：《西遊記》，《古本小説集成》第4輯，上海古籍出版社，1994年，第1753頁。
⑩ （清）石玉昆：《小五義》，《古本小説集成》第4輯，上海古籍出版社，1994年，第361頁。

心,明了這理在腹,莫説是我鼠腹,便是個疙蚤蚊蟲,他也脱離了。"或作"跂蚤"。清刊本《蜀都碎事》卷一:"春時,每夜半有鳥鳴,其聲曰:點燈捉跂蚤。歷歷分明。問之土人,云:昔有夫婦爲蚤所咬,起來點燈,時久雨,被房倒壓死,因化爲鳥,飛必匹之,亦可異也。"①或作"革蚤"。《卍續藏經》一百四十八册《林間録》卷一:"作偈曰:馬祖有伴則來,彭公死時即道。睡裏虱子咬人,信手摸得革蚤。"(611/b)或作"蛒蚤"。清刻本《霓裳續譜》卷八"雜曲":"〔兩句半〕牙床上的蛒蚤蛒蚤,咬的我好不心焦。"②或作"圪蟝"。崇禎刊本《金瓶梅》卷七第三十四回:"昨日吴大舅親自來和爹説了,爹不依。小的圪蟝臉兒,好大面皮!"③"蟝"即"蚤"俗體。或作"蛤蚤"。明刻本《醋葫蘆》卷二第七回:"翠苔夢兒裏覺些疼痛,驚醒道:甚麽臭虫蚤虱,恁般很咬。"④"蚤虱"旁注曰:"蛤蚤。"或作"哈蚤",明刻本《新刻全像高文舉珍珠記》卷上第四齣:"〔前腔〕……古廟裏靈神宿了幾昏,頭枕斷磚眠亂草,怎當得虱子兒咬、哈蚤兒叮,咬咬叮叮,翻來復去,怎睡得到天子明。"⑤"哈蚤","圪蚤"聲轉也,非"蛤蚤"之訛。明清文獻有見"蛤蟆"作"哈蟆""圪蟆"者。⑥ 孫玉文先生指出宋元以來"當時'蛤'和'圪'讀音相同,都讀見母。"⑦正其類。或作"圪蚤"。清刻本《新説西遊記》第一回:"群猴避暑,都在松陰之下頑耍,你看他個個……捉虱子,咬圪蚤,理毛衣,剔指甲,挨的挨,擦的擦。"⑧以上"跂蚤""疙蚤""蛒蚤""革蚤""圪蟝""蛤蚤""哈蚤""圪蚤"皆同。

今方言區仍有記作"圪蚤"者,不過讀音不一。南昌方言保留入聲作"kiɛʔ˥ ˙tsau";杭州、績溪方言入聲已弱化成喉塞音分别作"kəʔ˥ tsɔʋ" "kɤʔ˥ tsɿ";福州、貴陽、長沙等地入聲消失,各自記作"ka˦˦ ʒauˇ" "keˇ tsauˇ" "kəˇ tsauˇ"。⑨ 有意思的是,廈門方言字形記作"家蚤",

---

① (清)陳祥裔:《蜀都碎事》,《四庫全書存目叢書》本,齊魯書社,1995年,第11頁。
② (清)王廷紹:《霓裳續譜》,《續修四庫全書》本,上海古籍出版社,2002年,第646頁。
③ (明)蘭陵笑笑生:《金瓶梅》,《明清善本小説叢刊》第10輯,臺北天一出版社,1985年,第36頁。
④ (明)伏雌教主:《醋葫蘆》,《古本小説集成》第1輯,上海古籍出版社,1994年,第216頁。
⑤ (明)佚名:《新刻全像高文舉珍珠記》,《古本戲曲叢刊》第2集,上海商務印書館,1955年。
⑥ 《續修四庫全書》本《夷堅支志》丁卷第五"蛤蟆瘟":"淳熙十四年春,江淮浙癘氣肆行,但不甚爲害,唯中者覺頭痛身熱,不過三日即愈。"此"蛤蟆瘟"即"蛤蟆瘟",今西醫謂由腮腺炎病毒所致,臨床表現多發熱、畏寒、頭痛、咽痛等。《翼城縣志》卷八"物産":"水蛙,一名哈蟆。"
⑦ 孫玉文:《異形同義詞"蝦蟆"和"蛤蟆"》,《語文研究》2019年第4期。
⑧ (清)張書紳:《新説西遊記》,《古本小説集成》第1輯,上海古籍出版社,1994年,第11頁。
⑨ 以上南昌、杭州、績溪、福州、貴陽、長沙等地"圪蚤"讀音皆引自李榮主編:《現代漢語方言大詞典》,江蘇教育出版社,2002年,第2691頁。

記音作"kaʔㄩ tsauㄚ"。① 有學者認爲厦門、福建方言中記音[ka]不是源於"屹",而是從"狗"變來的。② 我們認爲[ka]是"屹"的入聲脱落記音,即便是當地,"狗"也並非音[ka]。

3.1.8 蟭螟/蝍蟟/遮了/蜘蟟

《大正藏》五十一册《景德傳燈録》卷十九"韶州雲門山文偃禪師":"問:牛頭未見四祖時如何?師曰:家家觀世音。曰:見後如何?師曰:火裏蟭螟吞大蟲。"(358/b-c) "蟭螟",《卍續藏經》一百一十八册《古尊宿語録》卷十五引作"蝍蟟"(343/a-b)。"蟭螟""蝍蟟"同,即蟬的别稱。周碧香先生指出:"依據方音,'蝍蟟''蝃蟒'疑爲同一物——青色小蟬……摹寫蟬鳴,'蝍蟟'當爲擬聲詞。"③

又作"蜘蟟"。清抄本《山柏寶卷》:"蜘蟟好比琵琶怨,和番出帥漢昭軍。"④"蜘蟟"即蟬,上文提到"好比秋蟬叫绿陰",以蟬喻昭君。今作"知了"。又作"遮了"。《曝書亭集》卷二十九《臺城路·蟬》:"長堤翠陰十里,冠緌都不見,只唤遮了。"朱彝尊自注曰:"遮了,蟬聲。"⑤《説文》作"蛁蟟"。《説文·蟲部》:"蟪,蟪鹿,蛁蟟也。"朱駿聲《通訓定聲》曰:"《爾雅》:蜓蚞,螇螰。注:即蛁蟟也。《小正》作蜈蟒,《廣雅》作蜰蟒……今蘇俗曰知了,即蜈勞之音轉也。亦曰遮了。"⑥如朱駿聲所考,則以上"蝍蟟""蟭螟""蜘蟟""遮了"等皆"蜈勞"之聲轉。蓋方音演變,精組、見組逢細音可以腭化爲舌面音讀[tɕ][tɕh][ɕ],這在西南官話及其他方言區都是比較常見的合流現象。⑦ 故以上禪録之"蟭螟""蝍蟟""蜘蟟""遮了",實質上蓋皆禪師方音中知、章三等與 i 拼合及見、精紐細音腭化所導致。

3.2 異文差異與音同音近通用

除了上述因語音歷時縱向演變產生的各種異文,還有一部分常見的因

---

① 詳見周長楫編纂:《厦門方言詞典》,李榮主編:《現代漢語方言大詞典》,江蘇教育出版社,1998 年,第 32 頁。
② 岩田禮:《漢語方言解釋地圖》,東京白帝社,2009 年,第 132 頁。
③ 周碧香:《禪典"火裏蝍蟟"與〈蕲春語〉》,《長江學術》2018 年第 1 期。
④ 佚名:《山柏寶卷》,《民間寶卷》第 18 册,黄山書社,2005 年,第 216 頁。
⑤ (清)朱彝尊:《曝書亭集》,《清代詩文集匯編》,上海古籍出版社,2010 年,第 255 頁。
⑥ (清)朱駿聲:《説文通訓定聲》,武漢市古籍書店,1983 年,第 566 頁。
⑦ 詳見桑宇紅:《知莊章組聲母在現代南方方言的讀音類型》,《河北師範大學學報(哲學社會科學版)》2008 年第 3 期。

音同音近借用而出現的異文。這類異文比較好解釋。

3.2.1 醋/錯

《卍續藏經》一百三十六册《聯燈會要》卷二十九"山呈起茄串云：是甚麽？僧云：這風顛漢。山向傍僧云：儞道這僧費却我多少鹽醋。"(928/a)"鹽醋"，《五燈全書》卷三"天台寒山子"引作"鹽錯"(196/a)。"錯"顯然於義無涉。《中原音韻》時期，"醋""錯"皆屬魚模韻清母去聲字，讀音相同。《堅瓠集》癸集卷二《謝乞醯不與啓》："且醋有錯音，錯誤偶然，特前言之戲。"①此表明至清代"醋"與"錯"亦可同音。故"醋"抄寫成"錯"屬音理之例。清刊本《九尾龜》第二十一回"鬧張園醋海起風潮，苦勸和金剛尋舊好"："那班馬夫原是張書玉約來的人，要想把金小寶羞辱一場，出出他的酸風錯氣。不料突然走出一個章秋谷，分開了衆人，同着書玉、小寶二人往内便走。"②"酸風錯氣"，"酸""錯"近義相對，"錯"明當讀作"醋"，言張書玉爭風吃醋。今人有點校本《九尾龜》正作"酸風醋氣"。③

如上，則宋代禪録"醋"清代文獻引作"錯"，當屬同音而形成的異文。

3.2.2 鈯斧/拙斧

《卍續藏經》一百一十二册《列祖提綱録》卷三十五"住持爲亡僧秉炬"："右提拙斧芟，左搓芒繩縛。"(689/b)"拙斧"，《乾隆藏》一百五十八册《弘覺忞禪師語録》卷二十"小佛事"作"鈯斧"(689/a)。禪録習見"鈯斧"，《卍續藏經》六十四册《祖庭事苑》卷一音義"鈯斧"條："鈯音突。《博雅》云：鈍也。"(22/a)《廣雅疏證·釋詁上》："鈯猶拙也，方俗語轉耳。"④蓋禪師方音章母還歸於舌音，故善卿釋其音爲"鈯音突"。

3.2.3 跊/瘑

《卍續藏經》一百四十四册《教外别傳》卷八"魏府興化存獎禪師"："問僧曰：汝等還識老僧麽？曰：爭得不識和尚。師曰：跊脚法師，説得行不得。"(188/b)"跊脚"，《卍續藏經》一百一十八册《古尊宿語録》卷五"興化禪師語録"作"瘑脚"(222/a)。《集韻·霽韻》："跊，跛足。""跊"有跛脚義，與"戾""捩""睞"等同源，皆有彎曲或扭轉義。作"瘑"蓋其聲轉。

---

① （清）褚人穫：《堅瓠集》，《續修四庫全書》本，上海古籍出版社，2002 年，第 461 頁。
② （清）張春帆：《九尾龜》，《古本小説集成》第 5 輯，上海古籍出版社，1994 年，第 115 頁。
③ （清）張春帆：《九尾龜》，荆楚書社，1989 年，第 156 頁。
④ （清）王念孫著，鍾宇訊點校：《廣雅疏證》，中華書局，1983 年，第 90 頁。

"跲"爲霽韻,"瘈"爲祭韻,聲同韻近。

3.2.4 㱿㱿/殼殼/曝曝/剥剥

《卍續藏經》一百三十六册《聯燈會要》卷二十七"天台德韶國師": "僧問:敲打虛空鳴㱿㱿,石人木人齊應諾。六月降雪落紛紛,此是如來大圓覺。如何是敲打虛空底?"(889/a)"㱿㱿",《卍續藏經》一百三十五册《五家正宗贊》卷四"天台韶國師"作"殼殼"(993/b),《卍續藏經》一百二十二册《石田法薰禪師語錄》卷一"臨安府淨慈報恩光孝禪寺語錄"引作"曝曝"(18/b),《卍續藏經》一百二十四册《楚石梵琦禪師語錄》卷十七"偈頌·實庵"作"剥剥"(261/b)。"㱿㱿""殼殼""曝曝""剥剥"均爲雙音節擬聲詞,狀敲打之音,"㱿""殼""曝""剥"聲紐雖有舌音、唇音之别,但韻都是覺韻字,聲近可通。

3.2.5 遘/搆/究

《大正藏》五十一册《景德傳燈錄》卷四"前嵩嶽慧安國師法嗣":"後有義豐禪師,舉白安國師,國師嘆曰:此子會盡物我一如,可謂如朗月處空,無不見者,難遘伊語脈。"(233/a)"遘",《卍續藏經》一百三十九册《五燈嚴統》卷二"嵩嶽破竈墮和尚"引作"搆"(130/b),《卍續藏經》一百三十六册《聯燈會要》卷三"嵩山破竈墮禪師"引作"究"(469/a)。

我們在"2.1.2.2.4 搆取/聱取"已論"搆取"乃近義連文,獲取義。此處"難搆伊語脈"即言義豐禪師難獲安國師之禪意。作"遘"者義近,作"究"者,則以音爲之。"究"是尤韻見母,"搆""遘"屬侯韻見母,韻雖有"尤""侯"之别,但也都屬於流攝,蓋禪師方音近似,故而可通。

3.2.6 啗/啯/鴿/鶻/敆/敌/呫/嗛/歘/龕

禪錄頻見"啗啄",如《大正藏》五十一册《景德傳燈錄》卷十七"高安白水本仁禪師":"曰:此人意作麼生?師曰:此人不落意。曰:不落意此人耶?師曰:高山頂上無可與道者啗啄。"(339/c)"啗啄"本是近義連文,嚙啄義,此寓指探討佛法。《卍續藏經》一百四十四册《教外别傳》卷十五"白水本仁禪師"引此作"啯啄"(368/a),是俗寫"臽""臽"不分所致。[①]

我們在"2.2.3.5 鴿"已指出"啯"即"啗"之俗體,又多用以指鳥類啄物,故改換義符類化而成"鴿"。《中華藏》七十七册《古尊宿語錄》卷十七

---

① 詳見曾良:《俗字及古籍文字通例研究》,百花洲文藝出版社,2006年,第134頁。

"雲門匡真禪師語錄":"又云:當時但喚近前來,已後教伊無鴿啄處。"(736/a)"鴿啄",《卍續藏經》一百一十八册《古尊宿語録》卷十六作"鵮啄"(366/a)。此與"唅啄"之作"啥啄"理據同。

蓋"鵮啄"與動作相涉,繼續變化增"攴"而成"敆"。《廣韻·咸韻》:"鵮,鳥啄物,苦咸切。敆,上同。"

或會意而作"敁"。《正字通·攴部》:"敁,舊注音斬平聲,又音讒……鵮音慳,舊注音謙,是讀若讒及斬平聲並非。鵮、敁、敆,皆俗書。"

"鵮""敁""敆"皆咸攝字,聲紐有見、莊二組之分,蓋方俗音所致。

或以音而作"咕""龕"。《大正藏》二十四册《根本說一切有部毘奈耶破僧事》卷十九:"時諸鵝等每來諮白鵝王:汝子咕啄打我。鵝王便作是念:彼既粗惡獰性,若安立太子位,我死已後,必損殺諸鵝,我今須作方便。"(199/a)"咕啄"言鵝王太子用嘴啄擊諸鵝。《大正藏》五十四册《希麟音義》卷九"根本破僧事卷第十九"作"鵮啄"(974/b)。"咕"即"鵮",蓋上揭"音斬平聲,又音讒"所致。或以音而作"龕"。《磧砂藏》第九十册《雜寶藏經》卷八"烏梟報怨緣第百二十":"智烏答言:爾等衆烏,但龕啄我,拔我毛羽,啄破我頭。我當設計,要令殄覆。"(640/a)此"龕啄"即上舉"鵮啄"。

或改換聲符作"嗛"。① 明楊閩齋刊本《西遊記》卷十三第六十一回:"行者見了心中自悔道:是我的不是了。恨了一聲,跌足高呼道:咦!逐年家打雁,今却被小雁兒鵮了眼睛。"②"逐年家打雁,今却被小雁兒鵮了眼睛"蓋明清俗語。清刻本《檮杌閒評》卷三第三回:"公子道:這是甚麼?一把拿出來,却是柄棕竹真金扇,上面是李臨淮寫的。公子道:我們逐年打雁,今年到被小雁兒嗛了眼睛,這樣個小孩子轉被他瞞過了。"③《西遊記》"鵮",《檮杌閒評》"嗛",皆同。或作"敮"。《集韻·咸韻》:"敮,丘咸切,鳥啄物也。或作敆、敮。"

3.2.7 捻/捏/撚/撞/攧/挼

《卍續藏經》一百三十五册《天聖廣燈録》卷十五"汝州風穴山延昭禪師":"師云:爲山登九仞,捻土定千鈞。"(732/b)"捻土定千鈞",禪録多有所用,或作"捏土定千鈞"。《卍續藏經》一百三十七册《嘉泰普燈録》卷十

---

① 蕭旭先生《"搯""嗛"二字音義考》提到元曲中"嗛"即"鵮",或作"喊""签",等等,語源即"鵮"。原文載《中國文字研究》第16輯,上海人民出版社,2012年。
② (明)吳承恩:《西遊記》,《古本小說集成》第4輯,上海古籍出版社,1994年,第704頁。
③ (清)佚名:《檮杌閒評》,《古本小說集成》第2輯,上海古籍出版社,1994年,第99頁。

"潭州三角智堯禪師":"上堂曰:揑土定千鈞,秤頭不立蠅。"(175/b)或作"撚土定千鈞"。《嘉興藏》三十四册《天界覺浪盛禪師全録》卷二"黄元公設合山齋請上堂":"士:問歸宗以钁頭斬毒蛇,圓通用钁頭斬甚麽? 師舉手云:撚土定千鈞。"(599/c - 600/a)"捻""捏""撚"皆同,明清小説亦多有用例①,蓋據《説文》之"撚"改换聲符而來。

或作"攩"。《金瓶梅》第九回:"武松走到哥哥門前,揭起簾子探身入來,看見小女迎兒在樓穿廊下攩綫,叫聲哥哥也不應,叫聲嫂嫂也不應。"②"攩綫"即今捏綫。

或作"捉"。清刻本好古主人《趙太祖三下南唐被困壽州城》卷六第二十六回:"馮茂只將太祖御袍一捉起,只見腹大高如盆覆。"③"捉"即捏着揭起。

"捻""捏""撚""攩""捉"屬山、咸兩攝,蓋聲近改换字形。

或作"挩"。明刻本《新刻御頒新例三台明律招判正宗》卷二"官員襲廕·問刑條例":"一:凡軍職襲替,有不由軍功,例該減革,却行挩奏兵部官吏,阻壞選法者,問調邊衛,帶俸差操。"④"挩"字原注曰:"挩音捏。""挩奏"就是捏奏、捏造之意。《卍續藏經》一百三十八册《五燈會元》卷十一"守廓侍者":"時風穴作維那,上去問訊。嚴曰:維那,汝來也,叵耐守廓適來把老僧扭捏一上,待集衆打一頓趁出。"(402/a)"扭捏"是指守廓侍者與華嚴和尚對話。《卍續藏經》一百一十六册《宗鑑法林》卷二十七"守廓侍者"作"扭挩"(363/b),亦其證。實際上從"㞢"之字確有作從"兒"者。《説文·㠯部》:"陒,危也……《周書》曰:邦之阢陒。"段注:"今《尚書》作杌隉,《周易》作劓刖、作臲卼,鄭注字作倪伔。"或倒文作"峴阢"。宋刻本《李太白集》卷三《梁甫吟》有"大人峴阢當安之"⑤。

3.2.8 捃/窘

《卍續藏經》一百三十七册《嘉泰普燈録》卷三"江州歸宗可宣禪師":"及師領歸宗,時功甫任南昌尉,俄郡守恚師不爲禮,捃甚,遂作書寄功甫

---

① 詳見曾良:《明清通俗小説語彙研究》,江西教育出版社,2009年,第188頁。
② (明)蘭陵笑笑生:《金瓶梅》,《明清善本小説叢刊》第10輯,臺北天一出版社,1985年,第26頁。
③ (清)好古主人:《趙太祖三下南唐被困壽州城》,《古本小説集成》第3輯,上海古籍出版社,1994年,第487頁。
④ (明)葉仅等:《新刻御頒新例三台明律招判正宗》,東洋文化研究所藏明萬曆四十六年建邑余氏雙峰堂刊本。
⑤ (唐)李白:《李太白集》,《中華再造善本》唐宋編,北京圖書館出版社,2005年。

曰……"(75/b)"捃甚",《卍續藏經》二十五册《楞嚴經宗通》卷四引作"窘甚"(123/a),是也。上下文義是説郡守怨恨可宣禪師不爲禮,下文有説州主"抑逼"禪師,則"捃甚"("捃"即"攟"字,義爲拾取)當讀作"窘甚",十分難堪窘迫之義,與後文"抑逼"相協。

3.2.9 趣/趍/趨

《卍續藏經》一百三十七册《嘉泰普燈録》卷二十二"中書李林宗居士":"公猛省,呈偈曰:心鏡從來瑩,黃河本自深。只因師問後,砂石化爲金。益曰:正趨地獄。"(311/b)"趨",《大正藏》五十一册《續傳燈録》卷六"南嶽雲峰元益首座"引作"趣"(504/a),《卍續藏經》一百三十二册《歷朝釋氏資鑑》卷九"中書李林宗"引作"趍"(188/a)。"趣"爲趣向之義,"趣""趨"聲近,故可作"趨";而"趨"俗體寫法部件"芻"習作"多",故再變即成"趍"。"趨"之俗作"趍",敦煌文獻、碑刻墓誌材料用例很多。唐《崔千里墓誌》:"時幼弟霸,先授江陰縣丞,乃請常州士。座主劉公滋曰:輕名位,重骨肉,公有之矣。遂署之同趍一郡。"①"趍"即"趨"字。例多不備舉。

3.2.10 鑠/搦

《卍續藏經》一百三十七册《禪林僧寶傳》卷二十一"慈明禪師":"手鑠黃河乾,脚踢須彌倒。"(524/a)"手鑠"義不可通。《卍續藏經》一百一十八册《續古尊宿語要》卷一"慈明圓禪師語"作"手搦"(848/a),是也。"手搦黃河乾"指以手按壓黃河即可令乾,與後"脚踢須彌倒"剛好相對。蓋方音"鑠""搦"聲近。

3.2.11 作麽/怎麽/則麽/只麽/子麽/祇麽

《大正藏》五十一册《景德傳燈録》卷十三"汝州首山省念禪師":"問:四衆圍繞,師説何法?師曰:打草蛇驚。僧曰:未審怎麽生下手。"(304/b)"怎麽生",《卍續藏經》一百三十九册《五燈嚴統》卷十一引作"作麽生"(484/a)。

疑問代詞"怎麽"的來源問題,前賢多有論述。王力先生認爲:"'爭'('怎'的前身)的産生時代約在第八世紀前後,和'什麽'同時,它的來源還不清楚……'怎麽'是'怎'的分音……'作麽生'和'爭'或'怎生'在語音

---

① 北京圖書館金石組編:《北京圖書館藏中國歷代石刻拓本匯編》第13册,中州古籍出版社,1989年,第180頁。

上是可以相通的。'怎生'可能來自'作麼生'。但是'作麼生'和'爭'差不多是同時產生的,我們很難斷定哪一個在先,哪一個在後。"①呂叔湘先生指出:"怎只是'作'字受了'麼'字的聲母的影響而生的音變,而怎生是怎麼生省縮的結果。"②蔣紹愚先生也持"怎麼"源於"作麼"的觀點。③

宋元以來,此詞形體多變,以音還可作"則麼""只麼""子麼""祇麼"等。《大正藏》四十七冊《明覺禪師語錄》卷四:"或云:上來則擾擾,端坐則昏昏,脱灑一句作麼生道?"(693/a)"作麼生",清明善堂刻本《指月錄》卷二十三"明州雪竇重顯禪師"引作"則麼生"④。明清戲曲亦多見"則麼",不贅。清刻本《忠烈全傳》五十一回:"下邊坐着一人,只麼打扮? 但見他:頭戴烏紗帽,身穿紅蟒袍。腰間繫玉帶,足下粉靴高……"⑤"只麼"即"怎麼"。《詩詞曲語辭匯釋》已指出元明清文獻有"作麼""則麼""子麼"等。⑥或作"祇麼"。《大正藏》五十一冊《景德傳燈錄》卷十四"漳州三平義忠禪師":"師後參大顛,往漳州住三平山,示衆曰:今時出來,盡學馳求走作,將當自己眼目,有什麼相當阿? 爾欲學麼,不要諸餘,汝等各有本分事,何不體取,作麼心憒憒口啡啡,有什麼利益。"(316/b-c)"作麼",《卍續藏經》一百四十冊《五燈全書》卷十"漳州三平義忠禪師"引作"祇麼"(334/a)。

以上形體與"作聲"變作"則聲""只聲""子聲"理據相類⑦,蓋禪師習用方音所致。

3.2.12 止濼/止泊/止瀝

《卍續藏經》一百三十七冊《嘉泰普燈錄》卷十"東京慧海儀禪師":"山僧今日也要諸人共知:莫分彼我,彼我無殊。困魚止濼,病鳥棲蘆。逡巡不進泥中履,爭得先生一卷書。"(174/b)禪錄習用"困魚止濼,病鳥棲蘆"寓指悟道雖止於所安,却未到大海、森林之高度。

"止濼"或作"止泊""止箔"。《大正藏》五十一冊《景德傳燈錄》卷十九"吉州潮山延宗禪師":"資福問曰:和尚住此山得幾年也? 師曰:鈍鳥棲蘆,困魚止箔。"(359/c)又《大正藏》四十八冊《萬松老人評唱天童覺和尚頌古從容庵錄》卷四"第六十六則九峰頭尾":"《寶藏論》:夫進修之由,中

---

① 王力:《漢語語法史》,中華書局,2014 年,第 95 頁。
② 呂叔湘著,江藍生補:《近代漢語指代詞》,學林出版社,1985 年,第 309 頁。
③ 蔣紹愚:《近代漢語研究概要》,北京大學出版社,2005 年,第 131 頁。
④ (明)瞿汝稷輯:《指月錄》,《四庫未收書輯刊》本,北京出版社,1997 年,第 526 頁。
⑤ (明)佚名:《忠烈全傳》,《古本小説集成》第 4 輯,上海古籍出版社,1994 年,748 頁。
⑥ 張相:《詩詞曲語辭匯釋》,中華書局,1953 年,第 381 頁。
⑦ 詳見李偉大:《"吱聲"源流考辨》,《中國語文》2013 年第 5 期。

有萬途,困魚止泊,鈍鳥棲蘆,其二者不識於大海,不識於叢林,人趣乎小道,其義亦然。"(268/c)"止濼""止泊""止箔"皆同。

有意思的是,還有作"止瀝"者。上揭《萬松老人評唱天童覺和尚頌古從容庵錄》引《寶藏論》"困魚止泊",今考原經,《大正藏》四十五冊《寶藏論》卷一"廣照空有品第一"作"困魚止瀝"(144/a)。

從文意來看,上舉"止濼""止泊""止箔"是止於水泊義。"濼",《廣韻》有音匹各切,表湖泊。《正字通·水部》:"濼,俗作泊。"此外,"濼"還有盧各切,表濼水,此音非湖泊義。蓋《寶藏論》本作"困魚止濼",後世版本傳抄刊刻據其盧各切音而訛成"瀝",導致文意不通。

3.2.13 犴狢/犴貉/岸谷/犴俗/犴狢

《卍續藏經》一百一十八冊《古尊宿語錄》卷三十"標指六偈並叙·迷悟":"悟爲法障,身招罔象;犴狢無風,徒勞展掌。"(541/a)"犴狢無風",禪錄多見,或作"犴貉無風"。《卍續藏經》一百一十三冊《祖庭事苑》卷六"法眼·鼓山":"僧問:如何是包盡乾坤底句?師曰:近前。僧近前。師曰:鈍躓殺人。曰:如何紹得?師曰:犴貉無風,徒勞展掌。"(188/a)或作"岸谷無風"。《卍續藏經》一百一十八冊《古尊宿語錄》卷三十七"鼓山先興聖國師和尚法堂玄要廣集":"問:作何方便得紹師宗?師云:岸谷無風,徒勞展掌。"(634/b)

從禪意來看,作"岸谷無風,徒勞展掌"者是,蓋以高岸山谷寓指佛性自有、不需向外癡求,與"騎牛覓牛"相類。作"犴狢"則是以音所致。《漢書·文三王傳》:"元朔中,睢陽人犴反。"顏師古注:"犴音岸。"《毛詩·小雅·小宛》"宜岸宜獄",《韓詩》作"宜犴宜獄"。"狢""谷"亦可通。《說文·犬部》"狢,獨狢,獸也。"《蘇氏演義》卷下引作"獨狢"①。故"岸谷"稍變即成"犴狢",或變而成"犴貉"。

或訛而成"犴俗""犴狢"。上舉《祖庭事苑》"法眼·鼓山"句,《卍續藏經》一百三十八冊《五燈會元》卷七"福州鼓山神晏興聖國師"作"犴俗無風,徒勞展掌"(256/a),《大正藏》五十一冊《景德傳燈錄》卷十八"福州鼓山興聖國師"作"犴狢無風,徒勞展掌"(351/b)。有意思的是,《大正藏》本《景德傳燈錄》音隨形變,注"狢音欲",蓋注者不解其源乃"岸谷","狢"當取右禄切,而非餘蜀切。

---

① (唐)蘇鶚:《蘇氏演義》,《景印文淵閣四庫全書》本,臺灣商務印書館,1986年,第207頁。

3.2.14 腒臀/骨臀/朏臀

《卍續藏經》一百一十八册《古尊宿語錄》卷十五"對機":"又云:中間譯汝屋裏老爺得麼?向老漢腒臀後覓得些子啼唾嚼,將爲自己,便道我解禪解道,饒你念得一大藏教,擬作麼生去?"(351/a)"腒臀",《卍續藏經》一百三十六册《聯燈會要》卷二十四"韶州雲門文偃禪師"引作"骨臀"(827/a),《嘉興藏》二十四册《雲門匡真禪師語錄》卷一"機緣"作"朏臀"(380/c)。

作"朏臀"者是,近義連用。《玉篇·肉部》:"朏,臀也。"或體作"腒"。《廣韻·没韻》載苦骨切,故以聲而成"骨臀"。

3.2.15 骨櫨/骨租/骨楂/古錐/骨撾

《卍續藏經》一三七册《嘉泰普燈錄》卷二十九"贊達磨":"萬福西來老骨櫨,不遵行止渡流沙。被人打落當門齒,啞子依前吃苦瓜。"(422/a)"骨櫨",《卍續藏經》一一六册《宗鑒法林》卷六"初祖菩提達磨大師"引作"骨租"(93/a),《卍續藏經》一一四册《禪宗雜毒海》卷一"初祖"引作"骨楂"(112/b)。"骨櫨""骨租""骨楂"同,"楂"即"租"之俗,"租""櫨"聲近,都是麻韻字,"骨櫨"之作"骨楂",猶"骨櫨臉"之作"骨查臉"。《西遊記》六十七回有"骨撾臉"("撾"同"櫨",俗書"木""扌"不分),《水滸傳》三十五回作"骨查臉",《漢語大詞典》皆有收錄,釋瘦削之臉,不贅。近代漢語時期,"櫨""錐"聲近,《中原音韻》皆歸到知照母,或轉寫作"古錐""骨錐"。上舉"西來老骨櫨"指初祖達摩禪師,有據此化用而作"老古錐"者。《卍續藏經》一一五册《禪宗頌古聯珠通集》卷七"祖師機緣·東土諸祖":"立雪齊腰成底事,以刀斷臂亦奚爲?從門入者非家寶,休殢西來老古錐。"(71/a)此頌二祖立雪斷臂侍奉初祖事,"西來老古錐"即上揭"西來老骨櫨",寓指達摩祖師。又《大正藏》四十七册《虛堂和尚語錄》卷六"石窗和尚":"芝峰老骨錐,不在明白裏。"(1032/b)此"骨錐"與"古錐"同。

有學者認爲禪籍中的"古錐"是"錐元鋒利而古錐則尖退鋒禿,無復穎脱之能,以比老來無聰敏之機智也"。① 也有學者認爲"骨撾"即"骨朵",並指出"骨撾"是形容僧頭之狀。② 我們認爲指出"骨撾"即"骨朵",極是,但認爲與錐鋒利禿退有關或者形容僧頭之狀,則恐失之。要解決此問題,

---

① [日]無著道忠:《葛藤語箋》,日本禪文化研究所,1992 年,第 117 頁。
② 雷漢卿、王長林:《禪宗文獻語言論考》,上海教育出版社,2018 年,第 243 頁。

得瞭解其得義之由。

禪籍多見以"骨檛""老骨檛"表示禪師,實際上"骨檛"與"骨朵"同出一源。"骨朵"中心詞義爲凸起、鼓起,學者已有論説①,不贅。《説文·竹部》"笔"字段注:"笔、檛,古今字。""笔""檛"即同一詞語之不同書寫形式。如武器金瓜頂端圓鼓凸起,古籍多作"骨朵""骨笔",又作"骨檛"。"笔""檛"音陟瓜切。"笔"從"朵"得聲,又有徒果切一讀,與陟瓜切聲母雖分知、定兩紐,但古無舌上音,知母讀音乃其後來分化。並且,"檛"除了陟瓜切,文獻中還保留有舌頭音的讀法。《文選》卷十八《笙賦》"修檛内辟",五臣注:"檛,都瓜反。"②《文選》卷九《射雉賦》"鶯綺翼而經撾",李善注:"撾,都瓜反。"③"檛""撾"同。古人也注意到舌頭音的情况。《演繁露》卷十二:"《宋景文公筆録》謂俗以撾爲骨朵者,古無稽據……予按:字書笪、撾皆音竹瓜反,通作簻,簻又音徒果反……然則謂撾爲骨朵,雖不雅馴,其來久也。"④程氏謂"笪""撾""簻"音竹瓜反,"簻"又音徒果反,"骨朵"可轉作"簻""撾"。又敦煌文獻 S. 2009:"鴨觜阿朵三柄,鈿鍮石阿朵一柄,竹柄大阿朵一柄,小阿朵三柄……銀葉骨卓一個,胡桃根阿卓一個,□鍮石大骨卓一個,小鍮石骨卓一個,又胡桃根小骨卓一個。"曾良先生指出此"阿朵""骨卓""阿卓"表示如金瓜一類的武器,與"骨朵"乃一聲之轉⑤,此亦舌頭舌上聲轉之例。"骨朵"之轉作"骨檛",猶"骨朵"之轉作"骨卓"。故"骨檛"實際上就是"骨朵"的衍化,舌上音出現後,"骨檛"聲轉又作"骨楂""古錐",形雖萬變,核心詞義實則一致,即凸起、鼓起。故而人臉削瘦,臉上骨頭突起,稱之爲"骨查臉""骨檛臉",即今皮包骨之謂。上舉《西遊記》《水滸傳》"骨撾臉""骨查臉"就是指面上無肉臉骨突出瘦削貌。《漢語大詞典》釋爲瘦削臉問題不大,而岳國鈞釋"骨查臉"爲"顴骨凸突的面孔"⑥,又要精確得多。不管如何,此詞恐非指人頭或僧頭。僧人苦修,其形瘦弱,自然面上肌瘦,臉骨突出。相傳佛祖苦修六年只剩皮包骨,僧人苦修亦恐如此。故禪籍頻用"古錐"來指禪師,又用"老"修飾,作"老古錐",亦能表明"古錐"的程度。甚至還有作舌頭音者,如《嘉興藏》二

---

① 詳見曾良:《敦煌文獻字義通釋》,廈門大學出版社,2001 年,第 1~2 頁;張小艷:《敦煌社會經濟文獻詞語論考》,上海人民出版社,2013 年,第 241~242 頁;龔元華:《釋"骨堆"》,《辭書研究》2014 年第 6 期。
② (南朝梁)蕭統編,(唐)六臣注:《文選》,中華書局,1987 年,第 240 頁。
③ (南朝梁)蕭統編,(唐)李善注:《文選》,中華書局,1977 年,第 140 頁。
④ (南宋)程大昌:《演繁露》,《景印文淵閣四庫全書》本,臺灣商務印書館,1986 年,第 172 頁。
⑤ 曾良:《敦煌文獻字義通釋》,廈門大學出版社,2001 年,第 1~2 頁。
⑥ 岳國鈞主編:《元明清文學方言俗語辭典》,貴州人民出版社,1998 年,第 1075 頁。

十五册《天界覺浪盛禪師語録》卷六:"云:者僧雖是青州人,不知地頭事,却被雪庭老古董捉敗,發配在趙州去。"(711/b)"雪庭老古董"是指雪庭禪師,"古董"即"骨朵"聲轉,"老古董"與"老古錐"同。

另外,"樝"又音"查"。《元曲選·救孝子賢母不認屍》第一折:"〔混江龍〕……一個學吟詩寫字,一個學舞劍輪樝。"末尾"音釋":"樝,音查。"①"查""叉"可音同,因此,"骨樝"還能轉成送氣音作"骨叉"。明容與堂刻本《水滸傳》卷二十七第二十七回:"武松跳將起來,把左脚踏住婦人,提著雙拳,看那人時……生得三拳骨飽和度乂臉兒,微有幾根髭鬚,年近三十五六。"②"骨乂"即"骨叉","乂"是"叉"的俗寫,貫華堂本卷三十一第二十六回正作"骨叉"③。"骨叉臉"是指張青臉上顴骨突出。

由上可見,"骨樝""骨查""古錐"與"骨朵"實則同出一源。敦煌文獻轉作"骨卓",或單用作"阿卓""阿朵""樝""樝"等,核心義即突出、鼓起,可用以狀臉骨突出瘦削之貌,非指僧頭,亦非指錐尖。

3.2.16 掠彴/略彴

《卍續藏經》一百一十八册《古尊宿語録》卷二十二"黃梅東山演和尚語録":"掠彴不是趙州橋,明月清風安可比。"(442/a)"掠彴",《卍續藏經》一百四十三册《指月録》卷二十八"提刑郭祥正"引作"略彴"(624/a)。

《漢語大詞典》釋"略彴"爲"小木橋",據《景德傳燈録》釋"掠彴"爲獨木橋。實則"略彴""掠彴"同爲木橋,不必各立詞條。《玉篇·木部》:"榷,水上橫木渡,今之略彴也。"《漢書·武帝紀》"初榷酒酤"顏師古注:"榷者,步渡橋,《爾雅》謂之石杠,今之略彴是也。"同音替換即成"掠彴"。"掠""略""料"近代漢語時期可以同音,《切韻》時代"掠""略"是藥韻,"撩""料"屬蕭韻,後來共同語喉塞音弱化脱落,"掠""略"變作去聲,併入蕭豪(《詞林韻釋》《蒙古字韻》),與"撩""料"音同。其通用現象,宋元以來戲曲小說文獻比較常見。

或類化作"掚彴"。《大正藏》四十七册《虛堂和尚語録》卷二"婺州雲黃山寶林禪寺語録":"僧云:我脚何似驢脚? 師云:曾踏趙州掚彴。"(998/c)

或類化作"徫彴"。《嘉興藏》三十七册《憨休禪師敲空遺響》卷九《山居》之一:"得住青山意足便,橫揸徫彴小庵前。"(295/c)

---

① (明)臧晉叔編:《元曲選》,中華書局,1958 年,第 761 頁。
② (明)施耐庵:《水滸傳》,《古本小說集成》第 2 輯,上海古籍出版社,1990 年,第 874 頁。
③ (明)施耐庵:《水滸傳》,《古本小說集成》第 4 輯,上海古籍出版社,1994 年,第 1497 頁。

3.2.17 話霸/話欛/話杷

《卍續藏經》一百三十八冊《五燈會元》卷二十"安吉州道場正堂明辯禪師":"因贊達磨曰:昇元閣前懵懂,洛陽峰畔乖張。皮髓傳成話霸,隻履無處埋藏。不是一番寒徹骨,爭得梅華撲鼻香。"(783/a)"話霸",《卍續藏經》一百四十四冊《教外別傳》卷十"道場明辯禪師"引作"話欛"(257/b)。

"欛"即"杷"聲符改換之形體,声轉即成話柄,俗寫"木""扌"不分,或又作"攦""把"。《卍續藏經》一百二十七冊《憨山老人夢遊集》卷十六"答葛自修":"足下覽過,即唾却燒却,又不可留與後人作話攦起疑團也。"(437/b)又《嘉興藏》三十九冊《灤州萬善暉州昊禪師語錄》卷六"拈古":"拈云:世尊揚風撒土,迦葉眼裏著砂。雖然各展風規,未免却成話把。"(743/b)。

或作話"櫊"。《嘉興藏》三十九冊《萬峰童真禪師語錄》卷四"杭州净慈悟明晦翁禪師":"頌字經云:焉烏成馬,真金自有真金價。千載輪來,幾個知留到於成話櫊。"(304/a)"話櫊"亦上揭"話杷"。"杷"之作"櫊",猶"杷"之作"櫊"。

3.2.18 椿椿/蠢蠢

《卍續藏經》一百四十四冊《續燈正統》卷二十九"處州府白雲無量滄禪師":"通身是箇疑團,疑來疑去,終日獃椿椿地,聞聲見色,管取団地一聲去在。"(824/b)此"椿椿"非木椿,當讀作"蠢蠢"。"獃椿椿"即呆蠢,禪錄或作"呆蠢蠢"。《大正藏》四十八冊《禪關策進》卷一"空谷隆禪師示衆":"不可呆蠢蠢地念箇話頭,亦不可推詳計較,但時中憤然,要明此事。"(1104/b)或作"獃蠢蠢",《卍續藏經》一百二十二冊《高峰原妙禪師語錄》卷一"示净修侍者":"坐亦不知坐,寒亦不知寒,熱亦不知熱,喫茶不知茶,喫飯不知飯,終日獃蠢蠢地,却似箇泥塑木雕底。"(675/b)皆是其類。

3.2.19 敵露/覿露

《卍續藏經》一百三十六冊《聯燈會要》卷二十三"福州羅山道閑禪師":"師又代云:敵露機鋒,如同電拂。"(817a)"敵露"費解,此言機鋒顯露,與"敵"無涉,當讀作"覿露"。"覿露",近義連用,"覿"有顯現義,古籍習見,不贅。"覿露機鋒,如同電拂"乃禪錄習見之語,此僅舉一用。《卍續藏經》一百三十八冊《五燈會元》卷十九"眉州中巖華嚴祖覺禪師":"一日入室,悟舉羅山道:有言時,踞虎頭,收虎尾,第一句下明宗旨。無言時,覿

露機鋒,如同電拂,作麼生會?"(766/a)

3.2.20 桙/頯

《卍續藏經》一百一十八冊《古尊宿語錄》卷六"睦州和尚語錄":"師見新到來參,云:尯尢叵耐。僧罔測,一邊立。師云:什麼處得這一隊打野桙漢。"(230/a)"打野桙漢"習見。《廣韻·皆韻》:"桙,枯木根。"《禪宗大詞典》據此釋"野桙"為"荒野中的枯樹根或枯樹樁",是也。其構字理據蓋取木埋於地會意。俗書"木""扌"不分,故又作"野挏"。《卍續藏經》一百三十四冊《補續高僧傳》卷十二"海雲大士傳":"中和曰:參須實參,悟須實悟,莫打野挏。"(218/b)或省作"野桙"。上舉《古尊宿語錄》"打野桙漢",《卍續藏經》一百四十一冊《五燈全書》卷八十一"蘄州菩提雲外澤禪師"引作"打野桙漢"(676/b)。或訛而作"野狸"。《卍續藏經》一百二十冊《普庵印肅禪師語錄》卷三"統宗判元錄":"拈云:人道玄沙不可得,我道玄沙恰似一箇打野狸漢。"(691/a)

有意思的是,國家圖書館藏宋本《古尊宿語錄》卷二十四"睦州和尚語錄"作"打野頯漢"(730/a)。《廣韻·皆韻》:"頯,頭肤也。""頯"是皆韻定母字,突出隆起義。"桙"是皆韻知母字,《圓悟碧嚴集》釋"野桙乃山上燒不過底火柴頭",即火燒剩下的木榾柮,亦有突出隆起義,則"頯""桙"聲近義通。

第四章 宋與明清禪錄異文差異與詞語釋義及語素替換考察

禪籍文獻詞語研究，前賢時修已做過不少探索。這裏需要提出的是袁賓先生的《禪宗大詞典》和雷漢卿先生的《禪籍方俗詞研究》。《禪宗大詞典》實際上是在《禪宗著作詞語匯釋》《禪宗詞典》的基礎上增補修改而成，收錄範圍較廣，包括"術語、行業語、公案語、典故語、成語、俗諺語及口語詞等，兼收重要的中國禪宗人物、寺、塔、山與典籍"①。《禪籍方俗詞研究》收錄的則主要是禪籍文獻中的方俗詞。雷漢卿先生説："筆者認爲俗語詞就是歷史上某一時期進入書面語的方言詞，或者説俗語詞的前身就是在某一地區日常口語中使用的方言土語，這些方言土語一旦通過書面形式固定下來就成了我們討論的方俗詞。"②可見《禪宗大詞典》偏於廣，而《禪籍方俗詞研究》則重於專，這兩部書是目前禪籍語錄詞語研究必備的參考書，也是禪籍文獻詞彙研究的集大成者。儘管時下已有不少研究成果，但禪籍語錄詞語漏收、漏釋、誤釋等問題仍復不少，這些都是很有必要去解決的。禪錄異文材料可以很好地幫助我們去解決這一問題。利用異文材料，既可以對已有釋義存在問題進行辨釋，也可以對以往漏收詞條或義項進行補充。另外，宋與明清禪錄異文還存在大量的語素替換現象，有同義語素替換，也有近義語素替換，因爲涉及詞義問題，我們一併放在這一章討論。

需要説明的是，下文提到的詞條詞義，多是對前人或辭書釋義有待商榷的地方進行辨釋，或是對前人及辭書失收義項及漏收詞條展開考釋。

4.1 異文差異與詞語釋義商榷辨釋

禪籍專門詞典及綜合性大型辭書皆收錄有禪錄詞語，在釋義方面多所創獲，但也難免千慮一失，有些詞語釋義還可商榷。如"2.1.2.1.2 骨堆/孤堆"指出禪錄習見"平地起骨堆"，《宋語言詞典》《禪宗大詞典》釋"骨堆"爲"墳墓"，其中心詞義爲凸起，義存乎聲，無關其形。禪錄異文還可作

---

① 詳見袁賓、康健主編：《禪宗大詞典·編寫説明》，崇文書局，2010年。
② 雷漢卿：《禪籍方俗詞研究》，巴蜀書社，2010年，第160頁。

"骨都""孤堆""骨篤""姑都"等,實際上它們都是同一聯綿詞不同書寫形式,禪錄慣用"平地起骨堆"表平整之地無故凸起土堆,寓指無事生非、無風起浪,與土相涉作"土骨堆"、與木相涉作"木楖柮"、與食物相涉作"麵餶飿"、與花蕾相涉作"花骨朵"、與嘴鼓起相涉作"咕嘟",等等,形雖不同,核心詞義實一。以下是對禪錄詞語已有釋義中存在的可商榷之處展開的辨釋。

4.1.1 胡

《大正藏》四十七册《大慧普覺禪師宗門武庫》卷一"和州開聖覺老"下:"一日室中垂問云:釋迦彌勒,猶是他奴,且道他是阿誰？覺云:胡張三、黑李四。祖然其語。"(954/c)禪語蓋用"胡張三""黑李四"引逗僧人直指心,勘破表相,不因張三李四之别而不能鑒出本質。此處"胡張三黑李四",《卍續藏經》一百四十三册《指月錄》卷二十八"蘄州五祖法演禪師"下引作"髯張三、黑李四"(620/a)。不管是"胡張三",還是"髯張三",若理解爲胡人張三或髯子張三,顯然與後文"黑李四"不相類,"胡""黑"偶麗,則"胡"應該指代一種肌膚顏色。《卍續藏經》一百三十八册《五燈會元》卷十六"臨安府靈隱正童圓明禪師":"僧問:如何是道？師曰:夜行莫踏白。曰:如何是道中人？師曰:黄張三、黑李四。"(613/b)此亦可證"胡"確指顏色。

李商隱《驕兒詩》有"張飛胡"一語,馮浩認爲"劉胡本以面坳黑似胡,故名坳胡,及長,單名胡焉。張飛胡義同。俗稱黑張飛也,舊注誤"①,朱鶴齡指出"張飛胡"之"胡"是"多髯也"②。後出大型字典辭書亦多據此而釋。《漢語大字典》《辭源》《辭海》等依《驕兒詩》孤證釋爲"黑",而《漢語大詞典》據此卻釋爲"多須",釋義並不統一。一些學者對釋"胡"爲黑義持批駁態度。葉蔥奇提到:"胡謂胡人,並無黑義,安能強事迂曲,以解此胡字？"③劉學鍇、余恕誠認爲:"《南史》謂其面色坳黑似胡人,未謂'胡'即'坳黑'之義。"④"張飛胡"之"胡"到底爲何意義,這裏不做探討。我們討論的是單音節詞"胡"在漢語史上有没有"黑"這個義項及其語源,兹見下論。

值得注意的是,上揭禪籍"胡張三"異文恰有作"烏張三"者。《大正

---

① (唐)李商隱著,(清)馮浩箋注,蔣凡標點:《玉谿生詩集箋注》,上海古籍出版社,1979年,第416頁。
② (清)朱鶴齡:《李義山詩集注》,《景印文淵閣四庫全書》本,臺灣商務印書館,1986年,第213頁。
③ 葉蔥奇疏注:《李商隱詩集疏注》,人民文學出版社,1985年,第658頁。
④ 劉學鍇、余恕誠:《李商隱詩歌集解》,中華書局,1988年,第867頁。

藏》四十七册《虛堂和尚語錄》卷四"靈隱立僧普説"："祖一日室中,舉釋迦彌勒是他奴,他是阿誰。他下轉語道：烏張三、黑李四。五祖然之。"（1016/c）又《大正藏》四十八册《人天眼目》卷一"古宿十智同真問答"："與甚麼人同得入？汾云：鬼争漆桶,胡張三、黑李四。"（305/c）此前有"漆桶",後爲"胡張三""黑李四",則"胡""黑"爲漆桶之色,即黑色也。據此,禪籍語錄中"胡張三""烏張三",即黑張三,與後文"黑李四"文義相偶。

"胡"表黑義,有説胡人色黑,故以爲名,實不可據。我們推測"胡"有黑義與"烏"有關。"烏""胡"都是模韻字,聲母雖有影、匣之分,但發音部位相同。影、匣二紐從上古到中古以至今天在方言中都很密切。《俗書刊誤》卷六"略記駢字"："烏孫,國名。《吕氏春秋》作户孫。"①今考"户孫"見於《淮南子·時則訓》,《吕氏春秋》則無,蓋焦竑記混。"户"是匣母模韻,"烏"是影母模韻,"烏"之作"胡"亦猶"烏"之作"户"。《齊民要術》卷二"胡麻第十三"："《漢書》：張騫外國得胡麻。今俗人呼爲烏麻者,非也。《廣雅》曰：狗虱、勝茄,胡麻也。《本草經》曰：胡麻,一名巨勝,一名鴻藏。案：今世有白胡麻、八稜胡麻。白者油多。"以"胡麻"俗稱"烏麻"爲非,可能就是音誤所致。又"訡",《廣韻·齊韻》作烏奚切,《集韻·齊韻》爲户禮切,"烏""户"有匣、影之分。又《莊子·齊物論》："長梧子曰：是黄帝之所聽熒也,而丘也何足以知之。"陸德明《釋文》："熒,音瑩。"②《集韻·迥韻》："熒,或從玉,烏迥切。""熒"屬匣母,"瑩"屬影母。《正字通·玉部》："瑿,于欺切,音衣。""于"是匣母,"衣"是影母。又明刊本《問奇集》"各地鄉音·吴越"："黄爲王,縣爲厭。"③此表明明代吴越方音以"厭"爲"縣","縣"屬匣母,"厭"屬影母。以上皆"匣""影"臨紐通用例。

因此,"烏""胡"可以形成異文。宋刻本《皇朝編年備要》卷二十八屬"徽宗重和元年"："是歲,女真阿骨打僭稱帝,國號金……女真妻之以女,生二子,其長即胡來也。"④"胡來",《金史·世紀》作"烏魯"。《蒙兀兒史記·乃顏哈丹列傳》："哈丹迎戰,敗走,追至忽蘭葉兒。"注曰："地名,見《伯帖木兒傳》,今黑水府東北有瑚裕兒河,一稱烏羽爾。"⑤"瑚""烏"即因蒙古語音譯而出現的異文。又《台州日報》載《胡村嶺與烏猻嶺》一文,提

---

① （明）焦竑：《俗書刊誤》,《景印文淵閣四庫全書》本,臺灣商務印書館,1986年,第567頁。
② （唐）陸德明撰,黄焯斷句：《經典釋文》,中華書局,1983年,第361頁。
③ （明）張位：《問奇集》,《四庫全書存目叢書》本,齊魯書社,1997年,第187頁。
④ （南宋）陳均：《皇朝編年備要》,《中華再造善本》唐宋編,北京圖書館出版社,2004年。
⑤ （清）屠寄：《蒙兀兒史記》,《元史二種》之二,上海書店、上海古籍出版社,1989年,第503頁。

到台州下轄有地名"烏猻嶺",得名之由實則"猢猻"。① 董志翹先生指出"猴孫"可轉寫作"猢猻""胡孫""滑孫""活猻"。基本可以推斷當地認爲"烏猻"與孫悟空有空,實際上就是"猴孫",亦即"胡孫"。②《白漢詞典》指出白語古漢語借詞"胡"讀"wu",③體現的亦是方音演變情況。上揭"胡"表黑義可能就是來源於"烏",禪錄"胡張三"異文作"烏張三"便是最好的證明。④

4.1.2 郎

《卍續藏經》一百四十一册《五燈全書》卷八十四"天臺國清毅庵英禪師":"上堂:霜風急,霜風急,窮子無依何處立。勸君問路早還家,庫藏倉箱盡盈溢。莫靠墻,休倚壁,剛被時人唤作賊。"(714/b)"剛被時人唤作賊",《大正藏》五十一册《續傳燈録》卷二"衡州常寧北禪智賢禪師"引作"致使時人唤作郎"(479/a)。從文義來看,"賊"爲邪辟不正之稱,此"郎"亦當與此相類。《嘉興藏》二十七册《昭覺丈雪醉禪師語録》卷五"廣録":"既是者箇,何苦不肯承當?與從上那一夥泥猪、癩狗董賣弄風流去。長年倚他門户、靠他牆,却被人來唤作郎。"(328/b-c)前説"泥豬""癩狗",後言"郎",其義亦當相近。

比類上舉各例,"郎"應是對社會地位低賤者的稱呼。《漢語大字典》釋"郎"字有一義項:"元明間對出生貧寒者的稱呼,與當時對貴族子弟和有財勢者稱呼爲'秀'不同。"這種解釋施之於此,甚合文義,但説是"元明間",恐失之過晚。實際上,上揭《續傳燈録》之内容,宋代文獻《建中靖國續燈録》《聯燈會要》皆有載録。《大正藏》一百三十六册《聯燈會要》卷二十七"潭州北禪智賢禪師":"歲夜小參,示衆云:年窮歲盡,無可與諸人分歲,且烹箇露地白牛,炊黍米飯,向骨拙火,唱村田樂,何故?免見倚他門户,傍他牆,剛被時人唤作郎。便下座。"(893/a-b)又《卍續藏經》一百三十八册《五燈會元》卷十五"潭州北禪智賢禪師":"何故?免見倚他門户,傍他牆,剛被時人唤作郎。"(592/b)如此,則至遲至有宋一代,"郎"字已有

---

① 詳見《台州日報》2016年6月22日第四版《胡村嶺與烏猻嶺》,文中提到"烏猻嶺"得名之源是孫悟空出道後在此嶺下石頭休息,後人因稱猩猩石,並在當地修煉,保一方安寧。據此,"烏猻"即"猢猻"無疑也,蓋當地古時有獼猴(獼猴即猢猻),後人附會神話得名。
② 董志翹:《漢文佛典中"猴孫"之"孫"的語源兼談"孫悟空"何以姓"孫"》,《蘇州大學學報(哲學社會科學版)》2020年第3期。
③ 趙衍蓀、徐琳編著:《白漢詞典》,四川民族出版社,1996年,第473頁。
④ 此條内容,曾在"中國語言學會歷史語言學分會第三屆年會"(2024年)上宣讀,方一新、汪維輝、朱冠明等先生提出了寶貴意見,在此謹致謝忱。

對社會地位低賤者之稱呼這一義項。

4.1.3 平欺

《卍續藏經》一百三十七册《嘉泰普燈錄》卷十七"台州瑞巖佛燈如勝禪師":"上堂曰:人人領略釋迦,箇箇平欺達磨。"(255/a)"平欺"禪籍多見,異文有作"凌滅"者。《嘉興藏》三十八册《即非禪師全錄》卷八"第三十世天奇本瑞禪師":"諸佛不識,平欺佛祖超常倫。"(667/a)"平欺佛祖超常倫",《卍續藏經》一百二十三册《了庵清欲禪師語錄》卷六"送珍上人回鄉"化用作"凌滅佛祖超常倫"(728/a),"平欺""凌滅"義當相近。"凌滅"禪籍習見,或作"凌蔑"。《卍續藏經》一百一十七册《禪林類聚》卷六"棒喝":"松源岳云:興化勾賦破家,旻德把髻投衙;更道他會一喝不作一喝用,不知凌滅我臨濟宗風,不見道作家不啐啄,啐啄同時失。"(80/a)"凌滅",《卍續藏經》一百二十一册《松源崇嶽禪師語錄》卷一引作"凌蔑"(586/a),則"凌滅"即"凌蔑",亦即蔑視。"平欺"亦當與此義近。

《近代漢語大詞典》載"平欺",釋爲:"明顯欺負。"但事實上"平"並無"明顯"這一義項,且施之於用例,亦甚不妥。明刻本《三國志通俗演義》卷十四有詩單表關羽單刀赴會之事,其詩曰:"藐視吳臣若小兒,單刀赴會敢平欺。"①此詩贊嘆關羽英雄氣概。關羽是隻身單刀赴會,若"平欺"爲"明顯欺負"是說不過去的。《近代漢語詞典》(白維國)載有三個義項:欺負,輕視;超過,勝過;壓倒,吞没,蓋過。顯然要合理得多。

上舉"平欺"就是藐視、輕視、看輕、小看的意思,與異文"凌滅"正相類。上面提到關羽"藐視吳臣若小兒,單刀赴會敢平欺"一詩,前言"藐視吳臣",後言"平欺",則"平欺"就是藐視,寓指關羽膽氣過人,隻身赴會,輕視孫吳群臣。又《舊唐書·高駢傳》:"且十室之邑,猶有忠信,天下至大,豈無英雄?況守固城池,悉嚴兵甲,縱非盡美,安得平欺?"高駢抗敵不力,被唐僖宗罷免兵馬都統、鹽鐵轉運使等官職。高駢心有不滿,上書埋怨,語詞不遜,故此唐僖宗對高駢的上書一一給予回復,大意是說:備戰抗敵,即便敵人守護城池、修繕甲兵沒有完備,也不能掉以輕心。此"安得平欺"即怎麼可以掉以輕心,"平欺"明爲輕視、看輕的意思。

我們再來看看禪籍文獻用例。《嘉興藏》二十七册《雪關禪師語錄》卷十一《和相國張二水白毫庵韻》:"佛祖可容下視,魔王未易平欺。"(516/c)

---

① (明)羅貫中:《三國志通俗演義》,《古本小説集成》第 3 輯,上海古籍出版社,1993 年,第 2119 頁。

此前言"下視",後説"平欺",二者近義相對。又《卍續藏經》一百二十四册《南石文琇禪師語録》卷四《山中懷古》:"平欺佛祖眇諸方,倒握竹篦誰敢當。"(433/b)此"平欺"與"眇"相對爲文,其義必近。又《卍續藏經》一百二十三册《了庵清欲禪師語録》卷五"達磨大師":"下視竺乾,平欺震旦;直指單傳,胡揮亂揎。"(698/b)此"下視""平欺"亦近義相對,皆爲輕視之義。又《大正藏》四十八册《萬松老人評唱天童覺和尚頌古從容庵録》卷一"臺山婆子":"所以道,説向人前不直錢,汝但離却得失勝負情量,自然平欺婆子,下視趙州。"(233/c)此亦"下視""平欺"近義對用之例。

"平欺"爲輕視、看輕、藐視之義,引申又可表示超過、超出。明刻本《天許齋批點平妖傳》第一回:"神通却是降龍祖,變化平欺弼馬温。"①此處專述獼猴年深成妖,作怪弄人,"平欺弼馬温",誇言其神通廣大超出齊天大聖孫悟空。此"平欺"即超出、超過。又明刊本《金瓶梅》卷一第四回:"這西門慶仔細端詳那婦人,比初見時越發標致……端的平欺神仙,賽過嫦娥。"②"平欺神仙,賽過嫦娥"是對潘金蓮的描寫,"平欺""賽過"近義對文。明刊本《三國志通俗演義》卷五:"又詩曰:來往軍中膽氣高,平欺許褚勝張遼。"③此詩專述張飛英勇,"平欺許褚勝張遼"即超過許褚、張遼。"平欺"超過之義,《白話小説語言詞典》已有録。

4.1.4 岌峇

《卍續藏經》一百一十八册《古尊宿語録》卷二十五"筠州大愚芝和尚語録":"乃云:舉一步,須彌岌峇,海水騰波;不舉一步,放微塵國土,助一切諸佛出興於世,轉大法輪。"(479/b)"須彌岌峇",《大正藏》四十七册《虚堂和尚語録》卷九作"須彌岌嶪"(1054/c-1055/a),《卍續藏經》一百一十九册《續古尊宿語要》卷五"柏堂雅和尚語"作"須彌岌嶭"(125/a)。

"岌峇""岌嶪""岌嶭"互爲異文,其義則同。《近代漢語大詞典》録有"岌嶪""岌嶭"兩詞,釋義皆爲高峻貌,而《漢語大詞典》釋之爲"象聲詞"。各家所釋,各不相同。即便置之於此,亦皆有不安:其一,"須彌岌峇,海水騰波"相對爲文,結構必同,"騰波"爲動詞性謂語,"岌峇"亦當如是,釋爲象聲詞或高峻貌,顯然皆非;其二,上揭"須彌岌峇,海水騰波"大致是説禪

---

① (明)羅貫中編,(明)馮夢龍增補:《天許齋批點平妖傳》,《古本小説叢刊》第33輯,中華書局,1991年,第520頁。
② (明)蘭陵笑笑生:《金瓶梅》,《明清善本小説叢刊》第10輯,臺北天一出版社,1985年,第46頁。
③ (明)羅貫中:《三國志通俗演義》,《古本小説集成》第3輯,上海古籍出版社,1993年,第812~814頁。

師説法開示,機鋒絶妙,用大海波浪翻騰來比喻講禪精彩紛呈,此語境中釋"岌峇"爲高峻貌或象聲詞,很明顯也是説不通的。

實際上,上揭禪籍文獻中的"岌峇"是搖動、擺動的意思,與高峻貌或象聲詞無涉。"須彌岌峇,海水騰波"説的是禪師説法開示之語,玄機紛呈,須彌山爲之搖動,大海波浪爲之翻騰。下面試舉幾例,以排比"岌峇"含義。

《卍續藏經》一百二十册《保寧仁勇禪師語録》卷一"上堂":"昨夜三更,忽然大地震動,直得須彌岌峇,海水沸騰。"(359/a)"須彌岌峇""海水沸騰"並列行文,"須彌岌峇"即須彌山搖動之義。又《卍續藏經》一百一十六册《宗鑑法林》卷三十八"嘉興府永正一初悟元禪師":"前日地動,海水岌嶪,者裏不動,須彌飄拂。"(491/b)此爲"海水岌嶪""須彌飄拂",上揭用例爲"海水騰波""須彌岌峇",兩相比較,"岌嶪""飄拂"與"岌峇""騰波"義皆相近,都是飄拂、搖動之義。又《大正藏》五十册《宋高僧傳》卷十一"唐南嶽西園蘭若曇藏傳":"東厨有大蟒蛇,身長數丈,蟠繞小舍,爲之岌嶪。"(774/a)大意是説數丈之蛇,纏繞房舍,房舍不勝其力,爲之搖動,"岌嶪"就是搖動的意思。又《大正藏》四十八册《佛果圜悟禪師碧巖録》卷八:"便與掀倒禪床,投子也須倒退三千里,直得百川倒流鬧活活。非唯禪床震動,亦乃山川岌嶪。"(206/a–b)"禪床震動"與"山川岌嶪"相對,"岌嶪"也是搖動的意思。

以上所舉各例足以表明,"岌峇""岌嶪""岌嶪"皆是搖動、飄動、飄拂等義。

弄清了"岌峇""岌嶪""岌嶪"的意思,我們再來討論下這些異文之間的關係。實際上,"岌峇""岌嶪""岌嶪"都是表示搖動這一詞義的不同書寫形式。《漢書·揚雄傳》:"汹汹旭旭,天動地岋。"蘇林曰:"岋音岋岋動搖之岋。"顔師古曰:"岋音五合反。""岋"音五合反,爲入聲合韻疑母字,"岌"同"岋"。"峇"屬合韻字,"嶪"是葉韻疑母字,"嶪"是鐸韻疑母字,故"岌峇"叠韻,"岌嶪"雙聲,"岋嶪"雙聲。還可作"破硪",胡刻本《文選》卷十二郭璞《江賦》:"陽侯破硪以岸起,洪瀾涴演而雲迴。"李善注曰:"破硪,搖動貌。"①《説文·山部》"岋"朱駿聲《通訓定聲》曰:"又雙聲連語。《江賦》:陽侯破硪以岸起。"②可見,朱駿聲認爲"破硪"爲雙聲連綿詞。

據上,"岌峇""岌嶪""岌嶪""破硪"或是雙聲或是叠韻聯綿詞。山搖

---

① (南朝梁)蕭統編,(唐)李善注:《文選》,中華書局,1977年,第185頁。
② (清)朱駿聲:《説文通訓定聲》,武漢市古籍書店,1983年,第112頁。

動曰"岌岩",船摇動曰"舩舩"。《集韻·合韻》下:"舩舩,舟動貌。"單用則曰"舩"。《龍龕手鏡·舟部》:"舩,船動也。"頭動曰"瘔"。《集韻·合韻》:"寢而首動也。"

4.1.5 央庠

《卍續藏經》一百三十六册《聯燈會要》卷十五"建康府保寧仁勇禪師":"謁雪竇顯禪師,顯熟視之,呵曰:殃祥座主。師氣不平,發憤下山。"(672/b)"殃祥",《卍續藏經》一百三十九册《五燈嚴統》卷十九"金陵保寧仁勇禪師"作"央庠"(821/a)。重文又作"央庠央庠""殃殃祥祥",不贅。《禪宗大詞典》①、《禪籍方俗詞研究》②皆錄有"殃殃祥祥"一詞,前者釋爲有氣無力的樣子,後者釋爲有氣無力貌。《禪錄俗語詞"央庠""丁一卓二"考》釋"央庠"爲疲軟無力。③ 釋爲有氣無力、疲軟無力,實有創舉之功,但施之各處用例,似稍嫌不夠概括。

我們認爲"央庠"當釋爲愚笨糊塗、懶惰不進取等義。謂予不信,請看以下用例。

《卍續藏經》一百二十二册《環溪惟一禪師語録》卷二"示宗侍者":"一條白棒,佛來也打,祖來也打……豈近世央庠淺根之士可得而仿佛耶!"(147/b)"央庠""淺根"近義連文,"淺根"寓指不開悟愚笨之人,則"央庠"必有愚笨義。又《嘉興藏》二十九册《天王水鑑海和尚六會録》卷二"荆州天王禪寺語録":"爐鞴之所,多鈍鐵,央央庠庠;良醫之門,足病夫,或仍佇思,白雲萬里。"(252/b)此"鈍鐵"與"央央庠庠"連言,"鈍鐵"喻愚笨漢,則"央央庠庠"亦當有愚笨義。又《卍續藏經》一百二十二册《石田法薰禪師語録》卷三"示禪人法語":"參授須還猛烈漢,如大將軍上陣,與萬人敵,貶得眼來,性命已在别人手裏;豈是殃殃祥祥、小根小智所能仿佛?"(61/a)"殃殃祥祥""小根小智"連用,義實相成,"殃殃祥祥"即愚笨糊塗漢。

準上,"央庠"即愚笨糊塗義。愚笨糊塗之人,思智不勤,故又有懶惰不進取之義。《嘉興藏》二十八册《百癡禪師語録》卷十九"示佛覺禪人":"汝既做晦珠長老侍者,又是伊剎度之徒,須不忘最初本志,勤苦修持,造到乃佛乃祖田地而後已。若或央央庠庠,墮在今時邪蔓惡種窠裏,則無騰躍時分,埋没一生矣。"(98/b)前説"勤苦修持"方能達到佛祖的境界,後言若

---

① 袁賓、康健主編:《禪宗大詞典》,崇文書局,2010 年,第 470 頁。
② 雷漢卿:《禪籍方俗詞研究》,巴蜀書社,2010 年,第 521 頁。
③ 鞠彩萍:《禪録俗語詞"央庠""丁一卓二"考》,《天中學刊》2015 年第 2 期。

"央央庠庠"必然墮落埋没一生,則"央央庠庠"與"勤苦修持"文義相反,"央央庠庠"即爲懶惰不進取義明矣。又《嘉興藏》二十九册《蓮月禪師語録》卷五"示卧雲禪人"下:"學道不可性急,即勉强求悟,要人許可言句,自以爲諦當,恐終無濟於事。又不可性緩,今年也如是,明年也如是,央庠度日,全無血性,恐驢年也未夢見在。"(418/b)前説悟道參禪不可强求,但亦不可"性緩",不知進取,故"央庠度日"即懶惰不思進取而度日。又《卍續藏經》一百一十二册《列祖提綱録》卷四十"端午提綱":"山僧道:善哉,夢作麽生覺,幻作麽生達,空作麽生了,齊著力,莫央庠。"(764/a)"齊著力"與"莫央庠"反義相對,"莫央庠"即不要懶惰不進取也。

綜上,"央庠"即愚笨糊塗、懶惰不進取之義。

4.1.6 料掉

禪録中"料掉"有"遠"義,或作"撩掉""頦挑"等,與"了鳥""了佻""了吊""郎當"同源,郭在貽①、董志翹②、劉波③等先生皆有發明,此不贅。我們這裏説的是"料掉"另外一義:近義連用表丢棄。

《嘉興藏》三十九册《頻吉祥禪師語録》卷十二"示朝野聞監寺"下:"山門厨庫,驢欄馬圈,東寮頭破箍籬,西廊下爛木杓,别人不用的料掉的都來一一收下。"(659/b)"别人不用的料掉的"即别人不用的丢棄的。又《嘉興藏》三十九册《頻吉祥禪師語録》卷二:"結制上堂:諸方十五開爐,雲峰廿四結制。雖則事無一向,也要諸緣畢備。料掉秤鎚飛上天,拆去東籬補西壁。"(606/b-c)"料掉秤鎚"即抛掉、丢掉秤錘。

宋元以來文獻"撩""料""略"因爲讀音關係,往往通用不别。如明永順堂刊本《新編足本花關索下西川傳續集》:"不須打牙並料口,厮罵何曾定太平。"④"打牙並料口",或作"打牙撂嘴"。乾隆抄本《紅樓夢》六十五回:"他女人隨著這些丫鬟小厮吃酒,又和那小厮們打牙撂嘴兒的玩,討他們的喜歡,準備在賈珍前討好兒。"⑤"料口""撂嘴"同。"撂"從"略"得聲。《切韻》時代"撩""料"屬蕭韻,"略"是藥韻字,後來共同語喉塞音弱化脱落,"略"變作去聲,併入蕭豪韻(《詞林韻釋》《蒙古字韻》),與"撩""料"音

---

① 郭在貽:《魏晉南北朝史書語詞瑣記》,張涌泉等主編:《郭在貽文集》第3卷,中華書局,2002年,第26頁。
② 董志翹:《同源詞研究與語文辭書編纂——以"了𠄍"、"闌單"、"郎當"、"龍鍾"、"潦倒"、"落拓"爲例》,《語言研究》2010年第1期。
③ 劉波:《釋"料掉""了鳥"》,《勵耘學刊·語言學卷》第5輯,學苑出版社,2007年。
④ 上海書店出版社編:《明成化説唱詞話叢刊》,上海書店出版社,2011年。
⑤ (清)曹雪芹:《乾隆抄本百廿回紅樓夢稿》,人民文學出版社,2009年,第754頁。

同。近代漢語文獻中多見"略""料"韻部合流之用。庚辰本《石頭記》第八十回："那薛蟠爲是過了明路的，除了金桂，無人可怕，所以連門也不掩。今兒香菱撞進來，故也料有些慚愧，還不十分在意。"①"料"旁又寫了個"略"字，蓋"料""略"同音，故抄書者誤以"料"爲"略"，戚序本正作"略"②。曾良先生亦指出"略""料"乃一声之转。③

4.1.7 摩拂

《卍續藏經》一百三十七册《禪林僧寶傳》卷二十八"楊岐會禪師"："及慈明遷道吾、石霜，會俱自請領監院事，非慈明之意，而衆論雜然稱善。挾楮衾入典金穀，時時惹語，摩拂慈明，諸方傳以爲當。"（552/b）"摩拂慈明"，《大正藏》四十九册《佛祖歷代通載》卷十八作"摩怫慈明"（664/b）。此言楊岐方會禪師隨從慈明禪師參禪悟道，後僅携帶一紙被入管寺院錢財糧食，常以蠢言蠢語"摩拂"慈明禪師。考以上下文義，"摩拂"顯然不是《漢語大詞典》所釋"按捺"之義，亦非揩拂、拂拭之義。

上揭《禪林僧寶傳》"摩拂慈明"下文有："慈明飯罷，必山行。禪者問道，多失所在。會闞其出未遠，即撾鼓集衆。慈明遽還，怒數曰：少叢林，暮而升座，何從得此規繩？會徐對曰：汾州晚參也，何爲非規繩乎？慈明無如之何。"（552/b）大意是説楊岐方會趁慈明禪師晚飯後山行之時，擊鼓召集衆人，慈明禪師聞鼓急回，怒斥方會，説根本就没有晚上升座講禪這個規矩，而方會的對答令慈明"無如之何"。從方會違背慈明私自晚上升座並令慈明"無如之何"這一情況來看，頗可以窺知方會平時"摩拂慈明"之處。尋文質義，大體可以得出"摩拂"是衝撞、違背的意思。

今謂"摩拂"即"摩怫"，違逆、乖戾之義。《説文·口部》："怫，違也。從口，弗聲。"古籍文獻中"拂"借作"怫"習見。如《四部叢刊初編》本《管子》卷十七《禁藏第五十三》："内人他國，使倍其約，絶其使，拂其意，是必士鬭。"房玄齡注曰："更納人於他國，今背絶，使兩國之意相違也。"房玄齡注"拂其意"爲"使兩國之意相違"，是則"拂"即"怫"字之借，違逆也。例多不備舉。

上揭"摩拂"異文正有作"怫"者。《卍續藏經》一百三十七册《大光明藏》卷三"袁州楊岐山方會禪師"："慈明遷道吾、石霜，師俱自請爲監院事，衆論稱善。挾紙衾入典金穀，時時出惹語，以怫其師。"（898/a）"以怫其

---

① （清）曹雪芹：《脂硯齋重評石頭記》（甲戌本），人民文學出版社，2009年，第1956頁。
② （清）曹雪芹：《戚蓼生序本石頭記》，人民文學出版社，1975年，第3140頁。
③ 曾良：《明清小説俗字研究》，商務印書館，2017年，第245頁。

師"即以蠢言蠢語違逆其師。此"摩拂"爲違逆義之明證。

"摩拂"當讀作"摩咈",但是"摩"字應該怎麽解釋呢? 從結構上來説,"摩咈"應該是近義連文,但"摩"顯然没有違戾之義。筆者愚笨,不得其旨,以待賢者。①

4.1.8 錯舉

《卍續藏經》一百三十六册《建中靖國續燈録》卷十"杭州佛日山智才禪師":"問:三乘十二分教即不問,如何是衲僧家事? 師云:逢人不得錯舉。"(159/a)同此類似之文有《嘉興藏》三十八册《晦嶽旭禪師語録》卷七"住嘉興府真如禪寺語録":"三千里外倘逢人,切忌莫錯説。"(533/a)又《嘉興藏》三十九册《山西柏山楷禪師語録》卷四"機緣":"教某甲向和尚説,逢人不得亂統。"(854/a)"逢人不得錯舉""逢人……莫錯説""逢人不得亂統"文意相類,"錯説""錯舉""亂統"同。《漢語大詞典》釋"錯舉"爲"参互舉例",置之於此,不合文意。"亂統",前賢已有釋録,義爲胡亂瞎説②,則"錯舉"亦胡説、亂説義。

又《嘉興藏》三十三册《雲溪俍亭挺禪師語録》卷十一"頌古":"大禪佛,大禪佛,逢人切忌誇口説。"(777/b)《嘉興藏》三十九册《赤松領禪師語録》卷一"住貴陽府壽世禪院語録":"僧又喝。師又打一拂,云:逢人莫亂統。"(512/a)此兩例亦與前所舉之例文理相似,則"錯舉"即誇口亂説。

"錯舉"之爲亂説、胡説,有其理據。"錯"本義爲琢玉所用的磨石,引申即可表琢磨、交錯,繼續引申即有雜亂義。《大正藏》五十四册《慧琳音義》卷十三"大寳積經第三十八卷"之"混亂"條下引《考聲》云:"亂,錯也。"(383/b)《六臣注文選》卷四十二應璩《與滿公琰書》:"繁俎綺錯,羽爵飛騰。"張銑曰:"俎,几也,言繁在於几上,如文綺錯亂。"③"錯""亂"近義連文,"錯"即亂。《醫説》卷二"神醫·狂病":"蘄有富家子竊出遊,值鄰人有鬥者,排動屋壁,富人子大驚懼,疾走惶惑,突入市;市方陳刑屍,富人子走僕屍上,因大驚;到家狂,性理遂錯。"④"性理遂錯"即性理遂亂。

4.1.9 儱傯

《大正藏》五十一册《景德傳燈録》卷二十五"金陵净德道場達觀禪

---

① 本書匿名評審專家指出:"疑'摩'爲'磨'之訛字。《廣韻》葉韻之涉切,'磨,疾言'。"
② 詳見黄靈庚:《〈五燈會元〉詞語剳記》,《浙江師範大學學報(社會科學版)》1999 年第 3 期。
③ (南朝梁)蕭統編,(唐)李善等注:《六臣注文選》,中華書局,1987 年,第 759 頁。
④ (南宋)張杲:《醫説》,上海科學技術出版社,1984 年,第 38~39 頁。

師":"上堂,謂衆曰:夫欲慕道,也須上上根器始得,造次中下,不易承當。何以故?佛法非心意識境界。上座莫恁麽儱偅地。"(414/b)"儱偅",《卍續藏經》一百三十八册《五燈會元》卷十"金陵净德院智筠達觀禪師"作"懞㨢"(362/b),《卍續藏經》一百四十六册《禪宗正脈》卷五"净德智筠禪師"作"懞㨢"(169/a)。《禪宗大詞典》收録"儱偅""懞㨢",釋爲猥瑣自卑。①雷漢卿先生認爲"懞㨢"意思是畏縮無勇猛精神。②

我們認爲"儱偅"寓指參禪悟道若隱若無、朦朧空白的狀態,無猥瑣、畏縮義。或作"蔑屑"。《卍續藏經》九十九册《禪門章》卷一:"又中間禪未到地,若約四禪,應通四中間四未到,舍利弗毗曇具出之。但中間未到相貌相似故,俱束爲一,未到爲一中間。中間者前禪之兩楹,故言中間。南岳師謂此爲離定地,離初未二,故言離定地,亦云篾屑禪,但有一静而已。"(33/a)此言"禪定"各個階段的問題,"四禪八定"每個禪定都有過渡階段,即"中間禪"。以四禪爲例,已經出離初禪境界而未達到二禪境界,這個中間狀態即"中間禪",二禪與三禪、三禪與四禪之間皆是如此。此中間過渡未到定的狀態,稱"中間",或言"離定地",亦曰"篾屑禪"。

或重言作"篾篾屑屑"。《卍續藏經》四十四册《法華經玄籤備撿》卷二"三未至":"禪門云:初禪前有未到,今二禪何故復説未到地?答:舍利弗毗曇説有四未到、四中間禪。今由此義,故更説有未到及中間也。二禪中間者,行者既能深心訶責初禪覺觀,覺觀既滅,五枝及默然悉謝。已離初禪,二禪未至,於其中間亦有定法,亦得名禪。但不牢固,無支林等扶助之法,其心篾篾屑屑。此是二禪未到之相餘,三四禪未至之相準説可見。"(608/a-b)此處更是詳細講解了"中間禪"的問題,"其心篾篾屑屑"正是表明初禪與二禪之間的過渡狀態。此時初禪時五支林功德已經抛去,進入到二禪之前的空白狀態,這種静默狀態不固定,也可稱之爲禪定,只是没有四禪各支林。

《大正藏》四十六册《釋禪波羅蜜次第法門》卷五"釋禪波羅蜜修證第七之一":"行者既能深心訶責初禪覺觀,覺觀既滅,五支及默然悉謝。以離初禪,二禪未生,於其中間,亦有定法,亦得名禪。但不牢固,無支林等扶助之法,所以其心蔑蔑屑屑。然諸師多説爲轉寂,心轉初禪默然也,《釋論》説名觀相應。此定以六行觀爲體,住此定中,若離六行觀者,則多生憂悔。憂悔心生,則永不發二禪,乃至轉寂亦失。或時還更發初禪,或時合初

---

① 袁賓、康健主編:《禪宗大詞典》,崇文書局,2010年,第292頁。
② 雷漢卿、王長林:《禪宗文獻語言論考》,上海教育出版社,2018年,第264頁。

禪亦失。因是無法自居,到此定時,爲山之功,而少一簣,當善自慎。"(513/b)這裏提到"中間禪"即《釋論》所謂"觀相應",此時要修持"六行觀",即以六種觀法截斷迷惑,斷除煩惱,實現解脫。若在"中間禪"狀態,脫離"六行觀",則可能又會回到初禪狀態,無法達到二禪境界,因此功虧一簣。

以上所論"中間禪"就是一種中間狀態,心中一片空白,没有初禪、二禪、三禪、四禪的各種支林功德,處於默然靜寂狀態,其心"蔑屑",亦稱"蔑屑禪"。故以上"儚偯""懱㦣""懱㩇""蔑屑""篾屑"皆同,指若隱若無、朦朧空白的寂靜狀態。修禪悟道不能停留在這種"中間禪"狀態,更不能退回到前一階段,而是要不斷修爲,跨越中間階段,到達新的境界。因此,禪師往往以"儚偯"爲言,目的就是警醒禪人謹慎修行,不要爲山九仞而功虧一簣。

我們再回過頭來看看禪録中"儚偯"之用。《卍續藏經》一百三十八册《五燈會元》卷十"金陵净德院智筠達觀禪師":"上堂:夫欲慕道,也須上上根器始得,造次中下,不易承當。何以故?佛法非心意識境界。上座莫恁麼懱㦣地。他古人道:沙門眼把定世界,函蓋乾坤,綿綿不漏絲髮,所以諸佛贊嘆。贊嘆不及比喻,比喻不及道。上座威光赫奕,亘古亘今。幸有如是家風,何不紹續取?爲甚麼自生卑劣,枉受辛勤,不能曉悟?祇爲如此,所以諸佛出興於世;祇爲如此,所以諸佛唱入涅槃;祇爲如此,所以祖師特地西來。"(362/b)"莫恁麼懱㦣地"寓指參禪修道不能"懱㦣",即不能止於中間狀態,要繼續前進,達到更高境界。

又《大正藏》五十一册《景德傳燈録》卷二十八"漳州羅漢桂琛和尚":"師曰:諸上座,不用低頭思量,思量不及,便道不用揀擇。委得下口處麼?汝向什麼處下口?試道看。還有一法近得汝,還有一法遠得汝麼?同得汝異得汝麼?既然如是,爲什麼却特地艱難去?蓋爲不丈夫男子,儚儚偯偯,無些子威光,感感地遮護箇意根,恐怕人問著。我常道,汝若有達悟處,但去却人我,披露將來,與汝驗過。"(447/b)此重言作"儚儚偯偯",亦是寓指修禪者不要膽小止步,不敢披露内心,故後言"遮護箇意根"。

《俗書刊誤》卷十一"俗用雜字":"木不方正曰㩇楔,作事不方正曰㩇㩇,人不方正曰儚偯。"又《玄應音義》卷十三"力士移山經"下"蔑屑":"《埤蒼》:㩇㩇,拭滅也。"又《卍續藏經》四十四册《法華經三大部補注》卷"止觀輔行"下"篾屑":"《經音》云:篾屑應作㩇楔。上莫結切,下先結切,不方正也,摩抹也,亦作儚偯,净也。後人更宜詳辨。"(516/b)故"蔑屑",字書載録有三義:不方正;拭滅;净。蓋上揭禪典取其不方正義而引申之,喻內心空白不敢前進而退縮,亦是不正。

4.1.10 跛跛挈挈

《卍續藏經》一百三十六冊《聯燈會要》卷五"定州柏巖明哲禪師":"師見藥山看經,師云:老和尚莫猱人好。山置問經云:日頭早晚?師云:正午也。山云:猶有文彩在。師云:某甲無亦無。山云:老兄好聰明。師云:某甲只恁麼,和尚作麼生。山云:跛跛挈挈,百醜千拙,且恁麼過時。"(513/b)黃靈庚先生指出:"跛跛,當作波波,二字同皮聲,例可通用。波波有急劇、匆忙義……又,挈挈,亦急遽、匆忙義……跛跛挈挈猶說急急忙忙。"①雷漢卿先生則認爲"跛跛挈挈"義爲行動遲緩而不穩健。② 意見正好相反。

"跛跛挈挈",禪錄多見,或作"波波挈挈"。《卍續藏經》一百一十二冊《列祖提綱錄》卷十四"告香普說·古林茂禪師":"待他道待和尚一鋤成井,我亦如是,只向他道山僧功不浪施。當時若下得者一著,免得圓悟波波挈挈上人門户,如喋屎狗相似,有甚用處?"(382/a)

或作"跛跛蹕蹕"。《卍續藏經》一百二十六冊《紫柏尊者全集》卷十九《示于中甫》:"直下寸絲渾不挂,熱屎潑人誰不怕。披毛戴角解翻身,跛跛蹕蹕活卓卓。"(977/b)

或倒文作"挈挈波波""挈挈跛跛"。《卍續藏經》一百四十一冊《五燈全書》卷七十"鹽官金粟百癡元禪師":"上堂:玉將火試,金將火煅,不改尋常光明燦爛。若是鉛汞砒砆,到這裏百雜碎了也。所以山僧數年來,開爐冶運鉗錘,挈挈波波,費盡柴炭,只要求箇精金美玉。"(470/a)《嘉興藏》四十冊《博山粟如瀚禪師語錄》卷六"葬叔奠茶":"挈挈跛跛,經年燒火,抛下柴頭,帖帖妥妥。山僧無物酬君勞,聊贈紅蓮花一朵。"(468/c)

從文意上來看,釋急遽、匆忙或遲緩不穩健恐未得其本,黃靈庚先生認爲"跛跛挈挈"語源是"波波""挈挈"亦恐失之。古籍文獻中"波波""挈挈"確有急遽、匆忙之義,辭書亦有載錄,但禪錄之"跛跛挈挈"非彼"波波挈挈"。我們認爲"跛跛挈挈"即字面意思,"跛"是腳跛,"挈"是手痙攣。"挈"有痙攣義。《四部叢刊初編》本《黃帝內經素問》卷十二"痿論篇第四十四":"虛則生脈痿,樞折挈,脛縱而不任地也。""挈"或作"瘛"。同上卷六"玉機真藏論篇第十九":"筋脈相引而急病名曰瘛。"或作"瘈"。《溫病

---

① 黃靈庚:《〈五燈會元〉詞語補釋》,《古漢語研究》1992年第1期。
② 雷漢卿:《禪籍方俗詞研究》,巴蜀書社,2010年,第524頁。

條辨》卷六"解兒難·瘈病瘲病總論":"瘲者,蠕動引縮之謂。後人所謂抽掣搐搦,古人所謂瘲也。"故"跛挈"指腳跛手攣不靈活,禪錄中多寓指禪師自己拙態,無法可授,以此警醒禪僧要自悟,想從禪師說法中獲取佛性是徒勞的。

　　上舉《聯燈會要》"跛跛挈挈,百醜千拙,且恁麼過時"亦見於《祖堂集》。高麗本《祖堂集》卷四:"師曰:二十年在百丈,俗氣也未除。嵒却問:某甲則如此,和尚如何?師曰:戀戀拳拳,羸羸垂垂,百醜千拙,且與摩過時。""戀戀拳拳"即"攣攣拳拳",與"跛跛挈挈"義必相類。又《卍續藏經》一百四十一册《五燈全書》卷六十三"江寧府天界覺浪道盛禪師":"似者等聲頭禪,若非推倒有句無句底枯樁子,徹見他笑裏有刀,安能向猛虎口中奪雀兒,饑鷹爪下爭兔子?我者裏,潦倒隨時,跛跛挈挈,無暇縛鬼搓芒繩,且喜一掌峰前,尚有尋宗問祖者,來此酌水獻花,亦可慰在。"(359/a)"潦倒隨時""跛跛挈挈"亦是同類而用。

　　《卍續藏經》十六册《圓覺經近釋》卷五:"喻如有人百骸調適,不知有我,若四肢或絃或緩或攝養乖方,略加針砭艾火,則我相便露。現見世人跛跛挈挈一無所能者,胸中夷坦即無我相。"(195/a-b)"跛跛挈挈一無所能"即腳手不靈活,什麼都干不了,此即"我相";超越自我身體認知,達到內心坦然"無我",即"無我相"。

　　《卍續藏經》一百二十四册《林泉老人評唱丹霞淳禪師頌古虛堂集》卷三"第四十二則鳳翔石柱":"示衆云:跛挈痿羸,無用處成真用處;盲聾瘖瘂,不風流處轉風流。儻能踏碎情關,便解挈開識鎖,且道誰是其人。"(559/b)"跛挈痿羸""盲聾瘖瘂"相對,邏輯上"跛挈"必然是指身體之病態,此言其"無用"。《卍續藏經》一百一十四册《宗範》卷上:"予自笑挈挈波波,儼似跛足道人,滿面慚惶,說得行不得。然利根之士,脫能依此撩起便行,終身不退,現世為人師,來生作佛祖,當亦今時之第二健兒歟。"(570/b)言自己"挈挈波波"似"跛足道人",則"跛挈"明即字面義跛足手攣。

　　有意思的是,《卍續藏經》一百一十七册《棄絕老人天奇直注天童覺和尚頌古》卷二提到:"跛跛,足瘸非行;挈挈,手瘸非運。"(801/a)此正以"足瘸"釋"跛",以"手瘸"釋"挈"也。又《卍續藏經》一百一十九册《續古尊宿語要》卷五"遜庵演和尚語":"師云:達磨祖師,不枉西東;白雲和尚,不謾注腳。故得子子孫孫,千古家聲不墜。華藏跛跛挈挈,百醜千拙,雖然用盡腕頭力,爭奈諸人如風過樹,只麼休去,要且不甘,試作死馬醫看。"(99/b)此用"用盡腕頭力"釋"跛跛挈挈",亦其證。"用盡腕頭力"指禪師努力說法也。

4.1.11 勤腆

《卍續藏經》一百三十八册《五燈會元》卷十八"丞相張商英居士"："年十九,應舉入京,道由向氏家。向預夢神人報曰：明日接相公。凌晨公至,向異之,勞問勤腆。乃曰：秀才未娶,當以女奉灑掃。"(705/a)"勤腆",《卍續藏經》一百三十九册《五燈嚴統》卷十八"丞相張商英居士"作"勤晪"(799/a)。

《漢語大字典》據《玉篇·日部》"晪,明也"釋"晪"爲明,所舉例證即上《五燈會元》"勤晪",並曰："原注：'晪,明也。'"

不知《漢語大字典》所見《五燈會元》是何底本,今考宋刻本《五燈會元》卷十八"兜率悦禪師法嗣·丞相張商英居士"作"勤腆"①,下有注曰："腆,他典切,厚也。"則"勤腆"明爲勤厚之義,施之於上下文,無不協。此外,亦有相關類似之例,可資比對。如《卍續藏經》一百三十三册《新修科分六學僧傳》卷十九"唐三慧"："遂屏居弘唱,以諧暮齒。國朝以鄧國公竇軌作填,尤所崇禮。武德九年,朝京師,勞問勤渥。"(772/a)此"勞問勤渥"與上"勞問勤腆"文義必同。又《大正藏》五十册《續高僧傳》卷十一"釋吉藏"："武皇親召釋宗,謁於虔化門下,衆以藏機悟有聞,乃推而叙對,曰：惟四民塗炭,乘時拯溺,道俗慶賴,仰澤穹旻。武皇欣然,勞問勤勤,不覺影移。"(514/b)此"勞問勤勤"與"勞問勤腆"義亦相類。

故《五燈會元》之"勞問勤腆"即勞問勤厚義。從"典"得聲之字往往有厚多義,如"腆"爲飯菜豐盛,"瘨"爲疾重,"渊"爲熱氣多,"錪"爲重量多,"賟"爲財多,等等。《五燈嚴統》作"勤晪",乃俗書之變。俗書部件"月"多有作"日"者,習見者如"期"之作"朞"、"閒"之作"間"、"朦"之作"曚",皆其例。《漢語大字典》據《五燈會元》釋"晪"實不可據。

4.1.12 種草

《卍續藏經》一百四十一册《五燈全書》卷五十九"金陵翼善寶峰智瑄禪師"："師曰：西天九十六種外道,汝是第一。瑞拂袖便出。師喜：爲克家種草,堪支吾道。"(275/a)"克家種草"或作"當家種草"。同上《五燈全書》卷一百一十一"嘉興津梁庵詹明净純禪師"："説甚麽新豐曲子和覓知音,到者裏,石上栽花,無可用心。若是當家種草,自能透徹古今。"(138/

---

① （南宋）釋普濟：《五燈會元》,《中華再造善本》唐宋編,北京圖書館出版社,2005 年。

b)是也。

"克家"即克紹家業,"種草"寓指宗族英才。《漢語大詞典》釋"種草"爲"族類",不精確。實際上"種草"往往是指族類中的英才,非一般後裔。《子劉子行狀》述理學名家劉宗周先生,以"種草"言其俊逸。上舉《五燈會元》"克家種草,堪支吾道""當家種草,自能透徹古今"等正亦此用。又《卍續藏經》一百一十二册《禪門鍛鍊説》卷一"簡練才能第十二":"其有頭角英異,根本綱宗已明,可望爲種草者,則簡練更當周備,不可輕易放行也。"(1004/b-1005/a)前言"頭角英異",後用"可望爲種草","種草"明指英才。又《卍續藏經》一百三十七册《大光明藏》卷三"睦州刺史陳操尚書":"寶曇曰:士大夫參禪,期於洞見本根而已。大法徹與未徹,自然水到渠成,不同衲僧家有纖毫之疑,即不堪爲種草。"(877/b)此言"未徹"者不能爲"種草",非言其不能爲禪林之僧,而是言其非禪林續繼衣鉢之才俊也。

4.2 異文差異與漏收詞語或義項考釋

4.2.1 對以往没有收録的詞語義項進行考釋

禪籍語録中有一些詞語義項,前人或字典辭書没有釋録。以下基於禪録語料,結合其它語料,對部分詞語義項展開考釋。

4.2.1.1 聞

《卍續藏經》一百三十七册《禪林僧寶傳》卷八"南安巖嚴尊者":"有沙彌無多聞性,而事公謹愿。公憐之,作偈使誦,久當聰明。偈曰:大智發於心,於心何處尋。成就一切義,無古亦無今。"(477/a)"無多聞性",《卍續藏經》一百四十七册《宗統編年》卷十九"南安巖尊者"作"無慧"(281/a)。

"聞"一般是指見聞,但除此之外,"聞"還有記識、記性之義。此"有沙彌無多聞性","聞"即記性,"多"表程度,指有一沙彌記性不好,其師作偈令其記性大增,所覽無所遺忘。異文作"慧",近義换用也。又《卍續藏經》一百四十八册《林間録》卷一:"有比丘根鈍,無多聞性。佛令誦苕帚二字,日夕誦之,言苕則已忘帚,言帚則又忘苕,每自克責。"(607/b)此處是説一比丘連"苕帚"二字都記不住,或言"苕"忘"帚",或言"帚"忘"苕",故曰其"無多聞性"。顯然"無多聞"就是指記性不好。又《卍續藏經》一百三十七册《禪林僧寶傳》卷二十七"明教嵩禪師":"嵩生而多聞,好辯而常瞋。死而火之,目舌耳毫爲不壞。"(547/a)"嵩生而多聞"是説嵩禪師自出生就記性好,聰明。若此處"多聞"表見識廣,則"生而多聞"不合情理矣。又《卍續藏經》一百一十四册《祖庭鉗錘録》卷二"秘書吳恂居士":"參晦堂,堂謂曰:平生學解,記憶多聞即不問。汝父母未生已前,道將一句來。"(766/b)"記憶"與"多聞"連用,是"多聞"即記憶也。又《卍續藏經》九十册《楞嚴經講録》卷四:"故知菩提涅盤,非汝歷劫辛勤多聞記持者所能修證也。"(19/b)"多聞""記持"連文,義同。例多不備舉。

此外,禪録中"聞"還有感受、感知義。《大正藏》五十一册《續傳燈録》卷二十五"彭州大隨南堂元静禪師"下:"僧問:祖師心印,請師直指。師曰:爾聞熱麽?曰:聞。師曰:且不聞寒。曰:和尚還聞熱否?師曰:不聞。曰:爲甚麽不聞?師搖扇曰:爲我有這個。"(638/b)此"聞熱""聞寒"之"聞"顯然都是感受的意思。蓋"聞"本爲聽覺聞知,引申爲感知、感受。又《性理大全書》卷三十五"性理七·仁"下:"上蔡以知覺言仁。只知覺得那應事接物底,如何便喚做仁!須是知覺那裏,方是……那不聞痛癢底,是不仁;只覺得痛癢,不覺得理底,雖會那一等,也不便是仁;須是覺這理,方是。"①此談知覺爲仁,前言"不聞痛癢底",後言"只覺得痛癢","聞""覺"近義相類,是"聞"即感覺義。

4.2.1.2 轉

《卍續藏經》一百一十五册《禪宗頌古聯珠通集》卷三十三:"雲門普請搬柴,路次見僧,遂抛下一片柴曰:一大藏教只説者箇。"(422/a)後世禪録多舉用搬柴話引逗僧徒破除虛妄,直指内心,回歸自我,達到"見的徹"。或化用作"搬取一束柴"。《卍續藏經》一百三十九册《五燈嚴統》卷二十四"蘇州車溪無幻性冲禪師":"僧問:如何是自性天真佛?師曰:與我搬取一束柴。僧搬柴復問。師曰:這奴子好惡也不知。"(1014/b)或化用作"搬取一轉柴"。《卍續藏經》一百三十八册《五燈會元》卷十四"真州長蘆真歇清了禪師":"上堂:上孤峰頂,過獨木橋……其或未然,趁涼般取一轉柴。"(539/a)

"轉"作量詞修飾柴火,又見《大正藏》五十一册《景德傳燈録》卷十七"台州幽栖道幽禪師":"師先住隋州土門小青林蘭若,後果回洞山接踵。凡有新到僧,先令般柴三轉,然後參堂。"(338/b-c)"先令般柴三轉"即先令搬柴三捆之類。此處内容《嘉興藏》,四十册《鬥南暉禪師語録》卷二"頌古"下引作:"又舉青林和尚,凡僧參見,先擔柴三轉,方乃入堂。"(311/b)

① (明)胡廣:《性理大全書》,《景印文淵閣四庫全書》本,臺灣商務印書館,1986年,第749頁。

"轉"明爲表示柴火數量之用。又《卍續藏經》一百一十八册《古尊宿語録》卷十八"雲門匡真禪師廣録":"(師)問僧:甚處來?僧云:般柴來。師云:般得多少轉一宿覺?僧云:二十轉。"(382/a)

《通俗編》卷三十二"書目":"一轉,李詡《俗呼小録》:湖州以桑葉二十斤爲一個,杭州以柴四圓箍爲一轉。"① "柴四圓箍爲一轉"猶言一捆,"轉"應該是動量詞。上舉"真州長蘆真歇清了禪師""台州幽栖道幽禪師""雲門匡真禪師"分屬今江蘇儀征、浙江台州、浙江嘉興,故"轉"作量詞蓋方音之用。實際上,"轉"表量詞非禪籍文獻僅見,道家煉丹次數亦可用轉,如"九轉還魂丹",辭書已有載録,不贅。

4.2.1.3 眨

《卍續藏經》一百三十六册《建中靖國續燈録》卷十"蘇州澄照慧慈禪師":"上堂云:若論此事,眨上眉毛早是蹉過,那堪進步向前?更要山僧説破,而今説破了也。"(166/a) "眨上眉毛",禪籍多有訛變,《大正藏》五十一册《景德傳燈録》卷七作"貶上眉毛"(251/c)、卷十九作"劄上眉毛"(357/b),《卍續藏經》一百三十五册《天聖廣燈録》卷十七作"眩上眉毛"(758/b)。"貶""眩"乃"眨"之形訛,以音而成"劄"。

"眨上眉毛"義同"眨眉"。《漢語大詞典》載有"眨眉",釋爲"猶眨眼",甚是。禪録中寓指禪師領悟稍縱即逝,不容半點耽擱。袁賓、雷漢卿等先生亦有釋,不贅。這裏我們要説的是"眨"還可表示眼睛這個義項。

《玄應音義》卷一"大威德陀羅尼經第一卷"之"瞲眼"下引漢服虔《通俗文》:"一目曰眨,謂眇目視白也。"② 一隻眼睛可曰"眨",值得注意的是,詞義擴大化,"眨"可泛指眼睛。《卍續藏經》一百一十三册《十牛圖頌》卷一《見牛序三》:"從聲得入,見處逢原,六根門著著無差,動用中頭頭顯露。水中鹽味,色裏膠青,眨上眉毛,非是他物。"(918/a) 前言"水中""色裏",後説"眨上",兩相對照,"眨上"亦應爲名詞性結構。眉毛位於眼睛之上,故"眨上"即眼上之謂。又《卍續藏經》一百二十册《石霜楚圓禪師語録》卷一《拄杖歌》:"眨上眉毛數數千,直下便抬萬萬里。撥斷藤根挑布衲,笑呵呵,劈口捶。"(185/a-b) 此亦其例。

---

① (清)翟灝:《通俗編》,商務印書館,1958年,第724頁。
② (唐)釋玄應:《一切經音義》,《叢書集成初編》本,商務印書館,1936年,第48頁。

4.2.1.4 兓

《大正藏》五十一册《景德傳燈録》卷十二"福州烏石山靈觀禪師"下："師云：若言我不道，即啞却我口；若言我道，即謇却我舌。"（293/a）"謇却我舌"，異文有"兓却我舌""縮却我舌"等。《大正藏》五十一册《續傳燈録》卷二十："上堂：古人道'我若向爾道，即兓却我舌；若不向爾道，即瘂却我口'，且道還有爲人處也無？"（602/c）又《卍續藏經》一百一十七册《禪林類聚》卷二"烏石靈觀禪師"下："僧問：如何是毗盧師法身主？師云：不道。云：爲甚麼不道？師云：我若道即縮却我舌，我若不道即啞却我口。"（28/b）

據上，"兓"與"縮""謇"文義必然相近。今謂"兓却我舌"即結却我舌，説話不流利之義。《卍續藏經》一百四十一册《五燈全書》卷五十二"建寧府斗峰大圭正璋禪師"下："元旦上堂：元正啓祚，萬物咸亨。唤作新年頭佛法，瞎却你眼；不唤作新年頭佛法，結却我舌。畢竟作麼生？"（146/b）此正作"結却我舌"。又《卍續藏經》一百二十一册《率庵梵琮禪師語録》卷一"寄台州瑞巖高原禪師住靈隱"："水出在高原，源深到冷泉。飲者兓却舌，嗅者鼻孔穿。口鼻兩俱喪，妙用絶正偏。"（127/a）"飲者兓却舌"即飲用此水者舌頭會被結住。

4.2.1.5 擷

《卍續藏經》一百三十七册《嘉泰普燈録》卷二十"鎮江府焦山或庵師體禪師"："云：雲門放洞山三頓棒，意旨如何？曰：和身倒，和身僵。"（286/a）"和身僵"，《卍續藏經》一百三十八册《五燈會元》卷二十作"和身擷"（812/b）。此寓指對外在行爲不作區別判斷，放棄自我執著心。

我們再來看看以下用例。《卍續藏經》一百二十一册《松源崇岳禪師語録》卷一"饒州薦福禪院語録"下："上堂：文殊普賢，東倒西擷；泥猪疥狗，成群作隊。"（588/a）"東倒西擷""成群作隊"結構並列，"倒""擷"近義對舉，"東倒西擷"蓋東倒西歪，寓指破除對外在形態的表面認知，直達内心。又《卍續藏經》一百四十四册《教外別傳》卷五"南泉普願禪師"下："山僧只養得一頭驢，一向東倒西擷，順時一日何啻千里萬里，拗時直是一步不移。"（82/a）此"東倒西擷"亦似爲東倒西卧之義，寓指表相多變。又《嘉興藏》三十六册《蔗庵范禪師語録》卷二"住檇李古資聖寺語録"下："明安曰：直饒不出門，亦是草漫漫地，多因留別意，得寫送行詩，三個老子尋常氣陵今古，門墙峭峻，一切人攀攬不及。到此時節，爲甚大家向草窩裏東倒西擷？"（903/a）"向草窩裏東倒西擷"即向草叢中倒下，"擷"同"擷"。

又《博齋集》卷下《自題》:"倒攲橫眠,左肋下也不書姓字,任諸方打瓦以敲磚。""倒攲"連文,"倒攲橫眠"明即倒卧橫眠。又《朱子語類》卷六十一"萬章問孔子在陳章":"鄉原是個無骨肋底人,東倒西攲,東邊去取奉人,西邊去周全人,看人眉頭眼尾,周遮掩蔽,惟恐傷觸了人。"朱熹是説"鄉原"是老好人,無立場原則,墻頭草,左倒右倒,故"東倒西攲"即東倒西卧。徐時儀先生指出《朱子語類》中"有'東馳西鶩、東倒西攲、東扶西倒、東解西模、東看西看、東去西去、東撞西撞'等,這些四字詞結構前後兩截在内部的結構關係上表現出高度的一致性,有著均衡對稱的結構特點"①。正好説明"東倒西攲"之"攲"與"倒"詞義相近或相反。

"攲"異文恰有作"歪"者。《卍續藏經》一百一十二册《列祖提綱錄》卷四十一"中秋日提綱"下:"三家村裏,臭老婆左塗右抹;十字街頭,廖鬍子東倒西攲。且道是什麽人分上事?"(770/a–b)與此類似之文有《嘉興藏》四十册《磐山牧亭朴夫拙禪師語録》卷一"住鄱陽劍溪永鎮禪寺語録":"西街廖鬍子東倒西歪,東村王大姐口裏酒氣逼人。"(501/a)兩相比較,"東倒西歪""東倒西攲"同,"攲"即歪斜義。"東倒西攲"或作"東倒西儾"。《大正藏》四十七册《大慧普覺禪師語録》卷七:"將謂有法與人,問著却言不會,引得後代兒孫盡作韓獹逐塊。雖欲扶竪宗乘,奈何東倒西儾。"(838/b)前言"扶竪",後及"倒儾",明其意指歪斜倒下也。又作"東倒西攊"。《卍續藏經》一百一十五册《宗門拈古彙集》卷九:"在山僧只養得一頭驢,一向東倒西攊。"(622/a)又作"東倒西儽"。《卍續藏經》一百三十七册《嘉泰普燈録》卷十八"福州東禪蒙庵思岳禪師":"如牛拽磨,似水打碓。三千里外逢人東倒西儽,十字街頭遇賤則貴。"(262/b)或作"東倒西儡"。《卍續藏經》一百二十三册《石溪心月禪師語録》卷一:"拈法衣:披牯牛皮,輥瞎驢隊,帶水拖泥,東倒西儡。"(44/b)鄭賢章先生認爲此例中"儡即攲字……'東倒西攲'乃到處闖蕩,到處撞之義"②。

以上"攲""攲""儾""儽""攊""儡"皆同,其義即歪斜倒卧。從語源來看,從"畾"得聲之字多有下垂義。《説文·人部》:"儽,垂貌。"同上:"儡,相敗也。"引申爲頹敗。《史記·孔子世家》:"纍纍若喪家之狗。""纍纍",《孔子家語·困誓第二十二》作"纍然",《白虎通德論》卷八"壽命"作"儡儡",《論衡》卷三"骨相篇"作"傫傫",《白氏六帖事類集》卷二十九"狗第六十七"作"累累",《韓詩外傳》卷九作"贏乎"。禪録"東倒西攲"蓋從

---

① 徐時儀:《〈朱子語類〉詞彙研究》,上海古籍出版社,2013年,第240頁。
② 鄭賢章:《漢文佛典疑難俗字彙釋與研究》,巴蜀書社,2016年,第59頁。

垂落引申爲歪斜倒臥義。

4.2.1.6 下得

"下得",《漢語大詞典》釋爲"捨得、忍心"。但是在宋元時期口語中,"下得"還有說出、使出等意思。《卍續藏經》一百一十八册《古尊宿語錄》卷四十六"滁州瑯琊山覺和尚語錄":"上堂云:承言須會宗,勿自立規矩;若人下得通方句,我當刎頸而謝之。"(778/b)"下得通方句",《嘉興藏》三十六册《觀濤奇禪師語錄》卷一引"瑯琊覺禪師"此語作"道得通方句"(747/c)。"下得"即"道得",即說出通達之禪語。

"下得",禪錄多見。《大正藏》五十一册《景德傳燈錄》卷九"潭州溈山靈祐禪師":"丈云:若能對衆下得一語出格,當與住持。"(264/c)"下得一語"即說出一語。又《卍續藏經》一百一十八册《古尊宿語錄》卷四十"次住法輪語錄":"師便喝云:當時若有人出來下得這一喝,塞却老胡咽喉。"(683/a)"下得這一喝"即使出這一喝。又《卍續藏經》一百一十四册《宗範》卷二"機用":"拈拄杖,常在動用中收不得,過在什處,卓一下。當時若下得者一卓,縱盡大地是一枚果子,也須粉碎。"(645/b)"下得者一卓"即使出這一卓(椓)。《卍續藏經》一百一十六册《宗鑒法林》卷四十七"泉州太傅王延彬居士":"當時殿主下得者番手脚,管取太傅屈膝有分。"(596/b)"下得者番手脚"即使出這番手脚。例多不備舉。

4.2.1.7 消得

《漢語大詞典》"消得"有四個義項:一,需要,須得;二,值得,配得;三,禁得起;四,享受,享用。禪錄文獻中"消得"另有別義。"消得"爲偏義複詞,既可偏在"消"上,表示消融、消去;又可偏在"得"上,表示得到、能夠。

"消得"偏"消"者,如《卍續藏經》一百二十六册《紫柏尊者全集》卷七"法語":"如陽回大地,消得一分冰,則一分水現前;消得十分冰,則十分水現前。"(763/a)此"消得"即消融義。同上卷十一"解經·心經說":"如蛇如蠍,誰敢觸之?不幸而有觸之者,未有不遭螫噛。既自家毒氣曾未消得纖毫,說甚大話?汝欲消此毒氣,須服清涼之藥始得。"(823/a)此"消得"即消去、消退義。又《卍續藏經》一百二十七册《憨山老人夢遊集》卷十"答德王問":"今以念佛,消滅煩惱,便是佛度生死苦處。若念佛消得煩惱,便可了得生死。"(342/a-b)此"消得"與前文"消滅"同義偶麗,是"消得"即消滅、消去也。

"消得"偏"得"者,《大正藏》四十七册《圓悟佛果禪師語錄》卷十二

"小參五":"全心即佛,全佛即人,人佛不二。只這不二亦不消得,所以千聖出來。"(767/c)此"消得"即得到也。同上《大慧普覺禪師語錄》卷二十二"示永寧郡夫人":"婆生七子,六箇不遇知音,只這一箇也不消得,便棄在江中。"(904/b)此"消得"即得到也。又《卍續藏經》一百二十二冊《雪巖祖欽禪師語錄》卷三"舉古":"且聽一頌:當陽拈起足清風,似月團團樣不同。臘月也知無用處,暑天消得打蚊蟲。"(549/a)此"消得打蚊蟲"即能夠用來打蚊蟲也。

4.2.1.8 降欵

《卍續藏經》一百三十八冊《五燈會元》卷六"吉州禾山無殷禪師":"學徒濟濟,諸方降嘆。"(211/b)"降嘆"費解。《卍續藏經》一百三十九冊《五燈嚴統》卷六"吉州禾山無殷禪師"引作"降欵"(292/a),是。"欵"即"款"的俗體。《漢語大詞典》釋"降款"為"猶降服"或"降輸"。但禪籍中還有一義:輸誠盡敬之貌。

《卍續藏經》一百一十三冊《禪林寶訓音義》卷"降欵":"輸誠盡敬之貌。"(294/a)。上舉"諸方降款"即為諸方敬重。《卍續藏經》一百一十三冊《禪林寶訓合注》卷三:"多見近時無問老病,盡令來納降欵。"(392/b – 393/a)"降欵"下注曰:"輸誠盡敬之貌。"言驅令輸納誠心敬重。又《嘉興藏》二十六冊《破山禪師語錄》卷九"示慧心禪人":"久依吾住,欲求法語,隨處受持。吾儕每見諸方,只欲人納降款,深可痛惜。"(36/c)"納降款"同"輸降款",即進衷心表敬重。

4.2.1.9 趲

《卍續藏經》一百三十九冊《五燈嚴統》卷二十三"珪庵祖玠侍者":"師乃合掌告山曰:快與某甲趲座龕來。山命舁龕至。師顧眾曰:吾行矣。"(1001/a)"快與某甲趲座龕來",《卍續藏經》一百三十七冊《南宋元明禪林僧寶傳》卷十三"楚山琦禪師"作"與祖玠趲將龕子來"(746/a)。

"趲座龕"即趲龕,或作"起龕"。僧人去世,有"移龕""鎖龕""挂真""舉哀""奠茶""奠湯""對靈小參""起龕""舉骨""入塔"等法事過程。《佛學大辭典》釋"起龕":"由家出棺時之佛事云起龕。"故"起龕"之"起"即舉起移動義。或作"舉龕"。《卍續藏經》一百四十四冊《續燈正統》卷二十四"江寧府天界乎中懷信禪師":"上還,聞師遷化,與夢符異之。詔出內府帛幣助喪,且命卜藏龕之地於伏牛。舉龕之日,上親致奠,送出郡門。"(775/b)故"趲龕"之"趲",亦起、舉義。

4.2.1.10 頂角

《卍續藏經》一百三十六册《建中靖國續燈錄》卷六"佛印禪師":"年將頂角,博覽典墳。"(108/a)"頂角",異文有作"幼歲"者。《大正藏》四十九册《釋氏稽古略》卷四"神宗":"佛印禪師……世業儒,幼歲出家寶積寺。"(872/a)"頂角""幼歲"文義相同,"頂角"顯然就是指孩童時期。此與《漢語大詞典》載録之"頂角"不是一回事。

"頂角"用來指代年齡,至遲在宋代已有用例。《卍續藏經》一百三十六册《建中靖國續燈錄》卷七"金陵蔣山覺海禪師":"(覺海禪師)頂角受具,冠歲遊方。"(119/a)同上卷十二"洪英禪師":"俗姓陳氏,邵武人也,頂角自誓出家,父母不能奪志。"(187/b)此皆其用。"頂角"取義之由,源於孩童頭頂束成兩角的髮式。中古漢語時期,代指孩童,多見"丱""丱角""總角""丱童"等詞,没有用"頂角"者。最晚至宋代口語已經用"頂角"表示孩童時期,並和"丱角""總角"等詞並行不悖。

4.2.1.11 安排

《卍續藏經》一百三十八册《五燈會元》卷十七"袁州仰山行偉禪師":"師自題其像曰:吾真難邈,斑斑駁駁。擬欲安排,下筆便錯。"(660/a)此"安排"明爲描繪、繪畫之義。又明刊本《警世通言》卷十七《鈍秀才一朝交泰》:"秋風衰草定逢春,尺蠖泥中也會伸。畫虎不成君莫笑,安排牙爪始驚人。"①"安排牙爪"即畫下牙爪。又《宋元詩會》卷六十鄧氏《題畫菊》:"良工妙手恁安排,筆底移來紙上栽。"②"恁安排"即這樣描繪、描畫。又《小倉山房詩集》卷十二《爲王壽峰題問天圖倣玉川體》:"更有青雷子,下筆巧安排。畫作奇峰直上離尺五,儼然漢武皇帝通天臺。"③"下筆巧安排"即下筆巧描繪。

4.2.1.12 燒香

"燒香"寓指法嗣,若傳燈之類,指香火相繼,永不減滅。《大正藏》五十一册《續傳燈錄》卷二"德山遠禪師法嗣":"(雪寶禪師)後住開先,嗣德山遠禪師,却通雪寶書。山前婆子見專使來,問云:遲首座出世爲誰燒香?

---

① (明)馮夢龍:《警世通言》,《古本小說叢刊》第32輯,中華書局,1991年,第889頁。
② (清)陳焯:《宋元詩會》,《景印文淵閣四庫全書》本,臺灣商務印書館,1986年,第155頁。
③ (清)袁枚著,王英志校點:《小倉山房詩集》,王英志主編:《袁枚全集》第1册,江蘇古籍出版社,1993年,第223頁。

專使云：德山遠和尚。婆子遂罵云：雪竇抖擻屎腸説禪爲汝，得恁麽辜負恩德。"(479/c)這裏説的是善暹禪師先前在雪竇禪師處參禪，雪竇禪師對其較爲欣賞，欲讓善暹住持明州金鵝山，善暹却推辭而走；後善暹在德山遠禪師處參禪，終受其衣鉢，爲遠禪師法嗣。所以，山前婆子纔罵雪竇禪師辜負恩德。故此"燒香"明爲法嗣之義。

又《卍續藏經》一百三十四册《補續高僧傳》卷四《慧印傳》："後學《唯識論》於棲岩益公，二十二受大戒……出世獨爲棲岩燒香，蓋以唯識爲歸也。"(88/b)此指慧印禪師爲棲岩益公之法嗣。同上卷八《黃檗勝、昭覺白、信相顯三師傳》："明河曰：顯出蜀得東山，磨淬最久，始臻源奥。及出世，獨爲紹覺燒香。"(150/a)這裏指信相顯禪師是紹覺禪師衣鉢繼承者。

今用"香火"寓指後嗣，當源於"燒香"。

4.2.2 對以往没有收録的詞語進行考釋

禪籍語録中有一些詞，前人或字典辭書没有收録。以下基於禪録語料，結合同時期其它語料，對這些詞展開考釋。

4.2.2.1 短販

《卍續藏經》一百四十三册《指月録》卷二十"洪州鳳棲山同安丕禪師"："師曰：短販樵人，徒誇書劍。"(443/b)"短販"，《卍續藏經》一百一十五册《宗門拈古彙集》卷三十七"洪州鳳棲山同安丕禪師"引作"短敗"(943/a)。"短敗"當作"短販"。實際上，"短販"應是唐宋以來的口語詞，個體指商人零散售賣物品，本薄利多，在短期内獲取巨大利潤。請看以下用例。

《全唐文》卷七十八唐武宗《加尊號赦文》："自今已後，委本司條疏，應屬三司及茶鹽商人，各據所在場鹽正額人名，牒報本貫州縣，準勑文處分。其茶鹽商，仍定舫石多少以爲限約，其有冒名接脚，短販零少者，不在此限。"①此例表明，至遲在唐代已有"短販"一詞，"短販""零少"連言，是"短販"即今零售之義。又《皇明經世文編》卷三百八十六《條議茶馬事宜疏茶馬》："近年以來，積習因循，府州縣正官不肯經心料理，率多轉委首領，受賄容情，以致姦商假以附茶爲由，任意夾帶，恣情短販，甚至漢中盤過，有二三年不到茶司者……挨次每引一起發運，不許零散參差，以防夾帶，仍差人

---

① （清）董誥等編：《全唐文》，中華書局，1983年，第814頁。

押送前途,刻期銷繳,不許任意耽延,短販作弊。"①此兩用"短販",皆與"夾帶""零散"而言,則知"短販"即商販零散售賣。又《宋元學案》卷四十八"晦翁學案上·中和説四"下:"夫主靜一語,單提直入,惟許濂溪自開門户,而後人往往從依傍而入,其流弊便不可言。幸而得,亦如短販然,本薄利奢,叩其中藏,可盡也。"②此雖以"短販"爲喻,後言"本薄利奢",亦足知"短販"之事,本薄利多也。

以上大概弄清了"短販"之義,施之於禪籍文獻,則習寓指僧人參禪急功近利,僅得一知半解,却馬上要求禪師印可。《卍續藏經》一百二十册《長靈守卓禪師語録》卷一"東京天寧萬壽禪寺長靈卓和尚語録·行狀":"(卓和尚)一日辭去,靈源送以偈,其字略曰:居無二志,動必全心,遂越化城,以登寶所。而捲舌冥懷,不事談耀,故其所到,人或罕知。予獨觀其無今時學輩短販近圖之患,謂可以步修途而加鞭,絶纖意於百年也。"(334/a-b)此偈是靈源禪師對卓和尚的高度評價,言卓和尚潛心研習佛法,不矜伐談耀所得,没有當時禪師"短販進圖之患"。此"短販""進圖"連文,其義必近,説的就是卓和尚不矜伐所悟以求印可。又《卍續藏經》一百四十三册《指月録》卷九"汾州無業禪師":"又云:他古德道人,得意之後,茅茨石室,向折脚鐺中煮飯,喫過三二十年,名利不干懷,財寶不爲念,大忘人世,隱迹巖叢,君王命而不來,諸侯請而不赴。豈同我輩貪名愛利,汩没世塗,如短販人?"(203/b-204/a)此言古德道人沉隱於世,不爲利動,不爲財念,不與世俗之"短販"之人一樣。此"短販"指的就是商販求利。

4.2.2.2 陳解

"陳解"即自陳己解、陳述。《卍續藏經》一百三十六册《建中靖國續燈録》卷三"廬山開先善暹禪師":"一日,遠禪師升堂,顧視大衆云:師子嚬呻,象王回顧。師忽有省,入室陳解。"(71/b)"陳解",《卍續藏經》一百三十九册《五燈嚴統》卷十五"廬山開先善暹禪師"作"陳所解"(670/a),意即陳述己解。或作"呈解"。《續燈正統》卷八"袁州府慈化鐵山瓊禪師":"復謁蒙山,屢入室呈解。"(589/b)"呈解""陳解"同。

又《大正藏》五十册《續高僧傳》卷九"義解篇五":"章疏雖古,陳解若新。"(499/b)"章疏""陳解"相對,"陳解"即陳述也。《卍續藏經》一百二十五册《永覺元賢禪師廣録》卷十三《楞嚴翼解序》:"獨不思前人之疏鈔,

---

① (明)陳子龍等輯:《皇明經世文編》,《續修四庫全書》本,上海古籍出版社,2001年,第42頁。
② (明)黄宗羲:《宋元學案》,《黄宗羲全集》第4册,浙江古籍出版社,1992年,第833頁。

既不堪爲後人之几杖、今人之口吻,獨可爲今人之著蔡耶! 又不思今人之新得,安知非前人已揀之砂! 前人之陳解,獨不能佐今人牛溲馬渤之用耶!"(540/a)前言"疏鈔",後語"陳解",是"陳解"即陳述解說。

佛典以外,亦有用例。《宋元學案》卷七十四"慈湖學案・郡守童杜洲先生居易":"既而元兵攻城急,邑令與主將不協,軍民疑阻,先生力爲陳解,遂協力捍防,城賴以全。"①"先生力爲陳解"言童居易爲護城抵抗元兵,勸說邑令、主將、軍民齊心協力。《浮山文集前編》卷二《稽古堂二集上・爲揚雄與桓譚書》:"嗚乎! 當今之世,舍足下誰歸與? 此固難爲俗人陳解也。"②"陳解"即陳說。

4.2.2.3 槽廠

《大正藏》五十一册《景德傳燈錄》卷三"弘忍大師":"師曰:嶺南人無佛性,若爲得佛。曰:人即有南北,佛性豈然? 師知是異人,乃訶曰:著槽廠去。"(222/c)"槽廠",《卍續藏經》一百三十五册《天聖廣燈錄》卷七"弘忍大師"作"槽橄"(644/b)。"橄"蓋是受上文"槽"類化增"木"而成。或訛作"糟廠"。《卍續藏經》一百四十册《五燈全書》卷九"鄧州丹霞天然禪師":"師抵石頭,還以前意投之。頭曰:著糟廠去。"(320/a)

我們認爲"槽廠"即磨坊之類。《太平廣記》卷一百四十二"徵應八・張鷟"下:"唐永徽年中,張鷟築馬槽廠,宅正北掘一坑丈餘,時陰陽書云:'子地穿,必有人墮井死。'"③此言"馬槽廠",則"槽廠"必爲豢養馬匹之所。又《卍續藏經》卷一百三十六《建中靖國續燈錄》卷一"正宗門"下:"師曰:汝嶺南人無佛性。答曰:人有南北,佛性豈有南北? 師叱曰:著槽廠去。即入碓坊,服勞杵臼,腰間墜石,晝夜不息。"(46/b)據此文義,後言"碓坊",則"槽廠"當爲磨坊之類。《卍續藏經》一百二十六册《紫柏尊者全集》卷十九《禮六祖法供偈》:"既悟自心已,胸中復何事。迢遥向黄梅,槽廠充賤役。用石墜腰間,八月齊食頃。"(966/a)"槽廠充賤役",則服"槽廠"之事,必然卑微勞苦。又《卍續藏經》一百四十四册《續燈正統》卷四十"廣信府博山雪關智誾禪師":"年廿六,參博山。山令看船子藏身處没蹤迹,没蹤迹處莫藏身話。久之,一日於槽廠,見磨鼻拽脱,忽然有省。"(953/b)於"槽廠"見"磨鼻拽脱",則"槽廠"之所,明爲磨坊之類。

比類以上"槽廠"文義,不難發現,"槽廠"所指應爲磨坊,可豢養驢馬。

---

① (明)黄宗羲:《宋元學案》,《黄宗羲全集》第4册,浙江古籍出版社,1992年,第980頁。
② (明)方以智:《浮山文集前編》,《續修四庫全書》本,上海古籍出版社,2001年,第188頁。
③ (北宋)李昉等編:《太平廣記》,中華書局,1961年,第1022頁。

4.2.2.4 莖齏

《卍續藏經》一百三十六册《聯燈會要》卷十四"潭州雲峰文悦禪師":"初造大愚,聞示衆有云:大家相聚吃莖齏,若唤作一莖齏,入地獄如箭射。"(655/a)"莖齏",《卍續藏經》一百四十四册《教外別傳》卷九"雲峰文悦禪師"作"莖齏"(215/b)。"莖齏""莖齏"同。

異文或作"莖菜"。《卍續藏經》一百一十二册《列祖提綱録》卷三十二"秉命入室後普説":"一朝不恰好,打箇手蹉脚跌,自己若不明白,粒米莖齏,悉用牽犁拽耙償他始得。"(660/b)又《卍續藏經》一百三十四册《補續高僧傳》卷二十六《忠敬堂傳》:"師爲人夷坦無緣飾,御衆不立規矩,甘苦必同,雖粒米莖菜,必隨衆乃食。"(382/a)兩相比較,"粒米莖齏""粒米莖齏"同。"莖齏"與"粒米"連文,所指必然相近。"粒"修飾"米","粒米"寓指少量飯食;則"莖"亦應修飾"齏",義與"粒米"相近,當指代些許飯食。下面我們來談談此處"莖"的意思("齏"本指醬菜,引申爲細碎之義,文獻多見,此不備舉)。

檢閱文獻,我們發現"粒"與"莖"能偶麗相對。《卍續藏經》二十一册《楞嚴經疏解蒙鈔》卷十"佛頂宗録第五·垂示宗旨下·已下五燈諸宗":"他後向無人煙處,住個草庵,不蓄一粒米,不種一莖菜,接待十方往來。"(866/a)前說"一粒米",後言"一莖菜","粒""莖"皆表示少量之義。又《卍續藏經》一百一十四册《禪宗雜毒海》卷四《雞鳴接待》:"一粒米從檀度乞,一莖菜是別人栽。"(145/b)此亦"粒""莖"相對而用。《嘉興藏》三十八册《大悲妙雲禪師語録》卷一"大悲紗雲禪師傳":"誡諸子曰:粒米莖薪,檀信膏血,若不感恩頓悟已靈,而反致輕忽,恐難消受爾。"(441/c)"粒米""莖薪"連用,則"莖薪"即少量柴薪之義。

"莖薪"爲少量柴薪,"莖菜"爲少量飯菜,則"莖齏"必然是少量飯食之義。《卍續藏經》一百三十五册《五家正宗贊》卷二"卍庵顏禪師":"莫嫌薄飯一莖齏,郡國而今無鼓鼙。"(950/b)"薄飯""莖齏"連用,義則相近,"莖齏"顯指少量飯食。《嘉興藏》三十七册《佛冤禪師語録》卷六:"説甚麽波斯鼻孔,蚌蛤心肝,秖要諸人眉毛廝結,無耳草鞋,定要踏穿。若不如是寸絲滴水,粒米莖齏,定要酬還。"(34/a)此處更是"寸絲""滴水""粒米""莖齏"相連而用。

4.2.2.5 祖胄

"祖胄"指禪師宗門,又作"祖曹""祖域"。《卍續藏經》一百三十六册

《建中靖國續燈錄》卷四"舒州浮山圓鑒禪師"："僧曰：一句迥然開祖胄，三玄戈甲振叢林。"(80/b-81/a)"祖胄""叢林"偶麗，其義相近，此"祖胄"即禪師宗門之謂。蓋禪宗自達摩西來傳教伊始，一花開五葉，至唐宋之際，已大有規模，後世禪師徒衆皆爲達摩祖師之裔，故用"祖胄"稱之。《嘉興藏》二十六册《布水臺集》卷十九"諸禪人請贊"："南嶽村畔賣柴漢子，而爲祖胄之英標，禪門之謨烈哉。"(382/b)"祖胄""禪門"近義相對。又《嘉興藏》三十六册《蔗庵範禪師語錄》卷二十三"禪人請自贊下"："真爲芙蓉大祖二十二葉之孫子，亦乃敗雲門祖胄之魁頭。"(1009/c)"雲門祖胄"即雲門禪師宗門之義明甚。

亦可作"祖曹"。《大正藏》四十八册《宏智禪師廣錄》卷二《泗州普照覺和尚頌古》："岐分絲染太嘮嘮，果綴花聯敗祖曹。"(23/b)此處内容，《嘉興藏》二十六册載明人《布水臺集》卷十三《塔銘一·佛日石雨方禪師塔銘》引作："葉綴華聯，敗乃祖胄。"(359/b)一作"祖曹"，一作"祖胄"，是"祖曹""祖胄"所指皆同。《嘉興藏》三十九册《東山梅溪度禪師語錄》卷六"佛事"："隻履西歸去，尚有兒孫繼祖曹。"(402/c)"隻履西歸"指達摩祖師，可見"繼祖曹"即繼承祖師宗門禪法也。

又可作"祖域"。《嘉興藏》三十二册《明州天童景德禪寺宏智覺禪師語錄》卷四《崇先真歇了禪師塔銘》："導無前而遜無後，有無外而空無中。祖域之英標，僧林之傑出。"(199/b)類似之文，有如上揭《布水臺集》卷十九："南嶽村畔賣柴漢子，而爲祖胄之英標，禪門之謨烈哉。"兩相比照，"祖域"即"祖胄"昭然可曉。

4.2.2.6 交武

《卍續藏經》一百三十七册《禪林僧寶傳》卷二十二"黃龍南禪師"："方是時，江湖閩粵之人，聞其風而有在於是者，相與交武，竭蹷於道，唯恐其后。"(527/b)此言江湖閩粵之人，聞師風采，交相奔走前來拜訪。"交武""竭蹷"連文，其義則近。"竭蹷"，辭書釋爲行步匆遽貌，"交武"當與此近。或與"致武"形成異文。《卍續藏經》一百二十一册《無準師範禪師語錄》卷三"示寧侍者"："一時龍象往來二開士之門，憧憧交武於道，又不知誤了多少人家男女。"(916/b)"交武"，《卍續藏經》一百二十三册《兀庵普寧禪師語錄》卷三引作"致武"(42/a)。

《爾雅·釋訓》："武，迹也。""交武"即足迹交互，義指交相奔走也。《大正藏》四十九册《佛祖歷代通載》卷十九："有狂人入寺，手刃一僧，即自殺，屍相枕，左右走報，交武於道。"(672/c)前言"走報"，後語"交武"，可知

"交武""走報"義亦相近。

4.2.2.7 併却

《大正藏》五十一册《續傳燈録》卷二"廬山開先善暹禪師":"然則此事亦非在爭鋒唇舌,所以道:併却咽喉唇物道將來。如此則便可以忘懷。"(480/a)禪宗强調心性本覺,頓悟成佛,不用言語表達,所以説"併却咽喉唇物道將來"。有文章認爲"併却"是閉攏義①,我們認爲"併却"即"屏却",近義連文,丢棄也,佛典中習用。

《大正藏》四十七册《圓悟佛果禪師語録》卷九"小參二":"於上無佛祖可仰,於下無衆生可悲,慳貪嫉妬俱除,慈悲喜捨併却。"(754/a)又《卍續藏經》九十二册《金剛經補注》卷二:"從前所有一切解處,盡須併却令空。"(536/b)以上"併却"皆即"屏却","併""屏"古籍中習相借用。《卍續藏經》五十八册《涅槃經疏私記》卷一:"西國每於晨朝,先嚼楊枝及軟口,皆在隱併之處,不在住房。"(13/b-14/a)"隱併"即"隱屏"。又《卍續藏經》五十九册《遺教經補注》卷一:"譬如黑蚖在汝室睡,當以持戒之鉤,早併除之。"(15/a)"併除"即"屏除"。佛典以外的文獻亦頻有用例。《荀子·君道》:"人主不能論此三材者,不知道此道,安值將卑執出勞,併耳目之樂……"王先謙《集解》:"併與屏同。"②《荀子·强國》:"能爲能,不能爲不能,併己之私欲,必以道。"楊倞注:"併讀曰屏,棄也。"③

4.2.2.8 搗羅

《卍續藏經》一百三十六册《建中靖國續燈録》卷十六"筠州米山崇偘禪師":"上堂顧視大衆云:山河大地被山僧撮來,搗羅爲末,煉蜜爲丸。"(244/b)"搗羅"即搗爛以篩子篩選。此詞其它文獻習見。《四部叢刊初編》本《雲笈七籖》卷七十七"方藥·驪山老母絶穀麥飯術":"右件黑豆,净水淘過,蒸一遍,曝乾去皮……以物密蓋之,經宿曝乾,搗羅爲末,任性喫。""搗羅爲末"即搗爛以篩子篩選。《本草綱目》卷三十七"木之四·附録諸木一十九種·大木皮":"土人與苦桃皮、櫻桃皮,三皮刮洗净,焙乾,等分搗羅,酒服一錢,治一切毒氣,服食無忌。"④"等分搗羅"即分爲相等分量搗爛篩選。例多不備舉。

---

① 林玲:《〈祖堂集〉新詞研究與辭書編纂》(二),《成都大學學報》2010年第4期。
② (清)王先謙撰,沈嘯寰、王星賢點校:《荀子集解》,中華書局,1988年,第246頁。
③ (清)王先謙撰,沈嘯寰、王星賢點校:《荀子集解》,中華書局,1988年,第295頁。
④ (明)李時珍:《本草綱目》,《景印文淵閣四庫全書》本,臺灣商務印書館,1986年,第150頁。

"羅"與"篩"同義,故"搗羅"又可作"搗篩"。《大正藏》二十一冊《佛說金毘羅童子威德經》卷一:"當取訶梨勒十二顆,取蜜三兩,取井花水五升,煎取二升半,取彼果及蜜陰乾搗篩,復坐和彼藥汁。"(370/b)"陰乾搗篩"即於陰冷處晾乾後搗爛篩選。嘉慶刻本《全唐文》卷二百三十九薛曜《服乳石號性論》:"謹按:鍾乳,第一始興……多發淋渴,只可擣篩,白練裹之,合諸草藥酒浸服之耳。"①"只可擣篩"即只可搗爛而篩之。宋本《太平御覽》卷七百二十三"方術部四":"背發腫,嗣明以䕡理色石,大如鵝卵,烈火燒令黃赤,投醋中使屑落盡,暴乾,擣篩,和傅之,立愈。"②"擣篩"同"搗篩",此亦其例。

4.2.2.9 獨露

《卍續藏經》一百三十六冊《建中靖國續燈錄》卷十三"蘄州石鼓洞珠禪師":"若不直向太虛之外,自然情念頓忘,真心獨露。"(207/a)"獨露",《卍續藏經》一百四十冊《五燈全書》卷二十五"蘄州石鼓洞珠禪師"作"直露"(619/a)。"獨露""直露",顯露也,禪籍語料習見。

《卍續藏經》一百一十八冊《古尊宿語錄》卷二十二"黃梅東山演和尚語錄":"進云:可謂獨露無私,對揚有準。師云:是。"(446/a)"獨露無私"即顯露無私。又《卍續藏經》一百二十二冊《天目明本禪師雜錄》卷三"示無隱晦禪人":"法法不隱藏,古今常獨露,你擬將眼看著,早已隱藏了也。"(781/b)前言"不隱藏",後語"常獨露",故"獨露"即不隱藏,也就是顯露。用例繁夥,不多舉。

4.2.2.10 孤運

《卍續藏經》一百四十三冊《指月錄》卷二十九"成都府昭覺寺克勤佛果禪師":"自處孤運獨照,照體獨立,物我一如。"(639/b)"孤運獨照,照體獨立",《嘉興藏》三十三冊《神鼎雲外澤禪師語錄》卷八"示晃孚極侍者"化用作"脫然獨照,照體孤立"(292/c)。類比之,"孤運"蓋單獨存在之意。《通玄真經注》卷一:"然物不孤運,事在相生也。"③"不孤運"與"相生"近義偶麗,"孤運"即不相生,單獨存在或單獨出現之意也。揆之別文,無不成立。

《大正藏》三十九冊《金光明經文句》卷三《釋贊嘆品》:"夫善不孤運,

---

① (清)董誥等編:《全唐文》,中華書局,1983年,第24頁。
② (北宋)李昉等:《太平御覽》,中華書局,1960年,第3202頁。
③ (唐)徐靈府:《通玄真經注》,江蘇古籍出版社,1988年,第30頁。

生必託緣。"(64/c)"善不孤運"即善不單獨出現也。又《大正藏》三十九册《請觀音經疏闡義鈔》卷三:"然慧不孤運,假福資成。"(990/a)"慧不孤運"意爲慧不獨自存在。又《大正藏》八十五册《淨名經集解關中疏》卷一《維摩詰經序》:"道不孤運,弘之由人。"(440/b)此即道、人相輔相成,道不獨自存在。

4.2.2.11 尅時

《卍續藏經》一百三十六册《建中靖國續燈録》卷四"滁州瑯琊山開化廣照禪師":"問:阿難結集即不問,迦葉微笑事如何? 師云:尅時尅節。"(78/b)"尅時",《卍續藏經》一百三十八册《五燈會元》卷十二"滁州琅邪山慧覺廣照禪師"作"尅時"(427/b)。"尅時""尅時"同。"尅時尅節"指迦葉會意微笑,只在當時佛祖拈花時出現,"尅時"當即限時、定時之義。《卍續藏經》一百二十二册《天如惟則禪師語録》卷一"普説":"不得撑眉努目强著氣力,尅時限日速求開悟。"(824/a)"尅時""限日"連文,則"尅時"即限時。又《大正藏》八十五册《究竟大悲經》卷四"對一切衆生辯邪正品":"王即用真語,而命軍衆尅時定日違彼丘埌。"(1377/b)"尅時""定日"連文,"尅時"即定時。又《大正藏》四十八册《緇門警訓》卷五"大智律師警自甘塗炭者":"假令定日尅時坐脱立化,世德可致,未足爲奇。"(1068/a)此"定日尅時"同上"尅時定日"。又《大正藏》四十六册《四明尊者教行録》卷二"修懺要旨":"一切行法並屬此三昧所攝,然限定日數者,蓋令行者尅時破障域。"(868/b)前説"限定日數",後説"尅時","尅時"即限定時間也。

4.2.2.12 庬碩

"庬碩"即寬厚義,又可表碩大。《卍續藏經》一百三十八册《五燈會元》卷十六"東京慧林宗本圓照禪師":"常州無錫管氏子,體貌庬碩,所事淳厚。"(615/a)"庬碩",《卍續藏經》一百四十七册《宗統編年》卷二十引作"豐碩"(306/b)。"庬碩""豐碩"同,"庬碩"即相貌寬厚義。"庬碩"又作"庬厚"。《漢語大詞典》"庬厚"引例有宋文瑩《玉壺清話》卷三"風貌庬厚,揖讓和雅",可爲比勘。

又《蛟峰集》文集卷四《雲塔序》:"惟人亦然。穹崖深密,必有庬碩樸厚之人;崇崗峻拔,則當出磊砢岌嶪之士。"①"庬碩""樸厚"連文,其義則

---

① (南宋)方逢辰:《蛟峰集》,《宋集珍本叢刊》本,綫裝書局,2004年,第684頁。

近，"庬碩"明爲寬厚義。

"庬碩"又可表碩大。《黄氏日鈔》卷八十七《萬山樓記》："夫山，於天地間爲物最庬碩，草木之所生，禽獸之所蕃，寶藏之所興。"①"最庬碩"即最龐大。

4.2.2.13 台斾

《卍續藏經》一百三十六册《建中靖國續燈録》卷二十一"蘇州承天永安院傳燈禪師"："僧曰：而今台斾光臨，還許露箇消息也無？師云：許。"（309/a）這裏"台斾"指的就是元正禪師。"台斾"即"台斾"。《正字通·方部》："斾，俗旆字。"禪籍文獻還有"旌斾""朝斾""使斾"等，與"台斾"義近。"台斾"是對別人的尊稱，加"台"字以尊呼對方或對方有關的行爲，如"台命""台眷""台教""台甫""台駕"，等等。蓋"斾"本爲旗幟，引申爲先驅，可作爲出行的標誌，從而尊稱對方。

又《嘉興藏》二十八册《古雪哲禪師語録》卷十五"書"之《復常州莊内翰》："昨承台斾寵顧荒山，兼蒙金額晃耀，佳什過褒，不啻東坡玉帶矣。"（381/a）此"台斾"指"常州莊内翰"。又《四部叢刊初編》本《朱子語類》卷二十八《與趙帥書》："熹辭免文字，度今已到久矣。台斾到闕日，若已得請，則無他禱。"此"台斾"指"趙帥"。《輿地紀勝》卷一百九十"詩上"載和凝《洋川》："自陪台斾到洋川，兩載優游漢水邊。"②"台斾"指和凝的某位朋友。

4.2.2.14 翁子

《卍續藏經》一百三十六册《建中靖國續燈録》卷四"舒州法華禪院齊舉禪師"："師云：白菊作開紅日暖，百年翁子不逢春。"（79/b）"翁子"，《卍續藏經》一百三十八册《五燈會元》卷十二"舒州法華院全舉禪師"引作"公子"（430/b）。

"翁子"有老翁的意思，"子"只是詞綴。《卍續藏經》一百三十八册《五燈會元》卷十四"興國軍智通大死翁景深禪師"："僧問：如何是正中偏？師曰：黑面老婆披白練。曰：如何是偏中正？師曰：白頭翁子著皁衫。"（544/a）"黑面老婆""白頭翁子"相對，"翁子"即老頭、老翁。《嘉興藏》三十九册《性空臻禪師語録》卷二"師住蘇州常熟縣維摩寺語録"："十字街頭

---

① （南宋）黄震：《黄氏日鈔》，《景印文淵閣四庫全書》本，臺灣商務印書館，1986年，第917頁。
② （南宋）王象之：《輿地紀勝》，中華書局，1992年，第4923頁。

醉翁子,三家村里黑老婆。"(754/c)"翁子""老婆"對舉,"翁子"就是老翁。"翁子"蓋宋代俗語詞。

4.2.2.15 脱類

《卍續藏經》一百三十七册《禪林僧寶傳》卷二十二"黄龍南禪師":"泉凡聖不測,而機辯逸群,拊公背曰:汝脱類汾州,厚自愛。"(527/a)"脱類"同"出類","脱""出"近義替换,超群出類之義。《同安林次崖先生文集》卷十五《祭霍渭崖宫保文》:"筮仕二十五年,循資躡級,不能絶群脱類,保榮名,取華要,以副先生之知。"①"絶群""脱類"相對而用,其義則同,是"脱類"即絶群出類。又《張文定公四友亭集》卷一《貞庵賦》:"天錫公之純質兮,卓巍巍其脱類。"②前説"卓巍巍",後言"脱類",可知"脱類"即卓越超群。

以上用例皆見於宋明文獻,表明至遲在近代漢語時期,"脱類""出類"已兼行。

4.2.2.16 止住

"止住"近義連文,止而居住之意,義同"止居"。《卍續藏經》一百三十七册《禪林僧寶傳》卷八"南安巖嚴尊者":"公遯,去武平南黄石,巖多蛇虎,公止住,而蛇虎可使令。"(476/b)"師止住"即師止而住之。《大正藏》第二册《增壹阿含經》卷四十一"馬王品":"是時,普富商主便作是念:此大海之中非人所居之處,那得有此女人止住?"(770/a)前言"所居之處",後言"止住",是"止住"即居住也。又《大正藏》第一册《長阿含經》卷二"第一分遊行經第二初":"時毗舍離諸隸車輩,聞佛在庵婆婆梨園中止住。"(13/c)同上《大般涅槃經》卷一:"六者勸化檀越,修營三寶所止住處。"(194/a)皆其例。

佛典以外,亦有其用。《三國志·吴書·三嗣主傳·孫亮》:"己卯,休至,望便殿止住,使孫楷先見恩。"此其類。

又可作"住止"。《大正藏》第一册《起世經》卷一"閻浮洲品":"須彌山上,生種種樹,其樹鬱茂,出種種香,其香遠熏,遍滿諸山,多衆聖賢,最大威德、勝妙天神之所止住。"(310/c)"止住",宋、元、明本作"住止"。又《大正藏》第一册《起世因本經》卷六"阿修羅品":"或復一月二月三月,澡

---

① (明)林希元:《林次崖先生文集》,《四庫全書存目叢書》本,齊魯書社,1997年,第714頁。
② (明)張邦奇:《張文定公四友亭集》,《續修四庫全書》本,上海古籍出版社,2001年,第412頁。

浴遊戲,隨意止住,各隨所欲去處而去。"(392/c)"止住",宋、元、明本作"住止"。又《大正藏》五十册《宋高僧傳》卷十四《唐洪州大明寺嚴峻傳》:"二年春,宜春太守俾僧正馳疏請召。四年春,洪州刺史李華員外延入大明寺住止。"(798/a)"住止"即"止住"。例多不備舉。

4.2.2.17 震薄

"震薄"即震蕩迫壓之義。《卍續藏經》一百三十七册《嘉泰普燈錄》卷五"隆興府泐潭闡提惟照禪師":"嘗夜坐閣道,適風雪震薄,聞警盜者傳呼過之,隨有所得。"(109/a)"震薄"義爲風雪震蕩迫近,言風雪之大。

"震薄"之用,別處文獻亦有所見。《五百家注昌黎文集》卷四《燕河南府秀才》:"今者遭震薄,不能出聲鳴。""震薄"下原注曰:"震薄,震壓也。"①"震薄"確爲震蕩迫壓之義。《文苑英華》卷七百七十九《巴州化成縣新移文宣王廟頌並序》:"户庭之際,雷霆震薄;雨公及私,是刈是穫。"②"雷霆震薄"即雷霆震蕩。《輿地紀勝》卷九"官吏·李寶":"丙寅,風自南來,衆喜爭奮,鼓聲震薄,敵驚失措。"③"鼓聲震薄"即鼓聲震蕩迫近。萬曆刊本《新編古今事文類聚·後集》卷四十二"鵬"下引李白《大鵬賦》:"一鼓一舞,煙濛沙昏,五嶽爲之震薄,百川爲之崩奔。"④"五嶽爲之震薄"即五嶽亦被大鵬翅膀扇動所震蕩。

4.2.2.18 讋縮

《卍續藏經》一百三十七册《禪林僧寶傳》卷二十三"泐潭真淨文禪師":"師指之曰:祇這僧也未夢見。南公大笑。自是門下號偉異博大者,見之讋縮。"(533/a)此處是説黄龍南禪師與真淨克文禪師辯禪,真淨克文禪師玄機顯露,爲時下門人所服,故即便博學多聞者亦爲其"讋縮"。含咀文義,"讋縮"即懾服。《卍續藏經》一百二十册《雲庵克文禪師語錄》卷一《雲庵真淨和尚行狀》亦錄有上揭内容:"自是,爲同時飽參者所服。"(212/a)"無不讋縮""爲同時飽參者所服"文義相同,"讋縮"必爲懾服義。

《史記·項羽本紀》:"一府中皆懾伏,莫敢起。""懾伏",《漢書·相籍傳》作"讋伏"。"讋伏""懾伏"同,此即"讋""懾"近義换用之證。又《四部

---

① (唐)韓愈著,(南宋)魏仲舉編:《五百家注昌黎文集》,《景印文淵閣四庫全書》本,臺灣商務印書館,1986年,第99頁。
② (北宋)李昉等編:《文苑英華》,中華書局,1966年,第4113頁。
③ (南宋)王象之:《輿地紀勝》,中華書局,1992年,第507頁。
④ (南宋)祝穆:《古今事文類聚後集》,《景印文淵閣四庫全書》本,臺灣商務印書館,1986年,第646頁。

叢刊初編》本《牧庵集》卷二十《山南廉訪副使馮公神道碑》:"公以風度修凝,敷對有次,留後,一故相長左右幕,喜氣排人,諸曹讋縮,公不下之。""諸曹讋縮"即各部官員皆懾服。又《嘉興藏》三十九册《靈機禪師語録》卷一"序"下:"即飽參宿學之士,一嬰其鋒,靡不讋縮咋舌而退。"(423/c)"靡不讋縮"即無不懾服。

4.2.2.19 將頭

《卍續藏經》一百一十八册《古尊宿語録》卷十九"後住潭州雲蓋山海會寺語録":"師云:將頭不猛,累及三軍。"(404/b)"將頭"即頭領。又《大正藏》四十七册《楊岐方會和尚語録》卷一"後住潭州雲蓋山海會寺語録":"師云道:僧撫掌一下。師云:謝上座答話。僧無語。師云:將頭不猛,累及三軍。"(643/a)此亦其例。"將頭"亦見於其它宋代文獻。宋葉夢得《石林奏議》卷一《奏倪從慶第二狀》下:"三日,保甲姜多等生擒到賊將頭吴二、賊徒錢毛、余染三名。"[1]後説"賊徒",是前文"賊將頭"即賊頭領。又《卍續藏經》一百二十七册《憨山老人夢遊集》卷十七"書問"之《與於中甫比部》:"鄙人私謂時雖末法,猶正法也。自爾吾輩有高深堅利,恃為外護,然雖將頭不猛,亦足以使魔外喪魄。"(448/b)皆其例。隋唐及以前多説"將領""將帥""將尉""將校"等。

4.2.2.20 逼亞

《卍續藏經》一百四十册《五燈全書》卷三十九"廬山羅漢院系南禪師":"以黄龍是大父,名同而道望逼亞,故人目為小南。"(888/a)此處内容,《卍續藏經》一百三十六册《建中靖國續燈録》卷二十一"廬山羅漢禪院系南禪師"作:"後歸廬山,出世住持,道譽遠播,四方學者皆謂小南。"(304/b)《卍續藏經》一百三十七册《僧寶正續傳》卷一"羅漢南禪師"作:"未幾,南康守命出世羅漢,嗣法雲居,道價著於天下,學者謂之小南。"(570/a)

對比上述轉引内容,大概可以推知"道望逼亞"乃言系南禪師聲望著世,堪與黄龍南禪師並肩。"逼亞"近義連文,逼近、挨次之義,施之於它書,文義亦通。《嘉興藏》二十六册《入就瑞白禪師語録》卷十七《塔銘》:"而師之開法於弁,爾時道價頓傾,流輩逼亞老南矣。"(816/c)此以"逼亞"狀追隨禪僧之眾與追隨黄龍南禪師者相類。又《嘉興藏》二十三册《石門

---

[1] (南宋)葉夢得:《石林奏議》,《續修四庫全書》本,上海古籍出版社,2001年,384頁。

文字禪》卷二十九《嶽麓海禪師塔銘》:"金出鄧峰永公門,父子道價逼亞東林總、玉澗祐,故師依玉澗、東林最久。"(724/c)此言金禪師、永公禪師聲望與東林總禪師、玉澗祐禪師同等。

4.3 異文差異與語素替換考察

宋與明清禪錄異文存在大量的語素替換現象,即同一時代禪錄異文或不同時代禪錄異文差異往往是通過替換近義或同義語素而形成的。雷漢卿先生①、詹緒左先生②對禪錄異文中的語素替換現象已有指出,後者稱之爲"同素變換"。以下是筆者閱讀宋與明清禪籍所發現的語素替換用例。

4.3.1 剔/卓/眨/策/提/舉/掀/揚

《卍續藏經》六十七册《禪林類聚》卷九"尼女":"南堂静頌云:潙山遷化絕音容,趯起眉毛何處去。十三娘子側身時,放出金毛獅子子。"(117/b)"趯起眉毛",《卍續藏經》一百一十六册《宗鑑法林》卷四十六"漳州保福從展禪師"作"剔起眉毛"(579/a)。

"剔起眉毛",宋元以來禪錄習見,此僅舉一用。《卍續藏經》一百三十七册《嘉泰普燈錄》卷七"隆興府兜率從悦禪師":"諸禪客,要會麼?剔起眉毛有甚難,分明不見一毫端。風吹碧落浮雲盡,月上青山玉一團。"(122/a)《禪宗大詞典》釋爲形容領會禪義、應接禪機快捷③,雷漢卿先生認爲其本指迅疾、一刹那間,引申指當下振作、奮起④。

或作"踢起眉毛"。《嘉興藏》二十九册《聚雲吹萬真禪師語錄》卷二"示衆":"腳頭腳底笑顏開,踢起眉毛急急如律令,會得那句是賓,那句是主,方許親見聚雲。"(466/b)

或作"卓起眉毛"。《卍續藏經》一百一十四册《宗範》卷一"徹參":"既一切不得,當此時我這主公畢竟在甚處安身?愈無理會,愈要搜求,豎起脊梁,卓起眉毛,反覆推尋,拼此生做箇駁漢,工夫緊密,刻不放鬆,便有打成一片光景。"(577/a-b)

或作"眨起眉毛"。《卍續藏經》一百三十六册《建中靖國續燈錄》卷十五"衢州靈耀寺佛慈禪師":"祇遮一箇,文殊罔測,眨起眉毛,百千萬億。"

---

① 詳見雷漢卿:《禪籍口語同義詞略說》,《中國俗文化研究》2003年第1輯。
② 詳見詹緒左:《〈祖堂集〉詞語研究》,上海師範大學博士學位論文,2006年,第220頁。
③ 袁賓、康健主編:《禪宗大詞典》,崇文書局,2010年,第405頁。
④ 雷漢卿:《禪籍方俗詞研究》,巴蜀書社,2010年,第573頁。

(227/a)

或作"策起眉毛"。《卍續藏經》一百三十六册《聯燈會要》卷一"竺乾諸大賢聖":"大潙喆云:無憂王雖飯三萬大阿羅漢,要且不識賓頭盧。當時待他策起眉毛云'會麽',便與作禮,非唯識賓頭盧,亦乃同參古佛。"(447/b)

或作"提起眉毛"。《嘉興藏》三十九册《瀔州萬善暉州昊禪師語録》卷二:"喝一喝云:當機覿面無回互,提起眉毛亦是遲。"(731/b)

或作"舉起眉毛"。《嘉興藏》二十五册《大巍禪師竹室集》卷六"拈古":"拈云:惜乎賓頭盧,將見佛,一隻眼失却了也;若是育王見舉起眉毛,便與踏倒飯床,也且當得一時齋會。"(291/a)

或作"掀起眉毛"。《嘉興藏》三十九册《瀔州萬善暉州昊禪師語録》卷六"頌古":"阿育王問賓頭盧尊者:曾見佛來? 尊者掀起眉毛:會麽? 王罔措。"(744/c)

或作"揚起眉毛"。《嘉興藏》二十八册《季總徹禪師語録》卷一:"師云:揚起眉毛須薦取,三千里外有知音。"(445/b)

袁賓、雷漢卿先生釋"剔起眉毛"寓指迅速、刹那,甚是。不過雷漢卿先生指出其本指迅速而引申爲振作、奮起,我們認爲恰好相反。"剔"爲何有迅速義? 實際上,"剔"本無迅速義,禪録僅取其音,"趯""踢"乃其義。"趯"可以改换聲符義符作"踢","2.1.3.4 踢/趯/躍"有詳細論述。"趯"本義爲跳躍,稍加引申即爲上揚。《書苑菁華》卷二"永字八法·趯勢第四":"趯與挑一也……夫趯自弩出,潛鋒輕挫,借勢而趯之。問曰:凡字之出鋒謂之挑,今更爲趯,何也?"①書法筆畫中之上挑謂"趯",表明宋代文獻中"趯"已可引申爲上揚義,正與宋元禪録用法偶合。又《古今小品》卷四湯顯祖《郡賢贊序》:"非素有服命文采之觀,人人可振趯而能。"②"振趯"近義連文,"趯"有上揚義。又《虞初新志》卷九:"毛女曰:我已趯然輕舉,與鸞鶴爲伍,其樂何如! 肯復向樊籠哉!"③"趯然"與"舉"義近。故禪録"趯起眉毛"即眉毛揚起,或改换聲符義符作"踢",或借"剔"爲之,至於異文作"卓""策""提""舉""掀""揚"等,皆近義替換所致。眉毛揚起,乃迅速爲之,故禪録多用以表機鋒迅疾。

4.3.2 托/拓/捧

《卍續藏經》一百三十五册《天聖廣燈録》卷八"筠州黄檗鷲峰山斷際

---

① (南宋)陳思輯:《書苑菁華》,《景印文淵閣四庫全書》本,臺灣商務印書館,1986年,第18頁。
② (明)陳天定輯:《古今小品》,《四庫禁毁書叢刊》本,北京出版社,1997年,第547頁。
③ (清)張潮輯:《虞初新志》,《古本小説集成》第5輯,上海古籍出版社,1994年,第408頁。

禪師者”：“裴相一日托一尊佛於師前，踹跪云：請師安名。”(659/b)“托”，《卍續藏經》一百四十六册《禪宗正脈》卷二引作“拓”(66/b)。據上下文，其義即爲捧舉。《卍續藏經》一百三十六册《聯燈會要》卷八正引作“捧”(573/b)。

"拓"有開、廣、大等義，段玉裁認爲源自"袥"。《說文》"袥"字段注：“袥之引伸爲推廣之義……今字作開拓，拓行而袥廢矣。"繼續引申爲以手張開拓舉，如《列子·説符》："孔子之勁，能拓國門之關，而不肯以力聞。""拓"，《吕氏春秋·慎大覽》引作"舉"。《文選·吴都賦》"翹關扛鼎"李善注引《列子·説符》作"招"，"招"亦舉義。《莊子·駢拇》"招仁義"俞樾《平議》："此文招字亦當訓舉，而讀爲翹。"

"袥"或改换聲符作"袉"。《正字通·衣部》："袉，同袥。"故"拓"亦變而成"托"。或作"擟"。《玉篇·手部》："托、擟，二同。""托"之作"擟"，猶"項橐"之作"項託"（敦煌寫卷 P.3883《孔子項託相問書》，《戰國策·秦策五》作"項橐"）。

或作"柘"。《大正藏》三十册《瑜伽師地論》卷二十三："所謂按摩、拍毱、托石、跳躑、蹴蹋、擟臂、扼腕、揮戈、擊劍、伏弩、控弦、投輪、擲索，依如是等諸角武事。"(409/c)"托石"，《玄應音義》卷二十二"瑜伽師地論第二十三卷"作"拓石"①，並曰："古文㧪、袥二形，今作柘，同，他各反。"庄炘曰："拓本音之石切……作㧪，俗字，非古文，袥當作袥。"表舉義，今"托"行，"拓""擟""柘"皆廢。

上舉禪錄"托""拓""捧"互爲異文即近義語素替换所致。

4.3.3 飫/欽

《卍續藏經》一百四十一册《五燈全書》卷四十八"明州育王寂窗有照禪師"："閩帥趙公汝愚，飫師名，請開法東山大乘，移福之黄檗。"(90/a)"飫"，《卍續藏經》一百四十二册《增集續傳燈錄》卷三"四明育王寂窻有照禪師"作"欽"(790/a)。"飫"本爲飽餐義，禪錄引申爲久、習。此"飫師名"即久聞師名，異文作"欽"乃近義替换。久聞師名，亦即欽羡其名也。

如《嘉興藏》二十三册《石門文字禪》卷二十八"請東明疏"："某人久遊臨平之門，飫聞雲門之曲，薄遊南楚，混迹東明……"(716/b)"久遊""飫聞"近義偶麗，"飫"即久、習也。又《卍續藏經》三十三册《阿彌陀經疏鈔》卷三"贊三寶者"："今唯六時相續，習聽飫聞，浹隨淪肌，熏陶成性，故念三

---

① （唐）釋玄應：《一切經音義》，《叢書集成初編》本，商務印書館，1936年，第1005頁。

寶。"(420/a)"習聽""飫聞"偶麗,"飫"即習也。《嘉興藏》第一册《大慧普覺禪師年譜》卷一"大慧普覺禪師年譜終":"後得江西瑩雲卧書,亹亹譏其闕失,與昔所聞果若符契……雲卧侍師於衡梅,可謂親聞飫見。"(807/b)"飫見"即久見、習見。

4.3.4 髾/髮/染

《卍續藏經》一百四十一册《五燈全書》卷五十三"杭州徑山藏叟善珍禪師":"泉州南安吕氏子,年十三,依郡之崇福南落髾。"(152/a)"髾",《卍續藏經》一百四十四册《續燈正統》卷十一"杭州府徑山藏叟善珍禪師"作"髮"(628/b)。《廣雅·釋詁》:"髾,髻也。"《方言》卷四:"髾帶,幧頭也。"郭璞注:"其遍者謂之鬢帶,或謂之髾帶。"是"髾"本爲結束頭髮之帶,蓋早期以彩巾爲之,故類化成"髾"。後引申可表頭髮,佛典文獻中多見。如《大正藏》五十册《宋高僧傳》卷二十六《唐上都青龍寺光儀傳》:"老僧因携其手至大樹陰,令禮十方佛,歸依常住佛法僧已,因削其髾,又出袈裟以披服之。"(873/b)"削其髾"即削其髮。"髾""髮"異文,當即近義替换。

或與"染"形成異文。《卍續藏經》一百三十六册《建中靖國續燈録》卷十五"蘇州瑞光守琮真覺禪師":"姓顧氏,本州人也,依圓照禪師削染。"(228/b)"染",《大正藏》五十一册《續傳燈録》卷十四"蘇州瑞光真覺守琮禪師"引作"髮"(558/c)。《禪宗大詞典》載有"剃染":"剃去頭髮,换上黑色僧衣,指出家爲僧。"爲何以"染"爲之?蓋指染垢於塵世,剃染即去掉不洁不净及塵世妄念所执之事,與"剃髮"寓指同,故得爲異文。

4.3.5 箇/我/恁/者/這

禪籍習見"出頭天外看,誰是箇般人"。"箇",或换作"我"。《卍續藏經》一百一十八册《古尊宿語録》卷四十七"東林和尚雲門庵主頌古":"東林頌:舉手攀南斗,翻身倚北辰。出頭天外看,誰是我般人。"(821/b)或作"恁"。《卍續藏經》五十九册《閲經十二種》卷五"威德自在菩薩章":"頌云:薄伽梵涅槃門,門門迴互境分明……出頭天外看,誰是恁般人。"(268/b-269/a)或作"者""這"。《卍續藏經》一百一十五册《宗門拈古彙集》卷二十八"福州雪峰義存禪師":"良久云:出頭天外看,誰是者般人。"(843/b)《嘉興藏》二十五册《天隱和尚語録》卷二"烏瞻山法濟禪院語録":"左右顧視云:出頭天外看,誰是這般人。"(520/a)

"箇"作爲指示代詞,唐代文獻已見,學者亦多有探討,至於其語源,尚無定論。"箇""我""怎""者""這"皆乃指代替换也。

4.3.6 謾/不

《卍續藏經》一百三十九册《五燈嚴統》卷二十四"鎮江府夾山林皋本豫禪師":"初參雲門,次參博山。博曰:未入金籠貯,誰家野雀兒。師曰:鶴有九皋翀碧漢,馬無千里謾追風。"(1034/a)"謾",《卍續藏經》一百四十五册《正源略集》卷二"京口夾山林皋本豫禪師"引作"不"(301/b)。

"馬無千里謾追風"蓋宋元以來俗語,施於禪籍,寓指僧人參禪悟道之心。"謾追風"異文作"不追風"。"謾"即"不"也,"謾"表示否定,唐宋以來文獻多見,或作"漫",不贅。有文章指出:"'漫'作禁戒否定副詞的語義發展及語法化演變軌迹爲:大水→水滿外溢→多→不受約束,散漫,放浪→隨便地,胡亂地→枉,徒然,白白地→表示禁戒否定。"①此説恐可商榷,我們認爲"漫""謾"表示否定,非從"漫"引申而來,大概是"無""莫""勿"之聲轉也。

4.3.7 至/搆/粘/邁/巴/爬

《大正藏》四十七册《密庵和尚語録》卷一:"師召大衆云:白雲端和尚錯下名言,殊不知二尊宿,前不至村,後不迭店,直至于今,翻成話霸。何故? 字經三寫,烏焉成馬。"(958/a)"前不至村,後不迭店"乃唐宋以來俗語,《卍續藏經》一百一十六册《宗鑑法林》卷二十六"鎮州三聖慧然禪師"引白雲端禪師作"前不搆村,後不迭店"(349/a)。"至""搆"義近替换。俗書"木""扌"不分,"搆"即"構"。

"前不至村",禪録或作"前不邁村"。《卍續藏經》一百三十九册《五燈嚴統》卷二十三"南京碧峰寺天通顯禪師":"又曰:向南方走了一轉,拄杖頭上不曾撥著個會佛法的。此二句,甚有諸訛,試爲酬一語看。芝曰:前不邁村,後不迭店。"(1004/b)或作"前不粘村"。《卍續藏經》二十三册《楞嚴經貫攝》卷九:"歷覽此色受二際,前不粘村,後不著岸,如立懸岸,恐遭墮落。"(479/a)另有作"前不及村""前不到村""前不著村"者,不贅舉。

有意思的是,異文還作"前不巴村""前不爬村"。《卍續藏經》一百四十一册《五燈全書》卷七十"四川檗山象崖性珽禪師":"上堂:十五日已前,前不巴村;十五日已後,後不著店。正當十五日,是何意旨?"(456/b)《嘉

---

① 詳見陳明富、張鵬麗:《"漫"作禁戒否定副詞考——兼論"曼"、"謾"、"慢"等》,《西南交通大學學報(社會科學版)》2012 年第 1 期。

興藏》二十五册《天界覺浪盛禪師語録》卷六:"師云:大慈與者僧將欲把臂並行,争奈前不爬村,後不迭店。"(713/c)是也。此"巴""爬"非義,當與"至""搆"等義近。我們認爲"巴""爬"即章太炎先生所謂"傅"之聲轉。《新方言》:"《小爾雅》:傅,近也。《廣雅》:傅,就也。古言傅者,猶今言附,今人謂黏近在上曰傅在上,音如巴,若逋轉爲巴矣。常言有趣傅結紝,故今謂以諂事人爲傅結,音如巴結。《爾雅》:屋上薄謂之筄。《釋名》:搏壁,以席搏箸壁也。凡此並有傅義,今語並當爲巴。"①則"巴結"之"巴"近義連文,語源乃"傅"。上舉"巴""爬"亦"傅"之轉,與"至""搆""粘"等乃近義替换。

4.3.8 禿/謇/縮

《卍續藏經》一百三十六册《聯燈會要》卷八"福州烏石靈觀禪師":"師云:若言我不道,即啞却我口;若言我道,即禿却我舌。"(573/a)"禿",《卍續藏經》一百三十八册《五燈會元》卷四"福州烏石山靈觀禪師"作"謇"(151/a)。"禿却我舌"寓指禪師以心傳心,不局以言語文字,作"謇"乃近義替换。《卍續藏經》一百一十七册《禪林類聚》卷二"法身·烏石靈觀禪師"作"縮"(28/b)。"縮""禿""謇"義近。

4.3.9 拽/較

《卍續藏經》一百三十六册《建中靖國續燈録》卷二十二"饒州薦福道英禪師":"僧曰:未審和尚今日是同是别?師云:趯倒瓶,拽轉鉢。"(318/a)"拽",《卍續藏經》一百四十册《五燈全書》卷三十九"饒州薦福道英禪師"作"較"(890/b)。從"交"之字往往有交結義,與"拽"形成近義異文。

4.3.10 雙/緉

《卍續藏經》一百三十六册《聯燈會要》卷二十五"婺州明招德謙禪師":"寧云:和尚有來,多少時也?師云:噫,洎賺我踏破一雙草鞋。"(859/a–b)"雙",《卍續藏經》一百四十四册《教外别傳》卷七"明招德謙禪師"作"緉"(170/a)。《説文·糸部》:"緉,履兩枚也。""雙""緉"所指同。

4.3.11 措/施

《卍續藏經》一百三十八册《五燈會元》卷五"澧州藥山惟儼禪師":

---

① 章太炎著,蔣鴻禮點校:《新方言》,上海人民出版社編:《章太炎全集》第5册,上海人民出版社,2014年,第36頁。

"院主隨後問曰:和尚既許爲大衆説話,爲甚麽一言不措?師曰:經有經師,論有論師,争怪得老僧。"(164/b)"措",《大正藏》四十七册《虚堂和尚語録》卷一作"施"(987/c)。"措"即"施","措""施"連文而用,宋代文獻已見其例。《四部叢刊初編》本《後村先生大全集》卷七十九《減放鹽錢申省狀》:"然計通放過舊楮五萬六千餘緡,並已大字明榜縣門,使民間户曉君上措施予民之意。"明清以來其用始夥。

4.3.12 飫餐/飯餐

《卍續藏經》一百三十八册《五燈會元》卷十八"嘉興府華亭性空妙普庵主":"遂舉箸飫餐,賊徒大笑。食罷,復曰:劫數既遭離亂,我是快活烈漢。如今正好乘時,便請一刀兩段。"(693/b-694/a)"飫餐",《卍續藏經》一百四十六册《禪宗正脈》卷九"性空妙普庵主"作"飯餐"(308/b)。"飫"有宴食義,與"飯"義近。

4.3.13 攙/搶/擄

《卍續藏經》一百三十六册《聯燈會要》卷二十一"福州雪峰義存禪師":"雲峰悦云:疋上不足,我更與儞葛藤。驀拈拄杖云:還見雪峰麽?咄!王令稍嚴,不許攙行奪市。"(783/b-784/a)"攙行奪市",禪録習見,寓指説禪。或改换作"搶奪行市"。《卍續藏經》一百四十一册《五燈全書》卷一百零二"蘇州報恩斷崖净禪師":"後參企賢清子牧園,清舉如意問:者個蘇州有麽?師曰:近來王令稍嚴,不許搶奪行市。"(1015/b)或作"擄行奪市"。《嘉興藏》三十六册《蔗庵範禪師語録》卷十"住東塔廣福寺語録":"上堂:魯祖面壁,拙裏銜奇,俱胝豎指,險中弄巧。胡達磨望我震旦有大乘人,跋涉遠來,本欲擄行奪市,豈知此土牙家不容插入,打落當門齒。"(940/b)

"攙"可引申爲搶奪,《詩詞曲語辭匯釋》已釋,不贅。故"攙行奪市"可得改换成"搶奪行市""擄行奪市",等等。

4.3.14 提/捉

《卍續藏經》一百三十六册《聯燈會要》卷二十八"郢州興陽剖禪師":"師云:忽遇出頭時,又作麼生?師云:似鶻提鳩。君不信,髑髏前驗始知真。"(912/b)"提",《卍續藏經》一百四十三册《指月録》卷二十四"郢州興陽清剖禪師"引作"捉"(544/a)。"提"即提執,禪宗蓋用以寓指疾快,後世禪録改成"捉"。

4.3.15 覰/看

《卍續藏經》一百三十九册《五燈嚴統》卷二十四"嘗州磐山天隱圓修禪師":"呈偈曰:木人提唱笑呵呵,更著衣衫誰識他。昨日覰來是男子,今朝還作老婆婆。"(1019/a)"覰",《乾隆藏》一百五十七册《天隱修禪師語錄》卷二十"傳"作"看"(688/a)。《玉篇·見部》:"覰,古莧切,視也。"清人禪錄異文作"看",亦視義。

4.3.16 睨/眹

《卍續藏經》一百三十七册《嘉泰普燈錄》卷十四"潭州福嚴文演禪師":"上堂曰:當陽坐斷,凡聖迹絶。隨手放開,天回地轉。直得日月交互,虎嘯龍吟,頭頭物物,耳聞目眹。安立諦上是箇甚麽,還委悉麽?"(221/b)"眹",《卍續藏經》一百四十册《五燈全書》卷四十三"潭州福嚴文演禪師"作"睨"(983/b)。《廣雅·釋詁》:"睨,視也。"清人禪錄作"睨",乃"眹"之近義替換。

4.3.17 驀/把

《卍續藏經》一百三十六册《聯燈會要》卷五"撫州石鞏慧藏禪師":"師在厨下作務。祖問:作甚麽?云:牧牛。祖云:作麽生牧?云:一回入草去,驀鼻拽將來。祖云:子真牧牛也。"(510/b)"驀鼻",《卍續藏經》一百一十七册《萬松老人評唱天童覺和尚拈古請益錄》卷二"第六十則南泉水牯"引作"把鼻"(866/a)。有文章指出"驀鼻"就是把住鼻子①;也有不贊同此說者,認爲禪錄"驀"爲介詞用法,義爲正對着,是從原動詞義"上馬"虛化而來,故"驀鼻"就是對着鼻子②。

禪錄習見"驀"表對着、當着義,但"驀鼻",我們贊同就是把鼻義,因爲同時代宋人禪錄異文正作"把",顯然要可信得多。又《卍續藏經》一百三十八册《五燈會元》卷四"福州長慶大安禪師":"安在潙山三十來年,喫潙山飯,屙潙山屎,不學潙山禪,祇看一頭水牯牛。若落路入草,便把鼻孔拽轉來。"(123/b)"若落路入草,便把鼻孔拽轉來"與上揭"一回入草去,驀鼻拽將來"文義相類,足證"驀"即"把"也,而非正對着義。至於"驀"表示對著、把等義是否從原動詞義引申而來,還可探討。

---

① 詳見黃靈庚:《〈五燈會元〉詞語劄記》,《浙江師範大學學報(社會科學版)》1999年第3期。
② 詳見詹緒左、崔達送:《禪宗文獻中的同義介詞"擗""驀""攔"》,《古漢語研究》2011年第3期。

4.3.18 搦/捺

《卍續藏經》一百一十八冊《古尊宿語錄》卷四十六"拈古"："巖頭云：洞山老人錯下名言，我當時一手擡一手搦。"(789/a)"一手搦"，《大正藏》四十八冊《萬松老人評唱天童覺和尚頌古從容庵錄》卷二"第二十二則巖頭拜喝"引作"一手捺"(241/b)。"搦""捺"聲近義通。

4.3.19 擁毳/擁衲

《卍續藏經》一百三十八冊《五燈會元》卷十"金陵清涼院文益禪師"："師一日與李王論道罷，同觀牡丹花。王命作偈，師即賦曰：擁毳對芳叢，由來趣不同……"(342/b)"擁毳"之"毳"寓指僧袍，《全唐詩》載謙光禪師此詩作"擁衲"①。《卍續藏經》一百四十二冊《歷朝釋氏資鑑》卷八"後唐"引此詩作"擁褐"(164/b)。《〈祖堂集〉詞語研究》還指出有"擁綾衲""擁敗納"等形式。②

4.3.20 胜/脛

《卍續藏經》一百三十八冊《五燈會元》卷八"衢州烏巨山儀晏開明禪師："後郡守展祀祠下，見師入定於廟後叢竹間，蟻蠹其衣，敗葉沒胜。"(298/a)"沒胜"，《嘉興藏》三十四冊《學佛考訓》卷二"烏巨山開明禪師"引作"沒脛"(4/c)。"胜"即"髀"之俗寫，與"脛"義近，指腿腳部位。或有"髀脛"連用者，如《大正藏》十六冊《大乘同性經》卷二："髀脛圓滿如象鼻，腳踝端正而平滿。"(649/a)"髀脛"即腿部。

4.3.21 寱語/寐語

《卍續藏經》一百四十三冊《指月錄》卷二十二"金陵清涼院文益禪師"："雲門問僧：甚處來？曰：江西來。門曰：江西一隊老宿，寱語住也未？"(496/b)"寱語"，《教外別傳》卷十二"雲門文偃禪師"引作"寐語"(298/a)。"寱語""寐語"義皆夢話妄言，寓指説禪。

4.3.22 祴/福

《卍續藏經》一百三十九冊《五燈嚴統》卷十"杭州慧日永明延壽智覺

---

① （清）彭定求編：《全唐詩》，中華書局，1980年，第9301頁。
② 詹緒左：《〈祖堂集〉詞語研究》，上海師範大學博士學位論文，2006年，第225頁。

禪師":"尋往天台山天柱峰,九旬習定,有烏類斥鷃巢於衣襆中。"(441/a)"襆",《神僧傳》卷九"延壽禪師"作"袯"(1011/b)。"襆""袯"義近,指衣服褶皺角落處。

4.3.23 擷/仆/跌/躓

《卍續藏經》一百三十六册《聯燈會要》卷十五"舒州白雲守端禪師":"首謁楊岐,岐問:上座鄉里甚處? 師云:衡州。岐云:落髮師為誰? 師云:茶陵郁和尚。岐云:吾聞其過橋遭擷有省,作偈甚佳,能記之否? 師云:記得。"(669/a−b)"過橋遭擷"言過橋顛仆。"擷",《卍續藏經》一百一十六册《宗鑑法林》卷三十"袁州楊岐方會禪師"作"跌"(401/b),《大正藏》四十九册《釋氏稽古略》卷四"舒州白雲禪師"作"躓"(872/c),《嘉興藏》二十九册《三山來禪師語録》卷八"南嶽第十三世·舒州白雲守端禪師"作"仆"(720/c)。

"擷""躓"即"顛"之俗寫,作"仆""跌"乃其近義語素替换。

4.3.24 槝/檻

《卍續藏經》一百三十九册《五燈嚴統》卷二十一"寧波府天童滅翁文禮禪師":"上堂:事事無礙,青山掩映斜陽外。法法無差,槝前古木閙群鴉。"(934/a)"槝"即"簷"俗寫形體,《卍續藏經》一百四十四册《續燈正統》卷二十"寧波府天童滅翁天目文禮禪師"作"檻"(723/b)。"槝""檻"義近替換。

4.3.25 止/踞/距

《卍續藏經》一百四十四册《續燈正統》卷二十八"佛迹頤庵真禪師":"可將盡平生眼裏所見、耳裏所聞、惡知惡解、奇言妙句、禪道佛法、貢高我慢等心,徹底傾瀉,莫存毫末,祇就未明未了公案上,立定腳跟,竪起脊梁。"(816/a)"立",《卍續藏經》一百四十一册《五燈全書》卷五十九"佛迹頤庵真禪師"作"踞"(263/a),《卍續藏經》一百四十三册《續指月録》卷十一"佛迹頤庵真禪師"作"距"(941/b)。"止""踞""距"皆有停止、站立義。

4.3.26 簡/檢/柬

《卍續藏經》一百一十八册《古尊宿語録》卷二十一"舒州白雲山海會演和尚語録":"兩人中,一人全肯,一人全不肯,若人點檢得出,許你具半隻眼。"(436/a)"點檢",《卍續藏經》一百四十册《五燈全書》卷四十一"蘄州五祖法演禪師"作"簡點"(941/a)。"簡""檢"音義皆通。或作"點柬"。《嘉興藏》二十九册《夔州臥龍字水禪師語錄》卷一"住澧州藥山禪院語錄":"上堂:從上來也有打者,也有喝者,也有百般做出者,也有一物不爲者。藥山今日點柬將來,各欠寤在。"(6/c)"簡點""點檢""點柬"同。

4.3.27 遡／逆

《卍續藏經》一百四十四册《續燈正統》卷三十四"嘉興府永正寺一初悟元禪師":"頌曰:橫將玉笛遡風吹,不犯宮商調自奇。最惜能邀仙子曲,被人喚作鷓鴣辭。"(893/a)"遡",《嘉興藏》二十九册《一初元禪師語錄》卷二"頌古"引作"逆"(389/c)。"遡風"即迎風對風,"逆風"亦迎風對風。

4.3.28 出／捉

《大正藏》四十九册《佛祖統紀》卷四十一"德宗":"初,明瓉禪師居南嶽上封,人號懶殘。泌往謁之,聞誦經聲,先悲愴而後悦豫,知爲隱者。候之良久,瓉撥火出芋食之,曰:領取十年宰相。"(379/c)"出",《卍續藏經》一百四十一册《五燈全書》卷七十二"伏獅尼祇園剛禪師"引此事作"捉"(498/a)。"出芋""捉芋"皆指拿出芋。

4.3.29 擘／劈,開／張

《大正藏》五十一册《景德傳燈録》卷四"終南山惟政禪師":"文宗嗜蛤蜊,沿海官吏先時遞進,人亦勞止。一日,御饌中有擘不張者,帝以其異,即焚香禱之。"(234/a)"擘不張",即打不開,《大正藏》四十九册《佛祖歷代通載》卷十六引作"劈不張"(632/c),《卍續藏經》一百三十一册《釋氏通鑑》卷十引作"劈不開"(967/a),《大正藏》四十九册《佛祖統紀》卷五十三引作"擘不開"(469/a)。"擘"與"劈","開"與"張"皆近義換用。

4.3.30 吒呀／吒沙

《卍續藏經》一百三十五册《天聖廣燈録》卷十五"汝州風穴山延昭禪師":"勸汝諸人,應是向來依他作解,明昧兩岐,與汝一時掃却。直教箇箇如師子兒吒呀地哮吼一聲,壁立千仞,誰敢正眼覷著。"(732/a)"吒呀",《卍續藏經》一百三十六册《聯燈會要》卷十一"汝州風穴延沼禪師"作"吒沙"(616/b),《卍續藏經》一百一十八册《正法眼藏》卷三"風穴和尚"作"吒髿"(131/a)。

"吒呀"近義連文,"吒""呀"皆爲張開義,分別見"2.1.2.1.3 卓朔／吒朔/查沙/磔索""3.1.4 呀/問/閉/谺/嘲/颰/嘅"條。《卍續藏經》一百一十三冊《祖庭事苑》卷六"吒呀"："上知加切,叱怒也。"(152/a)善卿認爲"吒"爲"叱怒",顯然是錯的。"吒呀"異文作"吒髟""吒沙",乃其近義之換。

4.3.31 童牙/童子

《大正藏》五十一冊《續傳燈錄》卷二十二"泐潭文準禪師"："興元府唐固梁氏子,生始幼,見佛像輒笑,童子不喜聞酒胾。"(617/b)"童子",《嘉興藏》二十三冊《石門文字禪》卷三十"泐潭準禪師行狀"作"張牙"(727/a)。"張牙"扞格不通,當作"童牙"。《卍續藏經》一百三十七冊《僧寶正續傳》卷二"寶峰準禪師"正作"童牙"(577/b)。"童牙"辭書有載,義爲幼小,與"童子"義近。此指文準禪師幼小時不喜肉胾。《卍續藏經》一百三十七冊《嘉泰普燈錄》卷七"隆興府泐潭湛堂文準禪師"："師襁褓中見佛像輒笑,甫八齡,不喜酒胾。"(124/a)"甫八齡"與"童牙""童子"所指同。

4.3.32 攎/撈

《卍續藏經》一百三十七冊《嘉泰普燈錄》卷二十二"節使李端愿居士"："公問曰：天堂地獄,畢竟是有是無,請師明説。穎曰：諸佛向無中説有,眼見空華；太尉就有裏尋無,手攎水月。"(310/b)"攎",《卍續藏經》一百三十六冊《聯燈會要》卷十三"潤州金山達觀曇穎禪師"作"揩"(643/a),《卍續藏經》一百四十九冊《居士傳》卷二十"李公武"下引作"撈"(867/b)。"手攎水月"即手撈水中月,作"揩"蓋其形近之譌,作"撈"即其義近之換。

4.3.33 柳/拗/折

《卍續藏經》一百三十六冊《建中靖國續燈錄》卷三"復州北塔思廣禪師"："問：如何是和尚家風？師云：左手書右字。僧曰：學人不會。師云：歐頭拗脚。"(66/b)"拗脚",《卍續藏經》一百三十六冊《聯燈會要》卷二十七"復州北塔思廣禪師"(893/a)、《卍續藏經》一百三十八冊《五燈會元》卷十五"復州北塔思廣禪師"(588/a)、《卍續藏經》一百三十九冊《五燈嚴統》卷十五"復州北塔思廣禪師"(664/a)、《卍續藏經》一百四十冊《五燈全書》卷三十三"復州北塔思廣禪師"(766/b)皆作"柳脚"。又《卍續藏經》一百三十五冊《天聖廣燈錄》卷二十六"江陵府彰法院悟顯禪師"："問：如何是初生月？師云：歐頭柳脚。"(864/a)"柳脚"下原注曰："柳疑析。"

"柳脚"當作"拗脚",與"歐頭"近義相對,注"柳疑析"乃臆測。《大正藏》五十一冊《續傳燈錄》卷二"復州北塔思廣禪師"引此作"拗頭折脚"(478/a)。"折脚""拗脚"乃義近換用。

4.3.34 搊/扭/搐

《卍續藏經》一百三十八冊《五燈會元》卷十八"參政蘇轍居士":"因往訪焉,相得歡甚。公咨以心法,順示搐鼻因緣。已而有省。"(692/b)"搐鼻因緣",有作"扭鼻因緣"者。《嘉興藏》三十八冊《香嚴禪師語錄》卷一"頌":"《扭鼻因緣》:一扭突出野鴨子,却對人前撩亂飛……"(621/a)又有作"搊鼻因緣"者。《嘉興藏》三十三冊《虛舟省禪師語錄》卷二:"《秦鳳臺居士問搊鼻因緣示以偈》:明明面目鼻頭邊,搊著能知始了然……"(376/a)

不管是作"搐鼻因緣",還是"扭鼻因緣""搊鼻因緣",實均取自禪籍文獻中有名的"百丈野鴨子"公案。《卍續藏經》一百三十六冊《聯燈會要》卷四"洪州百丈懷海禪師":"師侍馬大師,遊山次,忽見野鴨飛過。祖問:是甚麼?師云:野鴨子。祖云:甚麼處去也?師云:飛過去也。祖搊師鼻頭。師負痛,失聲云:阿耶耶,阿耶耶。祖云:又道飛過去也。師於此契悟。"(493/b)"祖搊師鼻頭",《卍續藏經》一百四十六冊《佛祖正傳古今捷錄》卷一"第三世百丈懷海禪師"引作"祖遂扭師鼻頭"(875/a)。

如上,"搊""扭""搐"顯然皆表捏住義。"搊"即"扭","2.2.2.1.7 搊/扭"有論説。

"搐"為捏義,又如《大正藏》四十七冊《寶王三昧念佛直指》卷一"勸修第九":"今人見屎尿,則必搐鼻攢眉,嫌其臭穢,便欲速去。"(366/a)"搐鼻攢眉"即捏鼻防臭,皺眉示嫌。又《卍續藏經》一百一十一冊《入眾日用》卷一:"吃食之法:將食就口,不得將口就食;取鉢、放鉢並匙筯,不得有聲;不得咳嗽;不得搐鼻涕;若噴嚏,當以衣袖掩鼻。"(945/a)"不得搐鼻涕"即不得捏鼻涕,皆其例。

第五章 宋與明清禪録異文差異與文獻訛誤校勘考察

文獻流傳過程中出現訛誤在所難免，禪録亦是如此。宋人禪師語録，既有宋代禪師共時引用，也有明清禪師歷時引用，幾經遞變，會出現本來面貌與引用文字漸行漸遠的情況。我們略舉一例，以作管窺。

《卍續藏經》一百三十七册《禪林僧寶傳》卷三十"寶峰英禪師"："英笑曰：楚人以山雞爲鳳，世傳以爲笑，不意居士此語相類；汝擎茶來，我爲汝接；汝行益來，我爲汝受；汝問訊，我起手。"（561/a－b）"汝行益來"費解。《大正藏》五十一册《景德傳燈録》卷十四"澧州龍潭崇信禪師"（313/b）、《卍續藏經》一百四十三册《指月録》卷十二"澧州龍潭崇信禪師"（287/a）、《卍續藏經》一百四十册《五燈全書》卷十三"澧州龍潭崇信禪師"皆作"汝行食來"（377/a）。一作"益"，一作"食"，按以文義，顯然作"食"者是，其恰與前文"茶"字相類。但"食""益"形音義相去殊遠，何以致"食"訛作"益"呢？這個問題恐不能從"食"字下手。值得注意的是，《卍續藏經》一百四十三册《指月録》卷二十七"隆興府泐潭洪英禪師"引作"汝行盇來"（596/a）。"汝行盇來"與"汝行益來"相比，不難想見"益"就是"盇"字之訛。"盇"本爲盛食之用，故"汝行食來"與"汝行盇來"實際上是同一種意思的兩種不同表達。蓋"盇"與"益"形相似，書手不察，訛而作"益"，以致漸行漸遠，迷失本真。

因此，禪録中有些疑難訛誤，依據異文差異往往可豁然得解。本章我們從俗寫規律引發的字形訛變與偶發性字形訛變兩個方面展開討論。

5.1 俗寫規律引發的字形訛變

宋與明清禪録異文的差異，部分是字形訛誤造成的。引起我們注意的是，這些訛誤有些非簡單字形相近所導致，而是涉及漢字俗寫歷時演變規律，具有一定的文獻通例性。

5.1.1 火抄/火杪/火叉

《卍續藏經》一百三十六册《聯燈會要》卷七"潭州大溈靈祐禪師"：

"師坐法堂,庫頭打木魚,火頭擲下火抄,拊掌呵呵大笑。"(545/b)"火抄",《卍續藏經》一百四十四册《教外別傳》卷十一"潭州溈山靈祐禪師"作"火杪"(276/b),《卍續藏經》一百一十六册《宗鑑法林》卷三十九"潭州溈山靈祐禪師"作"火叉"(493/b)。

我們認爲作"火叉"者是,即撥火具。蓋以木而成,故又作"火杈"。《卍續藏經》一百一十四册《五家宗旨纂要》卷一"濟宗三笑":"有一火頭聞打木魚,抛下火杈云啊嘮。"(516/b-517/a)俗書"扌""木"不分,又作"火扠"。《卍續藏經》一百一十六册《宗鑑法林》卷十三"池州魯祖寶雲禪師":"羅山聞云:陳老師當時若見,背上與五火扠,何故? 爲伊解放不解收。玄沙備云:我當時若見,也與五火扠。"(201/a)"背上與五火扠"乃一公案,即用"火扠"擊背五下,與臨濟棒喝同。

那麽"火叉"爲何會變成"火杪""火抄"? "叉"常見俗體可作"义",碑刻及敦煌寫卷多見,時賢亦多有所述,此僅舉一用。敦煌寫卷 P.2002《無上金玄上妙道德玄經》:"於是金玄上妙道德元皇三真,則乂手作禮稱善。""乂"即"叉"。或增點成"㐅",敦研312《金光明經》卷第一"序品":"並及無量夜㐅之衆,悉來擁護。"①

"少"的俗寫實際上與"叉"的俗體十分相近,如敦煌寫卷 P.2324《難陀出家緣起》:"十念弥陁難即少,功德沾施福不輕。""少"據此又可訛成"又"。《舊唐書·朱敬則列傳》:"敬則倜儻重節義,早以辭學知名。與三從兄同居,財産無異。又與左史江融、左僕射魏元忠特相友善。""又與左史江融",明刻本《册府元龜》卷八百八十二"總録部·交友第二"引作"少與右史江融"②。"江融"曾任左史,《册府元龜》"少""右"即"又""左"之訛。

"叉"蓋一訛成"少",增"木"再變作"杪",俗書三變成"抄"。"叉"訛成"少"的情況,我們在民間說唱文獻中也發現有用例。清刻本《新選洛陽橋記全本》卷上"慈悲化身":"一身打扮總排場,儼然富貴人嬌女,更能惹動客憐香。又叫鶯哥鳥化群鈔婢,裝煙服然企身旁。"③"群鈔婢"顯然是"群釵婢"。

5.1.2 徇/狥/狗

《卍續藏經》一百四十册《五燈全書》卷三十七"隆興府祐聖法宷禪

---

① 黄征:《敦煌俗字典》,上海教育出版社,2005年,第38頁。
② (北宋)王欽若等編:《册府元龜》,中華書局,1960年,第10449頁。
③ 陳建華、傳華主編:《廣州大典》曲類第一輯第11册,2019年,廣州出版社,第82頁。

師":"上堂:此事如醫家驗病方,且雜毒滿腹,未易攻治,必瞑眩之藥,而後可瘳。就令狗意投之,適足狂惑,增其沈痼,求其已病,不亦左乎?"(854/b)"狗意"費解,《卍續藏經》一百三十七册《嘉泰普燈錄》卷四"隆興府祐聖法崑禪師"作"徇意"(93/a),《大正藏》五十一册《續傳燈錄》卷十六"隆興府祐聖法崑禪師"作"狥意"(576/b)。按上下文意,此是以治病喻修禪,作"徇意"者是,順適己意也。

部件"彳"俗寫可作"亻"。東漢《蕩陰令張遷碑》:"張是輔漢,世載其德。"①"德"即"德"。敦煌寫卷 P.2002《無上金玄上妙道德玄經中品》:"地如車難乘,風如炁難御。""御"即"御"。元刻本《古杭新刊的本尉遲恭三奪槊》第四折:"〔鮑老兒〕……那凶頑很劣,奸滑校幸。"②"很"即"很"。唐《楊孝恭碑》:"瀚棄熏寵,崇徇澄素。"③"徇"即"徇"。

繼續變化,連筆即成"犭"。明文林閣刊本《張子房赤松記》第四十一齣"登仙":"〔前腔〕狼貪羊很,楚霸王才力過人。"④"很"即"很"。宋刻本《六臣注文選》卷三十一江淹《鮑參軍昭戎行》:"狥義非爲利,執羈輕去鄉。"⑤"狥"即"徇"。

再變即成"犭"。典型之例如狼戾之"狠",本作"很",從"彳",後變而從"犭"。"徇"亦如此,稍變亦成"狗"。宋刻本《太平御覽》卷八十六"秦王子嬰":"子嬰遂刺殺趙高於齋宮,夷三族,以狗咸陽。"⑥又《卍續藏經》一百三十八册《五燈會元》卷二"益州保唐寺無住禪師":"公起作禮曰:弟子亦曾問諸供奉大德,皆贊弟子不可思議,當知彼等但狗人情,師今從理解説,合心地法,實是真理不可思議。"(55/a-b)"狗",《大正藏》五十一册《景德傳燈錄》卷四"益州保唐寺無住禪師"作"徇"(234/c)。明清以來,文獻"狗"字習見,不贅。

"徇"俗寫作"狥""狥",再變成"狗",稍訛即成"狗"。上舉禪錄異文外,其它文獻亦有所見。《漢書·儒林傳·王式》:"式曰:聞之於師:客歌《驪駒》,主人歌《客毋庸歸》。今日諸君爲主人,日尚早,未可也。江翁曰:經何以言之? 式曰:在《曲禮》。江翁曰:何狗曲也!"《三史拾遺》卷三《律曆志》下"漢書·儒林傳·王式":"師古曰:言狗者,輕賤之甚也,今流俗云

---

① 徐玉立主編:《漢碑全集》第 5 册,河南美術出版社,2006 年,第 1814 頁。
② (元)佚名:《古今雜劇》第 1 册,《中華再造善本》金元編,北京圖書館出版社,2005 年。
③ 高峽主編:《西安碑林全集》第 9 卷,廣東經濟出版社、海天出版社,1999 年,第 1031 頁。
④ (明)佚名:《張子房赤松記》,《古本戲曲叢刊》第 2 集,上海商務印書館,1955 年。
⑤ (南朝梁)蕭統編,(唐)李善等注:《六臣注文選》,中華書局,1987 年,第 602 頁。
⑥ (北宋)李昉等:《太平御覽》,中華書局,1960 年,第 410 頁。

何曲狗,妄改之也。臧氏琳曰:江翁與王式同業《魯詩》,嫉其名出己右,故以曲狗之言譏之,謂《曲禮》不足信也。儻斥之以狗,式安能含忍,即諸博士弟子亦竟不出一語乎! 大昕謂:臧説頗近情理。但今本注亦是曲狗,非曲狗,未識臧所見何本。"①如臧琳所論,則《漢書》之"狗曲"乃"徇曲"之誤。又《舊唐書·嚴武列傳》:"廣德二年,破吐蕃七萬餘衆,拔當狗城。""當狗城",明刻本《册府元龜》卷三百五十九"立功第十二"訛作"當**狥**城"②。"**狥**"即"徇"之俗寫,此當作"狗"。胡三省注《資治通鑑》提到:"當狗城,當白狗羌之路,故以名城。"又清刻本《大明正德皇帝遊江南傳》卷三第十三回:"即命四名猛勇家將,統着衙役八人,就向後花園直出,一路尋踪追捕,務必要王氏與小蓮二人首級,回來復命,重重有賞,倘若**狥**情私放,查出定斬不饒。"③"**狥**"即"徇"之俗譌。

據此,"徇"之譌作"狗",是以"狗"爲中間樞紐,呈現的是字形的綫性演變。

5.1.3 抖吼/斗吼/叫吼/叫吼

《卍續藏經》一百三十六册《聯燈會要》卷二十一"鄂州巖頭全豁禪師":"若是本色底,撥著便上,咬人火急,却似刺蝟子相似。未觸著時,自弄毛羽,可憐生。纔有人撥著,便嗔斗吼地。"(778/b-779/a)"斗吼",《嘉興藏》二十七册《三宜盂禪師語錄》卷六"普説"引作"斗吼"(35/b)。"吼"即"吼"之聲符改换而成。此以刺蝟寓禪師機鋒,禪錄習用。又《大正藏》五十一册《景德傳燈錄》卷二十四"處州涌泉究和尚":"問:獅子未出窟時如何? 師曰:抖吼地。曰:獅子出窟後如何? 師曰:蓋天蓋地。"(405/b)"獅子吼"寓禪師説法,此"抖吼"與上"斗吼""斗吼"同。

實際上"抖吼""斗吼""斗吼"當作"叫吼",近義連文,喻説法。《卍續藏經》一百一十二册《列祖提綱錄》卷十二"冬夜提綱":"冬至月頭賣被買牛,冬至月尾賣牛買被,全提古佛規猷,突出衲僧巴鼻,可中一箇半箇不受人瞞,纔聞舉著,剔起眉毛嗔叫吼地。"(354/a)此正作"嗔叫吼地"。亦作"哮吼"。《卍續藏經》一百三十五册《天聖廣燈錄》卷二十七"越州雲門雍熙永禪師":"問:師子未出窟時如何? 師云:且莫哮吼。"(878/b)此亦其證。蓋"叫"俗書可作"叫",譌而成"抖",再變而成"斗"。

---

① (清)錢大昕:《三史拾遺》,陳文和編:《嘉定錢大昕全集》,鳳凰出版社,2016 年,第 82 頁。
② (北宋)王欽若等編:《册府元龜》,中華書局,1960 年,第 4255 頁。
③ (清)何夢梅:《大明正德遊江南傳》,《古本小説集成》第 3 輯,上海古籍出版社,1992 年,第 176~177 頁。

5.1.4 拗折／抅折／拘折

《卍續藏經》一百三十八册《五燈會元》卷三"靈默禪師"："頭曰：從生至死，祇是這箇，回頭轉腦作麼！師言下大悟，乃拗折拄杖而棲止焉。"（99/a）"拗折"，《卍續藏經》一百三十九册《五燈嚴統》卷三"靈默禪師"引作"抅折"（178/a），《卍續藏經》二十五册《楞嚴經宗通》卷一引作"拘折"（36/a）。

"拗折"變作"抅折"，涉及部件"幼""幻"的書寫混同問題。我們發現"幼""幻"俗書往往不分。敦煌寫卷 Φ.101《維摩碎金一卷》："發善心，棄一塲之虛幻之心。"①又清刻本《續紅樓夢》卷二十六："寶玉等諸人看去，竟仿佛太虛幻境一般。"②又明刊本《封神演義》卷七第三十三回："慢誇幻術能多獲，不道邪謀可易侵。"③又清刊本《續西遊記》九十七回："又有這兩個僧道隨行，我看他不是唐僧一起取經的，却又不是送經的，或時變幻與唐僧們解紛息難，若似暗行幫助之意。"④以上皆"幻"之俗寫。反之，"幼"俗亦可作"幻"。《全唐詩》卷一百五十九孟浩然《還山貽湛法師》："幼聞無生理，常欲觀此身。"⑤"幼"字下原注曰："一作幻。"從文意來看，作"幼"者是，"幻"乃其訛俗體，《四部叢刊初編》本《孟浩然集》作"幼"。敦煌寫卷 P.2418《父母恩重經講經文》："上來説男既成長，須爲婚姻了。從此女從幻小交示成長了，須屬娉他門。""幻小"即"幼小"，而非"幻小"。清刊本《續金瓶梅》後集卷第五十一回："貧僧自幻出娘胎，天戒不吃葷酒。"⑥"自幻"即"自幼"。

以上"幼"減省而成"幻"，"幻"增筆而成"幼"。故"拗折"可變即成"抅折"，至於作"拘折"，顯然是在"抅"基礎上稍加位移變化而成。此外"抅"還能是"拘"的俗體，不贅。

5.1.5 祇對／抵對

《卍續藏經》一百一十八册《古尊宿語録》卷十四"趙州真際禪師語録之餘"："有僧上參次，見師衲衣蓋頭坐次，僧便退。師云：闍黎莫道老僧不祇

---

① 詳見俄羅斯科學院東方研究所：《俄藏敦煌文獻》，上海古籍出版社，1993年，第149頁。
② （清）秦子忱：《續紅樓夢》，《古本小説集成》第2輯，上海古籍出版社，1994年，第1236頁。
③ （明）許仲琳：《封神演義》，《古本小説集成》第4輯，上海古籍出版社，1994年，第821頁。
④ （清）無名氏：《續西遊記》，《古本小説集成》第3輯，上海古籍出版社，1994年，第1722頁。
⑤ （清）彭定求編：《全唐詩》，中華書局，1980年，第1620頁。
⑥ （清）丁耀亢：《續金瓶梅》，《古本小説集成》第1輯，上海古籍出版社，1994年，第1393頁。

對。"(330/a)"祇對",《卍續藏經》一百四十冊《五燈全書》卷七"趙州觀音院真際從諗禪師"引作"抵對"(286/b)。"祇對""抵對"當作"祇對",敬對義,習見不贅。又《卍續藏經》一百四十四冊《續燈正統》卷十三"嘉興府天寧楚石梵琦禪師":"修佛殿次,師問掌事僧:者殿是甚麼年中蓋造?僧摑露柱曰:何不祇對和尚!"(649/a)"祇對",《卍續藏經》一百四十一冊《五燈全書》卷五十四"嘉興府天寧楚石梵琦禪師"亦訛成"抵對"(182/a)。

爲什麼會訛成"抵對"?實際上這涉及字形俗寫混同問題。部件"扌""礻"俗寫往往是混而不分的。曾良先生在《俗字及古籍文字通例研究》中已提及,並舉出了"拓"寫作"祏"、"搯"寫作"裪"兩組用例。① 我們發現古籍文獻中這類混同問題很多。宋刻本《毛詩要義》卷十四上"小雅甫田至桑扈"第十九:"《郊特牲》云:**拄**稷太牢。"②"拄"即"社"。《四部叢刊初編》景明刻本《廣弘明集》卷三十上蕭子顯《奉和昭明太子鍾山解講》:"祈果尊常住,渴慧在無生。""祈",《大正藏》五十二冊《廣弘明集》卷三十引"蕭子顯奉和"作"折"(354/b)。胡刻本《文選》卷八揚雄《羽獵賦》"抾靈蠵"③,宋刊本《六臣注文選》作"袪靈蠵"④。又清刻本《唐鍾馗平鬼傳》卷二第四回"下作鬼巧設連環計":"說着彼此又謙讓了一會,方按長紉坐下。粗魯鬼忽大聲喊道:我們有塌天大**禍**,絕不提起,只弄假謙恭算得甚事。"⑤"禍"即"禍"。《後漢書·董卓列傳》:"於是封衛將軍董承、輔國將軍伏完等十餘人爲列侯,贈沮儁爲弘農太守。"李賢注曰:"袁宏《紀》曰:誅議郎侯祈、尚書馮碩、侍中壺臺崇,討有罪也。""侯祈",《四部叢刊初編》景明刻本袁宏《後漢紀·後漢孝獻皇帝紀》作"侯折"。

5.1.6 會/曾

《卍續藏經》一百四十冊《五燈全書》卷九"澧州藥山惟儼禪師":"問僧:甚處來?曰:南泉來。師曰:在彼多少時?曰:粗經冬夏。師曰:恁麼則成一頭水牯牛去也。曰:雖在彼中,且不會上他食堂。"(319/b)"不會",《卍續藏經》一百三十六冊《聯燈會要》卷十九(741/a)、《卍續藏經》一百三十八冊《五燈會元》卷五(165/b)、《卍續藏經》一百三十九冊《五燈嚴統》卷五(245/b)皆作"不曾"。結合上下文義來看,"不曾"是也。

---

① (南宋)魏了翁:《毛詩要義》,《續修四庫全書》本,上海古籍出版社,2002年,第637頁。
② (南宋)魏了翁:《毛詩要義》,《續修四庫全書》本,上海古籍出版社,2002年,第637頁。
③ (南朝梁)蕭統編,(唐)李善注:《文選》,中華書局,1977年,第134頁。
④ (南朝梁)蕭統編,(唐)李善等注:《六臣注文選》,中華書局,1987年,第171頁。
⑤ (清)雲中道人:《唐鍾馗平鬼傳》,《古本小說集成》第3輯,上海古籍出版社,1994年,第30頁。

"曾"俗書習作"㑹"（如敦煌寫卷 P. 2548"㑹晳"），稍訛即成"會"。反之，"會"稍訛亦可成"曾"。

百衲本《三國志·吳書·張昭傳》："昭每朝見，辭氣壯厲，義形於色，曾以直言逆旨。"①"曾"，《四部叢刊初編》景日本天明刊本《群書治要》卷二十七"吳志上"之"張昭"條下訛作"會"。又百衲本《舊唐書·張建封列傳》："其間如素是親故，或曾同僚友，伏臘歲序……"②"或曾同僚友"，清嘉慶內府刻本《全唐文》卷五十三《聽朝官伏臘過從詔》作"或會同僚友"③。按，作"會"者是。又明刊本《文苑英華》卷九百八十九杜牧《祭處州李使君文》："與小人校，曾無百一；於百一中，與秀奪實。"④"曾"，嘉慶內府刻本《全唐文》卷七百五十六杜牧《祭故處州李使君文》訛作"會"⑤。又《四部叢刊初編》景明刊本《唐宋諸賢絕妙詞選》卷七万俟詠《三臺》："會暗識，夭桃朱户。""會暗識"，《歷代詩餘》卷一百万俟詠《三臺》作"曾暗識"⑥。"曾暗識"較佳。又《韓非子·主道》："是以不言而善應，不約而善增。"俞樾按："增乃會字之誤。'不言而善應'語本《老子》，'不約而善會'亦即老子所謂'善結無繩約而不可解也'，善會猶善結也。會字誤作曾，校者又誤改作增。"⑦如俞樾所論，則"善增"乃"善會"之訛。

5.1.7 禾/未

《卍續藏經》一百三十九冊《五燈嚴統》卷七"越州鏡清寺道怤順德禪師"："問：如何是方便門，速易成就？師曰：速易成就。曰：爭奈學人領覽未的。"（333/b）"未"，《卍續藏經》一百四十冊《五燈全書》卷十四"越州鏡清寺道怤順德禪師"作"禾"（414/b）。"領覽未的"即領略不明白，作"禾"蓋形近所訛。

古籍文獻"禾""未"多有訛混者。《杜詩詳注》卷四《自京赴奉先縣詠懷五百字》："豈知秋禾登，貧窶有倉卒。"⑧"禾"，《全唐詩》卷二百十六杜

---

① （西晉）陳壽撰，（南朝宋）裴松之注：《百衲本三國志》，國家圖書館出版社，2014 年，第 590 頁。
② （後晉）劉昫等：《百衲本舊唐書》，國家圖書館出版社，2014 年，第 1059 頁。
③ （清）董誥等編：《全唐文》，中華書局，1983 年，第 572 頁。
④ （北宋）李昉等編：《文苑英華》，中華書局，1966 年，第 5202 頁。
⑤ （清）董誥等編：《全唐文》，中華書局，1983 年，第 7851 頁。
⑥ （清）沈辰垣、（清）王奕清等編：《歷代詩餘》，《景印文淵閣四庫全書》本，臺灣商務印書館，1986 年，第 205 頁。
⑦ （清）俞樾：《古書疑義舉例》，《萬有文庫》本，上海商務印書館，1937 年，第 71 頁。
⑧ （唐）杜甫著，（清）仇兆鰲注：《杜詩詳注》，中華書局，2015 年，第 334 頁。

甫《自京赴奉先縣詠懷五百字》作"未"①。又《四部叢刊初編》本《樂府詩集》卷六十一元稹《出門行》："言者禾稼枯，無人敢輕議。""禾稼枯"，《四部叢刊初編》本《元氏長慶集》卷二十三《出門行》作"未搖舌"。二者必有一誤。

從"禾"之字"禾"稍出頭即成從"未"。《四部叢刊初編》景宋本《管子·小稱》"夫易牙以調和事公"之"調和"，《四部叢刊初編》景日本本《群書治要》卷三十二"管子·小稱"作"調味"。又北魏《寇憑墓誌》："安西將軍秦州刺史馮翊哀公之曾孫。"②"秦"即"秦"，部件"禾"已出頭成"未"。又清影宋鈔本《夷堅支志》乙卷第三"安國寺僧"："且二鼓，寐未熟，見妙辨從壁畔徐徐而來，貌如生時。"③"寐"即"寐"，部件"未"已作"禾"。又《四部叢刊初編》景宋鈔本《誠齋集》卷九十五《天問天對解》："問曰：湯謀易旅，何以厚之……桀伐蒙山之國，而得妺嬉，肆其情意而殛之。""妺嬉"當即"妹喜"，部件"末"訛爲"禾"。例多不贅。

5.1.8 輸/輪

《卍續藏經》一百三十七冊《嘉泰普燈錄》卷五"西京招提廣燈惟湛禪師"："上堂：六塵不惡，還同正覺。馬上誰家白面郎，穿華折柳垂巾角。夜來一醉明月樓，呼盧輸却黃金宅。"（103/a）"輸却"，《卍續藏經》一百三十九冊《五燈嚴統》卷十六"西京招提惟湛廣燈禪師"作"輪却"（711/a）。"呼盧"是賭博遊戲，故此"輪"當作"輸"。

"俞"訛成"侖"者多見。《韓非子·非相》："傳者久則論略，近則論詳，略則舉大，詳則舉小。"俞樾按："兩論字皆俞字之誤。俞讀爲愈，古字通用，見本書《榮辱篇》注。《韓詩外傳》正作'久則愈略，近則愈詳'，可證也。俞字誤作侖，校者又誤改作論。"④如俞樾所按，則"論詳"本當作"俞詳"，後人訛作"侖詳"，再變而成"論詳"。又《四部叢刊初編》影宋鈔本《韓非子·右經》："齊桓公微服以巡民家……管仲曰：畜積有腐棄之財，則人饑餓；宮中有怨女，則民無妻。桓公曰：善。乃論宮中有婦人而嫁之。""乃論"，《道藏》本及宋本《太平御覽》所引皆同，不辭，《韓非子集解》作

---

① （清）彭定求編：《全唐詩》，中華書局，1980年，第2266頁。
② 北京圖書館金石組編：《北京圖書館藏中國歷代石刻拓本匯編》第4冊，中州古籍出版社，1989年，第63頁。
③ （南宋）洪邁：《夷堅支志》，《續修四庫全書》本，上海古籍出版社，2002年，第454頁。
④ （清）俞樾：《古書疑義舉例》，《萬有文庫》本，1937年，上海商務印書館，第71頁。

"乃諭"①,是也。又《四部叢刊初編》影明刊本《賈太傅新書》卷二"制不定":莫大諸侯澹然而未有故者,天下非有固安之術也,特賴其尚幼,倫煖之数也。"俞樾按:"倫乃偷字之誤,煖乃緩字之誤,偷緩者言苟緩之而已。"②如此,則"倫煖"當作"偷緩"。又清刻本《水石緣》卷六:"老人見詩,大慚。生次日即欲起身,和公再三挽留。生曰:自去春離梓,已踰一載,歸思甚急,不敢再留。"③"踰"當作"踰","已踰一載"即超過一年。又清刻本《悶聞録》卷四"送鐘":"遂出重資鉅萬購得西洋自鳴鐘,高五尺,機關靈動,八音克諧,按時呈牌,不爽毫髮。至期呈送,爲顯者壽。斯時僚采畢見,和容愉色。"④"愉色"明當作"愉色"。又清刊本《堅瓠集》癸集卷二《真若虛傳》:"回首桑榆猶未晚,不妨再整舊風流。"⑤"桑榆"當作"桑榆"。

"俞"訛成"俞"者亦夥。《説文・木部》:"榆,毋梀也。"《爾雅・釋木》:"榆,無疵。"宋本《廣韻・支韻》:"批,無批木,一名榆。"則《廣韻》之"無批"實則《爾雅》之"無疵",即榆木,蓋與木相涉,故作"批",又訛"榆"成"榆"。又清刻本《天雨花》二十九回:"我今姑念天俞義,賜你全屍了此生。"⑥"俞"即"偷",當作"倫","天倫義"指父親要殺婉貞。又《漢魏六朝百三家集》卷一百一十二《庾信集・奉和趙王美人春日》:"步搖釵梁動,紅輪被角斜。"⑦"紅輪"費解。此詩是寫美人,當作"紅輪",狀美人臉頰之色,《庾子山集》正作"紅輪"⑧。清刻本《青樓夢》第十二回:"然觀卿如此韶秀,如此捷才,又加如此端麗,可惜誤生門户,以致沉淪,不勝浩嘆。"⑨"沉淪"當作"沉淪"。又《卍續藏經》一百三十册《釋迦如來應化録》卷一"姨母求度":"佛言:假使女人欲作沙門,有八敬法不得踰越。"(363/b)"踰越"當作"踰越"。又《四部叢刊初編》影明弘治刻本《秋澗先生大全文集》卷第五十六《大元故清和妙道廣化真人玄門掌教大宗師尹公道行碑銘並序》:"如甘河之異,見於西秦;崑崙之氣,表於東海。""崑崙"即"昆侖"。

---

① (清)王先慎撰,鍾哲點校:《韓非子集解》,中華書局,2003 年,第 344 頁。
② (清)俞樾:《諸子平議》,中華書局,1954 年,第 549 頁。
③ (清)李春榮:《水石緣》,《古本小説集成》第 2 輯,上海古籍出版社,1994 年,第 371 頁。
④ (清)慵訥居士:《悶聞録》,《續修四庫全書》本,上海古籍出版社,2002 年,第 734 頁。
⑤ (清)褚人穫:《堅瓠集》,《續修四庫全書》本,上海古籍出版社,2002 年,第 454 頁。
⑥ (清)陶貞懷:《天雨花》,清同治六年緯文堂刻本。
⑦ (明)張溥編:《漢魏六朝百三家集》,《景印文淵閣四庫全書》本,臺灣商務印書館,1986 年,第 125 頁。
⑧ (南朝梁)庾信撰,(清)倪璠注:《庾子山集》,《景印文淵閣四庫全書》本,臺灣商務印書館,1986 年,第 436 頁。
⑨ (清)俞達:《青樓夢》,《古本小説集成》第 4 輯,上海古籍出版社,1994 年,第 182~183 頁。

5.1.9 茅/苐

《卍續藏經》一百三六十册《建中靖國續燈錄》卷四"滁州琅琊山開化廣照禪師":"上堂:十方諸佛是箇爛木橛,三賢十聖是箇苐溷頭籌子,汝等諸人來到這裏作麼生?"(79/b)"苐溷"費解,《卍續藏經》一百三十九册《五燈嚴統》卷十二"滁州琅邪山慧覺廣照禪師"引作"茅溷"(501/a)。今謂作"茅溷"者是,茅厠之義,禪宗文獻習用此類穢語罵佛呵祖。

"茅"字訛作"苐",是因爲俗寫中部件"弟""矛"形近所致。又"弟""苐"古今字,俗寫中無別,故"茅""苐"亦必然相混訛。這一點,曾良先生有論及,其《敦煌佛經字詞與校勘研究》:"'苐'是解讀爲'茅'字還是'苐'字,單從上下文不易確定。敦煌卷子中也有'茅'俗寫作'苐'的例子。"①下面再舉一文獻用例,以證其用。明刊本《警世通言》卷十一《蘇知縣羅衫再合》:"此時天色將明,望見路傍有一**苐**庵,其門尚閉。"②"**苐**庵"明爲"茅庵",非"苐庵"。

5.1.10 尚/向

《卍續藏經》一百四十册《五燈全書》卷七"趙州觀音院真際從諗禪師":"師近前躬身曰:仲冬嚴寒,伏惟和向尊候萬福。"(282/a)"和向"費解,當作"和尚",《大正藏》五十一册《景德傳燈錄》卷十"趙州觀音院從諗禪師"正作"和尚"(276/c)。

"尚""向"形體近似而訛。"尚"訛成"向"者,佛典文獻頻見。《大正藏》四十九册《釋氏稽古略》卷二"孝宗穆帝":"咸和五年,勒稱大趙天王,行皇帝事,奉澄彌如篤敬,號曰大和向。"(780/c)"大和向"當作"大和尚"。又《卍續藏經》一百一十八册《古尊宿語錄》卷二十九"舒州龍門佛眼和尚語錄":"上堂,舉洞山和向示衆曰:兄弟,初秋夏末,或東去西去,直須向萬里無寸草處去始得。"(532/b)"洞山和向"即"洞山和尚"。

中土文獻亦如此。宋白鷺洲書院刻本《後漢書·逸民傳·向長》:"向長,字子平。"③胡刻本《文選》卷四十三《與山巨源絕交書》:"吾每讀尚子平、臺孝威傳,慨然慕之,想其爲人。"④一作"向子平",一作"尚子平",二者必有一誤。《杜詩詳注》卷五《喜聞官軍已臨賊境二十韻》:"戈鋌開雪

---

① 曾良:《敦煌佛經字詞與校勘研究》,廈門大學出版社,2010年,第403頁。
② (明)馮夢龍:《警世通言》,《古本小說叢刊》第32輯,中華書局,1991年,第659頁。
③ (南朝宋)范曄:《後漢書》,《中華再造善本》唐宋編,北京圖書館出版社,2005年。
④ (南朝梁)蕭統編,(唐)李善注:《文選》,中華書局,1977年,第601頁。

色,弓矢向秋毫。"①"向秋毫",《全唐詩》卷二百二十五杜甫《喜聞官軍已臨賊境二十韻》作"尚秋毫"②。明刻本《醒世恒言》卷三十《李汧公窮邸遇俠客》:"自己飢寒尚且難顧,有甚心腸卻評品這畫的鳥來。"③"尚且",明刊本《今古奇觀》卷十六《李汧公窮邸遇俠客》訛作"向且"④。又清刻本《後西遊記》第二十八回:"陰大王聽了,大怒道:好大胆和尚,不說他擅通山澤,罪該萬死,反花言巧語譏刺我們!這樣妖僧留他何用,快將這兩個和向拿去殺了罷!"⑤前言"和尚",後作"和向","向"明即"尚"之誤。清刻本《龍圖公案》卷五"地窖":"李四腰間拔出利刀,道:小人奉家主之命,說你在上蔡縣時曾賴了本個。今日來到此處,叫我殺了你,並不干我的事,你休得埋怨於我。遂执刀尚前來殺。"⑥"尚前"當作"向前"。

5.1.11 眼/眠

《卍續藏經》一百四十册《五燈全書》卷四十三:"不用息心除妄想,大家喫飯了噇眠。噇眠則不無,或若夢中有人索飯錢,又作麽生?"(968/b)"噇眠",《卍續藏經》一百四十四册《續燈正統》卷一引作"噇眼"(504/b)。"眼"當作"眠"。

蓋構件"民""艮"近似,故"眠"訛作"眼"。清刻本《海公大紅袍》卷四第四回:"海瑞見了繆夫人,倒身下拜,自稱孩兒不肖,爲着蝸角虛名,遂至遠離膝下,有缺甘旨。又因初到省垣,水土不服,于七月初旬忽然染起病來,腫卧床上四十餘日,不能步履。**眠**看諸友進場,好不暗羡。"⑦此"**眠**看"明當即"眼看"。

5.1.12 衝/衡

《卍續藏經》一百三十八册《五燈會元》卷十二"舒州浮山法遠圓鑒禪師":"師即令搥鼓升座,曰:若論此事,如兩家著棋相似……有一般底,祇解閉門作活,不會奪角衝關。"(433/b)"衝關",《大正藏》四十九册《佛祖歷代通載》卷十八"浮山法遠禪師遷化"作"衡關"(665/b)。兩相對照,是非的然,作"衝關"者是。

---

① (唐)杜甫著,(清)仇兆鰲注:《杜詩詳注》,中華書局,2015年,第508頁。
② (清)彭定求編:《全唐詩》,中華書局,1980年,第2412頁。
③ (明)馮夢龍:《醒世恒言》,《古本小說叢刊》第30輯,中華書局,1991年,第1836頁。
④ (明)抱甕老人:《今古奇觀》,《古本小說集成》第3輯,上海古籍出版社,1994年,第626頁。
⑤ (明)佚名:《後西遊記》,《古本小說集成》第4輯,上海古籍出版社,1994年,第657頁。
⑥ (明)佚名:《龍圖公案》,清光緒十八年濰陽成文信記刊本。
⑦ (清)佚名:《海公大紅袍》,《古本小說集成》第5輯,上海古籍出版社,1994年,第71頁。

"衝""衡"形似,文獻多有訛混。《四部叢刊初編》本《淮海集》卷三十三《掩關銘》下:"乃作掩關之銘,其詞曰:門有衡衢兮蹄踵聯,世不我謀兮地自偏。""衡衢"當作"衝衢"。又《張燕公集》卷二十五《爲河內王作祭陸冀州文》:"亂舞梯衡,潛攻版築。"①"梯衡"當作"梯衝",此即《哀江南賦》"俄而梯衝亂舞"之謂也。又胡刻本《文選》卷十三宋玉《風賦》:"迴穴衝陵,蕭條衆芳。"②"衝陵",《六臣注文選》訛作"衡陵"③。比類文義,作"衝陵"者是。又《文苑英華》卷一百一十六白行簡《澹臺滅明斬龍毀璧賦》:"白刃下耀於淵室,紫氣上衝於斗牛。""衝"字原注曰:"一作衡。"④則別本有訛作"衡"者。又《淮南子·俶真訓》"攙搶衡杓之氣莫不彌靡"之"衡杓",王念孫曰:"衡當爲衝,字相似而誤。衝、杓皆妖氣也。《晉書·天文志》引《河圖》曰:歲星之精流爲天槍、天衝,熒惑散爲天槊。《吕氏春秋·明理篇》曰:其雲狀有若人蒼衣赤首不動,其名曰天衝……皆妖氣之名,故併言之。"⑤據王氏考證,《淮南子》"衡杓"即"衝杓"之訛甚明。又《全唐詩》卷五百四十一李商隱《燕臺四首·秋》:"月浪衝天天宇溼,涼蟾落盡疏星入。"⑥"衝天",《四部叢刊初編》本《李義山詩集》卷二《燕臺四首·秋》作"衡天"。尋繹文理,"衡天"當作"衝天"。

"衡"亦可訛作"衝"。《宋詩鈔》之劉子翬《屏山集鈔·諭俗十二首》下:"衝茅且經營,霜霰莫倉猝。"⑦"衝茅"費解,當作"衡茅",即簡陋的茅屋。又《文獻通考》卷一百五十八"兵考十·車戰"下:"故用車戰爲便,其制取常用車,接其衝軛,駕以牛車。"⑧"衝軛"於義不協,顯然當作"衡軛",即車轅前用以拉車的橫木。又宋本《太平御覽》卷四百一十"人事部五十一·絕交"下:"近世有樂安任昉,見一善則盱衝抵掩,遇一才則揚眉抵掌。"⑨"盱衝""揚眉"偶麗,義則相近,但"衝"字於義無涉,當作"衡"。"盱衡",舉目揚眉也,《漢書·王莽傳》正有"盱衡厲色",是也。又《卍續藏經》一百四十九册《居士傳》卷三"宗少文":"雅好山水,西陟荊巫,南登衝嶽,以疾還江陵。"(807/a)"南登衝嶽"不合文理,當作"南登衡嶽",即南

---

① (唐)張説:《張燕公集》,《四庫唐人文集叢刊》本,上海古籍出版社,1992年,第229頁。
② (南朝梁)蕭統編,(唐)李善注:《文選》,中華書局,1977年,第191頁。
③ (南朝梁)蕭統編,(唐)李善等注:《六臣注文選》,中華書局,1987年,第247頁。
④ (北宋)李昉等編:《文苑英華》,中華書局,1966年,第532頁。
⑤ (清)王念孫:《讀書雜志》,江蘇古籍出版社,1985年,第774頁。
⑥ (清)彭定求編:《全唐詩》,中華書局,1980年,第6233頁。
⑦ (清)吴之振、吕留良、吴自牧選,(清)管庭芬、蔣光煦補:《宋詩鈔》,中華書局,1986年,第1517頁。
⑧ (元)馬端臨:《文獻通考》,中華書局,1986年,第1378頁。
⑨ (北宋)李昉等:《太平御覽》,中華書局,1960年,第1893~1894頁。

嶽衡山也。又《大正藏》四十八册《萬松老人評唱天童覺和尚頌古從容庵錄》卷一"第十則臺山婆子"："能殺能活，權衝在手。"(233/a)"權衝"費解，當作"權衡"。

5.1.13 幹/斡

《卍續藏經》一百四十册《五燈全書》卷二十三"舒州浮山法遠圓鑒禪師"："有一般底，秖解閉門作活，不會奪角衝關，硬節與虎口齊彰，局破後徒勞綽幹。"(593/a)"綽幹"，《卍續藏經》一百三十六册《建中靖國續燈錄》卷四"舒州浮山圓鑒禪師"作"綽斡"(82/a)。"綽幹"當作"綽斡"，"2.2.3.9 綽斡"有論。

《説文·木部》："幹，築墻耑木。從木，倝聲。"此字俗作"幹"。《説文·斗部》："斡，蠡柄也。從斗，倝聲。"此字引申爲旋轉。"幹""斡"二字有別，但在古籍文獻中，二字因形近常相訛誤。

《全唐文》卷二百四十四李嶠《爲第二舅讓江州刺史表》："旋顧庸虛，本慚斡理，將何以階浮獸之政術，奉錫龜之職貢？"①"斡理"當作"幹理"，意爲治理、料理。又《新元史·土幹耳列傳》："其孫諾該，爲拔都後王任事，以幹濟稱，後忤脱脱意，謫處浮爾嘎河之東。""以幹濟稱"當作"以斡濟稱"，"斡濟"即做事幹練。又《卍續藏經》一百零四册《修設瑜伽集要施食壇儀》卷一："謂此水有起死回生之功，翻穢成净之能，灑於枯木，遂使枯幹重榮，寒巖花笑。"(839/a)"枯幹"不辭，明當作"枯斡"。又《卍續藏經》一百三十五册《净土聖賢錄》卷三"志通"："投身而下，墮一大樹中，枝頓幹柔，殊無少損。"(241/b-242/a)"枝頓幹柔"不成文，當作"枝頓斡柔"。

"斡"引申爲旋轉、運轉等義，斡旋字用之，但在文獻中，常訛作"幹"。《杜詩詳注》卷二十五《乾元元年華州試進士策問五首》第五問下："苟凶穰以之，貴賤失度，雖封丞相而猶困，侯大農而謂何？"仇兆鰲注引《漢書·食貨志》："桑弘羊爲治粟都尉，領大農，代孔僅，幹天下鹽鐵，賜爵左庶長。"②"幹天下鹽鐵"費解，今查《漢書·食貨志》作"斡天下鹽鐵"。"斡天下鹽鐵"即管理天下鹽鐵，"斡"指管理，乃其引申之義。又《古今韻會舉要》卷三"胡"下："瓠，器也⋯⋯《賈誼傳》：'幹棄周鼎，寶康瓠兮。'"③今考《漢書·賈誼傳》《史記·賈生列傳》皆作"斡棄周鼎"。如淳曰："斡，轉也。"故《古今韻會舉要》之"幹棄"當作"斡棄"。又《卍續藏經》一百一十七册

---

① （清）董誥等編：《全唐文》，中華書局，1983年，第2468頁。
② （唐）杜甫著，（清）仇兆鰲注：《杜詩詳注》，中華書局，2015年，第2668頁。
③ （元）黄公紹、熊忠著，甯忌浮整理：《古今韻會舉要》，中華書局，2000年，第81頁。

《徑石滴乳集》卷五"江州廬山東林興龍寺山鐸真在禪師":"地幹天旋,龍吟霧起,虎嘯風生。"(988/b)"地幹天旋","幹""旋"相對,"幹"當作"斡",迴旋義。又《卍續藏經》一百一十二冊《列祖提綱錄》卷二十二"伽藍堂炷香法語":"妙通乾坤,回幹造化,總不出者些子。"(R523/a)"回幹"當作"回斡","回""斡"近義連文。《漢語大詞典》載有"回斡"。

5.1.14 今/令

《卍續藏經》一百三十九冊《五燈嚴統》卷十六"臨安府廣福院惟尚禪師":"古人道:從今日去,更不疑天下老和尚舌頭。信有之矣。"(719/b)"今",《中華藏》七十四冊《續傳燈錄》卷十八"臨安府廣福院惟尚禪師"作"令"(827/b)。"令"顯然爲"今"字之訛。

"今""令"形近,古籍文獻頻有訛誤。《宛委別藏》本《群書治要》卷二十四"後漢書四·鮮卑":"雖或破之,豈可殄盡,而方令本朝爲之旰食乎?"①"方令",十通本《文獻通考》卷三百四十二"鮮卑"作"方今"②。顯然作"方今"者是,現時之義。又《三國志·蜀書·秦宓傳》:"如今見察,則一州斯服。""如今",明刻初印本《冊府元龜》卷八百二十八"論薦"下引"秦宓"訛作"如令"③。敦煌寫卷 P.3595《蘇武李陵執別詞》:"陵雖有力,過有身而云可,令家而可歸。"④"令"當作"今",與前"過"字反義相對。又敦煌寫卷 S.3872《維摩唱文綱領一卷》:"今朝比並極分明,迷意當時皆已遣。"⑤"令朝"當作"今朝"。《敦煌變文校注·維摩詰經講經文》徑直錄作"今朝"⑥,是也。又《六臣注文選》卷二十七丘遲《旦發漁浦潭》:"坐嘯昔有委,臥治今可尚。""今"字下注曰:"五臣作令。"⑦五臣本"令"明爲"今"字之誤。又明刊本《隋唐演義》卷四第四十節:"自令以後,諸將各用謹守寨栅,用防不測。"⑧"自令以後"當作"自今以後"。

"令"訛作"今"者習見。《管子·海王》:"今夫給之鹽策,則百倍歸於上……今鍼之重加一也,三十鍼一人之籍。"王氏家刻本《讀書雜志五·管

---

① (唐)魏徵等輯:《群書治要》,《宛委別藏》本,江蘇古籍出版社,1988年,第1205頁。
② (元)馬端臨:《文獻通考》,中華書局,1986年,第2682頁。
③ (北宋)王欽若等編:《冊府元龜》,中華書局,1960年,第9824頁。
④ 上海古籍出版社、法國國家圖書館編:《法國國家圖書館藏敦煌西域文獻》第26冊,上海古籍出版社,2002年,第41頁。
⑤ 黃永武:《敦煌寶藏》第32冊,臺北新文豐出版公司,1985年,第75頁。
⑥ 黃征、張涌泉校注:《敦煌變文校注》,中華書局,1997年,第829頁。
⑦ (南朝梁)蕭統編,(唐)李善等注:《六臣注文選》,中華書局,1987年,第506頁。
⑧ (明)無名氏撰,(明)徐文長批評:《隋唐演義》,《古本小說集成》第1輯,上海古籍出版社,1991年,第514頁。

子第十》之"今夫給之鹽策、今鍼之重加一也"條下:"'今夫給之鹽策',孫云'今當作令'。念孫案:《通典》正作令。又案:下文'今鍼之重加一也',今亦令之譌。上文云'令鹽之重升加分强',文義正與此同。"①如王氏所考,則《管子》"今夫給之鹽策""今鍼之重加一也"之"今"字皆當作"令"。《四部叢刊初編》本《吕氏春秋·順民》:"願一與吴徼天下之衷,今吴越之國相與俱殘,士大夫履肝肺,同日而死,孤與吴王接頸交臂而僨,此孤之大願也。""今吴越之國相與俱殘"義有不協。黄岡王氏刻本《全上古三代秦漢三國六朝文》之《全上古三代文》載勾踐《屬諸大夫告》引作"令吴越之國相與俱殘"②。含咀文義,顯然作"令"者是。《漢書·趙充國傳》:"今大司農所轉穀,至者足支萬人一歲食。""今大司農所轉穀"費解,王念孫按:"今當爲令。令,使也,言務積畜省費,使穀足支一歲食也……《通典·食貨二》作今,亦後人以誤本《漢書》改之。《太平御覽·兵部六十四》引此正作令。"③按王氏所證,則《漢書》"今大司農"即"令大司農"之訛。《清平山堂話本·死生交范張雞黍》:"已再三叮嚀張勤,今侍養老母。"④"今侍養老母"明當作"令侍養老母",言張劭因其義兄自殺身亡,將離家去祭拜,臨走前再三叮嚀其弟張勤,令其侍奉母親。

"今""令"隸變以後,較爲明顯的區别性特徵僅是"令"字下面多了一撇,致使文獻頻有訛混。

5.1.15 面/而

《卍續藏經》一百四十三册《指月録》卷二十六"吉州隆慶院慶閑禪師":"師曰:慶閑面前,且從恁麽説話;若是别人,笑和尚去。"(592/a)"面前",《大正藏》五十一册《續傳燈録》卷十五"吉州仁山隆慶院慶閑禪師"作"而前"(569/a)。作"面"者是。

"面""而"音義雖乖,其形却近,故文獻中每有訛混。

"面"訛作"而"者頗多。《左傳·昭公十八年》:"吾身泯焉,弗良及也。"通志堂本《經典釋文》卷十九"春秋左音義之五"注"泯"之音曰:"而忍反。"⑤"而忍"無論如何也切不出"泯"字讀音,當作"面忍反",《十三經

---

① (清)王念孫:《讀書雜志》,江蘇古籍出版社,1985年,第501頁。
② (清)嚴可均校輯:《全上古三代秦漢三國六朝文》,中華書局,1958年,第40頁。
③ (清)王念孫:《讀書雜志》,江蘇古籍出版社,1985年,第341頁。
④ (明)洪楩編:《清平山堂話本》,文學古籍刊行社,1955年,第450頁。
⑤ (唐)陸德明撰,黄焯斷句:《經典釋文》,中華書局,1983年,第284頁。

注疏》本《春秋左傳正義·昭公十八年》注文正作"泯,面忍反"①。又《舊唐書·張濬列傳》:"此則宰臣持權,面欺陛下。""面欺陛下",《全唐文》卷一百零三李克用《上昭宗自訴表》訛作"而欺陛下"②。《全唐文》卷七百三十樊宗師《絳守居園池記》:"陣緬孤顛,訶倔元武。"③"緬"即"緬"之訛。《漢語大字典》"緬"字引《康熙字典·糸部》:"緬,緬字譌。"是也。又明刊本《警世通言》卷四《拗相公飲恨半山堂》:"蓬首垢**而**,流血滿體。"④"**而**"明當作"面","蓬首垢面"。

"而"誤作"面"者亦頻見。《四部叢刊初編》本《古列女傳》卷六"趙津女娟":"升彼阿兮**面**觀清,水揚波兮杳冥冥……""**面**觀清",胡刻本《文選》卷二十二顔延年《車駕幸京口三月三日侍遊曲阿後湖作》"江南進荆艷,河激獻趙謳"下李善注引《列女傳》作"**而**觀清"⑤。據文義,李善注所引於義爲長。又《墨子閒詁》卷十四"備城門第五十二":"爲卒乾飯,人二斗,以備陰雨,面使積燥處。"孫詒讓曰:"面當作而。"⑥又《宛委別藏》本《群書治要》卷四十七桓範《政要論·決壅》:"壅則擅寵於身,威權獨於己,此人臣日夜所禱祝面求也。"⑦"禱祝面求"文義不協,"面"當作"而","禱祝而求"則暢然可解。黃岡王氏刻本《全上古三代秦漢三國六朝文》之《全三國文》載桓範《決壅》正作"禱祝而求也"⑧。《龍龕手鏡·面部》:"耐,俗,奴代反。""耐"奴代切,則"耐"明爲"耐"的俗字。

董志翹先生《字形訛混與古書校讀——以"面""而""向""回"爲例》一文,亦提到古籍文獻"面""而"形近互訛之用,並指出總結字訛規律能夠幫助我們整理古籍。⑨

5.1.16 此/比

《卍續藏經》一百三十七册《嘉泰普燈錄》卷三"隨州大洪第一世報恩禪師":"望紙後批示,以斷疑網故也。"(83/b)"批示",《中華藏》七十四册

---

① (西晉)杜預注,(唐)孔穎達正義:《春秋左傳正義》,《十三經注疏》,中華書局,1980年,第2085頁。
② (清)董誥等編:《全唐文》,中華書局,1983年,第1050頁。
③ (清)董誥等編:《全唐文》,中華書局,1983年,第7524頁。
④ (明)馮夢龍:《警世通言》,《古本小說叢刊》第32輯,中華書局,1991年,第408~409頁。
⑤ (南朝梁)蕭統編,(唐)李善注:《文選》,中華書局,1977年,第318頁。
⑥ (清)孫詒讓:《墨子閒詁》,商務印書館,1936年,第318頁。
⑦ (唐)魏徵等輯:《群書治要》,《宛委別藏》本,江蘇古籍出版社,1988年,第2510頁。
⑧ (清)嚴可均校輯:《全上古三代秦漢三國六朝文》,中華書局,1958年,第1263頁。
⑨ 董志翹:《字形訛混與古書校讀——以"面""而""向""回"爲例》,《中國語文》2022年第1期。

《續傳燈録》卷十"隨州大洪山報恩禪師"下作"扡示"（744/c）。《説文·手部》釋"扡"本義爲擊取，按之於此，殊爲不辭，當作"批示"。

實際上，"批"之訛作"扡"，已並非簡單的偶然致訛。部件"比"與"此"形體近似，俗寫字形區別性特徵不明顯。洪氏晦木齋刻本《隸釋》卷三《孫叔敖碑陰》："世信一子相承，季陵、文卿、孝公，𣥏（闕）。"①"𣥏"字字形在"此""比"之間，據上文有"𣥏（此）材宗六父""𣥏（此）繚宗六父"，則此"𣥏"就是"此"字。"此"與"比"互相訛誤，這在文獻用例中很常見。

"比"之訛作"此"者夥。《四部叢刊初編》本《荀子·哀公》："哀公曰：然則夫章甫絢屨，紳而搢笏者，此賢乎？""此賢乎"，《諸子平議》卷十五"荀子四"注曰："此當作比。《説文·白部》：皆，俱詞也，從比，從白。徐鍇《系傳》曰：比，皆也。是比有皆義。比賢乎猶言皆賢乎。《大戴禮·保傅篇》'於是比選天下端士'，《漢書·賈誼傳》比作皆，是其證矣。此文亦見《大戴記·哀公問五義篇》，作'此皆賢乎'。蓋比誤爲此，後人又增皆字耳。"②據俞樾所考，《荀子》之"此賢乎"即"比賢乎"之訛。又《四部叢刊初編》本《春秋繁露》卷五"滅國下第八"："於是魯一年三築臺，亂臣比三起於內，夷狄之兵仍滅於外。""比"字下原注曰："案比，他本作此。""亂臣比三起於內"言亂臣之類三次叛亂於內，別本作"此"者，顯然是"比"字之訛。又《史記·遊俠列傳》："比如順風而呼，聲非加疾，其執激也。"中華書局標點本底本是清同治年間金陵書局本。"比如順風而呼"，《宋刻十四行本史記》作"此如順風而呼"③。比類文義，杏雨藏本"此如"當即"比如"之誤。又《六臣注文選》卷十一何晏《景福殿賦》："雖咸池之壯觀，夫何足以比儔？"④"比"字下原注曰："五臣作此。"按以文義，作"比儔"者是，比匹也。明刊本《文苑英華》卷二百零六梁元帝《烏棲篇二首》之二："金壺夜永誰能多，莫恃奢用此懸河。"⑤"此"，《四部叢刊初編》本《樂府詩集》卷四十八載梁元帝《烏棲曲》作"比"。據詩意，"此懸河"即"比懸河"之誤，寓指若滔滔流水之多。又明刻本《醒世恒言》卷三十二《黃秀才徼靈玉馬墜》："我富貴無𣥏，你若順從，明日就立你爲夫人，一生受用不盡。"⑥"𣥏"即"此"字，但顯然當作"比"，言吕用之財大氣粗，富貴無比。又明刻本《明鏡公案》卷

---

① （南宋）洪适：《隸釋·隸續》，中華書局，1985 年，第 40 頁。
② （清）俞樾：《諸子平議》，中華書局，1954 年，第 301 頁。
③ （西漢）司馬遷著，（南朝宋）裴駰集解：《宋刻十四行本史記》，鳳凰出版社，2011 年，第 1962 頁。
④ （南朝梁）蕭統編，（唐）李善等注：《六臣注文選》，中華書局，1987 年，第 228 頁。
⑤ （南朝梁）蕭統編，（唐）李善等注：《六臣注文選》，中華書局，1987 年，第 1020 頁。
⑥ （明）馮夢龍：《醒世恒言》，《古本小説叢刊》第 30 輯，中華書局，1991 年，第 1992 頁。

三"金府尊抖告強盜":"貴溪縣包明等連僉狀告為急救民害事:賊風四起,鄉境不寧……上告。金侯抖曰……"①此處標題"抖"及內容"金侯抖曰"皆即"批"字,但據上下文義,顯然當即"批"字之訛。文義是說賊掠四起,民受其害,故上書金太守狀告賊情,祈請剿滅安民,"批"即批示。

"此"訛作"比"者,亦不少見。《史記·傅靳蒯成列傳》:"上欲有所之,未嘗不垂涕,此有傷心者然,可謂篤厚君子矣。"《集解》:"徐廣曰:此,一作比。"則徐廣所見《史記》有訛作"比"者。又胡刻本《文選》卷二十三謝惠連《秋懷》李善注引嵇康《高士傳·司馬長卿贊》:"託疾避患,蔑比卿相。"②"蔑比卿相"費解,胡克家《文選考異》卷四注曰:"比當作此,《世說新語·品藻》注引可證。各本皆偽。何、陳校改爲彼,誤也。"③則李善所引"蔑比卿相"即"蔑此卿相"之誤。又《舊唐書·孔緯列傳》:"況比尫羸,寧勝重委?""況比尫羸",《冊府元龜》卷三百一十九"宰輔部·褒寵第二"引此作"況此尫羸"④。兩相比較,作"此"者於義爲長。明刊本《文苑英華》卷六百二十四盧懷慎《諫中宗皇帝請內朝西宮表》:"臣聞昔者漢祖受命,五日一朝太公於櫟陽宮,今日陛下豈不欲爲比乎?"⑤"豈不欲爲比乎",《全唐文》卷二百七十五載盧懷慎《諫十日一朝西宮表》作"豈不欲爲此乎"⑥。此言中宗皇帝亦當仿漢高祖孝行,故"比"即"此"字之誤。《卍續藏經》一百一十八冊《古尊宿語錄》卷二:"如云如來實智法身,又無此病,辯才無閡,升騰自在,不生不滅,是名生老病死。"(179/a-b)"又無此病",《卍續藏經》一百四十三冊《指月錄》卷八引作"又無比病"(171/a)。"比病"即"此病"之訛。

有鑒於上,"比""此"字形近似,文獻用字習相混用,整理文獻者不可不查。

5.1.17 生/主

《卍續藏經》一百三十七冊《禪林僧寶傳》卷二十二"黃龍南禪師":"住黃檗,結庵於溪上,名曰積翠。"(527/b)"住黃檗",《大正藏》五十一冊《續傳燈錄》卷作"生黃檗"(506/b)。此處是說黃龍慧南禪師到黃檗山結庵居住,作"住黃檗"者是。"住"之訛作"生",與"生""主"俗寫易混脫不

---

① (明)吳沛泉:《明鏡公案》,《古本小說叢刊》第32輯,中華書局,1991年,第124~125頁。
② (南朝梁)蕭統編,(唐)李善注:《文選》,中華書局,1977年,第326頁。
③ (南朝梁)蕭統編,(唐)李善注:《文選》,中華書局,1977年,第913頁。
④ (北宋)王欽若等編:《冊府元龜》,中華書局,1960年,第3779頁。
⑤ (南朝梁)蕭統編,(唐)李善等注:《六臣注文選》,中華書局,1987年,第3234頁。
⑥ (清)董誥等編:《全唐文》,中華書局,1983年,第2793頁。

了關係。

"𡉉"隸變作"主",俗寫可訛作"生"。如果從漢字流傳情況來看,至遲在漢代簡牘中已有"𡉉"作"生"的現象。"往"字居延漢簡有"徃""徃"等寫法。而"生"字武威漢簡可作"𡈼",居延漢簡可作"𡉉",信陽楚簡可作"𡈼"。不難想見,"主""生"在漢簡時代,其區別性特徵就已經不是很明顯了。後世寫法沿襲,那麼就會造成俗寫中"生""主"訛混。唐《盧士瓊墓誌》:"徃各白汝長,宜慎安廉靖,以澠池令爲戒。"①又明刻本《東度記》卷七第三十一回:"見幾多那女女,來來徃徃,觀看祖師師徒。"②以上"往"部件"主"皆已完全作"生"。從時間跨度來說,上起漢代簡牘,下至明清小說,在文字傳承俗寫中,部件"主"是可以訛作"生"的,甚至被當作習用寫法。以上所舉用例便是明證。

至於部件"生"俗訛作"主",敦煌寫卷、碑刻文獻中隨處可見,這裏僅舉幾例。《四部叢刊初編》本《墨子·非樂上第三十二》:"今人與此異者也,賴其力者主,不賴其力者不主。"兩"主"字文義不安,當作"生",言依靠自己力量方能生存,反之則不能生存。又《中華藏》七十四冊《續傳燈錄》卷二十九"隆興府泐潭擇明禪師":"若也素善行舟,便諳水脈,可以優遊𢏺海,笑傲煙波。"(930/a)"𢏺海"即"性海",寓指佛性。

對"生""主"俗寫訛混有足夠的瞭解,便可應用到文獻整理上。筆者讀書不多,所見古籍文獻"生"訛作"主"者以下幾例。《四部叢刊初編》本《墨子·明鬼下第三十一》:"有勇之推哆、大戲,主別兕虎,指畫殺人。""主別兕虎",宋本《太平御覽》卷八十二"皇部第七·帝桀"下引《墨子》作"生裂兕虎"③。此言帝桀之勇士生猛有力,比類文義,作"生裂"者是。又《六臣注文選》卷五十五《演連珠五十首》:"繁會之音,生於絕絃。"④"生"字下原注曰:"五臣本作主。"⑤據文義,"主"乃"生"字之訛,"生"與前文"出"偶麗。

"主"訛作"生"者多見。《四部叢刊初編》本《淮南鴻烈解》卷三《天文訓》:"徵生宮……角生姑洗。"王氏家刻本《讀書雜志九·淮南內篇第三》"角生姑洗"下:"引之曰:音律相生,皆非同位者,上文曰'姑洗爲角',則角

---

① 北京圖書館金石組編:《北京圖書館藏中國歷代石刻拓本匯編》第30册,中州古籍出版社,1989年,第75頁。
② (明)清溪道人:《東度記》,《古本小說集成》第2輯,上海古籍出版社,1990年,第562頁。
③ (北宋)李昉等:《太平御覽》,中華書局,1960年,第386頁。
④ (南朝梁)蕭統編,(唐)李善等注:《六臣注文選》,中華書局,1987年,第1023頁。
⑤ (南朝梁)蕭統編,(唐)李善等注:《六臣注文選》,中華書局,1987年,第1023頁。

與姑洗爲一,不得云'角生姑洗'也。生當爲主,角主姑洗,猶言姑洗爲角耳,主與生相似,又因上下文生字而誤。"①按王氏所考,《淮南子》"角生姑洗"即"角主姑洗"之訛。又《四部叢刊初編》本《管子·水地第三十九》:"五味者何,曰五藏,酸主脾,鹹主肺,辛主腎,苦主肝,甘主心。"宋本《太平御覽》卷三百六十"人事部一·叙人"下引《管子》曰:"五味是五藏,酸生脾,鹹生肺,辛生腎,苦生肝,甘生心。"②兩相比較,《管子》"酸主脾"等五個"主",《太平御覽》皆作"生"。此言五味主管五藏,故作"主"於義爲妥。又《全唐文》卷二百九十張九齡《駮宋慶禮謚議》:"況營州者,鎮彼戎夷,扼喉斷臂,逆則制其死命,順則爲其主人。"③"順則爲其主人",《文苑英華》卷八百四十《駮宋慶禮謚議》作"順則爲其生人"④。含咀其義,作"主人"者於義爲長。

5.1.18 所柴/斫柴

《卍續藏經》一百三十七册《嘉泰普燈錄》卷三"隆興府翠巖可真禪師":"僧問:如何是學人著力句? 曰:千日斫柴一日燒。"(71/b)"斫柴",《中華藏》七十四册《續傳燈錄》卷七"洪州翠巖可真禪師"引作"所柴"(721/b)。"戸"即"所"。按以文義,作"斫"者是。

"斫"訛作"所",蓋因部件"戸""石"俗寫近似。比較典型的如"妒"字俗體又作"妬",敦煌寫卷習見。S.388《正名要錄》:"妒,正;妬。《説文》妒從女戸,後變作石,遂成下字,久已行用也。"又《廣韻·魚韻》"鉏"字:"《説文》曰:立薅斫也。"《集韻·魚韻》"鉏"字下曰:"《説文》:立薅所用也。"一作"所用",一作"斫也",必有一誤。《説文·金部》"鉏"字段注曰:"今依《廣韻》正。薅者,披去田草也。斫者,斤也,斤以斫木。此則斫田草者也。"據段氏所言,則《集韻》"所"即"斫"字之訛。

5.2 偶發性字形訛變

偶發性字形訛變,顧名思義,即宋與明清禪籍異文有一部分是偶然出現的字形訛誤所導致的。如上舉"盌""食"之近義語素替換,致使文獻"汝行益來"不可解。宋與明清這類訛誤習見,可據異文綫索加以校勘,提供更

---

① (清)王念孫:《讀書雜志》,江蘇古籍出版社,1985年,第794頁。
② (北宋)李昉等:《太平御覽》,中華書局,1960年,第1657頁。
③ (清)董誥等編:《全唐文》,中華書局,1983年,第2940頁。
④ (北宋)李昉等編:《文苑英華》,中華書局,1966年,第4435頁。

加準確的文本。

5.2.1 譥/諸

《卍續藏經》一百四十三册《指月錄》卷十四"鎮州臨濟義玄禪師"："僧問:臨濟示衆云'有時奪人不奪境……有時人境俱不奪',如何是奪人不奪境？師云:三千里外絶諸訛。"(311/a)"諸訛",《大正藏》四十七册《大慧普覺禪師語録》卷十六"悦禪人請普説"引作"誵訛"(880/a)。"諸訛"當作"誵訛",乃禪録習語,義爲混淆訛誤,或作"譥訛""詨訛""譊訛"等等,"3.1.5 詨訛/誵訛"有詳細解釋。

5.2.2 羺/羭

《卍續藏經》一百三十八册《五燈會元》卷四"洪州黃檗希運禪師"："師曰:我聞有一隻獵犬甚惡。僧曰:尋羺羊聲來。"(122/a)此"羺羊"即羚羊,禪録習用羚羊挂角寓不執着自身。《卍續藏經》一百四十三册《指月錄》卷十"洪州黃檗希運禪師"引作"𤠔羊"(230/b),《卍續藏經》一百三十九册《五燈嚴統》卷四"洪州黃檗希運禪師"引作"羭羊"(201/b)。顯然,"羭"即"羺"之訛。《説文·鹿部》作"麠",或改換聲符作"麏""麇"(《集韻·青韻》)。

5.2.3 眨/眨/剳

《卍續藏經》一百三十五册《天聖廣燈録》卷十七"劍門黃檗山諡禪師"："眨上眉毛佛已過,者回與儞話西東。"(758/b)"眨上眉毛"費解,當作"眨上眉毛",寓指一瞬之間,不能思量,乃禪録習語。或訛作"眨上眉毛",以音而作"剳上眉毛",詳見"4.2.1.3 眨"。

5.2.4 示/來

《卍續藏經》一百一十八册《古尊宿語録》卷二"筠州黃檗斷際禪師"："師問百丈:從上宗乘,如何指示於人？"(181/a)"指示",《卍續藏經》一百四十册《五燈全書》卷七"洪州黃檗希運禪師"引作"指來"(273/b)。據文意,"指來"明爲"指示"之訛,蓋"來""示"形近所致。

5.2.5 鸚/鵝

《卍續藏經》一百三十六册《聯燈會要》卷二十三"澧州洛浦元安禪師"："師云:鸚鵡瓶項小,擬透望天飛。"(812/a)"鸚鵡",《卍續藏經》一百三十九册《五燈嚴統》卷六"澧州洛浦山元安禪師"引作"䳍鵝"(283/a)。蓋"我""武"形近,"鸚鵡"訛而成"䳍鵝"。《卍續藏經》一百一十二册《列祖提綱錄》卷四十二"冬至提綱":"泐潭準禪師……曾聞黄鶴樓,崔灝題詩在上頭:晴川歷歷漢陽戍,芳草萋萋鸚鵡洲。可知禮也。"(783/b-784/a)"鸚鵡"即"鸚鵡"。

5.2.6 譸/瞵

《大正藏》五十一册《景德傳燈錄》卷十八"福州雪峰義存禪師法嗣":"忽然無常殺境到來,眼目譸張,身見命見,恁麼時,大難枝荷。如生脱龜箇相似,大苦。"(345/b)"譸張",《卍續藏經》一百二十六册《玄沙師備禪師廣錄》卷三引作"瞵張"(392/b)。"譸張"即恐懼義,蓋受上文"眼目"類化而訛成"瞵張"。

5.2.7 同/向

《卍續藏經》一百四十四册《教外別傳》卷十一"潭州溈山靈祐禪師":"師乃回庵,未及一載,安上座同數僧,從百丈來輔佐師。"(276/a)"同",《卍續藏經》一百四十册《五燈全書》卷十七"潭州溈山靈祐禪師"作"向"(470/b)。據文意,"向"當作"同",蓋形近而譌。

5.2.8 禰/嬭/稱

《卍續藏經》一百四十三册《指月錄》卷八"洪州百丈山懷海禪師":"東林總云:當言不避截舌,當鑪不避火迸……百丈大智,不無他三日耳聾。汾州石門,爭免個二俱瞎漢。只這三老,還曾悟去也無?良久云:祖禰不了,殃及兒孫。"(159/a)"禰",《卍續藏經》一百三十六册《聯燈會要》卷四"洪州百丈懷海禪師"作"嬭"(494/b)。"祖禰不了,殃及兒孫",禪錄習見。"祖禰"寓指本源問題,《聯燈會要》作"祖嬭",顯其形近之訛。又《中華藏》七十七册《古尊宿語錄》卷二十七"拈古":"僧問:如何是先師不了公案?燈打一柱杖云:祖稱不了,殃及兒孫。"(804/c)此訛成"稱"。

5.2.9 未/朱

《卍續藏經》一百一十二册《列祖提綱錄》卷十一"五參提綱·百丈恒禪師":"上堂:諸上座,適來從僧堂裏出來,脚未跨門限便回去,已是重説偈言了也。"(332/a)"未",《卍續藏經》一百四十册《五燈全書》卷十八"洪州百丈道恒禪師"作"朱"(508/a)。據文意,"朱"即"未"之訛。宋刻本

《六臣注文選》卷二十九曹植《朔風詩》:"昔我初遷,朱華未希。""朱"下注曰:"五臣作未。"①此亦其類。

5.2.10 萌/萠

《卍續藏經》一百四十册《五燈全書》卷三十"明州光孝了堂思徹禪師":"正令纔行,又見一陽萠動;化工密運,俄驚三世變遷。"(720/a)"萠動"不辭,當作"萌動"。《卍續藏經》一百三十七册《嘉泰普燈錄》卷十三"慶元府光孝了堂思徹禪師"(204/a)、《卍續藏經》一百三十八册《五燈會元》卷十四"明州光孝了堂思徹禪師"(550/a)、《卍續藏經》一百一十二册《列祖提綱錄》卷四十二"冬至提綱·光孝徹禪師"(785/a)皆作"萌動",是也。

蓋俗寫"日""月"形近,容易致訛。殿本《漢書·公孫弘卜式兒寬傳》:"卜式拔於芻牧,弘羊擢於賈豎,衛青奮於奴僕,日磾出於降虜,斯亦曩時版築飯牛之朋已。""朋",胡刻本《文選》卷四十九班固《公孫弘傳贊》作"明"②,此即其類。

5.2.11 破/被

《卍續藏經》一百四十册《五燈全書》卷三十"明州雪竇聞庵嗣宗禪師":"上堂:人人有箇鼻孔,唯有善權無鼻孔,爲甚麼無?二十年前破人揑洛了也。"(717/a)"破"字費解,當作"被"。《卍續藏經》一百三十七册《嘉泰普燈錄》卷十三"慶元府雪竇聞庵嗣宗禪師"(201/a)、《卍續藏經》一百一十二册《列祖提綱錄》卷十"五參提綱"(315/b)正作"被"。

5.2.12 𪗨/簸

《卍續藏經》一百三十八册《五燈會元》卷十四"杭州淨慈自得慧暉禪師":"所以道:新豐路兮峻仍𪗨,新豐洞兮湛然沃。"(548/b)"峻仍𪗨",《大正藏》五十一册《續傳燈錄》卷二十四"杭州淨慈自得慧暉禪師"引作"峻仍簸"(632/a)。《漢語大字典》據《廣韻·屋韻》並引此例釋"𪗨"爲滑,恐不可據。

我們認爲此"𪗨"當如《續傳燈錄》作"簸"者爲是。"新豐路兮峻仍𪗨"一語實際上是引用洞山禪師的《新豐吟》。《卍續藏經》一百一十六册《禪門諸祖師偈頌》卷一《洞山价禪師新豐吟》:"新豐路兮峻仍𪗨,新豐洞

---

① (南朝梁)蕭統編,(唐)李善等注:《六臣注文選》,中華書局,1987 年,第 547 頁。
② (南朝梁)蕭統編,(唐)李善注:《文選》,中華書局,1977 年,第 686 頁。

兮湛然沃。"(915/b)"新豐路兮峻仍皺"下遠和尚注曰:"雖峻,何嘗不平坦。"此與《續傳燈錄》"簸"義正相符合,蓋寓指求禪證悟之道路艱難,作"皺"乃形近之誤。

5.2.13 潞/恁

《卍續藏經》一百三十六冊《建中靖國續燈錄》卷二十七"拈古門・明州雪竇山重顯明覺禪師":"師云:嶮!百尺竿頭作伎倆,不是好手……或不潞麼,縱饒師祖悟去,也是龍頭蛇尾漢。"(361/b)"潞麼",《卍續藏經》一百三十六冊《聯燈會要》卷六"終南山雲際師祖禪師"作"恁麼"(535/b)。"潞麼"費解,當作"恁麼",如此義。

5.2.14 虛/塵

《卍續藏經》一百三十六冊《建中靖國續燈錄》卷六"杭州靈隱山雲知慈覺禪師":"上堂云:秋風起,庭梧墜,衲子紛紛看祥瑞。張三李四賣囂虛,拾得寒山爭賤貴。"(102/b)"賣囂虛"即售賣一空,寓指説禪。"囂虛",《卍續藏經》一百一十二冊《列祖提綱錄》卷三十七"臨安府靈隱雲知慈覺禪師"引作"囂塵"(717/b)。"囂塵"即"囂虛"之訛。

5.2.15 晦/晦

《卍續藏經》一百四十一冊《五燈全書》卷五十八"蘇州師子林天如惟則禪師":"示眾:釋迦老子推不開,達磨大師趕不出,引得一晦之田三蛇九鼠。"(236/b)"晦",《卍續藏經》一百四十四冊《續燈正統》卷二十六"蘇州府師子林天如惟則禪師"作"晦"(798/a)。"晦"當作"晦"。

5.2.16 互/亙

《卍續藏經》一百四十四冊《續燈正統》卷二十七"松江府華亭松隱唯庵德然禪師":"結制上堂:煖氣相接,正在斯時,深深冷灰裏,撥著星兒之火,向死柴頭上發機,燎起互天烈焰,燒却舜若多神面皮。敢問諸人,作麼生回避?"(803/a-b)"互天"費解,《卍續藏經》一百四十五冊《續燈存稿》卷九"松江府華亭松隱唯庵德然禪師"作"亙天"(204/b)。作"亙"者是,"亙天"即瀰天,"互"乃其形近之訛。

5.2.17 怍/作

《卍續藏經》一百四十四冊《續燈正統》卷二十八"杭州府東明虛白慧

昻禪師":"年十四,從妙覺湛然受業。適作務次,然問:汝在此作甚麼?師曰:切蘿蔔。"(811/b)"作",《卍續藏經》一百四十一册《五燈全書》卷五十九"杭州東明虛白慧昻禪師"作"炸"(257/b)。"炸"即"作"形近之誤。

5.2.18 芽/茅

《卍續藏經》一百四十四册《續燈正統》卷四十"淮安府檀度嵩乳道密禪師":"於是辭山,縛茅郁洲山數年,始開法淮安檀度。"(956/b)"茅",《卍續藏經》一百四十一册《五燈全書》卷六十三"淮安府檀度嵩乳道密禪師"作"芽"(350/b)。按,作"茅"者是。"縛茅"辭書有載,言蓋造房屋。"矛""牙"形近,容易致訛,筆者偶見一例。《三國志·吳書·賀齊傳》:"二十年,從權征合肥。時城中出戰,徐盛被創失矛,齊引兵拒擊,得盛所失。""徐盛被創失矛",宋本《太平御覽》卷三百三十九兵部七十"牙"引《吳書》作"徐盛失牙"①。二者必有一誤。

5.2.19 駿/騣

《大正藏》五十一册《景德傳燈錄》卷十三"汝州風穴延沼禪師":"問:龍透清潭時如何?師曰:印騣捺尾。"(303/b)"騣",《卍續藏經》一百三十八册《五燈會元》卷十一作"駿"(409/a)。"駿"乃"騣"之訛誤,"騣"即"鬃",鬃毛。"印騣""捺尾"偶麗,禪師以龍顯現寓指悟徹。

5.2.20 臊/躁

《卍續藏經》一百三十六册《聯燈會要》卷十八"溫州龍翔南雅禪師":"示衆云:瑞峰頂上,棲鳳亭邊……達磨老臊胡,分盡髓皮,一場狼藉。"(731/b)"老臊胡"狀達摩老祖。禪宗多有呵佛罵祖之語,以此警醒世人不得癡迷執著。《卍續藏經》一百四十一册《五燈全書》卷四十七"溫州龍翔柏堂南雅禪師"引此訛作"老躁胡"(62/b)。

5.2.21 扭/細

《卍續藏經》一百三十八册《五燈會元》卷十一"守廓侍者":"時風穴作維那,上去問訊。嚴曰:維那,汝來也,叵耐守廓適來把老僧扭捏一上,待集衆打一頓趁出。"(402/a)"扭捏"是指守廓侍者與華嚴和尚對話,《卍續藏經》一百三十五册《天聖廣燈錄》卷十四"守廓上座"訛作"細捏"(730/

---

① (北宋)李昉等:《太平御覽》,中華書局,1960年,第1557頁。

a)，《卍續藏經》一百一十六册《宗鑑法林》卷二十七"守廓侍者"作"扭挽"（363/b）。"扭"訛成"細"，形近所致，毋庸贅言。

5.2.22 放/牧

《卍續藏經》一百三十八册《五燈會元》卷十八"隆興府雲巖典牛天遊禪師"："嘗和忠道者《牧牛頌》曰：兩角指天，四足踏地。拽斷鼻繩，牧甚屎屁。"（708/a）"牧甚屎屁"，《大正藏》五十一册《續傳燈錄》卷二十六"隆興府雲巖典牛天游禪師"引作"放甚屎屁"（645/a）。此是"牧牛頌"，宋人作"牧"，明人《五燈嚴統》《禪宗正脈》《教外别傳》《指月録》《大明高僧傳》等引此亦皆作"牧"，蓋因其形近而《續傳燈錄》再訛成"放"。"牧""放"之變，筆者别處亦有所見。殿本《史記》載司馬相如《封禪書》有"收龜於岐"，殿本《漢書》作"放龜於岐"，明鈔本《水經注》卷十八"渭水"引作"牧龜於岐"①。"牧龜"不辭，"牧"明即"放"或"收"之訛。

5.2.23 謦/罄

《卍續藏經》一百一十八册《古尊宿語録》卷三十八"襄州洞山第二代初禪師語録"："師上堂云：楚山北面，漢水南江……若以揚眉瞬目，豎拳豎指，謦欬咳嗽，是厨中拭鉢帛。"（645/b）"謦欬"言咳嗽，已見《説文》，《卍續藏經》一百三十六册《聯燈會要》卷二十六"襄州洞山守初禪師"作"罄欬"（865/a），即"謦欬"之訛。

5.2.24 陸/時

《卍續藏經》一百三十九册《五燈嚴統》卷十八"饒州薦福道英禪師"："或時含融混會，了無所睹；終不樁定一處，亦不繫係兩頭。"（782/a）第二個"時"，《卍續藏經》一百四十册《五燈全書》卷三十九作"睦"（891/a），"睦"即"時"之訛，前文已有"或時"。

5.2.25 蜕/蛇

《大正藏》五十一册《景德傳燈錄》卷四"嵩嶽元珪禪師"："囑門人曰：吾始居寺東嶺，吾滅汝必置吾骸於彼。言訖，若委蜕焉。春秋七十三。"（234/a）"委蜕"，《卍續藏經》一百四十六册《佛祖綱目》卷三十"嵩嶽元珪禪師入寂"引作"委蛇"（487/a）。"委蜕"即禪師圓寂的婉詞，傳世文獻多

---

① （北魏）酈道元：《明鈔本水經注》，國家圖書出版社，2018年，第175頁。

見,"委蛇"即其字形之訛也。

5.2.26 鳥/烏

《大正藏》五十一册《景德傳燈録》卷二十二"漳州保福院清豁禪師":"世人休説路行難,鳥道羊腸咫尺間。"(384/b)"鳥",《卍續藏經》一百四十册《五燈全書》卷十六"漳州保福院清豁禪師"引作"烏"(456/a)。"鳥""烏"形近,"烏道"當作"鳥道"。

5.2.27 委/姿

《卍續藏經》一百三十六册《建中靖國續燈録》卷二十一"舒州白雲山海會守從禪師":"問:藥山一句人皆委,白雲今日事如何?"(307/a)"人皆委"即人皆知,《卍續藏經》一百四十册《五燈全書》卷三十九"安慶白雲海會守從禪師"訛作"人皆姿"(889/b)。

5.2.28 擊/繫

《卍續藏經》一百四十四册《教外別傳》卷六"襄州道吾和尚":"師凡上堂:戴蓮華笠,披襴執簡,擊鼓吹笛,口稱魯三郎,神識神不識,神神從空裏來,却往空裏去。"(137/a-b)"擊鼓",《卍續藏經》一百四十册《五燈全書》卷八"襄州道吾和尚"訛成"繫鼓"(312/b)。

"擊""繫"形近,多有訛誤。《四部叢刊初編》影明刊本《古列女傳》卷一"有虞二妃"有"舜之女弟繫",述古堂影宋鈔本《集韻·果韻》"㪣"字載舜女弟"一名擊也","繫""擊"二者必有一誤。《説文·攴部》"㪣"字段注:"㪣手,舜妹。顔云:流俗本作擊者,合㪣手二字譌爲一字也。按《列女傳》云'舜之女弟繫',則又擊之譌矣。"則"㪣手"合體一變訛作"擊",形近再訛成"繫"也。

5.2.29 牙齒/牙爪

《卍續藏經》一百三十六册《建中靖國續燈録》卷十八"歙州普滿明禪師":"上堂,顧視大衆云:牙齒一把骨,耳朵兩片皮……"(267/a)"牙齒",《大正藏》五十一册《續傳燈録》卷十二"歙州普滿明禪師"引作"牙爪"(540/c)。

含咀文義,作"牙齒"者是。下文"耳朵兩片皮",則"耳朵"當與"牙爪"同類相對,"耳朵"所指實爲一物,"牙爪"則分爲二,此其一;"牙爪一把骨",牙之爲骨,毋庸贅言,爪之爲骨,則鮮有所聞,此其二。更重要的是,"牙齒一把骨,耳朵兩片皮"乃禪録習見之語。

5.2.30 猜/精

《卍續藏經》一百三十六册《聯燈會要》卷十三"大乘遵禪師"："乃有頌云：索火之機實快哉，藏鋒妙用少人猜。要會我師端的旨，紅爐火盡不添柴。"(642/a)"猜"，《大正藏》五十一册《續傳燈錄》卷四"唐州大乘山德遵禪師"引作"精"(490/a)。從押韻上來說，作"猜"字是，"哉""猜""柴"可押，若作"精"，則失韻矣。文義上，"猜"亦爲勝。

5.2.31 漢/潢

《卍續藏經》一百三十六册《建中靖國續燈錄》卷二十六"婺州承天澄月禪師"："臨歧一句向誰舉，銀漢夜白孤蟾吐。"(359/b)"銀漢"，《卍續藏經》一百四十册《五燈全書》卷二十"金華承天澄月禪師"引作"銀潢"(544/b)。"銀潢"明當作"銀漢"，形近致訛。又《文苑英華》卷十八楊烱《渾天賦並序》："西宮則天潢咸池，五車三柱。""潢"字下注曰"一作漢"①，則"天潢"別本有作"天漢"者，此亦其例。

5.2.32 柄/栖

《卍續藏經》一百一十八册《古尊宿語錄》卷二十八"舒州龍門佛眼和尚語錄"："鉢盂著柄新翻樣，牛上騎牛笑殺人。"(519/b)"柄"，《大正藏》五十一册《續傳燈錄》卷二十五"舒州龍門清遠佛眼禪師"訛作"栖"(637/a)。

5.2.33 骨/冐

《卍續藏經》一百三十七册《嘉泰普燈錄》卷二"正覺本逸禪師"："云：道與道中人相去多少？曰：骨鶴巔崖上，沖天味米民。"(63/b)"骨鶴"，《卍續藏經》一百三十八册《五燈會元》卷十六"東京智海本逸正覺禪師"作"冐鶴"(611/a)。"骨鶴"當作"冐鶴"，指塵網縛住之鶴，以此喻修禪不假外人言説，悟在自心。

或作"羂鵠"，《大正藏》五十二册《弘明集》卷八"妄稱真道是二逆"："衡入，久之乃出，詭稱曰：吾旋駕辰華，爾各還所治，净心持行，存師念道。衡便密抽遊羂鵠，直衝虛空，民獠愚憃，僉言登仙，販死利生，欺罔天地。"(48/b)上揭"米民"即此"愚蠢"之"民獠"。

---

① （北宋）李昉等編：《文苑英華》，中華書局，1966年，第86頁。

5.2.34 頖/頡

《卍續藏經》一百四十三册《指月錄》卷三十"樞密徐俯":"一日至書記寮,指悟頂相曰:這老漢,脚跟猶未點地在。悟頖面曰:甕裏何曾走却鱉。"(660/b)"頖面"即斜面,《卍續藏經》一百三十九册《五燈嚴統》卷十九"樞密徐俯"作"頡面"(863/b),蓋"頖""頡"形近所致。

5.2.35 吹/吠

《卍續藏經》一百四十一册《五燈全書》卷四十四"撫州白楊法順禪師":"上堂:鷄啼曉月,狗吹枯椿。只可默會,難入思量。"(5/b)"狗吹"費解,《列祖提綱錄》卷九"五參提綱·白揚順禪師"(303/a)、《卍續藏經》一百三十九册《五燈嚴統》卷二十"撫州白楊法順禪師"(875/a)皆作"狗吠",是也。蓋"吠""吹"形近,剞劂之誤所致。

5.2.36 棚/栅

《卍續藏經》一百四十六册《禪宗正脈》卷十"五祖法演禪師":"上堂:山僧昨日入城,見一棚傀儡,不免近前看:或見端嚴奇特,或見醜陋不堪,動静行坐、青黄赤白,一一見了。"(325/b)"棚",《大正藏》五十一册《續傳燈錄》卷二十"蘄州五祖法演禪師"作"栅"(603/b)。"一棚傀儡"即一夥傀儡,"棚"有朋黨、幫派義,辭書有釋,不贅。作"栅"蓋其形近之誤。

5.2.37 抵/祇

《卍續藏經》一百一十二册《列祖提綱錄》卷三十九"二月閉鑪日提綱":"良久云:一期過了,堂中不見一箇半箇,且喜太平。十字街頭撞著馬相公,與你索飯錢,你作麼生抵對?"(756/a)"抵對"費解,《乾隆藏》一百五十七册《雪嶠信禪師語錄》卷一"住東塔禪寺語錄"作"祇對"(171/a)。"祇對"即敦煌寫卷習見的"祇對",敬對義,作"祇",是俗寫"禾""礻"近似所致。曾良先生《俗字及古籍文字通例研究》已指出:"'禾'、'礻'二旁相似……'秩'或寫作'袟'。"①故"祇對"變而成"祇對",作"抵對"亦其形誤之用,故此"抵"乃"祇"之俗訛字,非抵擋之"抵"。

5.2.38 卯/夘

《大正藏》五十一册《景德傳燈錄》卷六"洪州百丈山懷海禪師":"福

---

① 曾良:《俗字及古籍文字通例研究》,百花洲文藝出版社,2006 年,第 165 頁。

州長樂人也,丱歲離塵,三學該練。"(249/b)"丱歲",《卍續藏經》一百四十七冊《禪燈世譜》卷二"百丈懷海"引作"卯歲"(528/a)。"卯歲"費解,作"丱歲"者是,形近所致。"丱歲"即頭髮束成兩角之歲,寓指兒時,"丱"讀若貫。實際上束髮成兩角之"丱"是"丫"的後起形體。《說文・丫部》:"丫,羊角也。象形,讀如乖。"古人兒時束髮兩角向上,形類羊角,故以"丫"喻之,或俗寫作"卝"(與礦石之"卝"形體偶合)。

5.2.39 託宿/借宿

《續燈正統》卷三十一"嘉興府天寧幻也佛慧禪師":"會稽史氏子,母夢僧託宿而娠。年十四,禮天台松谷受業。"(845/b)"託",《五燈全書》卷六十四"嘉興府天寧幻也佛慧禪師"作"訐"(368/a)。"訐"費解,作"託"者是,形近而訛。"託宿而娠"述高僧出生之異,禪籍多見。《大正藏》四十九冊《釋鑑稽古略續集》卷一"梅屋禪師":"黃姓,母楊氏禱觀音大士,夢龐眉老僧託宿而娠。"(915/a)或作"托宿"。同上《釋鑑稽古略續集》卷三"物外禪師":"名圓信,字無念,姓高氏,金臺人,物外其別號也,母夢一僧托宿而娠。"(946/a)

或作"借宿""寄宿"等,皆義近。《卍續藏經》一百三十四冊《補續高僧傳》卷二十四《慧明傳》:"蔚州靈丘人,其母夢異人乘白馬素衣借宿而娠。"(360/b)又《卍續藏經》一百二十一冊《笑隱大訢禪師語錄》卷四"又題歸去來辭後":"又聞翁嘗云其始生,母夢僧寄宿而娠,以是知為羅漢應身。"(247/a)

"託"之訛作"訐",亦猶"托"之訛成"扞"。《通雅》卷三十九"飲食"下"不托"引束晳《餅賦》:"春饅頭,夏薄托。""薄托",《格致鏡原》卷二十五"牢丸"下引作"薄扞"①。"薄托"即"餺飥",一種餅食,"扞"當作"托"。

5.2.40 乘肥/秉肥

《卍續藏經》一百三十六冊《建中靖國續燈錄》卷七"福州白鹿山顯端禪師":"僧曰:如何是道中人?師云:乘肥衣錦。"(126/a)"乘肥",《卍續藏經》一百四十二冊《續傳燈錄》卷七"福州白鹿山顯端禪師"引作"秉肥"(352/b)。"秉肥"殊費解,作"乘肥"者是。"乘肥衣錦",語出《論語・雍也》:"赤之適齊也,乘肥馬,衣輕裘。"

"秉""乘"形近,文獻偶有訛誤例。《四部叢刊初編》本《呂氏春秋・

---

① (清)陳元龍:《格致鏡原》,《景印文淵閣四庫全書》本,臺灣商務印書館,1986年,第352頁。

觀世》:"客有言之於鄭子陽者……鄭子陽令官遺之粟數十秉。""十秉",《四部叢刊初編》本《新序·節士》引作"十乘"。古時米粟之數多以"秉"爲單位,《新序》"十乘"當即"十秉"之誤。

5.2.41 拊勝/拊膝

《卍續藏經》一百三十七册《嘉泰普燈録》卷二十三"文公楊億居士":"公拊膝曰:這裏是甚麼所在?圓拍手曰:也不得放過。公大笑。"(315/a)"拊膝",《大正藏》五十一册《續傳燈録》卷三"潭州石霜楚圓慈明禪師"引此作"拊勝"(482/b)。此處是内翰楊大年和汾陽昭禪師的對話,各藏機鋒。"年拊勝曰"義實難解。今按"勝"應是"膝"字之訛,"年拊勝曰"即"年拊膝曰"。上揭内容,《卍續藏經》一百一十八册《續古尊宿語要》卷一"機緣"下載作:"翰拍膝云:這裏是什麼所在?師拍手云:不得放過。内翰呵呵大笑。"(850/b)此作"拍膝",則上"拊勝"明當作"拊膝"。

"勝""膝"形近,容易訛誤。《大正藏》五十四册《慧琳音義》卷七十三載玄應"解脱道論第十卷"有"夾膝"(782/a),但《大正藏》本《解脱道論》原經文中却只有"夾勝",二者必有一誤。又《大正藏》三十七册《無量壽經義疏》卷一:"問曰:我者假名世諦,無我真諦,真諦是勝,何不就勝。何不就膝,宣説無我。"(93/a)前説"何不就勝",後言"何不就膝","膝"明當作"勝",義爲近勝以宣無我,佛典習見。《大正藏》三十七册《勝鬘寶窟》卷一:"何不從勝宣説無我,從劣説我。"(7/c)又《大正藏》五十一册《續傳燈録》卷三"潭州石霜法永禪師":"問:如何是祖師西來意?師曰:布裩勝頭穿。"(485/c)"布裩勝頭穿"費解。《卍續藏經》一百三十八册《五燈會元》卷十二"潭州石霜法永禪師"作"布裩膝頭穿"(430/a),是也。

5.2.42 枯却/拈却

《卍續藏經》一百三十八册《五燈會元》卷十六"東京智海本逸正覺禪師":"上堂:開口是,合口是,眼下無妨更著鼻;開口錯,合口錯,眼與鼻孔都拈却。"(610/b)"拈却",《頻伽藏》三百四十二册《續傳燈録》卷五"東京智海本逸正覺禪師"下引作"枯却"(31頁)。"枯却"文義不協,顯然作"拈却"者是,"眼與鼻孔都拈却"義即拈着眼鼻也。

俗寫"扌""手"不分,又部件"占""古"形似,故"拈"俗可訛作"枯"。

5.2.43 把/抱

《卍續藏經》一百三十六册《建中靖國續燈録》卷十二"江州東林興龍

禪寺照覺禪師":"如此老婆心,分明入泥水。今時人猶尚抱橋柱澡洗,把纜放船。"(184/b)"抱橋柱",《大正藏》五十一册《續傳燈錄》卷十六"江州東林興龍寺常總禪師"作"把橋柱"(574/a)。今謂作"抱"者是,"把"即"抱"字之訛。"抱橋柱澡洗"習見於禪籍語錄,寓指參禪悟道不知變通,受縛於外物,無法參悟佛法。上揭内容,《卍續藏經》一百三十八册《五燈會元》卷十七"江州東林興龍寺常總照覺禪師"載作:"上堂:老盧不識字,頓明佛意……如此老婆心,分明入泥水。今時人猶尚抱橋柱澡洗,把纜放船。"(655/a-b)此正作"抱橋柱澡洗"。

"抱""把"形近,每有訛誤者。胡刻本《文選》卷三《東京賦》:"總集瑞命,備致嘉祥。"李善注曰:"《墨子》曰:禹親抱天之瑞命也。"①考《四部叢刊初編》本《墨子·非攻下第十九》:"高陽乃命玄宮,禹親把天之瑞令,以征有苗。"含咀文義,作"把"者於義較長,把持符瑞。明刊本《夏商合傳》之《有夏誌傳》卷一:"儼如西子離金座,嬌似楊妃下玉樓。猶把琵琶半遮面,不令人見轉風流。"②"猶把琵琶半遮面"當作"猶抱琵琶半遮面",語出《琵琶行》。又《四庫全書》本宋人謝維新《事類備要》外集卷十五引《琵琶行》:"移船相近邀相見,添酒回燈重開宴。千呼萬唤始出來,猶把琵琶半遮面。"③此"把"亦即"抱"字之訛。

5.2.44 劫/却

《卍續藏經》一百三十七册《嘉泰普燈錄》卷十七"常德府梁山廓庵師遠禪師":"若要會麽？直向威音那畔空劫已前輕輕覷著,提起便行,捺著便轉,却向萬仞峰前進一步,可以寵罩古今,坐斷天下人舌頭。"(254/a-b)"却"字,《大正藏》五十一册《續傳燈錄》卷三十"常德府梁山廓庵師遠禪師"引作"劫"(678/a)。"劫向萬仞峰前進一步"費解,據上下文義,此明爲轉折關係,"劫"應是"却"字之訛。

"劫"之訛作"却",文獻多見。《四部叢刊初編》本《淮南鴻烈解》卷十二"道應訓第十二":"昔者司城子罕相宋……居不至期年,子罕遂却宋君而專其政。""却宋君"費解。《史記·李斯列傳》載作:"昔者司城子罕相宋,身行刑罰,以威行之,期年遂劫其君。"知《淮南鴻烈解》"却"明爲"劫"字之訛。又《莊子·田子方》:"古之真人,知者不得説,美人不得濫,盜人

---

① (南朝梁)蕭統編,(唐)李善注:《文選》,中華書局,1977年,第64頁。
② (明)鍾惺:《夏商合傳》,《古本小説叢刊》第19輯,中華書局,1991年,第223頁。
③ (南宋)謝維新:《事類備要》,《景印文淵閣四庫全書》本,臺灣商務印書館,1986年,第528頁。

不得刦,伏戲、黃帝不得友。"陸德明《釋文》於"得刦"下曰:"居業反,元嘉本作却。"①據上下文義及陸德明所注,元嘉本"却"明爲"刦"字之訛。

5.2.45 那／邪／耶

《卍續藏經》一百三十八册《五燈會元》卷四"洪州東山慧禪師":"師曰:不得平白地恁麽問伊。用曰:大于亦無語那?"(127／a) "那",《卍續藏經》一百三十九册《五燈嚴統》卷四引作"邪"(206／b)。朱慶之先生曾撰文指出:"在學者們就所謂語氣詞'那'在中古時代就已產生的討論中,被作爲例證先後提出的共九個用例……要麽是'耶'或'邪'的形誤字……"②指出語氣詞"那"可能是"耶"的訛誤。

"邪"後起俗體作"耶","那""邪""耶"形似,文獻中訛誤多見。《全唐詩》卷三十六王績《贈仙學者》:"誰知彭澤意,更覓步兵那。"③"那"字下原注曰:"一作邪。"則此詩別本有作"更覓步兵邪"者此句上文韻尾壓"家""霞",下文壓"花""砂",全詩壓的是麻韻,"那"是歌韻字,"邪"是麻韻字,顯然作"邪"字是,作"那"訛。又《四部叢刊初編》本《後村先生大全集》卷五十二《召對劄子》:"今廟謨暌異,邪黨挪揄,臣實未知其所終。""挪揄"即"揶揄","揶"之訛作"挪",猶"耶"之訛作"那"。又《大正藏》八十五册《惠遠外傳》卷一:"兄弟長辭,那孃永隔,妻兒男女無由再會。"(1315／a) "那孃永隔"義不可通。此内容,《大正藏》注據大英博物館藏敦煌本 S. 2401 所錄,但考《敦煌遺書最新目錄》所載敦煌寫卷 S. 2401 内容,實爲《大般若波羅蜜多經》卷第三百六十二,所以《大正藏》所據到底爲何敦煌寫本不可知曉。另外,上揭《惠遠外傳》内容實際上就是《廬山遠公話》的部分内容。《敦煌寶藏》十五册載敦煌寫卷 S. 2073《廬山遠公話》:"兄弟長辭,耶娘永隔,妻兒男女,無由再會。"④此正作"耶娘永隔",足證《大正藏》所錄《惠遠外傳》之"那孃"即"耶娘"之訛。

5.2.46 棲／樓

《卍續藏經》一百三十六册《建中靖國續燈錄》卷五"温州雁蕩靈巖寺德初禪師":"便乃人人踞妙峰孤頂,箇箇徹諸法根源,不假慈氏閣中,今日一時明取。"(94／b) "不假慈氏閣中",《大正藏》五十一册《續傳燈錄》卷六

---

① (唐)陸德明撰,黃焯斷句:《經典釋文》,中華書局,1983 年,第 388 頁。
② 朱慶之:《對語氣詞"那"中古用例的語文學討論》,《語言研究》2015 年第 2 期。
③ (清)彭定求編:《全唐詩》,中華書局,1980 年,第 483 頁。
④ 黃永武:《敦煌寶藏》第 15 册,臺北新文豐出版公司,1985 年,第 703 頁。

"溫州雁蕩靈巖寺德初禪師"引作"不假慈氏樓閣"（503/c）。"樓閣"費解，《卍續藏經》一百四十二冊《續傳燈錄》作"棲閣"（340/a）。

　　從文義上來看，"樓閣"於義爲長，"樓""棲"形近，故而致訛。《四部叢刊初編》本《水經注》卷十九"又東豐水從南來注之"下注引《漢武帝故事》曰："鑄銅鳳，五丈，餙以黄金，樓屋上。""樓屋上"，《初學記》卷二十四"居處部·臺第六"之"銅雀金鳳"下引《漢武故事》作"棲屋上"。① 含咀文義，作"棲"者是，即置銅鳳凰於屋上。又《卍續藏經》二十一冊《楞嚴經疏解蒙鈔》卷一"古今疏解品目·皇朝"："大師氣宇如王，遊徧知海，夢登彌勒棲閣，親受識智染净宗旨。"（85/a）"棲閣"義有未安，當作"樓閣"。《卍續藏經》一百二十七冊《憨山老人夢遊集》卷五十五《大明海印憨山大師廬山五乳峰塔銘》正作"夢登彌勒樓閣聞説法。"（986/b）

5.2.47 群/郡

　　《卍續藏經》一百三十七冊《禪林僧寶傳》卷二十二"黄龍南禪師"："謂曰：吾住山久，無補宗教，敢以院事累子，而郡將雅知公名，從立之請，不得已受之。"（527/b）"郡"，《大正藏》五十一冊《續傳燈錄》卷七"黄龍南禪師"引作"群"（506/b）。此處前文有"自雲居遊同安"，則"群"即"郡"字之誤，"郡將雅知公名"是説同安郡將都會知道您的名字。

　　"群""郡"形體近似，每有訛者。《六臣注文選》卷二十九曹攄《感舊詩》："今我唯困蒙，郡士所背馳。"②"郡"字下原注曰："五臣本作群。"則"郡士"，五臣本作"群士"。又《文苑英華》二百一十六白居易《蘇州郡齋旬假始命宴呈座客示群寮》："衆賓勿遽起，群寮且逡巡。"③"群寮"，《四部叢刊初編》本《白氏長慶集》卷五十一《郡齋旬暇命宴呈座客示郡寮從此後蘇州作》作"郡寮"。從上下文來看，似作"群寮"於義爲長，與前文"衆賓"近義偶麗。又《文苑英華》卷八百九十九《故朝議大夫申王府司馬上柱國贈太常卿韋公神道碑銘並序》："肅肅乃祖，翼商屏周，總郡邦兮。"④"郡邦"，《全唐文》卷三百九十《唐故朝議大夫申王府司馬上柱國贈太常卿韋公神道碑銘並序》作"群邦"⑤，二者亦當有一誤。

---

① （唐）徐堅編：《初學記》，中華書局，1962 年，第 575 頁。
② （南朝梁）蕭統編，（唐）李善等注：《六臣注文選》，中華書局，1987 年，第 552 頁。
③ （北宋）李昉等編：《文苑英華》，中華書局，1966 年，第 1077 頁。
④ （北宋）李昉等編：《文苑英華》，中華書局，1966 年，第 4736 頁。
⑤ （清）董誥等編：《全唐文》，中華書局，1983 年，第 3971 頁。

5.2.48 真/直

《卍續藏經》一百三十六册《建中靖國續燈錄》卷十八"舒州王屋山崇福燈禪師":"大衆,直饒恁麼會去,也是鬼弄精魂。"(271/b)"直"字,《中華藏》七十四册《續傳燈錄》卷十二"舒州王屋山崇福燈禪師"引作"真"(766/a)。顯然,作"直饒"者是,義即縱使、即使。

"直"之訛作"真",文獻亦每有相訛者。宋本《太平御覽》卷二百一十六"職官部十四·吏部郎中"下:"白曰:清直寡欲,萬物不能移也。"①"清直寡欲",《四部叢刊初編》本《世説新語》卷中"賞譽第八上"作"清真寡欲",是也。又明刻初印本《册府元龜》卷八百二十三"總録部七十三·蘊藉"下:"權德輿自貞元元和三十年間,羽儀朝行,性真亮寛恕,動作語言,一無外飾,蘊藉風流,爲時稱嚮。"②"性真亮寛恕",《舊唐書·權德輿列傳》作"性直亮寛恕"。依上下文,作"性直亮寛恕"者於義爲長。

5.2.49 鶪鴉/鶪䳡/鶪鳩/鶪鳴

《卍續藏經》一百三十七册《嘉泰普燈錄》卷二"紹興府天衣義懷禪師":"又曰:蜀魄連宵叫,鶪鴉終夜啼。圓通門大啓,何事隔雲泥。"(59/a-b)"鶪鴉",《卍續藏經》一百四十册《五燈全書》卷三十四"越州天衣義懷禪師"(785/a)作"鶪䳡"(605/a),《大正藏》五十一册《續傳燈錄》卷六"越州天衣義懷禪師"引作"鶪鳩"(501/c),《卍續藏經》一百三十九册《五燈嚴統》卷十六"越州天衣義懷禪師"作"鶪鳴"(680/a),《大正藏》四十七册《圓悟佛果禪師語録》卷十二"小參五"作"鶪鴉"(768/a)。《爾雅·釋鳥》:"鶪鳩,寇雉。"郭璞注:"鶪大如鴿,似雌雉,鼠腳,無後指,岐尾。爲鳥憨急群飛,出北方沙漠地。"以上"鴉""䳡""鳴"皆"鳩"字之形誤。

又作"鶪鶉"。《大正藏》二十三册《薩婆多毘尼毘婆沙》卷七"九十事第三十":"問:辦何食?答言:粗食,爲辦粳米飯乃至鶪鶉肉等。"(547/c)《大正藏》五十四册《慧琳音義》卷六十五玄應"薩婆多毘尼婆沙第八卷":"鶪鶉:竹刮反。《爾雅》:鶪鳩,寇雉。郭璞曰:大如鴿……"(741/b)則佛經之"鶪鶉"即《爾雅》之"鶪鳩"。

---

① (北宋)李昉等:《太平御覽》,中華書局,1960年,第1031頁。
② (北宋)王欽若等編:《册府元龜》,中華書局,1960年,第9781頁。

第六章 宋與明清禪錄異文類型的語言學總結

宋與明清禪錄異文複雜多樣,從語言學角度考察,各個元素皆有涉及。第二章到第五章,我們列舉並詳細討論了大量異文,大概可以總結爲以下幾個方面:

6.1 同源演變

宋與明清禪錄異文整理要面對的重要問題之一即同源演變。同源演變在漢語史各個階段都十分常見,宋與明清禪錄因同源演變而形成的異文恰好能給我們提供一些詞語縱向歷時變化綫索,讓我們能夠討論它們的歷史來源,也能弄清其"得義之由"。我們在第二章論述了不少異文詞的同源演變問題。如"2.1.1.1.4 幀子/幀子"提到"幀畫""幀畫"表示張開絹布繪畫,實則皆後起演變,理據是從"長""登""堂"得聲之字往往可以通用並表示支撐、撐開義,"幀畫"之"幀"爲展開義即源於此。又"2.1.1.1.1 搭㿂/眵眵/朘瞇"指出它們爲糊塗迷蒙義,源於從"荅"之字多有下垂義,語源即"眰","眰"又《説文》"眰"之後起形體;"㿂""瞇"皆又"眵"之聲轉,或重文作"眵眵""眵眵""瞇瞇",等等,明清小説習作"搭㿂"。宋與明清禪錄異文同源演變問題,我們討論的只是冰山一角,畢竟僅選取了十八種禪錄,遠遠不足以對整個宋與明清禪錄異文的同源演變問題做出大範圍討論。不過,這並不妨礙我們以此爲窗口,窺視同源演變形成的禪錄異文現象。

6.2 同詞異形

宋與明清禪錄處於近代漢語時期。這一時期上承中古漢語,下續現代漢語,詞語書寫形式既有對中古及上古的繼承,也有新時期自身的演變和發展。大量禪錄異文就是在這一背景下產生的,它們複雜多變,是共同語與方言、書面語與口語、文字與語音語義等多要素的大糅合。如"2.1.3.4 踢/趯/躍"提到,唐宋以來以脚踢義,"趯""踢"並行通用,禪錄多形成異文,實際上是從"踶"演變而來,涉及聲符義符的改變。又"2.1.3.7 擺/捭/掰"指出"捭"爲本源,演變成"擺"後,"捭""擺"同行共用,並由擺動引申爲掰開義,至遲在明代衍生出"挈",繼續變化成"掰""拼"等。宋與明清禪録異文同詞異形既有共時橫向變化,也有歷時縱向演變發展,涉及方音、歷史音變、義項引申等多個方面,需要綜合考察。

6.3　字形俗寫

字形俗寫是宋與明清禪録異文存在的第二大現象。這一現象一般引發出兩個問題:一是異文之間存在的俗寫源流演變;二是異文之間存在的俗寫通例。前一個問題,"2.2.2 異文與字形書寫源流演變考""2.2.3 異文與疑難形體考"有大量用例分析。如"2.2.2.2.1 嚦/嚦/欣/嗰/嘿"指出"欣"訛變成"嚦""嚦",與笑相關類化成"嘿",改換聲符作"嗰",繼續訛變成"嘿",漸行漸遠。這類字形俗寫現象很常見,我們所做的工作既探其源,又析其流。後一個問題,不僅適用於禪録異文,同樣適用於其他古籍文獻,因爲俗寫通例現象是文字俗寫規律。有些禪録異文表面上看好像是偶然訛誤,實則與俗寫規律有關。如"2.2.1.2.2 銷/鎖"提到"鎖"訛作"銷",所舉禪録異文確實是訛誤,但是往深處挖掘,我們發現這並非偶然出現的訛誤:部件"肖"本從"肉",隸變作"月",俗寫中,部件"貝"下面兩點拉直,其形即同"月(肉)"十分近似,導致混同,這就是"鎖"訛成"銷"的深層次俗寫原因。以此爲綫索,順便在"2.2.3.8 狷啼"中解決了"狷啼"與"猢啼"之訛混問題。宋與明清禪録這類問題很多,以此爲窗口,可以瞭解近代漢字俗寫演變發展狀況。

6.4　音借通用

宋與明清禪録異文比較難處理的是音借通用現象,因爲涉及禪師方音問題。禪師方音歷史層次與通語語音發展並不同步,不同時代不同僧人引用禪録出現大批音借通用異文,不僅有地域方音差異,還涉及時代方音差異,既有共時差異,更有歷時演變差異,形成了豐富的語言歷史層次。如"濁""逐"中古分屬覺、屋兩韻,即便是入聲消失後,也分屬歌戈、魚模兩韻。當然,這是從北方通語標準來說的,方俗音情況並非如此。大量用例表明宋元以來方音中歌戈、魚模兩韻實際上可以合流,這樣纔解決了"濁""逐"異文問題。它如"3.1.2 辨/辦/辯""3.1.7 獡蚤/獵蚤/蠟蚤/虼蚤/革蚤/狗蚤",等等,皆是此類。因此,宋與明清禪錄異文整理,要適當地考慮禪師方俗音問題。

6.5　詞語替換

　　宋與明清禪錄異文有一部分是詞語替換形成的,既有單音節詞替換,也有雙音節詞替換。一般而言,詞語替換多是意義相近的,這可以幫助我們考察禪錄詞義。如"4.1.3 平欺"異文或作"凌滅",其義必然相類,考察發現"平欺"爲輕視、看輕、藐視義,引申可表示超過、超出,彌補了辭書對此詞釋義之不全。又如"4.1.7 摩拂"異文或作"咈",該"摩拂"當讀作"摩咈",違逆、乖戾義,非辭書所釋按捺義。此外,還有大量的近義語素替換異文,"4.3 異文差異與語素替換考察"舉有不少用例。

6.6　訛誤混同

　　宋與明清異文訛誤現象並不少見,值得注意的是,有一類訛誤表面看起來平淡無奇,實則涉及字形俗寫規律問題,較爲複雜。如"5.1.1 火抄/火杪/火叉"提到"火叉"即撥火具,以木而成,類化作"火杈";又"叉"俗寫習作"乂",或增點成"𠆢",致使"火杈"一變作"火杪";又俗書"木""扌"不分,再變成"火抄",迷失本真。當然,偶發性形近引起的訛誤更比比皆是,"5.2 偶發性字形訛變"舉有大量用例,可爲禪錄文獻整理提供參考。

附錄一　待質錄

宋與明清禪錄異文中有一些疑難字詞,關於它們的來源問題,筆者學識淺薄,無法一一解答,現列舉如下,期待博雅君子指教。

蘢蔌/薦蔌/簾嫩/蘢簌/簾簌/鹿蔌/麗羆/景毅/禄蔌/碌蔌/襹襹/漉蔌/綠簌/碌簌/琭簌/琭毅/珞簌/洛簌

《卍續藏經》一百三十七册《嘉泰普燈錄》卷四"廬山歸宗志芝庵主":"一日,普請罷,書曰:茶芽蘢蔌初離焙,笋角狼忙又吐泥。山舍一年春事辨,得閑誰管板頭低。"(93/b)"蘢蔌",《卍續藏經》一百三十九册《五燈嚴統》卷十七"廬山歸宗志芝庵主"作"薦蔌"(761/a),《嘉興藏》三十七册《翼庵禪師語錄》卷七"國清翼庵和尚和寒出詩卷之上·和韻"化用作"簾嫩放茶芽"(700/a),《嘉興藏》三十四册《南嶽繼起和尚語錄》卷七"靈巖廿一錄卷上·萬壽萃孫"引作"蘢簌"(314/a)。"蘢蔌"即"簾簌",下垂義,禪錄用作茶葉新出之意,作"蘢蔌""薦蔌""簾嫩"乃形近之訛。《駢雅·釋詁》:"簾簌,垂覆也。"①

或作"鹿蔌"。《嘉興藏》二十三册《石門文字禪》卷十二《空印以新茶見餉》詩:"喊山鹿蔌社前摘,出焙新香麥粒光。"(631/b)

下垂覆蓋,類化增"网"而成"麗羆"。宋刻本《李長吉文集》卷一《春坊正字劍子歌》:"挼絲團金懸麗羆,神光欲截藍田玉。"②"麗羆",《事文類聚》續集卷二十七"器用部·古詩"載李賀《春坊正字劍子歌》作"簾簌"③。此狀懸挂垂下。

或改换聲符作"簶簌""景毅"。宋刻本《鶴山文集》卷九十六《水調歌頭·虞簡州剛簡生日》:"畫簾挂起簶簌,一卷易同盟攜。"④《全唐詩》卷八百九十一温庭筠《歸國謡》:"香玉,翠鳳寶釵垂景毅,鈿筐交勝金粟,越羅

---

① (明)朱謀㙔:《駢雅》,《景印文淵閣四庫全書》本,臺灣商務印書館,1986 年,第 518 頁。
② (唐)李賀:《李長吉文集》,《中華再造善本》唐宋編,北京圖書館出版社,2005 年。
③ (南宋)祝穆:《古今事文類聚》,《景印文淵閣四庫全書》本,臺灣商務印書館,1986 年,第 501 頁。
④ (南宋)魏了翁:《重校鶴山先生大全文集》,《中華再造善本》唐宋編,北京圖書館出版社,2005 年。

春水綠。"①此亦言垂挂。

或作"祿蔌""碌蔌""襴襫"。《南史·陸厥傳》:"慧超不能平。乃罵曰:那得此道人,祿蔌似隊父唐突人。因命驅之。"《吳下方言考》卷十"入韻一屋"據此例收"祿蔌"條:"案:祿蔌,衣破零落也,吳中衣破者謂之祿蔌。"徐復先生校議:"祿蔌,音轉爲襴襫、襴襫。"②蓋由下垂引申爲衣服破爛零落也。《集韻·駭韻》:"襴襫,衣破,或從衣。"《方言》卷三:"褸裂、須捷、挾斯,敗也。南楚凡人貧衣被醜弊謂之須捷,或謂之褸裂,或謂之襤褸。"錢繹箋疏:"今吳俗謂衣服破碎者爲襴襫,音唻灑,亦襤褸之轉矣。"③錢繹聲轉恐失之過寬,"襴襫""襤褸"聲紐相差太遠。又作"碌蔌",《大正藏》四十八册《宏智禪師廣錄》卷五"明州天童山覺和尚小參":"那時還有應底道理麼? 混混地喚作大塊,若是分曉漢,直是玲玲瓏瓏;不分曉漢,便見碌碌蔌蔌。"(59/c－60/a)"碌碌蔌蔌"即"碌蔌"疊音,蓋寓指禪僧孜孜參悟。

或作"漉蔌"。《梁溪集》卷二十三《奉和大觀文相公見寄古風》:"夷兒金束袍,漉蔌懸珊瑚。"④"漉蔌"即垂挂義。

或作"綠簌""碌簌""琭簌"。《四部叢刊續編》本《雍熙樂府》卷十四《集賢賓·憶舊》:"〔後庭花〕……玉纖尖手嫩嬌,湘裙綠簌地綃。"萬曆刻本《元曲選·馬丹陽度脫劉行首雜劇》第二折:"〔滾繡毬〕我身穿著百衲袍,腰纏着碌簌縧,頭直上丫髻三角。"⑤同上《鐵拐李度金童玉女雜劇》第一折:"〔金盞兒〕珠琭簌玉玲瓏,金蹀躞翠籠惚。"⑥

或作"琭簌""珞簌""洛簌"。萬曆刻本《元曲選·鐵拐李度金童玉女雜劇》第三折:"〔賢聖吉〕……皂紗巾,珠琭簌,錦襖子,金較輅。"⑦"琭簌",《四部叢刊續編》本《雍熙樂府》卷十四《集賢賓·金安壽得仙》引作"珞簌",《詞林摘艷》卷七《賢聖吉》引作"洛簌"⑧。

從語源上來說,上揭錢繹認爲與"襤褸"是一聲之轉,恐失之過寬,畢

---

① (清)彭定求編:《全唐詩》,《景印文淵閣四庫全書》本,臺灣商務印書館,1986年,第619頁。
② (清)胡文英著,徐復校議:《吳下方言考校議》,鳳凰出版社,2012年,第202頁。
③ (清)錢繹撰集,李發舜、黃建中點校:《方言箋疏》,中華書局,1991年,第134頁。
④ (南宋)李綱:《梁谿集》,《景印文淵閣四庫全書》本,臺灣商務印書館,1986年,第707頁。
⑤ (明)臧晉叔編:《元曲選》,中華書局,1958年,第1324頁。
⑥ (明)臧晉叔編:《元曲選》,中華書局,1958年,第1095頁。
⑦ (明)臧晉叔編:《元曲選》,中華書局,1958年,第1099頁。
⑧ (明)張祿輯:《詞林摘艷》,《續修四庫全書》本,上海古籍出版社,2002年,第219頁。

竟聲紐有差距。有學者認爲與"速獨"同源,義爲搖動,非垂義①。筆者認爲與"流蘇"可能是同源關係,讀音雙聲,意義相類,都能表示垂下貌。

抹𨂻/扶𨂻/抹撘/㒓𠊟/抹搭/没搭

《大正藏》五十一册《景德傳燈錄》卷二十二"廣州義寧龍境倫禪師":"師問僧:什麽處來?曰:黄雲來。師曰:作麽生是黄雲郎當媚癡抹𨂻爲人一句?"(385/c)"抹𨂻",《卍續藏經》一百四十册《五燈全書》卷三十二"廣州龍境倫禪師"作"扶𨂻"(746/a)。"扶𨂻"即"抹𨂻"之訛。

"抹𨂻"禪錄或作"抹撘""㒓𠊟""抹搭""没搭"。《卍續藏經》一百一十二册《列祖提綱錄》卷四十二"開爐提綱·中峰本禪師":"諸禪流,休抹撘,燎却眉毛莫便休。"(779/a)《大正藏》五十一册《景德傳燈錄》卷三十《一鉢歌》:"誰道遏喇喇鬧聒聒,總是悠悠造㒓𠊟。"(462/a)《卍續藏經》一百二十四册《林泉老人評唱丹霞淳禪師頌古虛堂集》卷四"第六十一則問百嵓道":"雖然乘興優游,何似歸家穩坐?痿羸跛挈,抹搭甋氁。"(580/b)《嘉興藏》二十九册《耳庵嵩禪師語錄》卷一:"歸伏虎庵,示衆:脚跋眼瞎,全没搭撒。大家團圞頭,共説無生話。説甚無生話恰。"(685/b)

戲曲小説文獻亦多有用例,時賢已有如下成説。朱居易先生釋"抹搭"爲"變心"。② 李景泉先生認爲"抹搭"語源是"没答","不答理"之義,引申爲不理會、不分辨、糊塗、不經心、不在乎、無所謂。③ 李家樹先生僅釋"抹撘"爲"糊塗不分貌"。④ 王鍈先生指出"抹搭"有兩義,一爲混沌無知,二爲輕忽、漫不經心義。⑤ 李申先生認爲:"徐州話'抹搭'義本爲失手……對事情則可引申作'忽略''錯失'。"⑥雷漢卿先生指出:"從方言來看,今西北青海及甘肅河西地區方言把視力不好、看東西看不真切説成'眼睛抹搭'。"⑦

《廣韻·末韻》:"㒓𠊟,肥也。"《通俗編》卷三十四"狀貌·撥獺":"《啓顔錄》:甘洽嘲王仙客曰:'王,計爾應姓田,爲爾面撥獺,抽却爾兩邊。'撥獺,面肥滿貌也。按:《廣韻》有㒓𠊟字,音若耕闒,注云肥滿貌,與

---

① 蕭旭:《〈釋名〉"速獨"考》,《群書校補》(續),花木蘭文化出版社,2014 年,第 1885~1888 頁。
② 朱居易:《元劇俗語方言例釋》,商務印書館,1956 年,第 150 頁。
③ 李景泉:《"抹搭"語源是"没答"》,《漢字文化》2004 年第 1 期。
④ 李家樹:《宋詩詞義拾詁》(上),《古籍整理研究學刊》2007 年第 1 期。
⑤ 王鍈:《近代漢語語詞續考》,《黔南民族師範學院學報》2000 年第 1 期。
⑥ 李申:《元曲詞語今證》,《中國語文》1983 年第 5 期。
⑦ 雷漢卿:《禪籍詞語選釋》,《漢語史研究集刊》第 8 輯,巴蜀書社,2005 年,第 214 頁。

撥獺宜通。"①

從禪錄用例來看,筆者贊同釋"抹蹉"爲糊塗義。拆開爲訓,釋"没答"即其源,義爲"不搭理",恐不可據。從語源角度來看,應該屬於同一聯綿詞的不同書寫形體,至於其語源爲何,尚待賢者。

眈瞠/瞎盯

《卍續藏經》一百三十六册《聯燈會要》卷二十一"鄂州巖頭全豁禪師":"若也看不過,纔被人刺著,眼眈瞠地,恰似殺不死底羊相似。"(778/b)"眈瞠",《嘉興藏》二十七册《三宜盂禪師語録》卷六引此作"瞎盯"(35/b)。"瞎盯","2.1.1.1.1 搭瘂/瞎盯/皱瞠"條有釋。此與"眈瞠"形成異文,"眈瞠"言眼睛睁大,"眈"字待解。

搣/擊

禪籍習見"搣"表擊義。如《卍續藏經》一百三十七册《嘉泰普燈録》卷二十四"吕巖真人":"吕於言下頓契,作偈曰:棄却瓢囊搣碎琴,如今不戀水中金。自從一見黄龍後,始覺從前錯用心。"(334/b)"搣",《嘉興藏》三十八册《蓮峰禪師語録》卷二"金石山斐然禪人"引作"擊"(326/a)。有文章指出"搣"表擊義存沙劃切、緜批切兩讀,孰是孰非,是個問題。②《漢語大字典》據《集韻·齊韻》釋"搣"表批擊義爲緜批切。又《卍續藏經》一百一十三册《祖庭事苑》卷一"雲門室中録":"搣,砂獲切,拂也。"(17/a)善卿作爲禪門僧人來釋禪典音義,其説恐怕要可靠得多。我們傾向禪録擊義之"搣"讀砂獲切。問題是,"搣"爲什麽有擊義? 理據是什麽? 尚待考。

薄訝/不憤而去

《卍續藏經》一百三十七册《嘉泰普燈録》卷二十四"吕巖真人":"吕毅然出問:一粒粟中藏世界,半升鐺内煮山河,且道此意如何? 龍指曰:這守屍鬼。吕曰:争奈囊有長生不死藥。曰:饒經八萬劫,終是落空亡。吕薄訝,飛劍脅之,劍不能入。遂再拜,求指歸。"(334/b)"薄訝",《卍續藏經》一百四十八册《人天寶鑑》卷一"真人吕洞賓"作"不憤而去"(120/a)。"薄訝"費解。

---

① (清)翟灝:《通俗編》,商務印書館,1958年,第756頁。
② 黄錦君:《"搣"小考》,《漢語史研究集刊》第15輯,巴蜀書社,2012年,第265~270頁。

篊/打

《卍續藏經》一百三十五冊《天聖廣燈錄》卷十五"汝州風穴山延昭禪師"："師云：新出紅爐金彈子，篊破闍梨鐵面皮。"（734/b）此句後世禪錄多有引用，《卍續藏經》一百四十二冊《五燈全書》卷一百一十冊"越州宗鏡眉悉净通禪師"引作"捏就泥丸金彈子，打破闍黎鐵面皮"（127/b – 128/a）。"篊"與"打"形成異文，"篊"的語源是什麼？《卍續藏經》一百一十三冊《祖庭事苑》卷六"篊破"："當作捸，千候切，插也。篊，初救切，倅也，非義。"（159/a）善卿此説有待商榷。

力韋希/力口希/力囸希

《卍續藏經》一百一十八冊《古尊宿語錄》卷十五"雲門匡真禪師廣錄·偈頌"："咄咄咄，力韋希；禪子訝，中眉垂。"（352/a）"力韋希"，《大正藏》四十七冊《雲門匡真禪師廣錄》卷一"偈頌"作"力口希"（553/c），《卍續藏經》一百三十七冊《禪林僧寶傳》卷二"韶州雲門大慈雲弘明禪師"引作"力囸希"（450/b）。"力韋希""力口希""力囸希"費解。

潑狼/潑郎

《卍續藏經》一百一十八冊《古尊宿語錄》卷二十"次住海會語錄"："上堂云：日可冷，月可熱，衆魔不能壞真説。大衆，作麽生是真説？潑狼潑賴，若信不及，白雲爲你道：一要衆人會，二要龍神知。"（426/a）"潑狼""潑賴"連文。"潑賴"辭書有載，釋無賴、無用、毒辣等義。"潑狼"蓋與此相類。或作"潑郎"，《大正藏》四十八冊《佛果圜悟禪師碧巖錄》卷五："争奈賊過後張弓，雖然如是，也未稱德山門下客。一等是潑郎潑賴，就中奇特。"（183/c）

臨鳩碪/臨朕碪/林鄭珍

《卍續藏經》一百四十一冊《五燈全書》卷五十"金陵保寧古林清茂禪師"："小參，舉僧問靈雲：如何是佛法大意？云曰：臨鳩碪，井底種林檎。僧曰：學人不會。"（117/b）偈語"臨鳩碪，井底種林檎"費解，"臨鳩碪"或作"臨朕碪"。同上卷五十三"杭州徑山元叟行端禪師"："巖頭聞曰：雪峰與我同條生，不與我同條死，且作麽生？臨朕碪，井底種林檎。今年桃李，一顆直千金。"（164/b）或作"林鄭珍"。《卍續藏經》一百二十一冊《無明慧性禪師語錄》卷一"平江府雙塔壽寧萬歲禪寺語錄"："道舊至，上堂：二月春過半,園林一樣新。傍花看蝶舞,近柳聽鶯吟。遠客來相訪,還曾悟此心。林鄭珍,井底種林檎。今年桃李貴,一顆直千金。"(643/a)

綴五饒三

《卍續藏經》一百三十七册《禪林僧寶傳》卷十七"浮山遠禪師":"乃鳴鼓升座曰:若論此事,如兩家著棋相似,何謂也？敵手知音,當機不讓,若是綴五饒三,又通一路始得。"(510/b)

紐半破三/析半破三

《卍續藏經》一百三十七册《嘉泰普燈錄》卷五"東京法雲大通善本禪師":"上堂,良久曰:只恁麼,休去累他毗耶老人。棒喝交馳,鈍置德山臨濟；紐半破三,即不要你話會。不觸平常一句,作麼生道？"(98/b-99/a)"紐半破三"即"析半破三"之訛。《卍續藏經》一百一十三册《祖庭事苑》卷一對"折半烈三"解釋如下:"折,當從木作析,音錫,劈析也。烈,當作列,分解也。烈,火盛貌,非義。"(14/b)"析半列三",具體所指爲何,以待賢者,但從文義來看,蓋是修行之事。

督牙

《卍續藏經》一百四十一册《五燈全書》卷四十九"明州育王橫川如珙禪師":"繼登太白,謁天目禮,諮決所疑。禮舉'南山笙筍、東海烏賊'話。師擬對,禮便打。"(100/a)此處內容,《大正藏》五十一册《續傳燈錄》卷三十六"明州天童山天目禪師"引作:"時節齋趙公慕師高行,微服過西丘。師亦不問其姓名,與語終日而去。明日,奏請師住持净慈。室中每舉'南山笙筍、東海烏鰂'話。學者擬議,師輒督牙三下,莫有凑泊之者。"(714/b)"督牙"費解,兩相比較,是《續傳燈錄》"督牙"與《五燈會元》"打"義同。如此,則"督牙"爲何能表示"打"義呢？

附錄二　字詞條目索引
（以下索引按照文中所列舉異文條目組音序排列）

A

哎／嗐　132
安排　215
犴狢／犴谿／岸谷／犴俗／犴狛　186
謷／諸　261

B

把／抱　271
擺／捭／掰　84
鎞／錍　篦　30
逼亞　227
髼／篳　129
畁／卑／俾　150
胜／脛　236
辨／辦／辯　165
柄／栖　268
併却　221
飰飥／飿飥／撩飥　147
跛跛挈挈　205
擘／劈　238
醭／樸／殕／醱　30

C

猜／精　268
髤／髪／染　231

槽廠　218
攙／搶／攛　234
驏／驏／欣／喢／嘁／喔　136
綽幹　160
陳解　217
趁讚／趁讚　65
乘肥／秉肥　270
勅／敕　122
叱／吒　124
椿椿／惷惷　190
衝／衡　251
寵／寵／寵　149
搊／扭　133
搊／扭／搯　240
譸／幬　262
出／捉　238
吹／吠　269
逴／綽　32
辵／夊　105
擉／築／塑／稍／斲　79
辭／辟　151
此／比　256
醋／錯　180
攢／潰　39
蹉過／剉過／挫過　79
措／施　233

錯舉 202

D

搭癞/瘩疼/皯瞶 22
噉 158
啗/鴿/呫/嗛/嗽/龕 181
搗羅 221
敵露/覿露 190
抵/秖 269
攧/仆/跌/顛 237
掉闘/挑闘 73
頂角 215
抖哯/斗哯/叫哯/叫吼 244
鬪釘/餶飣 72
籔/簌 263
獨露 222
短販 216
裰/綴 38
觶/觺/躲 131
鷄鵈/鷄鴟/鷄鳩/鷄鳴 275

E

耳/目 114

F

軓/軌 121
放/牧 266
拊勝/拊膝 271
阝/卩 108

G

鶌 156
幹/斡 253
祓/福 236

箇/我/恁/者/這 231
遘/搆/究 181
搆取/擎取 75
孤運 222
牯/羖/粘 50
骨冒 268
骨堆/孤堆 57
骨力/骴髗/骨律/骨肋 63
骨榾/骨柤/骨楂/古錐/骨撾 187
湿湎/湿腤 67
罣/絓/挂 41
摑/搞/颳/磕/攫/格 128
獷蚤/獵蚤/蠟蚤/蛇蚤/革蚤 173

H

漢/澒 268
謔/謓/譁 127
和和/啝啝/喢喢 76
禾/未 247
胡 193
膴/臕 146
嗀嗀/殼殼/嚗嚗/剝剝 181
互/亙 264
晦/賄 264
火抄/火杪/火叉 241

J

擊/繫 267
咭咭/咭咕/咭唧 31
岌業 197
覷/看 235
簡/檢/柬 237

朿/束　97
將頭　227
蟭蟟/蝍蟟/遮了/蜘蟟　179
交武　220
劫/却　272
斤/斥　125
今/令　254
至/至　107
莖齎　219
臼/臼　99
狷啼　158
蹶/蹙/赳　27
捃/窘　183
駿/駿　265

K

開/張　238
剋時　223
枯却/拈却　271
腽臀/骨臀/肭臀　187

L

來/耒　116
郎　195
浪施/虛施　57
攦　211
跦/瘕　180
潦倒/老倒　36
㖪說　161
料掉　200
糯/糯　261
伶俜/玲珶/竮竮　64
柳/拗/折　239
魯/曾　92

攏/瀧　42
陸/時　266
躶/裸/髁　86
掠彴/略彴　189

M

麥/夌　117
謾/不　232
茅/第　250
卯/卪　269
兒/艮　111
萌/萠　263
瞇眯/瞇厴/瞇麻　171
襴/嫺/稱　262
面/而　255
靦覗/勔臏　69
偻偰　202
摩拂　201
蔦/把　235

N

那/邪/耶　273
㖿　155
捻/捏/撚/撑/挼　182
鳥/烏　267
扭/細　265
拗折/抝折/抅折　245
努/弩/掫　60
挶/捺　236

P

攀/扳/板　151
盤礴/磅礴/盤礴　77
彭烹/彭澎/滂渹　74

庈碩　223
棚／柵　269
鬓髮／鬓鬆／髼鬙／髼鬙　141
頓／頼　269
平欺　196
破／被　263

Q

棲／樓　273
契重／器重　78
髂／骼／挌／拤／拰　25
鴿　157
刊／刋　95
甈／甈　67
峭／捎／鞘　45
勤腆　207
罄／磬　266
趣／趍／趨　184
權教／拳教　77
群／郡　274

R

荏／葖　44
焫／焫／炳　162

S

毯毯／鬖鬖／髟髟　54
颾／颸　166
臊／躁　265
曬眼／曬眼／啜眼／曬䁕　148
尚／向　250
燒香　215
生／主　258
尿　152

豕／豕　102
氏／氏　103
示／來　261
眎／視／睍　147
收／牧　123
殳／殳　110
輸／輪　248
束／朿　113
束／來　96
雙／緉　233
槊／稍　49
鑠／搦　184
餿／臕　83
遡／逆　238
璨蛄／蠏蛄／瑣珇　149
所柴／斫柴　260

T

台脽　224
淘／陶／洮／濤　33
踢／趯／躍　80
剔／卓／眨／策／提／舉／掀／揚　228
提／捉　234
同／向　262
童牙／童子　239
禿　211
禿／簪／縮　233
椳／挨／橯　66
鈯斧／拙斧　180
焞／燉／烹／純　132
蛻／蛇　266
托／拓／捧　229
脫類　225
託宿／借宿　270

W

委/資　267
腲脮/媼㜢/虺隤　62
未/朱　262
聞　208
翁子　224
鵵/鵝　261

X

溜/恁　264
下得　213
睨/际　235
降款　214
銷/鎖　91
消得　213
笑/关　145
詨訑/誱訑　170
龐　158
幸/幸　112
鑐/鬚/鎖/鎖　141
虛/塵　264
穴/宂　93
眩/眨/貶　261
徇/狗/狗　242

Y

芽/茅　265
牙齒/牙爪　267
呀/問/閗/欻/颭/嗄　168
欄/檻　237
眼/眠　251
央庠　199
埶/執　89

Z

瘭語/寐語　236
嶉　155
擁毳/擁衲　236
飫/欽　230
飫餐/飯餐　234

Z

喳/咘/嚃/嚵　82
喳/咘/唼/接/蛟/蠐　138
趲　214
擖/叞/抯/粗/查/揸　140
擖/撈　239
咤呀/咤沙　238
貶　210
礤/苴/渣　48
椑/穎　191
輒/輙　142
譻縮　226
浙/淅　100
真/直　275
幢子/幀子　28
震薄　226
拯/扤/抖　46
祗對/抵對　245
支/攴　106
止瀺/止泊/止瀝　185
止/跙/距　237
止住　225
至/構/粘/邁/巴/爬　232
種草　207
皺/縐　40
爪/瓜/辰　118
拽/較　233
轉　209

濁/濯/淖　34
濁/逐　164
卓朔/氽朔/查沙/磔索　57

祖胃　219
怍/作　264
作麼/怎麼/則麼/只麼/子麼　184

參考文獻

一、古籍

[1]（戰國）墨翟:《墨子》,《道藏》本,文物出版社、上海書店、天津古籍出版社,1988年。

[2]（西漢）韓嬰撰,許維遹校釋:《韓詩外傳集釋》,中華書局,1980年。

[3]（西漢）賈誼:《新書》,《景印文淵閣四庫全書》本,臺灣商務印書館,1986年。

[4]（西漢）劉向:《説苑》,《叢書集成初編》本,上海商務印書館,1935年。

[5]（西漢）劉向:《新序》,《中華再造善本》唐宋編,北京圖書館出版社,2005年。

[6]（西漢）司馬遷著,（南朝宋）裴駰集解:《宋刻十四行本史記》,鳳凰出版社,2011年。

[7]（西漢）揚雄:《揚子雲集》,《景印文淵閣四庫全書》本,臺灣商務印書館,1986年。

[8]（西漢）揚雄著,（北宋）司馬光集注:《集注太玄》,《續修四庫全書》本,上海古籍出版社,2001年。

[9]（東漢）班固:《漢書》,上海古籍出版社,1986年。

[10]（東漢）趙岐注,（北宋）孫奭疏:《孟子注疏》,《十三經注疏》,中華書局,1980年。

[11]（東漢）鄭玄注,（唐）賈公彥疏:《周禮注疏》,《十三經注疏》,中華書局,1980年。

[12]（東漢）鄭玄注,（唐）孔穎達正義:《禮記正義》,《十三經注疏》,中華書局,1980年。

[13]（東漢）鄭玄注:《周易鄭注》,《續修四庫全書》本,上海古籍出版社,2001年。

[14]（三國魏）管輅:《管氏指蒙》,《續修四庫全書》本,上海古籍出版社,2001年。

[15](西晉)陳壽:《三國志》,崇禎十七年汲古閣刻本。

[16](西晉)陳壽撰,(南朝宋)裴松之注:《百衲本三國志》,國家圖書館出版社,2014年。

[17](西晉)杜預注,(唐)孔穎達正義:《春秋左傳正義》,《十三經注疏》,中華書局,1980年。

[18](東晉)葛洪:《抱樸子》,《道藏》本,文物出版社、上海書店、天津古籍出版社,1988年。

[19](東晉)葛洪:《葛仙翁肘後備急方》,《道藏》本,文物出版社、上海書店、天津古籍出版社,1988年。

[20](南朝梁)陶弘景:《周氏冥通記》,《道藏》本,文物出版社、上海書店、天津古籍出版社,1988年。

[21](南朝梁)蕭統編,(唐)李善等注:《六臣注文選》,中華書局,1987年。

[22](南朝梁)蕭統編,(唐)李善注:《文選》,中華書局,1977年。

[23](南朝梁)蕭子顯:《百衲本南齊書》,國家圖書館出版社,2014年。

[24](南朝梁)庾信撰,(清)倪璠注:《庾子山集》,《景印文淵閣四庫全書》本,臺灣商務印書館,1986年。

[25](南朝宋)范曄:《後漢書》,《中華再造善本》唐宋編,北京圖書館出版社,2005年。

[26](南朝宋)范曄:《後漢書》,東方文化學院京都研究所藏宋刻本。

[27](南朝宋)劉敬叔撰,范寧校點:《異苑》,中華書局,1996年。

[28](南朝宋)劉義慶撰,(南朝梁)劉孝標注:《宋本世說新語》,國家圖書館出版社,2017年。

[29](北魏)酈道元:《明鈔本水經注》,國家圖書館出版社,2018年。

[30](北魏)酈道元撰,(明)朱謀㙔注:《水經注箋》,北京出版社,1997年。

[31](北齊)劉晝著,(唐)袁孝政注:《劉子》,《叢書集成初編》本,上海商務印書館,1939年。

[32](北周)衛元嵩:《元包經傳》,《叢書集成初編》本,商務印書館,1939年。

[33](隋)楊上善撰注:《黃帝內經太素》,人民衛生出版社,1965年。

[34](唐)白居易:《白氏長慶集》,《四部叢刊初編》本,上海商務印書館,1922年。

［35］（唐）杜甫：《杜工部集》，《續古逸叢書》集部，江蘇古籍出版社，2001年。

［36］（唐）杜甫著，（清）仇兆鰲注：《杜詩詳注》，中華書局，2015年。

［37］（唐）杜佑：《通典》，中華書局，1984年。

［38］（唐）韓愈著，（南宋）魏仲舉編：《五百家注昌黎文集》，《景印文淵閣四庫全書》本，臺灣商務印書館，1986年。

［39］（唐）韓愈著，錢仲聯集釋：《韓昌黎詩繫年集釋》，上海古籍出版社，1984年。

［40］（唐）孔穎達：《尚書正義》，《十三經注疏》，中華書局，1980年。

［41］（唐）李白：《李太白集》，《中華再造善本》唐宋編，北京圖書館出版社，2005年。

［42］（唐）李商隱著，（清）馮浩箋注，蔣凡標點：《玉谿生詩集箋注》，上海古籍出版社，1979年。

［43］（唐）李石等：《司牧安驥集》，《續修四庫全書》本，上海古籍出版社，2001年。

［44］（唐）陸德明撰，黃焯斷句：《經典釋文》，中華書局，1983年。

［45］（唐）歐陽詢：《宋本藝文類聚》，上海古籍出版社，2013年。

［46］（唐）釋玄應：《一切經音義》，《叢書集成初編》本，商務印書館，1936年。

［47］（唐）釋玄奘譯，（唐）釋辯機撰：《宋思溪藏本大唐西域記》，國家圖書館出版社，2017年。

［48］（唐）蘇鶚：《蘇氏演義》，《景印文淵閣四庫全書》本，臺灣商務印書館，1986年。

［49］（唐）王梵志著，項楚校注：《王梵志詩校注》（增訂本），上海古籍出版社，2010年。

［50］（唐）魏徵等輯：《群書治要》，《宛委別藏》本，江蘇古籍出版社，1988年。

［51］（唐）徐堅編：《初學記》，中華書局，1962年。

［52］（唐）徐靈府：《通玄真經注》，江蘇古籍出版社，1988年。

［53］（唐）虞世南輯：《北堂書鈔》，《續修四庫全書》本，上海古籍出版社，2001年。

［54］（唐）張說：《張燕公集》，《四庫唐人文集叢刊》本，上海古籍出版社，1992年。

［55］（唐）張鷟：《朝野僉載》，《叢書集成初編》本，中華書局，1985年。

［56］（南唐）馮延巳：《陽春集》，《續修四庫全書》本，上海古籍出版社，2001 年。

［57］（南唐）釋靜、釋筠：《祖堂集》，《續修四庫全書》本，上海古籍出版社，2001 年。

［58］（後晉）劉昫等：《百衲本舊唐書》，國家圖書館出版社，2014 年。

［59］（北宋）晁沖之：《晁具茨先生詩集》，《宛委別藏》本，江蘇古籍出版社，1988 年。

［60］（北宋）鄧名世：《古今姓氏書辯證》，《景印文淵閣四庫全書》本，臺灣商務印書館，1986 年。

［61］（北宋）郭茂倩編：《樂府詩集》，文學古籍刊行社，1955 年。

［62］（北宋）李昉等：《太平御覽》，中華書局，1960 年。

［63］（北宋）李昉等編：《太平廣記》，中華書局，1961 年。

［64］（北宋）李昉等編：《文苑英華》，中華書局，1966 年。

［65］（北宋）宋祁：《宋景文公筆記》，《叢書集成初編》本，商務印書館，1936 年。

［66］（北宋）王欽若等編：《册府元龜》，中華書局，1960 年。

［67］（北宋）吳縝：《新唐書糾謬》，商務印書館，1936 年。

［68］（北宋）樂史：《太平寰宇記》，《景印文淵閣四庫全書》本，臺灣商務印書館，1983 年。

［69］（南宋）陳均：《皇朝編年備要》，《中華再造善本》唐宋編，北京圖書館出版社，2004 年。

［70］（南宋）陳思輯：《書苑菁華》，《景印文淵閣四庫全書》本，臺灣商務印書館，1986 年。

［71］（南宋）陳著：《本堂集》，《景印文淵閣四庫全書》本，臺灣商務印書館，1986 年。

［72］（南宋）程大昌：《演繁露》，《景印文淵閣四庫全書》本，臺灣商務印書館，1986 年。

［73］（南宋）戴侗：《六書故》，《溫州文獻叢書》本，上海社會科學院出版社，2006 年。

［74］（南宋）方逢辰：《蛟峰集》，《宋集珍本叢刊》本，綫裝書局，2004 年。

［75］（南宋）洪邁：《夷堅三志》，《續修四庫全書》本，上海古籍出版社，2002 年。

［76］（南宋）洪邁：《夷堅支志》，《續修四庫全書》本，上海古籍出版

社,2002 年。

[77](南宋)洪适:《隸釋・隸續》,中華書局,1986 年。

[78](南宋)洪興祖撰,白化文等點校:《楚辭補注》,中華書局,1983 年。

[79](南宋)黃震:《黃氏日鈔》,《景印文淵閣四庫全書》本,臺灣商務印書館,1986 年。

[80](南宋)陸游:《劍南詩稿》,《景印文淵閣四庫全書》本,臺灣商務印書館,1986 年。

[81](南宋)羅願:《爾雅翼》,《叢書集成初編》本,商務印書館,1939 年。

[82](南宋)毛晃:《禹貢指南》,《叢書集成初編》本,商務印書館,1936 年。

[83](南宋)釋普濟:《五燈會元》,《中華再造善本》唐宋編,北京圖書館出版社,2005 年。

[84](南宋)王象之:《輿地紀勝》,中華書局,1992 年。

[85](南宋)魏了翁:《毛詩要義》,《續修四庫全書》本,上海古籍出版社,2002 年。

[86](南宋)謝維新:《事類備要》,《景印文淵閣四庫全書》本,臺灣商務印書館,1986 年。

[87](南宋)葉夢得:《石林奏議》,《續修四庫全書》本,上海古籍出版社,2001 年。

[88](南宋)佚名:《大唐三藏取經詩話》,《古本小說集成》第 4 輯,上海古籍出版社,1992 年。

[89](南宋)張杲:《醫説》,上海科學技術出版社,1984 年。

[90](南宋)鄭樵:《通志》,中華書局,1987 年。

[91](南宋)曾敏行著,朱杰人標校:《獨醒雜志》,《宋元筆記叢書》本,上海古籍出版社,1986 年。

[92](南宋)祝穆:《古今事文類聚後集》,《景印文淵閣四庫全書》本,臺灣商務印書館,1986 年。

[93](金)韓孝彥、韓道昭:《改併四聲篇海》,《續修四庫全書》本,上海古籍出版社,2001 年。

[94](元)黃公紹、熊忠著,甯忌浮整理:《古今韻會舉要》,中華書局,2000 年。

[95](元)馬端臨:《文獻通考》,中華書局,1986 年。

［96］（元）佚名：《大元聖政國朝典章》，中國廣播電視出版社，1998 年。

［97］（元）佚名：《古今雜劇》，《中華再造善本》金元編，北京圖書館出版社，2005 年。

［98］（元）佚名：《三國志平話》，《古本小說集成》第 1 輯，上海古籍出版社，1991 年。

［99］（元）趙道一：《歷世真仙體道通鑒》，《道藏》本，文物出版社、上海書店、天津古籍出版社，1988 年。

［100］（元）朱德潤：《存復齋文集》，《續修四庫全書》本，上海古籍出版社，2002 年。

［101］（元）左克明：《古樂府》，《景印文淵閣四庫全書》本，臺灣商務印書館，1986 年。

［102］（明）安遇時編集：《包龍圖判百家公案》，《古本小說集成》第 2 輯，上海古籍出版社，1992 年。

［103］（明）抱甕老人：《今古奇觀》，《古本小說集成》第 3 輯，上海古籍出版社，1994 年。

［104］（明）畢魏：《滑稽館新編三報恩傳奇》，《古本戲曲叢刊》第 2 集，上海商務印書館，1955 年。

［105］（明）曹學佺編：《石倉歷代詩選》，《景印文淵閣四庫全書》本，臺灣商務印書館，1986 年。

［106］（明）陳邦俊：《廣諧史》，《四庫全書存目叢書》本，齊魯書社，1995 年。

［107］（明）陳天定輯：《古今小品》，《四庫禁毀書叢刊》本，北京出版社，1997 年。

［108］（明）陳耀文：《天中記》，《景印文淵閣四庫全書》本，臺灣商務印書館，1986 年。

［109］（明）陳子龍等輯：《皇明經世文編》，《續修四庫全書》本，上海古籍出版社，2001 年。

［110］（明）澹圃主人：《大唐秦王詞話》，《古本小說集成》第 3 輯，上海古籍出版社，1994 年。

［111］（明）都穆：《金薤琳琅》，《景印文淵閣四庫全書》本，臺灣商務印書館，1986 年。

［112］（明）方以智：《浮山文集前編》，《續修四庫全書》本，上海古籍出版社，2001 年。

［113］（明）方以智:《通雅》,中國書店,1990年。
［114］（明）馮夢龍:《古今小說》,《古本小說集成》第4輯,上海古籍出版社,1991年。
［115］（明）馮夢龍:《警世通言》,《古本小說叢刊》第32輯,中華書局,1991年。
［116］（明）馮夢龍:《醒世恒言》,《古本小說叢刊》第30輯,中華書局,1991年。
［117］（明）伏雌教主:《醋葫蘆》,《古本小說集成》第1輯,上海古籍出版社,1994年。
［118］（明）顧起元:《客座贅語》,《續修四庫全書》本,上海古籍出版社,2002年。
［119］（明）顧炎武:《音學五書》,中華書局,1982年。
［120］（明）顧元慶輯:《顧氏文房小說》,《中華再造善本》明清編,北京圖書館出版社,2004年。
［121］（明）郭應聘:《郭襄靖公遺集》,《續修四庫全書》本,上海古籍出版社,2001年。
［122］（明）何士晉:《工部廠庫須知》,《北京圖書館古籍珍本叢刊》本,書目文獻出版社,1999年。
［123］（明）何鏜輯:《古今遊名山記》,《續修四庫全書》本,上海古籍出版社,2002年。
［124］（明）洪楩編:《清平山堂話本》,文學古籍刊行社,1955年。
［125］（明）胡廣:《性理大全書》,《景印文淵閣四庫全書》本,臺灣商務印書館,1986年。
［126］（明）許仲琳:《封神演義》,《古本小說集成》第4輯,上海古籍出版社,1994年。
［127］（明）許自昌輯:《捧腹編》,《續修四庫全書》本,上海古籍出版社,2002年。
［128］（明）黃生撰,（清）黃承吉合按,包殿淑點校:《字詁義符合按》,中華書局,1984年。
［129］（明）黃文華:《詞林一枝》,《善本戲曲叢刊》第1輯,臺灣學生書局,1984年。
［130］（明）黃宗羲:《宋元學案》,《黃宗羲全集》,浙江古籍出版社,1992年。
［131］（明）焦竑:《俗書刊誤》,《景印文淵閣四庫全書》本,臺灣商務

印書館,1986 年。

〔132〕(明)静嘯齋主人:《西遊補》,《古本小説集成》第 3 輯,上海古籍出版社,1993 年。

〔133〕(明)蘭陵笑笑生:《金瓶梅》,《明清善本小説叢刊》第 10 輯,臺北天一出版社,1985 年。

〔134〕(明)林希元:《林次崖先生文集》,《四庫全書存目叢書》本,齊魯書社,1997 年。

〔135〕(明)凌濛初:《二刻拍案驚奇》,《古本小説叢刊》第 14 輯,中華書局,1991 年。

〔136〕(明)陸人龍編:《型世言》,《古本小説集成》第 5 輯,上海古籍出版社,1994 年。

〔137〕(明)羅貫中:《三國志通俗演義》,《古本小説集成》第 3 輯,上海古籍出版社,1993 年。

〔138〕(明)羅貫中:《隋唐兩朝史傳》,《古本小説集成》第 3 輯,上海古籍出版社,1994 年。

〔139〕(明)羅貫中編,(明)馮夢龍增補:《天許齋批點平妖傳》,《古本小説叢刊》第 33 輯,中華書局,1991 年。

〔140〕(明)清溪道人:《東度記》,《古本小説集成》第 2 輯,上海古籍出版社,1990 年。

〔141〕(明)邱濬:《伍倫全備忠孝記》,《古本戲曲叢刊》初集,上海商務印書館,1954 年。

〔142〕(明)瞿汝稷輯:《指月錄》,《四庫未收書輯刊》本,北京出版社,1997 年。

〔143〕(明)邵經邦:《弘簡錄》,《續修四庫全書》本,上海古籍出版社,2001 年。

〔144〕(明)沈寵綏:《度曲須知》,《四庫全書存目叢書》本,齊魯書社,1995 年。

〔145〕(明)施耐庵:《第五才子書水滸傳》,《古本小説集成》第 4 輯,上海古籍出版社,1994 年。

〔146〕(明)施耐庵:《李卓吾批評忠義水滸傳》,《古本小説集成》第 2 輯,上海古籍出版社,1990 年。

〔147〕(明)湯顯祖:《還魂記》,《六十種曲》,中華書局,1958 年。

〔148〕(明)湯顯祖:《邯鄲夢記》,《古本戲曲叢刊》初集,上海商務印書館,1954 年。

［149］（明）湯顯祖:《李十郎紫簫記》,《古本戲曲叢刊》初集,商務印書館,1954 年。

［150］（明）湯顯祖:《玉茗堂全集》,《續修四庫全書》本,上海古籍出版社,2002 年。

［151］（明）汪瑗:《楚辭集解》,《續修四庫全書》本,上海古籍出版社,2002 年。

［152］（明）王寵:《雅宜山人集》,《四庫全書存目叢書》本,齊魯書社,1997 年。

［153］（明）吳承恩:《西遊記》,《古本小說集成》第 4 輯,上海古籍出版社,1994 年。

［154］（明）吳沛泉:《明鏡公案》,《古本小說叢刊》第 32 輯,中華書局,1991 年。

［155］（明）吳正倫輯:《養生類要》,上海古籍出版社,1990 年。

［156］（明）無名氏:《京本通俗小說》,《古本小說集成》第 5 輯,上海古籍出版社,1994 年。

［157］（明）無名氏撰,（明）徐文長批評:《隋唐演義》,《古本小說集成》第 1 輯,上海古籍出版社,1991 年。

［158］（明）徐官:《古今印史》,《叢書集成初編》本,商務印書館,1939 年。

［159］（明）徐渭原著,李復波、熊澄宇注釋:《〈南詞叙錄〉注釋》,中國戲劇出版社,1989 年。

［160］（明）徐象梅:《兩浙名賢錄》,書目文獻出版社,1987 年。

［161］（明）葉佖等:《新刻御頒新例三台明律招判正宗》,東洋文化研究所藏明萬曆四十六年建邑余氏雙峰堂刊本。

［162］（明）葉向高等纂修:《大明光宗貞皇帝實錄》,《四庫禁毀書叢刊》本,北京出版社,1997 年。

［163］（明）佚名:《後西遊記》,《古本小說集成》第 4 輯,上海古籍出版社,1994 年。

［164］（明）佚名:《龍圖公案》,清光緒十八年濰陽成文信記刊本。

［165］（明）佚名:《四賢記》,《六十種曲》亥集,上海圖書館藏汲古閣本。

［166］（明）佚名:《蘇英皇后鸚鵡記》,《古本戲曲叢刊》初集,上海商務印書館,1954 年。

［167］（明）佚名:《新編說唱包龍圖斷歪烏盆傳》,《明成化說唱詞話叢

刊》,上海書店出版社。

［168］（明）佚名:《新刻全像高文舉珍珠記》,《古本戲曲叢刊》第 2 集,上海商務印書館,1955 年。

［169］（明）佚名:《張子房赤松記》,《古本戲曲叢刊》第 2 集,上海商務印書館,1955 年。

［170］（明）佚名:《忠烈全傳》,《古本小説集成》第 4 輯,上海古籍出版社,1994 年。

［171］（明）袁於令:《隋史遺文》,《古本小説集成》第 3 輯,上海古籍出版社,1994 年。

［172］（明）臧晉叔編:《元曲選》,中華書局,1958 年。

［173］（明）張邦奇:《張文定公四友亭集》,《續修四庫全書》本,上海古籍出版社,2001 年。

［174］（明）張瀚著,盛冬鈴點校:《松窗夢語》,中華書局,1985 年。

［175］（明）張溥編:《漢魏六朝百三家集》,《景印文淵閣四庫全書》本,臺灣商務印書館,1986 年。

［176］（明）張四維:《雙烈記》,《古本戲曲叢刊》第 2 集,上海商務印書館,1955 年。

［177］（明）張位:《問奇集》,《四庫全書存目叢書》本,齊魯書社,1997 年。

［178］（明）趙琦美鈔校:《脈望館鈔校古今雜劇》,《古本戲曲叢刊》第 4 集,上海商務印書館,1958 年。

［179］（明）鍾惺:《夏商合傳》,《古本小説叢刊》第 19 輯,中華書局,1991 年。

［180］（明）周履靖:《夷門廣牘》,商務印書館,1940 年。

［181］（明）朱橚等編:《普濟方》,《景印文淵閣四庫全書》本,臺灣商務印書館,1986 年。

［182］（清）筆鍊閣主人:《五色石》,《古本小説集成》第 2 輯,上海古籍出版社,1994 年。

［183］（清）曹雪芹、高鶚:《程甲本紅樓夢》,書目文獻出版社,1992 年。

［184］（清）曹雪芹:《戚蓼生序本石頭記》,人民文學出版社,1975 年。

［185］（清）曹雪芹:《乾隆抄本百廿回紅樓夢稿》,人民文學出版社,2009 年。

［186］（清）曹雪芹:《脂硯齋重評石頭記》（甲戌本）,人民文學出版

社,2009 年。

[187](清)曹雪芹:《脂硯齋重評石頭記》(庚辰本),人民文學出版社,2009 年。

[188](清)陳焯:《宋元詩會》,《景印文淵閣四庫全書》本,臺灣商務印書館,1986 年。

[189](清)陳端生:《再生緣全傳》,《續修四庫全書》本,上海古籍出版社,2002 年。

[190](清)陳祥裔:《蜀都碎事》,《四庫全書存目叢書》本,齊魯書社,1995 年。

[191](清)陳元龍:《格致鏡原》,《景印文淵閣四庫全書》本,臺灣商務印書館,1986 年。

[192](清)陳元龍輯:《歷代賦彙》,《景印文淵閣四庫全書》本,臺灣商務印書館,1986 年。

[193](清)褚人穫:《堅瓠集》,《續修四庫全書》本,上海古籍出版社,2002 年。

[194](清)翟灝:《通俗編》,商務印書館,1958 年。

[195](清)丁耀亢:《續金瓶梅》,《古本小說集成》第 1 輯,上海古籍出版社,1994 年。

[196](清)董誥等編:《全唐文》,中華書局,1983 年。

[197](清)董耀編,林益良整理,林勉復校:《弈學會海》,上海文化出版社,1997 年。

[198](清)杜文瀾輯:《古謠諺》,《續修四庫全書》本,上海古籍出版社,2002 年。

[199](清)方旭:《蟲薈》,《續修四庫全書》本,上海古籍出版社,2002 年。

[200](清)高士奇:《城北集》,《四庫未收書輯刊》本,北京出版社,1997 年。

[201](清)顧藹吉撰集:《隸辨》,北京市中國書店,1982 年。

[202](清)顧嗣立編:《元詩選》,中華書局,1987 年。

[203](清)顧松園:《顧松園醫鏡》,河南人民出版社,1961 年。

[204](清)歸鋤子:《紅樓夢補》,《古本小說集成》第 3 輯,上海古籍出版社,1994 年。

[205](清)韓文綺:《韓大中丞奏議》,《續修四庫全書》本,上海古籍出版社,2001 年。

［206］（清）好古主人：《趙太祖三下南唐被困壽州城》，《古本小說集成》第 3 輯，上海古籍出版社，1994 年。

［207］（清）郝懿行：《爾雅義疏》，北京市中國書店，1982 年。

［208］（清）郝懿行：《證俗文》，《續修四庫全書》本，上海古籍出版社，2001 年。

［209］（清）何夢梅：《大明正德皇遊江南傳》，《古本小說集成》第 3 輯，上海古籍出版社，1992 年。

［210］（清）胡紹煐：《文選箋證》，《續修四庫全書》本，上海古籍出版社，2001 年。

［211］（清）浣霞子：《雨蝶痕》，《古本戲曲叢刊》第 5 集，上海商務印書館，1986 年。

［212］（清）黃生撰，（清）黃承吉合按，包殿淑點校：《字詁義府合按》，中華書局，1984 年。

［213］（清）黎簡：《五百四峰堂詩鈔》，《續修四庫全書》本，上海古籍出版社，2002 年。

［214］（清）李春榮：《水石緣》，《古本小說集成》第 2 輯，上海古籍出版社，1994 年。

［215］（清）李世忠：《梨園集成》，京東大學雙紅堂文庫藏清光緒六年竹友齋重刊本。

［216］（清）梁同書：《頻羅庵遺集》，《續修四庫全書》本，上海古籍出版社，2002 年。

［217］（清）劉鶚著，汪原放句讀：《老殘遊記》，亞東圖書館出版社，1934 年。

［218］（清）劉禧延：《〈中州切音譜〉贅論》，《新曲苑》，鳳凰出版社，2014 年。

［219］（清）陸士珍：《綉像珍珠塔續集麒麟豹傳》，光緒元年玉積山房刻本。

［220］（清）呂撫輯：《廿一史通俗衍義》，《古本小說集成》第 2 輯，上海古籍出版社，1994 年。

［221］（清）馬瑞辰撰，陳金生點校：《毛詩傳箋通釋》，中華書局，1989 年。

［222］（清）毛奇齡：《西河集》，《景印文淵閣四庫全書》本，臺灣商務印書館，1986 年。

［223］（清）穆彰阿：《大清一統志》，《四部叢刊續編》本，上海商務印

書館,1934年。

[224](清)倪濤:《六藝之一錄》,《景印文淵閣四庫全書》本,臺灣商務印書館,1986年。

[225](清)彭定求編:《全唐詩》,《景印文淵閣四庫全書》本,臺灣商務印書館,1986年。

[226](清)彭定求編:《全唐詩》,中華書局,1980年。

[227](清)蒲松齡:《聊齋志異》,《古本小說集成》第4輯,上海古籍出版社,1994年。

[228](清)錢大昕:《三史拾遺》,陳文和編:《嘉定錢大昕全集》,鳳凰出版社,2016年。

[229](清)錢謙益輯:《列朝詩集》,《續修四庫全書》本,上海古籍出版社,2001年。

[230](清)錢繹撰集,李發舜、黃建中點校:《方言箋疏》,中華書局,1991年。

[231](清)秦子忱:《續紅樓夢》,《古本小說集成》第2輯,上海古籍出版社,1994年。

[232](清)邱園:《幻緣箱傳奇》,《古本戲曲叢刊》第3集,文學古籍刊行社,1957年。

[233](清)阮元校刻:《十三經注疏》,中華書局,1980年。

[234](清)上谷氏蓉江:《西湖小史》,《古本小說集成》第2輯,上海古籍出版社,1994年。

[235](清)沈辰垣、(清)王奕清等編:《歷代詩餘》,《景印文淵閣四庫全書》本,臺灣商務印書館,1986年。

[236](清)石玉昆:《七俠五義》,《古本小說集成》第4輯,上海古籍出版社,1994年。

[237](清)石玉昆:《小五義》,《古本小說集成》第4輯,上海古籍出版社,1994年。

[238](清)孫詒讓:《墨子閒詁》,商務印書館,1936年。

[239](清)桃花館主:《七劍十三俠》,《古本小說集成》第1輯,上海古籍出版社,1994年。

[240](清)陶貞懷:《天雨花》,清同治六年緯文堂刻本。

[241](清)屠寄:《蒙兀兒史記》,《元史二種》,上海書店、上海古籍出版社,1989年。

[242](清)王闓運:《八代詩選》,《續修四庫全書》本,上海古籍出版

社,2001 年。

［243］(清)王念孫:《讀書雜志》,江蘇古籍出版社,1985 年。

［244］(清)王念孫著,鍾宇訊點校:《廣雅疏證》,中華書局,1983 年。

［245］(清)王廷紹:《霓裳續譜》,《續修四庫全書》本,上海古籍出版社,2002 年。

［246］(清)王先謙:《漢書補注》,《續修四庫全書》本,上海古籍出版社,2001 年。

［247］(清)王先慎撰,鍾哲點校:《韓非子集解》,中華書局,2003 年。

［248］(清)王引之:《經義述聞》,《萬有文庫》本,商務印書館,1935 年。

［249］(清)王在鎬:《辨字通考》,《續修四庫全書》本,上海古籍出版社,2001 年。

［250］(清)魏源:《海國圖志》,早稻田大學藏光緒二年刻本。

［251］(清)吳璿:《飛龍全傳》,華夏出版社,1995 年。

［252］(清)吳儀洛:《本草從新》,《續修四庫全書》本,上海古籍出版社,2002 年。

［253］(清)吳之振、呂留良、吳自牧選,(清)管庭芬、蔣光煦補:《宋詩鈔》,中華書局,1986 年。

［254］(清)無名氏:《續西遊記》,《古本小説集成》第 3 輯,上海古籍出版社,1992 年。

［255］(清)夏敬渠:《野叟曝言》,《古本小説集成》第 4 輯,上海古籍出版社,1994 年。

［256］(清)邢澍:《金石文字辨異》,《續修四庫全書》本,上海古籍出版社,2001 年。

［257］(清)嚴可均校輯:《全上古三代秦漢三國六朝文》,中華書局,1958 年。

［258］(清)佚名:《古本新刻劉成美全傳》,清乾隆四十六年刻本。

［259］(清)佚名:《海公大紅袍》,《古本小説集成》第 5 輯,上海古籍出版社,1994 年。

［260］(清)佚名:《什不閑全詞王小趕脚》,舊刻本,早稻田大學風陵文庫藏。

［261］(清)佚名:《四根弦全詞王小趕脚》,舊刻本,早稻田大學風陵文庫藏。

［262］(清)佚名:《檮杌閒評》,《古本小説集成》第 2 輯,上海古籍出

版社,1994年。

[263](清)慵訥居士:《咫聞錄》,《續修四庫全書》本,上海古籍出版社,2002年。

[264](清)俞達:《青樓夢》,《古本小説集成》第4輯,上海古籍出版社,1994年。

[265](清)俞萬春:《結水滸傳》,《古本小説集成》第4輯,上海古籍出版社,1994年。

[266](清)俞樾:《古書疑義舉例》,《萬有文庫》本,上海商務印書館,1937年。

[267](清)俞樾:《諸子平議》,中華書局,1954年。

[268](清)袁枚著,王英志校點:《小倉山房詩集》,王英志主編:《袁枚全集》,江蘇古籍出版社,1993年。

[269](清)袁枚著,鍾明奇校點:《續子不語》,王英志主編:《袁枚全集》,江蘇古籍出版社,1993年。

[270](清)雲中道人:《唐鍾馗平鬼傳》,《古本小説集成》第3輯,上海古籍出版社,1994年。

[271](清)迮朗:《繪事瑣言》,《續修四庫全書》本,上海古籍出版社,2002年。

[272](清)張伯行選:《唐宋八大家文鈔》,《叢書集成初編》本,商務印書館,1936年。

[273](清)張潮輯:《虞初新志》,《古本小説集成》第5輯,上海古籍出版社,1994年。

[274](清)張春帆:《九尾龜》,《古本小説集成》第5輯,上海古籍出版社,1994年。

[275](清)張春帆:《九尾龜》,荆楚書社,1989年。

[276](清)張惠言編:《七十家賦鈔》,《續修四庫全書》本,上海古籍出版社,2002年。

[277](清)張書紳:《新説西遊記》,《古本小説集成》第1輯,上海古籍出版社,1994年。

[278](清)張英等:《淵鑒類函》,《景印文淵閣四庫全書》本,臺灣商務印書館,1986年。

[279](清)張玉書、(清)陳廷敬等編:《康熙字典》,康熙五十五年武英殿刻本。

[280](清)趙一清:《水經注釋》,《景印文淵閣四庫全書》本,台灣商

務印書館,1986年。

［281］（清）鄭燮:《板橋集》,《續修四庫全書》本,上海古籍出版社,2002年。

［282］（清）鄭燮著,吴澤順編注:《鄭板橋集》,岳麓書社,2002年。

［283］（清）鄭燮著,薛恨生標點:《板橋集》,新文化書社,1933年。

［284］（清）周學海:《讀醫隨筆》,《續修四庫全書》本,上海古籍出版社,2002年。

［285］（清）朱鶴齡:《李義山詩集注》,《景印文淵閣四庫全書》本,臺灣商務印書館,1986年。

［286］（清）朱駿聲:《説文通訓定聲》,武漢市古籍書店,1983年。

［287］（清）朱彝尊:《曝書亭集》,《清代詩文集匯編》,上海古籍出版社,2010年。

［288］（清）莊廷鑨:《明史鈔略》,《四部叢刊三編》本,上海商務印書館,1936年。

二、現代著作

［1］北京圖書館金石組編:《北京圖書館藏中國歷代石刻拓本匯編》,中州古籍出版社,1989年。

［2］陳建貢、徐敏編:《簡牘帛書字典》,上海書畫出版社,1991年。

［3］陳建華、傅華主編:《廣州大典》,廣州出版社,2019年。

［4］陳松長編著:《馬王堆簡帛文字編》,文物出版社,2001年。

［5］俄羅斯科學院東方研究所:《俄藏敦煌文獻》,上海古籍出版社,1993年。

［6］高文達:《近代漢語詞典》,知識出版社,1992年。

［7］高峽主編:《西安碑林全集》,廣東經濟出版社、海天出版社,1999年。

［8］顧學頡、王學奇:《元曲釋詞》,中國社會科學出版社,1983年。

［9］郭在貽:《唐詩與俗語詞》,《郭在貽文集》,中華書局,2002年。

［10］郭在貽:《魏晉南北朝史書語詞瑣記》,《郭在貽文集》,中華書局,2002年。

［11］郭在貽著,張涌泉、郭昊編:《新編訓詁叢稿》,浙江大學出版社,2010年。

［12］胡吉宣:《玉篇校釋》,上海古籍出版社,1989年。

［13］胡竹安編著:《水滸詞典》,漢語大詞典出版社,1989年。

［14］湖北省荆沙鐵路考古隊：《包山楚簡》，文物出版社，1991 年。
［15］黃永武：《敦煌寶藏》，臺北新文豐出版公司，1985 年。
［16］黃征、張涌泉校注：《敦煌變文校注》，中華書局，1997 年。
［17］黃征：《敦煌俗字典》，上海教育出版社，2005 年。
［18］黃文杰：《秦至漢初簡帛文字研究》，商務印書館，2008 年。
［19］季羨林：《中印文化交流史》，新華出版社，1993 年。
［20］江藍生、曹廣順編著：《唐五代語言詞典》，上海教育出版社，1997 年。
［21］蔣冀騁：《近代漢語詞彙研究》，湖南教育出版社，1991 年。
［22］蔣禮鴻：《義府續貂》，中華書局，1981 年。
［23］蔣紹愚：《近代漢語研究概要》，北京大學出版社，2005 年。
［24］《歷代碑帖法書選》編輯組：《宋拓懷仁集王書聖教序》，文物出版社，1984 年。
［25］《歷代碑帖法書選》編輯組：《唐寅落花詩册》，文物出版社，1985 年。
［26］雷漢卿、王長林：《禪宗文獻語言論考》，上海教育出版社，2018 年。
［27］雷漢卿：《禪籍方俗詞研究》，巴蜀書社，2010 年。
［28］李崇興、黃樹先、邵則遂：《元語言詞典》，上海教育出版社，1998 年。
［29］李方桂：《上古音研究》，商務印書館，1980 年。
［30］李榮主編：《現代漢語方言大詞典》，江蘇教育出版社，2002 年。
［31］李毓珍：《〈棋經十三篇〉校注》，蜀蓉棋藝出版社，1988 年。
［32］劉學鍇、余恕誠：《李商隱詩歌集解》，中華書局，1988 年。
［33］盧烈紅：《古漢語研究叢剳》，中國社會科學出版社，2013 年。
［34］陸宗達、王寧：《訓詁方法論》，中國社會科學出版社，1983 年。
［35］吕叔湘著，江藍生補：《近代漢語指代詞》，學林出版社，1985 年。
［36］潘悟雲：《漢語歷史音韻學》，上海教育出版社，2000 年。
［37］潘重規主編：《敦煌俗字譜》，石門圖書公司，1978 年。
［38］錢毅：《宋代江浙詩歌合韻譜》，西南交通大學出版社，2013 年。
［39］喬全生：《晉方言語音史研究》，中華書局，2008 年。
［40］秦公輯：《碑別字新編》，文物出版社，1985 年。
［41］裘錫圭：《文字學概要》，商務印書館，1988 年。
［42］任繼昉：《漢語語源學》，重慶出版社，2004 年。

［43］上海古籍出版社、法國國家圖書館編:《法國國家圖書館藏敦煌西域文獻》,上海古籍出版社,2002 年。

［44］上海書店出版社編:《明成化說唱詞話叢刊》,上海書店出版社,2011 年。

［45］尚秉和:《辛壬春秋》,歷史編輯社,1924 年。

［46］首都圖書館編輯:《清車王府藏曲本》,學苑出版社,2001 年。

［47］蘇傑:《〈三國志〉異文研究》,齊魯書社,2006 年。

［48］蘇傑:《古漢語研究叢劄》,中國社會科學出版社,2013 年。

［49］孫雍長:《訓詁原理》,語文出版社,1997 年。

［50］湯餘惠主編:《戰國文字編》,福建人民出版社,2001 年。

［51］王國維:《觀堂集林》,中華書局,1959 年。

［52］王力:《漢語史稿》,中華書局,2015 年。

［53］王力:《漢語語法史》,中華書局,2014 年。

［54］王力:《漢語語音史》,商務印書館,2008 年。

［55］王力:《同源字典》,商務印書館,1982 年。

［56］王力:《新訓詁學》,《龍蟲並雕齋文集》,中華書局,1980 年。

［57］王夢鷗:《漢簡文字類編》,臺灣藝文印書館,1974 年。

［58］王寧:《漢字構形學講座》,上海教育出版社,2002 年。

［59］聞一多著,李定凱編校:《楚辭校補》,巴蜀書社,2002 年。

［60］無著道忠:《葛藤語箋》,日本禪文化研究所,1992 年。

［61］蕭旭:《群書校補》,廣陵書社,2011 年。

［62］肖瑜:《〈三國志〉古寫本用字研究》,上海教育出版社,2011 年。

［63］徐時儀:《〈朱子語類〉詞彙研究》,上海古籍出版社,2013 年。

［64］徐玉立主編:《漢碑全集》,河南美術出版社,2006 年。

［65］許寶華、宮田一郎主編:《漢語方言大詞典》,中華書局,1999 年。

［66］許少峰:《近代漢語大詞典》,中華書局,2008 年。

［67］許威漢:《二十世紀的漢語詞彙學》,書海出版社,2000 年。

［68］岩田禮:《漢語方言解釋地圖》,東京白帝社,2009 年。

［69］楊樹達:《漢書管窺》,上海古籍出版社,1984 年。

［70］葉蔥奇疏注:《李商隱詩集疏注》,人民文學出版社,1985 年。

［71］佚名:《山柏寶卷》,《民間寶卷》,黃山書社,2005 年。

［72］佚名:《血湖寶卷》,黃山書社,2005 年。

［73］于省吾:《雙劍誃諸子新證》,中華書局,1962 年。

［74］于省吾主編:《甲骨文字詁林》,中華書局,1996 年。

［75］袁賓、康健主編:《禪宗大詞典》,崇文書局,2010 年。
［76］袁賓:《禪宗詞典》,湖北人民出版社,1994 年。
［77］袁賓:《禪宗著作詞語匯釋》,江蘇古籍出版社,1990 年。
［78］袁賓編著:《宋語言詞典》,上海教育出版社,1997 年。
［79］岳國鈞主編:《元明清文學方言俗語辭典》,貴州人民出版社,1998 年。
［80］曾良:《敦煌佛經字詞與校勘研究》,廈門大學出版社,2010 年。
［81］曾良:《敦煌文獻叢札》,浙江古籍出版社,2010 年。
［82］曾良:《敦煌文獻字義通釋》,廈門大學出版社,2001 年。
［83］曾良:《明清通俗小說語彙研究》,江西教育出版社,2009 年。
［84］曾良:《明清小說俗字研究》,商務印書館,2017 年。
［85］曾良:《俗字及古籍文字通例研究》,百花洲文藝出版社,2006 年。
［86］張儒、劉毓慶:《漢字通用聲素研究》,山西古籍出版社,2002 年。
［87］張相:《詩詞曲語辭匯釋》,中華書局,1953 年。
［88］張小豔:《敦煌社會經濟文獻詞語論考》,上海人民出版社,2013 年。
［89］張涌泉:《漢語俗字研究》(增訂本),商務印書館,2010 年。
［90］張元濟編纂:《四部叢刊》(初編、續編、三編),上海書店,1985－1989 年。
［91］章太炎著,蔣禮鴻點校:《新方言》,《章太炎全集》,上海人民出版社,2014 年。
［92］趙衍蓀、徐琳編著:《白漢詞典》,四川民族出版社,1996 年。
［93］鄭賢章:《漢文佛典疑難俗字彙釋與研究》,巴蜀書社,2016 年。
［94］鄭張尚芳:《上古音系》,上海教育出版社,2013 年。
［95］中國文物研究所、陝西省古籍整理辦公室:《新中國出土墓誌·陝西》,文物出版社,2000 年。

三、論文

［1］陳立中:《異形詞與方言詞源研究》,《詞彙學理論與應用》(5),商務印書館,2010 年。
［2］陳明富、張鵬麗:《"漫"作禁戒否定副詞考——兼論"曼"、"謾"、"慢"等》,《西南交通大學學報(社會科學版)》2012 年第 1 期。
［3］董同龢:《與高本漢先生商榷"自由押韻"說兼論上古楚方音特色》,《歷史語言研究所集刊》1938 年第 7 本第 4 分。

［4］董志翹:《漢文佛典中"猴猻"之"猻"的語源兼談"孫悟空"何以姓"孫"》,《蘇州大學學報(哲學社會科學版)》2020年第3期。

［5］董志翹:《同源詞研究與語文辭書編纂——以"了⌐"、"闌單"、"郎當"、"龍鍾"、"潦倒"、"落拓"爲例》,《語言研究》2010年第1期。

［6］董志翹:《字形訛混與古書校讀——以"面""而""向""回"爲例》,《中國語文》2022年第1期。

［7］高明:《古文字的形旁及其形體演變》,《古文字研究》第4輯,中華書局,1980年。

［8］龔元華:《"樓櫓"之"櫓"考源》,《漢語史學報》2014年第14輯。

［9］龔元華:《釋"骨堆"》,《辭書研究》2014年第6期。

［10］龔元華:《俗字視野下秩、帙辨》,《名作欣賞》2013年第9期。

［11］何琳儀:《戰國文字形體析疑》,《于省吾教授百年誕辰紀念文集》,吉林大學出版社,1996年。

［12］黑維强、敏春芳:《"殺"字釋義疏證》,《蘭州大學學報(社會科學版)》2005年第5期。

［13］胡適:《禪宗的白話散文》,《國語月刊》1922年第1卷第4期。

［14］黄靈庚:《〈五燈會元〉詞語補釋》,《古漢語研究》1992年第1期。

［15］黄靈庚:《〈五燈會元〉詞語劄記》,《浙江師範大學學報(社會科學版)》1999年第3期。

［16］蔣冀騁:《〈中原音韻〉"寒山""桓歡"分立是周德清方音的反映》,《中國語言學報》2003年。

［17］鞠彩萍:《禪録俗語詞"央庠""丁一卓二"考》,《天中學刊》2015年第2期。

［18］雷漢卿:《禪籍詞語選釋》,《漢語史研究輯刊》2005年第8輯。

［19］雷漢卿:《禪籍口語同義詞略説》,《中國俗文化研究》2003年第1輯。

［20］李家傲:《金元禪籍字詞劄記》,《語言歷史論叢》第15輯,巴蜀書社,2020年。

［21］李榮:《從現代方言論古羣母有一、二、四等》,《音韻存稿》,商務印書館,1982年。

［22］李偉大:《"吱聲"源流考辨》,《中國語文》2013年第5期。

［23］劉波:《釋"料掉""了鳥"》,《勵耘學刊·語言學卷》第5輯,學苑出版社,2007年。

［24］劉曉南:《宋代福建詩人用韻所反映的十到十三世紀的閩方言若

干特點》,《語言研究》1998 年第 1 期。

[25]劉曉南:《宋代四川方音概貌及"閩蜀相近"現象》,《語文研究》2008 年第 2 期。

[26]羅常培:《經典釋文和原本玉篇反切中的匣於兩紐》,《歷史語言研究所集刊》,中華書局,1987 年。

[27]魯國堯:《宋元江西詞人用韻研究》,胡竹安編:《近代漢語研究》,商務印書館,1992 年。

[28]吕叔湘:《釋〈景德傳燈録〉中"在""著"二助詞》,《華西協和大學中國文化研究所集刊》1941 年第 1 卷第 3 期。

[29]吕叔湘:《通過對比研究語法》,《語言教學與研究》1977 年第 2 期。

[30]馬藝萌、邵則遂:《古楚方言詞"瑕"、"牯"》,《語言研究》2017 年第 4 期。

[31]彭静:《明傳奇用韻中魚模、歌戈互押現象探析》,《重慶科技學院學報》2011 年第 9 期。

[32]裘錫圭:《〈秦漢魏晉篆隸字形表〉讀後記》,《古文字論集》,中華書局,1992 年。

[33]桑宇紅:《知莊章組聲母在現代南方方言的讀音類型》,《河北師範大學學報(哲學社會科學版)》2008 年第 3 期。

[34]邵榮芬:《古韻魚侯兩部在前漢時期的分合》,《邵榮芬語言學論文集》,商務印書館,2009 年。

[35]邵榮芬:《匣母字上古一分爲二試析》,《語言研究》1991 年第 1 期。

[36]孫玉文:《異形同義詞"蝦蟆"和"蛤蟆"》,《語文研究》2019 年第 4 期。

[37]滕志賢:《〈五燈會元〉詞語試釋三則》,《〈詩經〉與訓詁散論》,上海人民出版社,2008 年。

[38]王長林、王勇:《"咤沙"源流考——兼論詞語合流及單純詞的再複合化》,《語文研究》2015 年第 2 期。

[39]王閏吉:《"獦獠"的詞義及其宗教學意義》,《漢語史學報》第 13 輯,上海教育出版社,2013 年。

[40]王雲路:《釋"零丁"與"伶俜"——兼談連綿詞的産生方式之一》,《古漢語研究》2007 年第 3 期。

[41]蕭旭《"揞""嗛"二字音義考》,《中國文字研究》第 16 輯,上海人

民出版社,2012年。

[42]謝榮娥:《秦漢楚方言區文獻中的魚部與侯部》,《雲南民族大學學報(哲學社會科學版)》2009年第4期。

[43]嚴修鴻:《客家話匣母讀同群母的歷史層次》,《汕頭大學學報(人文社會科學版)》2004年第1期。

[44]楊載武:《〈西遊記〉韻文的用韻》,《四川師範學院學報》1992年第2期。

[45]曾良:《王梵志詩"脆風壞"討論二則》,《中國語文》2003年第6期。

[46]曾南逸:《閩語匣雲二母 φ—/h—兩讀的關係》,《中國語文》2019年第2期。

[47]曾昭聰:《古漢語異形詞與詞語釋義》,《中國語文》2013年第3期。

[48]詹緒左:《〈祖堂集〉詞語研究》,上海師範大學2006年博士學位論文。

[49]詹緒左、崔達送:《禪宗文獻中的同義介詞"擗""驀""攔"》,《古漢語研究》2011年第3期。

[50]詹緒左、周正:《禪籍疑難詞語考四則》,《古漢語研究》2017年第2期。

[51]張秀清:《"碗鳴"釋詁》,《齊齊哈爾大學學報》2002年第1期。

[52]張鉉:《"斸"新考》,《古漢語研究》2009年第1期。

[53]張振興:《從"牯"字說漢語方言的詞彙分布》,《方言研究與社會應用》,商務印書館,2013年。

[54]真大成:《利用異文從事漢語史研究應該注意的三個問題》,《浙江大學學報(人文社會科學版)》2019年第4期。

[55]周碧香:《禪典"火裏蝍蟟"與〈蘄春語〉》,《長江學術》2018年第1期。

[56]朱慶之:《對語氣詞"那"中古用例的語文學討論》,《語言研究》2015年第2期。